THE MORAL ANIMAL

道德动物

我们为何如此思考、如此选择？

Robert Wright
[美] 罗伯特·赖特——著
殷融——译

Evolutionary Psychology and Everyday Life

中信出版集团 | 北京

图书在版编目（CIP）数据

道德动物：我们为何如此思考、如此选择？/（美）罗伯特·赖特著；殷融译 . -- 2 版 . -- 北京：中信出版社，2022.7（2025.1 重印）
（见识丛书）
书名原文：The Moral Animal: Evolutionary Psychology and Everyday Life
ISBN 978-7-5217-4363-0

Ⅰ. ①道… Ⅱ. ①罗… ②殷… Ⅲ. ①心理进化论－研究 Ⅳ. ① B84

中国版本图书馆 CIP 数据核字（2022）第 088415 号

The Moral Animal by Robert Wright
Copyright © 1994 by Robert Wright
This translation published by arrangement with Pantheon Books, an imprint of The Knopf Doubleday Group, a division of Penguin Random House，LLC.
Simplified Chinese translation copyright © 2022 by CITIC Press Corporation
ALL RIGHTS RESERVED
本书仅限中国大陆地区发行销售

道德动物——我们为何如此思考、如此选择？
著者：　［美］罗伯特·赖特
译者：　殷融
出版发行：中信出版集团股份有限公司
（北京市朝阳区东三环北路 27 号嘉铭中心　邮编　100020）
承印者：　嘉业印刷（天津）有限公司

开本：660mm×970mm 1/16　　印张：32　　字数：335 千字
版次：2022 年 7 月第 2 版　　印次：2025 年 1 月第 5 次印刷
京权图字：01-2010-8082　　书号：ISBN 978-7-5217-4363-0
定价：88.00 元

版权所有·侵权必究
如有印刷、装订问题，本公司负责调换。
服务热线：400-600-8099
投稿邮箱：author@citicpub.com

献给莉萨

目 录

前言　达尔文和我们 v

第一部分　性、浪漫和爱情

第 1 章　日渐成熟的达尔文 003
意想不到的主角 005 | 气候的控制 012 | 达尔文的性生活 014

第 2 章　雄性与雌性 019
扮演上帝 021 | 开窍 026 | 检验理论 029 | 猿类与我们 036 | 雌性的选择 039 | 动物及其无意识 041

第 3 章　男人与女人 044
为什么我们的雄性亲代投资偏高 047 | 女人需要什么 049 | 男人需要什么 054 | 女人的其他需要 057 | 圣母-荡妇二分法 063 | 维多利亚时代的萨摩亚人 065 | 豪放女人和腼腆女人 069 | 达尔文主义和公共政策 075 | 继续维持的家庭 078 | 重新审视配对假说 081

第 4 章　婚姻市场 085
胜利者和失败者 088 | 一夫多妻制有什么问题 092 | 达尔文主义的道德信念 095 | 追求道德信念 098

第 5 章　达尔文的婚姻 102
达尔文的计划 103 | 选择婚姻 108 | 选择艾玛 110 | 艾玛接受求婚 113 | 达尔文激动了 115 | 蜜月之后 118

第 6 章　达尔文的幸福婚姻计划 125

给男人的婚姻贴士 127 | 那时和现在的离婚 130 | 尊重 133 | 不幸福的已婚女性 135 | 艾玛的计划 137 | 道德机会理论 139 | 维多利亚时代的秘密 141 | 道德准则从何而来 145 | 裹上糖衣的科学 148

第二部分　社会基石

第 7 章　家庭 153

兄弟情谊的基因 156 | 新计算方式 160 | 爱的限度 165 | 妈妈总是最喜欢你 170 | 悲伤的模式 175 | 达尔文的悲伤 179

第 8 章　达尔文和野蛮人 182

道德基因 185 | 群体选择论 188

第 9 章　朋友 191

博弈论和互惠利他主义 193 | 非零和博弈 196 | "以牙还牙"策略的感受 200 | 但这算科学吗？ 205 | 互惠利他主义的意义 208

第 10 章　达尔文的良知 214

无耻的把戏 216 | 维多利亚时代的道德良知 223 | 评判维多利亚时代的人 230

第三部分　社会冲突

第 11 章　达尔文的推迟 235

病痛和疲倦 239

第 12 章　社会地位 243

等级阶层的现代理论 247 | 地位、自尊和生物化学 251 | 男性、女性和社会地位 255 | 黑猩猩的政治 260 | 当一只黑猩猩是什么感觉？ 264 | 能力与权利 268 | 祖尼人的方法 271

第 13 章　欺骗和自欺 276

留下好印象 278 | 自我贬低 283 | 强大而敏感 288 | 可疑的计算 291 | 友情和集体谎言 297 | 利益集团 302

第 14 章　达尔文的胜利 304

跻身名流 306 | 敬爱赖尔 310 | 重新审视达尔文的推迟 313 | 华莱士的问题 321 | 达尔文最大的道德污点？324 | 赛后分析 328

第四部分　道德的启示

第 15 章　达尔文和弗洛伊德的讽刺 335

达尔文的旋钮和调频 339 | 弗洛伊德理论的最精彩之处 344 | 后现代主义心理 348

第 16 章　进化的道德观 352

注定的对手 354 | 达尔文和密尔的伦理学 357 | 达尔文与兄弟情谊 362 | 达尔文主义与兄弟情谊 365 | 直面敌人 369

第 17 章　指责受害者 373

现实扬起它丑陋的头颅 374 | 达尔文的诊断 378 | 达尔文的处方 383 | 彻头彻尾的后现代道德观 386 | 作为清教徒的密尔 389 | 达尔文主义与意识形态 393

第 18 章　达尔文的皈依 396

恶魔 399 | 兄弟情谊的理论 404 | 今日的启示 408 | 达尔文的死亡 411

附录　常常被提及的几个问题 413

注释 423

参考文献 463

致谢 485

前言

达尔文和我们

《物种起源》中几乎没有提到人类。但这本书显然威胁到了《圣经》对人类起源的解释，以及我们聊以自慰的信念——人类不仅仅是动物。放大这些问题可不会为查尔斯·达尔文带来什么好处。他只是在书的最后一章结尾简单地提出，进化科学将"照亮人类起源和历史的研究前景"。在同一段中他还大胆指出，"在遥远的未来"，心理学研究"将建立在一个新的基础之上"。[1]

这个"未来"确实遥远。1960年，即《物种起源》问世101年后，历史学家约翰·C.格林（John C. Greene）指出："（如果达尔文可以看到100年来科学界对）人性特征起源这一问题的探索，他一定会感到失望。因为相比他自己在《人类的由来》一书中的思考，关于该问题的研究至今几乎毫无进展。如果达尔文听到牛津大学人类学实验室J. S. 韦纳（J. S. Weiner）研究员的描述，他一定会更加沮丧。韦纳认为'这一领域充斥着各种困惑，对于人性问题我们还没有什么来自进化视角的洞见'……目前的流行观点认为人类的独特之处在于人类是一种可以传播文化的动物，如果达尔文活在当下，他可能会察觉到我们对人类的理解在逐渐回到进化论出现之前的时代，即认为人类和动物之间存在绝对差异。"[2]

就在格林这段话发表几年后，一场革命开始了。1963—1974年间，四位生物学家——威廉·D. 汉密尔顿（William D. Hamilton）、乔治·威廉斯（George Williams）、罗伯特·特里弗斯（Robert Trivers）和约翰·梅纳德·史密斯（John Maynard Smith）——提出的一系列观点，共同完善并拓展了自然选择理论。这些观点大大加深了进化生物学家对动物（包括人类在内）的社会行为的理解。

一开始，这些新观点与人类的关系还很模糊。生物学家们可以自信满满地讨论蚂蚁自我牺牲行为蕴含的数学法则或鸟类求偶活动背后的隐藏逻辑，可是谈及人类行为，他们即使有些想法，也只是凭空推测。当时有两本阐述和宣传新观点的著作问世——E.O. 威尔逊的《社会生物学》（1975）和理查德·道金斯的《自私的基因》（1976），可这两本划时代的著作很少谈及人类。道金斯几乎完全避开了这个话题，威尔逊关于人类的讨论则仅限于最后一章——只有28页（全书575页），内容单薄，且以臆测为主。

20世纪70年代中期之后，关于人类的研究视角逐渐清晰。一些学者将威尔逊所谓的"新的综合"引入到社会科学，试图掀起该领域的一场革命，他们人数虽然不多，但队伍逐渐壮大。这些学者用改良后的新达尔文主义理论解释人类行为，并通过实验数据来检验自己的假设。失败在所难免，但也有人取得了巨大成功。虽然他们依然认为自己是处于劣势的少数派（有时候他们私下似乎以此身份为傲），但已有迹象表明，他们的地位在不断上升。人类学、心理学和精神病学领域的权威期刊纷纷刊出这些学者的文章，而在10年前，他们只能在具有明显达尔文主义倾向的新兴期刊上发表文章。一种新的世界观正在形成，虽然步伐缓慢，但方向确定无疑。

这里的"世界观"正是字面意义上的世界观。新达尔文主义①理论像量子物理学或分子生物学一样，是一套科学理论与事实；与它们不同的是，新达尔文主义理论还是一种看待日常生活的方式。一旦真正理解这一理论（它比量子物理学和分子生物学更容易理解），人们对社会现实的看法就会被完全颠覆。

新观念所涉及的问题涵盖从世俗到精神的各个领域，几乎涉及所有重要事物：浪漫、爱情和性（男人和／或女人真的天生适合一夫一妻制吗？什么样的环境会使他们更适合或更不适合一夫一妻制？），友谊和仇恨（办公室政治，乃至广义的政治，背后的进化逻辑是什么？），自私、自我牺牲和内疚（自然选择为什么给了我们强烈的内疚感，即所谓的良知？它真的指引"道德"行为吗？），社会地位和趋炎附势（等级制度是人类社会固有的吗？），男女在友谊与志向等方面的不同倾向（我们会受困于自己的性别吗？），种族主义、仇外心理与战争（为什么我们如此轻易地将一大群人排除在我们同情心之外？），欺骗、自欺和潜意识（理智上的诚实存在吗？），各种精神病理学（抑郁、神经质或偏执是"自然"的吗？如果答案是"是"，这会使它们更易于被人们接受吗？），兄弟姐妹之间爱恨交加的关系（为什么兄弟姐妹之间不能只有爱？），父母对子女造成心灵伤害的巨大能力（他们真正在乎谁的利益？），等等。

一场平静的革命

秉持新达尔文主义的社会科学家开始反抗一个在20世纪大部分

---

① 新达尔文主义，对达尔文进化理论的修正学说，主要综合了20世纪初的遗传学研究成果，对达尔文有关变异和遗传的观点进行了完善修改，可以认为是现代版本的进化论。——译者注

时间占据主导地位的学说,这个学说认为生物性并不重要——人类心智独特的可塑性与文化的独特力量一起切断了人类行为的进化根源,没有与生俱来的天性在驱动人类行为,反而是行为会驱动本性。正如现代社会学之父埃米尔·涂尔干在19世纪20世纪之交所言,人性"仅仅是一种不确定的材料,为社会因素所塑造并转化"。他说,历史证明,即便是性嫉妒、父亲与子女之间的爱这种深刻的情感"也不是人性所固有的"。从这个观点看,人类心智基本上是被动的,它就像一个水池,随着人的成熟,当地文化就像水流一样缓缓注入,心灵水池本身无法限制文化水流的内容。人类学家罗伯特·洛伊(Robert Lowie)在1917年写道:"心理学原理无法解释文化现象,就像引力无法解释建筑风格一样。"[3] 即便是专注于人类心智研究的心理学家,也常常将心灵描绘成一张白纸。在20世纪很长一段时间里,行为主义主导着心理学,它的主要观点包括:人们习惯去做那些能得到奖励的事情,而不会去做那些招致惩罚的事情,因此是无形的心灵被赋予了形式。在B. F. 斯金纳1948年的乌托邦小说《瓦尔登湖第二》中,通过严格执行正面与负面强化,人们可以消除嫉妒、猜忌和其他反社会冲动。

这种人性观认为人性可有可无,现代秉持达尔文主义的社会科学家称之为"标准社会科学模型"。[4] 他们中的许多人在大学学过这种观点,有些人多年之后才开始对其产生怀疑。当怀疑积攒到一定程度后,达尔文主义者开始反抗了。

从许多方面看,现在正在发生的事情与托马斯·库恩在其著作《科学革命的结构》中描述的"范式转变"相吻合。以年轻学者为主的新群体向前辈们坚守的世界观发起了挑战,他们遭遇到顽强的抵抗,但坚持不懈,最终新思想蓬勃发展。然而,这看似典型的代际冲突却具有一丝独特的讽刺意味。

首先，这场革命一开始并不引人注目。各式革命者固执地拒绝以一个单一、简单的名称称呼自己，然而有了统一的名称才更容易举起革命的大旗。他们一度有过一个统称——社会生物学（sociobiology）——这是威尔逊提出的一个恰当表述。但威尔逊的书引发了轩然大波，人们指责他的书蕴含邪恶的政治企图。对"社会生物学"的讽刺漫画比比皆是，这个词被污名化了。在威尔逊界定的"社会生物学"研究领域，大多数研究者开始尽量避免使用这个标签。[5] 虽然他们都信奉着同一套简洁明晰的学说，但却有了不同的名字，比如行为生态学家、达尔文主义人类学家、进化心理学家、进化精神病学家等。人们有时会问：社会生物学到底怎么样了？答案是，它没有消失，而是潜入地下，在那里逐渐侵蚀传统学派的根基。

这场革命的另一个讽刺之处也与以上问题息息相关。事实上，新观点让守旧者最厌恶和最恐惧的地方往往并不是新观点本身的内容。从一开始，人们对社会生物学的攻击就是本能反应——与其说他们在指责威尔逊的著作，不如说他们指责的是达尔文主义的历史。毕竟，进化论在涉及人类事务方面有着一段极不光彩的历史。它在19世纪末20世纪初与政治哲学相结合，形成了一种被称为"社会达尔文主义"的意识形态，随后为种族主义者、法西斯主义者和冷酷无情的资本家所利用。大约在同一时期，达尔文主义还就行为的遗传基础问题产生了一些过于简单的观点——它们助长了政客对达尔文主义的滥用。这段不光彩的历史导致许多学者和外行人对达尔文主义的认识一直非常粗浅与刻板——无论是知识方面还是意识形态方面。（有些人以为达尔文主义就是社会达尔文主义。）新达尔文主义也因此遭受了同样的误解。

无形联盟

例如：新达尔文主义经常被误以为是一种贯彻社会分层的理论。在 20 世纪初，人类学家偶尔会谈及道德进步无望的"野蛮人"或"劣等种族"。对于很多辨别力不足的观察者来说，这种态度看起来完全符合达尔文主义的理论框架，同时也符合后来的种族优越论——其典型代表是希特勒。但今天的达尔文主义人类学家在审视不同文化时，他们强调的是不同文化的深层一致性，而不是表层差异；他们关注的是在各种疯狂仪式和习俗的遮蔽下，那些反复出现的家庭、友谊、政治、求爱和道德结构的模式。他们相信人类的进化设计可以解释这些模式：为什么所有文化背景下的人都在意社会地位，而且通常比他们想的还要在乎；为什么所有文化背景下的人都爱聊八卦，而且八卦的事情还相同；为什么在所有文化中，男女两性在某些方面的基本倾向都是不一样的；为什么世界各地的人都会有内疚感，而且产生内疚感的情境都差不多；为什么世界各地的人都有深厚的正义感，乃至在生活中都信奉"善有善报"、"以眼还眼、以牙还牙"的格言？

重新发现人性竟然需要这么长时间，在某种程度上这并不奇怪。人性无处不在，却又被我们视而不见。我们总是把生命的基本元素视为理所当然，包括感激、羞耻、悔恨、骄傲、荣誉、报复、同理心与爱等等；就像我们把呼吸空气、自由落体以及地球上的其他标准特征视为理所当然一样。[6] 但事情本不必然是这样。假想一下，我们生活在一个没有上述特征的星球上，或者生活在一个不同种族有不同情感模式的星球上，可事实上我们没有。达尔文主义人类学家越是仔细观察世界各地的人，就越是震撼于那张束缚着所有人的紧密而错综的人性之网，同时也越想了解那张网到底是如何编织成的。

新达尔文主义者即使关注差异——无论是群体间的差异还是群体内的个体差异——通常也不倾向于从基因差异角度来解释差异。达尔文主义人类学家认为，世界上虽不可否认地存在多元文化，但它们是单一人性对不同环境做出回应的结果。进化论揭示出了那些我们以前看不到的环境与文化之间的联系（比如解释为什么不同文化关于嫁妆的习俗不一致）。与普遍预期相反，进化心理学家其实认同20世纪心理学和精神病学的一个基本学说：早期社会环境能够塑造成年人的心智。事实上，一些进化心理学家全身心投入对该课题的研究，他们决心揭示心理发展的基本规律，并且深信只有借助达尔文主义才能做到这一点。比如，要想知道早期经验如何塑造个体的雄心壮志或不安全感，我们首先必须问，自然选择为什么要让它们具有可塑性。

这并不是说人类行为具有无限的可塑性。在追踪环境的影响时，大多数进化心理学家都知晓环境的作用存在严格边界。斯金纳的行为主义具有乌托邦精神，他认为通过适当的条件设置，可以将一个人变成任何一种动物，可这种设想其实从未实现。尽管如此，认为人类体验中那些深植于"本能"和"内驱力"的可怕部分完全不可改变，或者认为个体之间存在心理差异的主要原因是基因差异，这两种看法也都是不成立的。当然，基因起到了作用（除了基因外，还有什么能决定心理发展规律？），但起作用的并不一定是基因差异。许多进化心理学家支持的一个有影响力的假设是，人与人之间最根本的差异是那些最有可能起源于环境的差异。我们在书中会讲到原因。

从某种意义上说，进化心理学家正试图识别出人性的第二个层次，即物种内部更深层次的统一性。首先，人类学家注意到了那些在不同文化中反复出现的主题：渴望社会认可，内疚感。你可以把这些人类的共性称为"人性的旋钮"。然后，进化心理学家注意到旋钮的具体调频似乎因人而异。有的人"渴望认可"的旋钮被调至舒适区，所以他相对自信，而有的人"渴望认可"的旋钮被调至不安全区，所以他极度焦虑；有的人的内疚旋钮被调得很高，因此他的良心负担较轻，而有的人的内疚旋钮被调得很低，因此他经常很痛苦。所以进化心理学家问道：这些旋钮是怎么设置的？个体间的基因差异肯定起了一定作用，但更有作用的或许是基因共性：各个物种都有的通用发展程序，这种程序会根据社会环境的反馈信息而调整心理发展方向。说来也怪，环境影响行为的研究进展大概会源自对遗传基因的思考。

因此，人性有两种存在形式，而人们会经常自然地忽略它们。第一种过于普遍，以至于会被认为是理所当然的（比如内疚感）。第二种的主要功能是让个体差异化成长，因此它自带隐匿性（比如调节内疚感的发展程序）。人性由各个旋钮及调频机制组成，它们都是"隐形"的存在。

还有另一个隐形的缘由，另一个导致人性迟迟没有显露出来的原因：人们很难自觉地意识到所有人共有的基本进化逻辑。自然选择似乎倾向于将我们真实的自我隐藏起来，而显露出我们意识到的自我。正如弗洛伊德所看到的，我们会无视自己最深层次的动机，而无视的方式会比弗洛伊德所认为的更持久也更彻底，在某些情况下，甚至更怪诞。

达尔文式的自助

虽然本书将涉及许多研究行为的学科——人类学、精神病学、社会学与政治学——但进化心理学是它的核心主题。这门刚刚起步的年轻学科在一定程度上兑现了自己的承诺，即创造出一门全新的心理学。现在我们可以提出一个自1859年《物种起源》出版后整整一个世纪都未能被顺利解答的问题：自然选择理论能为普通人带来什么？

例如：对人性的达尔文式理解有助于我们实现自己的人生目标吗？它能帮助我们选择自己的目标吗？它能帮助我们区分切合实际和不切实际的目标吗？或者更深入一点，它能帮助我们选择值得追求的目标吗？也就是说，了解进化是如何塑造人类基本道德冲动的，能否帮助我们决定哪些冲动该被认为是合理的？

在我看来，以上问题的答案是：能，能，能，能，最后，还是能。我的这句话会让很多业内人士感到不快甚至愤慨。（相信我，因为我对一些业内人士说过这句话。）长期以来，由于达尔文主义过去在道德与政治领域的误用，达尔文主义者开展工作时不得不背负着沉重压力，他们希望把科学问题和价值问题完全分开。他们认为，我们不能从自然选择或任何自然运作方式中得出基本的道德价值，如果谁这样做了，就犯了哲学家所说的"自然主义谬误"——毫无依据地从"是"得出"应该"。

我认同这种观点，"自然本性"并不是道德权威，我们不需要遵循任何看起来符合自然本性运作模式的价值观——比如"强权即公理"。然而，对人类本性的真正理解势必要深刻地影响道德思想，而且我会证明，这种影响是合理的。

本书所论述的许多问题与日常生活息息相关，它会呈现出自助式书籍的某些特征，但只是某些特征而已，并不算多。接下来的几百页并不会充满精辟的建议和温暖的抚慰。达尔文主义的观点不会极度地简化你的生活，反而会让某些方面变得复杂，因为它将尖锐地阐明某些道德上可疑的行为——我们容易做出这些行为，而进化让我们看不到这些行为的疑点。当然，我也能从新达尔文主义范式中搜集到的一些简洁而乐观的启示，但在数量上，远不及它所阐释的那些棘手而重大的困境与难题。

但你不能否认进化阐释本身的力度，至少我希望你不会在本书结尾时加以否认。虽然本书的任务之一是找到进化心理学的实际应用领域，但首要和核心的目标是阐述进化心理学的基本原理——展示我们现在所理解的自然选择理论是如何优雅地揭示人类心智轮廓的。所以，本书首先要推销的是一门新学科，其次才是推销政治与道德哲学所依据的一个新基础。

我努力将这两个问题分开讨论，以区分新达尔文主义关于人类心智的看法和我自己关于新达尔文主义实际应用的看法。很多人认同前者而否认后者，即认同科学观点而否认哲学诉求。但我认为没有人会否认前者与后者的相关性。在观察人类方面，新达尔文主义范式可能是迄今为止最强大的透镜，一旦认同这一点，就很难在考察人类的困境时将这一透镜搁置在一旁。毕竟，人类的困境正是人类自身。

达尔文、斯迈尔斯和密尔

《物种起源》并非1859年在英格兰出版的唯一一本意义深远的著作。记者塞缪尔·斯迈尔斯[①]的作品《自己拯救自己》同样也是当时的畅销书，并且具有奠定新流派的价值。此外，还有约翰·斯图亚

---

① 斯迈尔斯，英国19世纪伟大的道德学家、社会改革家和作家。他撰写过许多与人生成功、幸福、信仰、道德与责任等主题有关的随笔作品，如《自己拯救自己》《品格的力量》《金钱与人生》《信仰的力量》，被誉为成功学鼻祖。——译者注

特·密尔①的《论自由》。巧的是，正是这两本书提出了达尔文的著作最终所要预示的问题。

《自己拯救自己》并没有强调人们要感触自己的感受、逃离糟糕的人际关系、开发和谐的宇宙力量，或者自助类书籍经常提出的其他建议——营造一种自我接纳及简单舒适的氛围。它宣扬了维多利亚时代的基本美德：文明、正直、勤奋、不屈不挠以及可以加强所有美德的铁一般的自控力。斯迈尔斯相信，一个人"只要运用自己自由行动和自我克制的力量"，就几乎可以实现任何目标。但他必须永远"抵制低级放纵的诱惑，绝不能让肉欲玷污身体，也绝不能让奴性的思想亵渎心灵"。[7]

相比之下，《论自由》则对维多利亚时代令人窒息的自我约束和道德教条进行了强烈抗议。密尔控诉基督教"惧怕感官享受"，并指责基督教的主要道德实践已从"禁止人们干某事"转变为"要求人们干某事"。他发现加尔文教派的思想尤其让人感到压抑，因为他们认为"人性已经彻底堕落，除非人性被扼杀，否则任何人都无法得到救赎"。密尔对人性持乐观的看法，并建议基督教徒也这样做。"如果宗教认为人类是由一种伟大的存在（如上帝）所创造的，与这种信念相一致，教徒们应该相信这种伟大的存在还给了人类足够的天赋，让他们能够去培养和展现各种特质。因此，不应该将天赋予以根除。在伟大的存在看来，他的创造物越接近自己的理想境界，理解力、行动力和享受乐趣的能力越强，他就越满意。"[8]

密尔提到了一个重要的问题：人性本恶吗？那些相信的人在道德

---

① 密尔，英国19世纪著名的思想家、哲学家和经济学家，其代表作《论自由》是西方自由主义思想的集大成之作。——译者注

上往往会像斯迈尔斯一样保守，他们会强调自制、禁欲、驯服内心的兽性。那些不信的人在道德上则会像密尔一样开放自由，他们对人们的行为选择会持更加宽容的态度。尽管进化心理学还是一门年轻的学科，但它已经给这一争论带来许多启迪，只是它的发现令人既欣慰又不安。

令人欣慰的好消息是，我们现在可以自信地说，利他主义、同情心、同理心、爱、良知和正义感——所有这些将社会凝聚在一起且让我们人类自视甚高的东西——都拥有坚实的基因基础。而让人不安的坏消息是，尽管这些东西在某种程度上可以说是对全人类的"天赐恩典"，但它们并不是为了"人类的利益"而进化的，也无法可靠地服务于这一目标。恰恰相反，我们现在比以往任何时候都清楚，道德情操是如何（以及为什么）为了与自身利益保持一致而被随意打开关闭的，以及我们是如何自然而然地忽略这一开关切换的。根据新达尔文主义观点，人类拥有丰富的道德装备，但可悲的是，人们爱滥用道德装备，可叹的是，人们对这一滥用一无所知。本书的标题并非完全没有讽刺意味。

因此，尽管社会生物学中最流行的思想是"利他主义具有生物学基础"，但密尔所嘲笑的观点——人性是堕落的、有原罪的观点——不应该被草率地抛弃。出于同样的原因，我坚信道德保守主义也不应该被草率地抛弃。事实上，我认为相较于20世纪大部分时间里社会科学领域所推崇的人性观，维多利亚时代英国盛行的保守主义规范中有一部分，只是一部分，对人性的把握与认识要更准确。在过去10年里，一些道德保守主义——尤其是涉及性方面的保守道德——重新兴起，对长期遭到否认的真实人性的再挖掘构成了这一切的基础。

如果现代达尔文主义确实在道德上具有保守的倾向，这是否意味着它在政治上也支持保守倾向？这是一个棘手而重要的问题。将社会达尔文主义视为一种恶意混淆而加以拒斥，这种做法很容易，也很正确。但考虑到意识形态和人性观之间在历史上存在的漫长且复杂的关联，人性本善问题在政治领域投下的阴影不能被这么随意忽视。在过去的两个世纪里，尽管"自由主义"和"保守主义"的政治含义几乎已经被改得面目全非，但两者之间有一个区别一直存在：相比保守主义者，政治自由主义者（比如密尔）更乐观地看待人性，并倾向于支持更宽松的道德氛围。

然而，我们并不清楚道德和政治之间的这种联系是否真的有必要，尤其是在现代背景下。按理说，新达尔文主义具有明显的政治意涵，但一般情况下，其实又没有。就此而言，它在"左派"和"右派"之间摇摆的频率差不多——只是向左倾斜的稍微激烈一点。（尽管马克思可能会在新范式中发现许多他不喜欢的东西，但他也会认为新范式的某些部分很吸引人。）更重要的是，这一新范式说明了现代政治自由主义者可能会接受某些道德保守主义的理由，这是意识形态一致性的问题。同时它还表明，某些保守道德主张会通过自由社会政策得以实现。

达尔文化的达尔文

在论证达尔文主义的观点时，我会把查尔斯·达尔文本人作为第一案例。他的思想、情感和行为将足以阐明进化心理学的基本原理。1876年，达尔文在其自传的第一段中写道："我试图写下以下关于我自己的描述，就好像我已经是一个死人，在另一个世界里回顾自己的人生。"（他以超然的语气补充道："我并不觉得这有多难，因为我的生命即将结束。"）[9] 我想，如果达尔文能够在今天以新达尔文主义视角来回顾过往，他大概会像我在本书中所描述的那样来看待自己的人生。

在本书中，达尔文的人生不仅仅是案例，它还将作为一个微型测试，检验其自然选择理论的现代改良版的阐释能力。进化论的支持者——包括达尔文自己，也包括我——长久以来一直声称进化论强大到足以解释自然界所有生物的天性。如果我们是对的，那么随机选择任何一个人，他的生活都应该可以通过这个角度得到清晰的阐释。好吧，达尔文并不是我随机选中的，但他确实适合成为测试对象。我的看法是，相比任何其他视角，从达尔文主义视角分析达尔文的生活和他所处的社会环境，即维多利亚时代的英国，我们会得到更合理的阐释。从这方面讲，达尔文和他所处的环境就像所有的生物现象一样。

不过达尔文看起来又不像其他的生物现象。当我们想到自然选择时，脑海中浮现的东西——无情地追求基因自身利益，冷酷的适者生存——与我们想到达尔文时脑海中浮现的画面并不一致。人人都称他礼貌且仁慈（除非有些情况使他很难兼顾两者，比如当谴责奴隶制的时候，他可能会很激动，如果他看到车夫虐待马，他可能会发脾气）。[10] 达尔文在年轻时就形成了温文尔雅的性格和毫不矫揉造作的作风，这些优秀品质随后并没有被名声所腐蚀。"在我见过的所有杰出人物中，他的魅力最无可比拟。"文学评论家莱斯利·斯蒂芬（Leslie Stephen）曾这样评价他，"在他的单纯和友好中，有一种让人近乎怜悯的成分。"[11] 借用《自己拯救自己》最后一章标题中的一句话，达尔文是一位"真正的绅士"。

达尔文读过《自己拯救自己》，但他其实没必要这么做。那时 51

岁的他已经是斯迈尔斯的名言——生命是一场与"道德愚昧、自私和邪恶"的抗争——活着的化身。事实上，一个普遍的看法是，达尔文正派过头了，如果他真的需要一本心理自助书，那适合他的是一本20世纪晚期出版的自助书，即那种教人如何自我感觉良好、如何争当头名的书。约翰·鲍尔比（John Bowlby）是一位极具洞察力的传记作者，他认为达尔文饱受"挥之不去的自我轻视"和"过度活跃的良知"之苦。鲍尔比写道："强烈的自谦与道德原则是达尔文性格中不可缺少的部分，这让人敬佩，也是他受到亲人、朋友和同行喜爱的原因之一，但不幸的是，这些品质发展得过早，而且程度过高。"[12]

正是因为达尔文过度谦逊，过度道德又极不野蛮，他才是一个有价值的测试对象。我将努力证明，自然选择无论看起来与他多么格格不入，其实都可以解释其品性的成因。的确，达尔文是这个星球上最温和、最仁慈、最正派的人，这是事实。但他和我们没有什么根本的不同，这也是事实。查尔斯·达尔文也是动物。

第一部分
性、浪漫和爱情

第 1 章

日渐成熟的达尔文

> 我几乎忘了英国女士的模样,但记得她们如天使般的美好与善良。
> ——英国皇家海军"小猎犬"号上的来信(1835)[1]

在 19 世纪的英格兰,男孩在成长过程中通常不会被鼓励探寻性兴奋,甚至连那些导致他们产生性探索欲望的事情也得不到支持。维多利亚时期的医生威廉·阿克顿(William Acton)在其著作《生殖器官的功能与疾病》(*The Functions and Disorders of the Reproductive Organs*)中曾发出警告,不要放任男孩们接触"经典"文学作品。他写道:"他们只在书中看到了性的享受,却对性放纵导致的危害一无所知。他们不会想到,当性的欲火被点燃后,自己要付出巨大的精力和意志才能掌控它,否则他们就要像大多数小伙子一样走向沉沦。男人们必定要为自己还是男孩时犯下的错误买单,即便有人侥幸逃脱,还有十倍的人会落入陷阱。而性行为的非正常替代品又会带来极其可怕的风险,总之,在性方面纵容自己,长此以往,难以迷途知返,结果只能是过早死亡或自我毁灭。"[2]

阿克顿的著作出版于 1857 年,彼时正是维多利亚时代中叶,因此他的著作也浸透着那个时代的道德腔调。不过,早在维多利亚女王登基的1837年，甚至在更早之前的1830年①，社会中就已弥漫着性压抑的氛围。确实，18世纪和19世纪之交时福音派运动风头正劲②，正好滋养了这种崇尚禁欲的新道德。³正如G. M. 扬（G. M. Young）在《一个时代的肖像》（Portrait of an Age）中所言：一个在1810年（达尔文出生后一年）出生的英格兰男孩"会发现自己每时每刻都被福音派的清规戒律所管制与鞭策，这是一种无形的压力"。受到抑制的不仅仅是性，还包括更普遍的欲望，自我放纵遭遇全面警戒。就像扬在书中所写到的，这个男孩会了解到"世界是邪恶的，一个词，一个动作，一幅画或者一部小说，都可能在他纯洁的内心中埋下堕落的种子……"⁴另一位生活在维多利亚时代的学者则直言"生活就是不停地战斗——既要抵御住诱惑，又要征服欲念"，"煞费苦心的自律训练可以为个人形成良好习性打下基础，同时有助于获得自制力"。⁵

比达尔文小3岁的塞缪尔·斯迈尔斯在《自己拯救自己》中也表达了同样的观点。这本书的巨大成功可以说明，福音派思想已跨越其源头——卫理公会派的藩篱，传播范围覆盖到了圣公会信徒、一神论派教徒甚至不可知论者③。⁶达尔文家族就是一个很好的例证。出生

---

① 维多利亚时代是1837—1901年，即维多利亚女王统治的时期，也有人认为更宽泛的维多利亚时代起始于1830年乔治四世去世，并一直延续到1914年第一次世界大战开始。——译者注
② 福音派是基督新教的派别之一，最早产生于16世纪的宗教改革时期，18世纪初开始在英国社会产生较大影响，它强调正统教义和《圣经》权威，提倡个人敬虔和自制。——译者注
③ 卫理公会派是约翰·卫斯理于18世纪初创立的新教教派，推崇心灵与道德重整，是英国18世纪宗教复兴运动的重要组织力量；圣公会，即"主教制教会"，是新教三个原始宗派之一，也是英国国教；一神论派认为上帝只有一位，否认圣父、圣子和圣灵三位一体；不可知论认为世界本身是无法认识的，在信仰问题上，既对宗教神学教条表示怀疑，又拒绝无神论。——译者注

于崇奉一神论派的家庭中（达尔文的父亲是一个稳重的自由思想者），达尔文却汲取了那个时代典型的清教徒式戒律观。他担负的良心重担及奉行的严苛行为准则，显然证明了这一点。在放弃宗教信仰很久之后，达尔文曾写道："我们所能企及的最高道德文化境界是，意识到自己应该控制自己的思想，'即使在内心最深处，也不再去回想那些过去曾愉悦我们的罪恶'［丁尼生①语］。那些能使我们内心适应恶行的事物，往往可以轻松达成所愿。正如马可·奥勒留②很久之前所说，'你惯常的思想会成为你心灵的品格，因为灵魂是由思想来染色的'。"[7]

因此，虽然达尔文在青年期甚至整个一生都算不上完全循规蹈矩，但在某些方面他的身上又确实投射了那个时代的典型特征：他背负着巨大的道德压力。在他生活的世界，有关对错的问题随处可见。更重要的是，这些问题并不是"问题"，它们好像都有标准答案——尽管答案有时会让人难以承受。总之，这个世界与我们的世界明显不同，达尔文则为创造那个不同书写了重要一笔。

意想不到的主角

查尔斯·达尔文最初的职业生涯规划是成为医生。据他回忆，"父亲非常确定我会成为一名成功的医生——能救治很多病人的那种"。老达尔文自己是一位非常了不起的医生，达尔文曾提到，"父亲坚信成功主要是由激昂的信心所构筑的，但是我真的不明白在我身上他到底看到了什么，使他笃信我能够产生这样的信心"。尽管如此，达尔

---

① 丁尼生是英国维多利亚时代最受欢迎、最具个人风格的诗人之一。——译者注
② 马可·奥勒留，罗马帝国的伟大皇帝，五贤帝时代最后一位皇帝，也是著名的帝王哲学家，他的《沉思录》是西方历史上的伟大名著。——译者注

文还是按部就班，在16岁就离开了位于什鲁斯伯里的安心舒适的家，与哥哥伊拉兹马斯一起前往爱丁堡大学攻读医学。

遗憾的是，他对这一事业的热忱并没转化成足够的行动。在爱丁堡，达尔文对学业不够重视，会尽量躲开手术室（在氯仿①还没发明的时代，观摩手术可不是他的兴趣所在），不过在业余活动上达尔文倒是花费了不少时间：和渔夫一起撒网捕牡蛎，再将牡蛎仔细解剖；参加标本制作课，进一步拓宽打猎这个新爱好；和一位名为罗伯特·格兰特的海绵专家散步聊天，格兰特对生物进化有着狂热信念，当然了，他对进化的具体运作机制还浑然不知。

达尔文的父亲察觉到了苗头不对，达尔文回忆道，"父亲对我整日闲逛的状态表现出了激烈的反对情绪，在当时看来，我的人生可能最终就是如此"。[8] 于是，老达尔文将备选职业"牧师"提上了日程。

这个决定看起来奇怪极了——考虑到老达尔文并不怎么信上帝，而达尔文也算不上虔诚，况且他对动物学明显更有兴趣。不过，达尔文的父亲是一个很务实的人。在那个时候，动物学和神学其实是一枚硬币的两面。如果一切生命都出自上帝的鬼斧神工，那么探索生物的精妙设计也就等于探索上帝的神迹。这一观点最为世人所知的支持者是威廉·佩利（William Paley）②，他在1802年出版了《自然神学》(*Natural Theology*)一书。在书中佩利指出，一块手表的存在意味着其背后有一个制表匠的存在，既然如此，一个充满精巧生命且能

---

① 氯仿，学名三氯甲烷，一种麻醉剂，对中枢神经系统有麻醉作用，发明于19世纪中期，但由于具有危险性和副作用，目前已基本不再应用于临床手术。——译者注
② 威廉·佩利，英国圣公会牧师，神学家，自然神学的支持者。该理论认为，通过理性、经验和证据能够推导出上帝的存在。——译者注

让这些生命在其中各尽其责、各得其宜的世界，背后也必然有一位设计者。[9]（他是对的，问题在于，这位设计师到底是深谋远虑的上帝，还是只是没有意识的自然过程。）

  自然神学的发展带来的结果是，哪怕一个乡村牧师也可以心安理得地将大把时间用在以自然为主题的研究和著述上。因此，即使没有充满期待，达尔文对于未来穿上神职服装的计划也并不反感。"我要求给点时间让自己好好想想，根据我过去的见闻和想法，对于自己要不要全心全意地信仰英格兰教会的所有教义，我是心存顾虑的；不过除此之外，我还挺喜欢成为乡村牧师这主意。"他读了一些神学书籍，"由于我那时对《圣经》上每句话的真实性和严肃性都确信不疑，我很快就说服自己同意，必须接受全部的宗教信条"。为了准备开启牧师生涯，达尔文来到了剑桥大学，在那里他读到了佩利的著作，"对他的长篇大论既着迷又信服"。[10]

  然而，没过多久，就在刚刚结束剑桥的学业之后，达尔文突然遇到了一个未曾料想的机会：去英国皇家海军"小猎犬"号担任随船博物学家。当然，接下来的事大家都知道了。虽然达尔文在"小猎犬"号上时还没有完成自然选择的构想，但他在全世界范围内对野生动物的研究使他相信进化的确存在，并为他日后参透进化机制提供了最重要的依据。5年环球航行后又过了两年，达尔文终于领会出进化运作的全部秘密。随着这一洞见的产生，他要成为牧师的计划也难以成行了。仿佛有意为后世的传记作者提供足够有象征意义的素材，达尔文出航时携带了自己最爱的诗作——《失乐园》①。[11]

---

① 《失乐园》，英国政治家、学者约翰·弥尔顿创作的史诗，与《荷马史诗》和《神曲》并称为西方三大诗歌。在《失乐园》里，撒旦因为反抗上帝的权威被打入地狱，为了复仇，他引诱亚当和夏娃偷吃禁果。书中的撒旦虽然是恶魔，但具有革命精神与反叛气质。——译者注

当达尔文离开英格兰海岸时，似乎找不到什么明显的理由让人们相信150年后依然会有人为他著书立说。根据一位传记作家的说法，如果用世俗的标准来审视，青年时代的达尔文"完全看不出一点天才的迹象"。[12] 当然，这样的说法总是值得怀疑的，因为人们一向喜欢看伟人在早年间不受待见的故事。具体到达尔文，这种怀疑就更有理由成立了。因为相关描写主要依据的是他的自我评价，而达尔文又是一个不会自夸的人。达尔文说自己不擅长外语，学习数学时吃尽苦头，而且"被父亲和所有老师都看作天资平平的人，距离通常意义上的聪明还差一大截"。这种说法真假都有可能，或许他的另一段自我评价更值得关注，关于他如何与"年龄更大且学术地位更高的人"建立友谊的诀窍："我猜想那是因为我身上一定有某些比普通年轻人更突出的方面。"[13]

不过，无论如何，缺乏闪耀的智慧光芒并不是一些传记作者认为青年达尔文"看起来不太可能建立不朽声望"的唯一理由。[14] 另外的原因是，他不是那种会让人产生敬畏之情的人。达尔文道德高尚，待人和蔼，没有什么野心抱负。他有点像个乡下男孩，保守又淳朴。一位作家曾发出疑问："为什么落到了达尔文头上？他的雄心壮志、想象力和学识都不如许多同行，可为什么是他发现了别人苦苦探求而不得的理论？一个才智如此有限、学习如此愚钝的人却能设想出这样构架恢宏、意义深远的理论，这到底是怎么回事？"[15]

解答以上疑问的途径之一是首先质疑它对达尔文的评价（这正是我们将要做的），但更简捷的途径则是质疑它对达尔文理论的评价。自然选择理论确实"意义深远"，但其实算不上"构架恢宏"。孕育这样一个简明质朴的理论并不需要特别出类拔萃的才智。达尔文的至交好友、进化论的坚定捍卫者与杰出传播者托马斯·亨利·赫胥黎[1]曾懊恼自己没能悟出这个理论,他感叹道:"连这都想不到,我可太傻了!"[16]

以下几句话可以概括自然选择理论的所有内容:如果一个物种的某些特征存在个体间的变异,而其中某些变异比其他变异更有利于个体的生存和繁衍,那么这些变异特征就会在整个种群中更广泛地扩散,最后结果是该物种的遗传特征库发生变化。就这么简单。

当然,在每一代中这种变化可能都不明显。如果长脖子能够帮助动物吃到珍贵的树叶,而短脖子动物没生育后代就死掉了,那么物种的平均颈部长度几乎不会增长。假如新一代(由于基因重组与突变)颈部长度发生了变异,导致自然选择仍然可以在一个颈部长度区间中进行"挑选",那么平均颈部长度会继续攀升。于是,一个起初脖子只有马脖子那么长的物种,最终会拥有像长颈鹿一样长的脖子。换言之,新物种诞生了。

达尔文曾用几个字来总结自然选择的规律:"繁衍,变异,强者生存,弱者灭亡。"[17]这里的"强"并不意味着身体最强壮,而是最适应环境,无论是通过拟态、智力还是其他手段,只要有助于生存和繁衍就可以。[2]"最适应"一词(这个词不是达尔文发明的,但他接受这种表达)对"最强"一词的可替代性正表明了该观点——生物体要适应的任务是在特定环境下将基因传递给下一代。"适应性"才是

---

[1] 赫胥黎,达尔文同时代的英国著名生物学家,自诩为"达尔文的斗犬",他最早通过解剖结构论证了人类和大猩猩具有共同的祖先。——译者注

[2] 事实上达尔文对进化过程中的"生存"和"繁衍"做出了区分,他认为与成功交配有关的特征是"性选择"的结果,性选择与自然选择不同。但如今,自然选择的定义更加宽泛,往往涵盖了生存和繁衍两个方面,即自然选择挑选的是有利于将生物体的基因传到下一代的遗传特征。——原书注

自然选择寻求的最大指标，它不断地重新设计物种，使我们变成了如今的样子。

如果以上说法让你觉得理所应当，你可能没有真正理解它。你的身体比人类设计的任何产品都要更复杂更协调，它是由千百万次的微小进步逐步累积而成的，而每一次进步都充满了偶然性。你和你的细菌祖先之间的每一处差异都能恰好帮助处于中间过渡形态的祖先向下一代传递基因。上帝创世论者有时会说，仅仅靠随机变异而进化出人类，就概率而言，相当于让一只猴子在打字机上写出莎士比亚的作品——当然啦，不一定是全集，不过肯定是那些我们熟知的长篇作品。

然而，这种难以想象的事却在自然选择的逻辑下变为现实。设想一只类人猿获得了某种幸运的突变：比如XL基因，这种基因可以让父母对子女的关爱多一点点，从而导致它们能略微更辛勤地哺育后代。在任何一个类人猿个体的一生中，这个基因可能都是微不足道的。但想象一下，哪怕带有XL基因的类人猿比没有XL基因的类人猿后代的平均成活率只多出百分之一，只要这一微弱的优势积累下去，携带XL基因的类人猿的比例就会一代代不断上涨，而不携带XL基因的类人猿的比例则不断萎缩。这一趋势的最终结果是族群里的所有个体都携带XL基因。此时这一基因就成为固定遗传，而更细心的亲子关怀则成为这个物种的典型特征。

没错，一次幸运的突变就这样走向繁荣。但这份幸运持续下去的可能性有多大？也就是说，下一次随机基因突变能进一步提高亲子关怀程度的可能性有多大？XL基因突变后接着就是XXL基因突变的可能性有多大？这个过程不大可能发生在同一个类人猿身上。但现在整个种群已经有大量个体携带XL基因，如果它们、它们的子女或子孙中有一个个体幸运地获得了XXL基因，这个基因就很有可能在种群中缓慢扩散。当然，与此同时，更多的类人猿也许会得到各种不够好运的基因，有些基因还会让它们所在的族群完全灭绝。没办法，生活就是这样。

自然选择就这样战胜了概率——不过这并不是真正的征服。虽然那些幸运的血统在当今世界继续兴旺蓬勃，可倒霉的血统占据了进化的绝大多数篇幅，不幸的突变将它们引向绝路。基因历史的垃圾箱塞满了各种不合格的实验品，长长的信息链像莎士比亚的诗句那样起伏荡漾，直到在最后关头突变成一串无意义的乱码。它们的消逝正是靠"尝试错误"方式进行设计的代价。不过只要付得起这个代价，只要有足够的世代让自然选择发挥作用，只要能留下好的实验品，丢弃失败的实验品，那么自然选择的大作就会让人惊叹。自然选择是一种没有生命和意识的运行规律，更是一个永不疲倦的精炼师，一位独具匠心的制造者。①

你体内的每个器官都是这一技艺的证明，你的心，你的肺，你的胃，全都是"适应物"——并非有意设计，但却是优质产品。这些构造之所以存在，是因为它们在过去为你的祖先的"适应性"做出了贡献。而且每个器官的"专属性"全都以物种为单位。尽管有时因为遗传原因，一个人的肺可能与另一个人的肺有点区别，但几乎所有涉及肺部结构的基因在人类中都是相同的，包括你、你的邻居、因纽特人和俾格米人。进化心理学家约翰·图比（John Tooby）和勒达·科斯

---

① 在本书中我有时候会说自然选择"打算"或"计划"做某事，或者提到它在创造过程中"看重"的是什么。此时我会使用引号，因为这只不过是拟人修辞而已。但我相信这些修辞是有用的，因为它们能帮助我们从寓意上接受达尔文主义。——原书注

米德斯（Leda Cosmides）曾声称《格氏解剖学》(Gray's Anatomy)[①]上的内容对全世界所有人类都适用。他们进而追问，既然如此，心理的解剖结构就应该不同吗？进化心理学研究的核心论点是，组成人类心智的各种"心理器官"，例如让人关爱后代的器官，也是物种的专属特征。[18]进化心理学家所要探寻的正是该领域人人皆知的"人类的心理一致性"。

气候的控制

我们的南方古猿祖先———一种直立行走但脑容量同猿类一样的古猿——与我们相隔几百万年，大概 10 万～20 万代。这听起来好像并不多，但要知道，仅仅经历 5000 代左右，狼就可以变成吉娃娃，或沿着另一条进化路径变成圣伯纳犬。当然，狗的进化是由人工选择而非自然选择来完成的。不过正如达尔文所强调的，二者本质上相同。在两种情况下，都是某些特征经由持续数代的标准而从种群中被逐渐清除，而且如果"选择压力"足够强，基因被消除得足够快，那么进化过程在两种情况下都可以很急速。

有人可能会疑惑，为什么在最近的人类进化期会有那么大的选择压力？毕竟，通常产生压力的是恶劣的环境，例如干旱、冰期、凶猛的捕食者或稀缺的猎物，但当人类开始进化时，这些因素的影响已经减弱了。随着工具的发明、火的使用、合作狩猎的出现，人类对环境

[①] 亨利·格瑞（Henry Gray）和亨利·范戴克·卡特（Henry Vandyke Carter）于 1858 年推出的一部解剖学参考书，后经不断修正完善，成为医学教育中最权威、最重要的教科书之一，尤其是在解剖学领域，拥有《圣经》一样的地位。——译者注

有了更大的控制力，对大自然的变化不定有了更强的抵抗力。那么，到底是什么使得猿脑在几百万年内变成了人脑呢？

主要答案似乎是，人类进化的环境一直是人类（或史前人类）自身[19]。在将基因传递到下一代这件事儿上，石器时代社会的各个成员相互都是竞争对手。而在这种竞争中，他们又是彼此能利用的工具。基因的传播取决于他们如何对待邻居：有时要帮助他们，有时要忽略他们，有时要剥削他们，有时要喜欢他们，有时要憎恨他们，并且要清楚何人何时应得到何种待遇。相互适应构成了人类进化的重头戏。

每一个适应特征在种群中固定下来后都会改变社会环境，因此这些适应特征又会引发新的适应特征。就像一旦所有父母都携带XXL基因，在"让后代易存活多生养"这场永不停息的竞赛中，所有父母就都没有优势了。竞赛依然要继续，在这个赛场上，开展的是一场关于"爱"的军备竞赛。但在其他赛场上，比拼的则是其他特质。

有些圈子习惯于低估整个适应概念，低估连贯的进化设计。谈及进化，普及生物学思想的读物经常强调随机性和偶然性的作用，而不是适应性的作用。一些气候变化突如其来，灭绝了不幸的动植物群落。对于那些侥幸躲过灾难的物种来说，整个进化环境也因此改变。随着宇宙的骰子掷出，顷刻间所有赌注烟消云散。这样的事情的确会发生，这也确实是"随机性"对进化产生巨大影响的体现。随机性还有其他体现，例如，通过自然选择评定的新特征似乎是随机产生的。[20]

但是，我们不应该允许自然选择机制中的"随机性"掩盖其核心特征：生物设计奉行的最高准则是适应。是的，骰子不停翻滚，进化的环境不断变化。今天具有适应性的特征，明天可能就无济于事。因此，自然选择会经常发现自己在"修正"过时的特征。这种根据环境持续调整的方式会让有机体的质量有些"粗制滥造"（这就是为什么人会背痛的原因，如果你的身体一开始就是为了直立行走而设计的，而不是从树栖动物逐渐适应而来的，你就不会有这么脆弱的背部了）。不过，环境变化通常逐渐发生，足以让进化并驾齐驱（当选择压力更严峻时，进化也会时不时小跑几步），而进化往往也的确表现不错。

在这一进程中，好的设计标准始终如一。成千上万影响人类行为、构建大脑、操控神经递质和其他激素从而决定我们"心理器官"的基因目前得以存在，都归为一个原因。这个原因就是它们曾经驱动我们的祖先将他们的基因传递给下一代。如果自然选择理论是对的，那么人类心智的方方面面基本都可以通过这一角度得到理解。我们相互感知的基本方式，我们相互揣测、相互交谈的内容，如今之所以与我们同在，都是因为它们过去对基因适应性做出了贡献。

达尔文的性生活

没有哪种人类行为能比性行为对基因传递产生的影响更显著。因此在人类心理中，最适合用进化解释的莫过于与性有关的心理状态：原始性冲突、空幻的迷恋、坚定（或至少感觉坚定）的爱情等等——这些基本力量裹挟着全世界的人走向成年，其中包括达尔文。

达尔文离开英格兰时22岁，大概身上充满了年轻男性天生具有的荷尔蒙。他曾爱慕过几位当地女孩，特别是漂亮、娇媚又受欢迎的范妮·欧文（Fanny Owen）。达尔文有一次让她玩过猎枪，她倔强地假装猎枪的后坐力没有弄疼自己的肩膀，这使她看起来魅力十足。数十年后，达尔文回忆起这个小插曲，依然会泛起明显的迷恋之情。[21]他在从剑桥寄给她的信中表达过一些甜言蜜语，但尚不清楚他是否亲吻过她。

达尔文在剑桥时，妓女并不难找到，更不用说那些不需要特别明确付钱就能"得手"的女孩。但大学的纪检员会在校园附近的街道巡查，时刻准备逮捕那些可能因"拉客卖淫"罪名而被起诉的女人。达尔文的哥哥曾警告他永远不要被人看见和女孩在一起。他曾给一位因为有了私生子而退学的朋友送钱，这是我们所能了解到的达尔文与不正当性关系最紧密的联系。[22] 达尔文很可能是以"处男之身"离开英格兰的。[23] 在之后的 5 年，他主要和 70 多个男人待在一艘 90 英尺① 长的船上，这无法给他什么机会去改变处男状态——至少传统的途径不行。

此外，达尔文回国后依然没有太多合适的机会去发生性行为。毕竟那是维多利亚时代的英格兰。达尔文可以在伦敦找到妓女（达尔文将在伦敦定居），但与同一阶层的"体面"女人发生性关系就难多了——除婚姻这种极端手段外几乎没有其他可能。

这两种性形式之间的巨大鸿沟体现了维多利亚时期最著名的性道德元素——所谓的"圣母-荡妇"两分法（"Madonna-whore" dichotomy）。世界上有两类女人：一类是单身汉日后愿意与之结婚的，一类则是他现在可以享受的；前一类配得上爱情，后一类则只涉及性欲。性的双重标准是另一个可追溯到维多利亚时代的道德观念，不过这种说法具有一定的误导性，因为维多利亚时代的卫道士对男女的性放纵都会强烈批驳，但相比女人，男人滥性受到的非议确实会少一些。这种差异和"圣母-荡妇"两分法确实也有紧密联系。如果一个维多利亚时代的女人在性上比较大胆，等待她的将是严厉的惩罚，

---

① 1 英尺约等于 0.3 米。——编者注

她将永远沦为"荡妇",导致她所能选择的丈夫的范围大大受限。

如今,人们习惯于排斥和嘲笑维多利亚时代在性方面的道德准则。排斥可以,但嘲笑其实就高估了我们自己的道德进步。事实上,许多男人仍然公开谈论"荡妇"和她们的"恰当用途":适合玩乐,但不适合结婚。甚至一些不会想着那样说话的人(比如受过良好教育的自由主义者)实际上也会那样做。女人有时会抱怨,一些绅士看起来很有教养,也愿意在她们身上投注大量精力,可在前两次约会发生性关系后,再也不会联系她们,似乎过早发生的性关系将女性变成了贱民。同样,尽管双重标准在20世纪已经退潮,但仍强大到足以引起女人的埋怨。因此,理解维多利亚时代的性风尚有助于我们进一步理解如今的性风尚。

维多利亚时代性道德观的知识基础非常明确:男女两性有内在差异,最重要的是"力比多"①方面。即使是维多利亚时代反对男性玩弄女性的人也强调这一差异。阿克顿医生写道:"我要说,大多数女人都没有任何性感受方面的困扰(这值得为她们高兴)。性欲对男人来说是惯常现象,对于女人来说则是偶有例外才会这样。我承认确实如此,就像离婚案所展现出的,只有少数女人的性欲强烈到能超过男人。"这种"女色情狂"行为是"一种精神错乱"。"毫无疑问,女性的性感受在大多数情况下是沉寂的(在许多案例中,这是永远不可能的)……即使被唤醒,相对于男性来说也非常有节制。"阿克顿还说,有一个问题是,很多年轻男人被"放荡,或者至少是下贱、低俗的女人"所误导。因此,他们进入婚姻时过分夸大了婚姻中性的成分。他

---

① 力比多,是英文"libido"的译音,表示性本能或原始性欲,是弗洛伊德精神分析心理学体系中的重要概念。——译者注

们并不知道:"最好的母亲、妻子和家庭管理者对于性享乐知之甚少或干脆一无所知。对家庭、孩子和家务的爱才是她们的激情所在。"[24]

那些自认为是贤妻良母的女性却有不同观点,并且她们有有力的证据。然而,典型的男性性欲和女性性欲存在一些差异,男性的胃口没那么挑剔——该观点仍然能从新达尔文主义范式那里得到许多支持,同时也能在其他许多地方找到依据。而"男女天性一致"这一近来流行的假说,看起来捍卫者则越来越少。例如,它不再是女性主义的基本论调。女性主义者的一整个流派——"差异女性主义者"或"本质主义者"——如今也认同两性有深层差异。不过到底"深层"意味着什么,他们往往语焉不详,在这种背景下很多人不太愿意提到"基因"这个词。哪怕真的提了,他们也会含糊其词,因为他们知道早期女性主义者所秉持的"男女内在性状态相同"这一观点并不正确(而且这种说法可能在某些方面会伤害到女性),但他们又害怕诚实地探索其他观点。

如果新达尔文主义的性观念只不过是为传统看法背书,即证明男性是充满性欲的群体,那么它的价值极其有限。但事实上,它不仅揭示了动物的本能冲动,比如性欲,还阐明了更微妙的意识轮廓。对一个进化心理学家来说,"性心理学"无所不包:从青春期起伏不定的自尊,到男女对彼此的审美评判,再到他们对彼此的道德评判以及对同性伙伴的道德评判。"圣母-荡妇"两分法和性的双重标准是很好的例子,两种例子如今看来似乎都植根于人的天性——来自那种人们用来彼此评价的心理机制。

这里需要做两条免责声明。第一,说某物是自然选择的产物并不意味着它无法改变,就像人性当中的任何表现都可以在恰当环境下发生变更——尽管在某些情况下,所要求的环境变化会过于激烈。第二，说某物是"自然形成的"并不等于认定它就是好的。我们没有任何理由将自然选择的"价值标准"当作自己的价值标准。但是，如果我们想追求与自然选择不一致的价值标准，我们就需要知道到底反对的是什么。如果我们想要改变道德准则中那些令人不安的顽固部分，搞清楚它们从哪儿来就会有所裨益。它们根本的来源是人类天性，无论那种天性经过了多少层环境和文化传承的复杂折射。是的，不存在"双重标准"基因，但如果要理解双重标准，我们一定要先了解我们的基因以及明白这些基因如何影响我们的想法。我们必须清楚那个选择这些基因的过程及其使用的奇怪标准。

在接下来几章，我们将解析那个塑造了性心理的过程。接着，我们再回头继续探讨维多利亚时代的道德观，讨论达尔文及其妻子的心理。所有这些都能让我们以更清晰的视角来看待自己的处境——20世纪末的求爱与婚姻。

第 2 章

雄性与雌性

在动物王国的各类生物中，无论是哺乳类、鸟类、爬行类、鱼类、昆虫类，还是甲壳类动物，两性之间的差异基本都遵循完全相同的准则，雄性几乎总是追求者……

——《人类的由来》（1871）[1]

达尔文在性方面的观点上犯了错。

他并非错在认为雄性总是追求者。他对两性基本特征的阐述如今依然成立。"雌性不像雄性那样热切，极少例外……她们腼腆，可能经常会用很长时间去努力躲避雄性的追求。每个曾关注过动物习性的人都能回想起这类事例……雌性在这方面做出的选择，就像雄性的热情一样，几乎是普遍规律。"[2]

对于这种不对等的兴趣引发的结果，达尔文也没有说错。他认识到，雌性的慎重态度会让雄性为了稀缺的生殖机遇进行竞争，而这也可以解释为什么雄性经常有"内置武器"——公鹿的角、雄性锹甲虫的角状上颚、雄性黑猩猩尖利的犬齿等[3]。那些没有遗传战斗装备、无法与其他雄性作战的雄性会被排除在性活动之外，因此他们的特征也就被自然选择所抛弃了。

达尔文同样知晓雌性的挑剔对于她们的选择有重要意义。如果她们偏爱与特定类型的雄性交配，这类雄性就会繁荣扩散。因此，许多雄性动物的装饰物——蜥蜴在交配季变得色彩鲜艳的气囊袋喉咙，雄孔雀笨重又累赘的尾巴，还有公鹿的角——看起来非常精细，并不仅仅是应对战斗的需要。[4]这些装饰物的进化不是因为它们对日常生存有所裨益——如果有影响，也只是添麻烦——而是因为它们可以吸引雌性，相比之下，它们带来的日常负担就无足轻重了。（从雌性的基因利益看，这些装饰物是如何起到吸引作用的？这是另一个话题，也是生物学家目前还存在微妙分歧的地方。[5]）

达尔文将这两种自然选择的变体——雄性间的争斗和雌性的辨别力——称为性选择。他为这个观点而深深自豪，这无可非议。在达尔文的进化理论中，性选择只是一种例外情况（就像鲜艳的颜色实际上就是在对捕食者说"杀了我吧"），因此该概念也只是他的原有理论一个不太明显的延伸。然而这一概念却随着时间的推移持续深化，并且在范围上也有所拓展。

达尔文真正搞错的，是他对"雌性矜持、雄性热情"这一现象的进化起源分析。他看到了两性间不对等的性兴趣会导致雄性为了稀缺的繁殖机会进行竞争，他也看到了这种竞争的结果，但他没明白到底是什么原因造成了不对等。他在晚年时曾尝试对此进行解释，可并不成功。[6]公平地说，过去历代的生物学家其实也没有做得更好。

现在对该现象的解答已有共识，所以长期未能达成共识，反倒令人费解。解答其实很简单，性行为就像其他许多行为一样，也能被自然选择理论阐明。虽然这种阐释近30年才真正产生影响力，但一个世纪前它就可以大体如此，显然这也符合达尔文的人生观。由于涉及一些微妙的逻辑，达尔文没有看到他的理论的全部适用范围，这是可以谅解的。不过，如果听到今天的进化生物学家谈论性话题，他可能会深感沮丧，直呼自己愚不可及，竟然迟迟没有弄明白。

扮演上帝

探究两性基本差异的第一步是预设自然选择在设计物种途中所扮演的角色。以人类为例，假定你负责在人类（或类人猿）的意识中安装一些在其一生中能起到引导作用的行为准则，而比赛目标是使每个人的基因遗产最大化。更简化地说，你设定的行为模式应该让每个人都可以有许多子女，而他们的子女也能有许多子女。

显然，这并不是自然选择实际的运作方式。自然选择不会有意地设计有机体，甚至从不有意地做任何事情。它只是盲目地保留那些恰好可以提高生存和繁衍概率的遗传特征。[①] 然而，自然选择的运作又看起来很像它在有意地设计有机体，所以假装你负责有机体的设计，对于去发现人类以及其他动物身上所深植的进化趋势，这是一条合理途径。实际上，这正是进化生理学家花费大量时间在做的工作：观察一种特征——心理的或其他方面——找出这一特征解决了什么工程技术挑战。

当扮演进化的管理员并设法使基因遗产最大化时，你会很快发现这一目标对于男女两性来说意味着不同的趋势。假如一位男性可以劝说足够多的女性与他合作，并且没有法律会禁止多配偶制——在我们的进化环境中，这样的事确实发生过——那么他一年可以繁育数百次。而另一方面，一位女性一年最多繁育一次。这种不平衡的部分原因在于卵子的珍贵价值，在所有物种中，精子都体型微小、可大批量生产，卵子则相对体积更大、更稀缺（实际上，生物学中对雌性的正

[①] 实际上，新达尔文主义范式的要旨之一就是，自然选择指明的方向要比"生存和繁衍"更复杂一些。不过在第7章前，这种微妙的差异并不会对我们要讨论的内容造成什么影响。——原书注

式定义就是，拥有更大生殖细胞的那一方）。① 而哺乳动物的繁殖细节进一步增大了两性生育上的不平衡：卵子成长为有机体的漫长周期发生在雌性身体里，这导致她们不能同时处理许多问题。

因此，虽然有各种理由让达尔文主义者认为一个女性与多个男性结合是有意义的（例如，也许第一个男性没有生育能力），但总有一天，此时多发生性关系恰好得不偿失，还不如休息一会儿或简单吃点东西。对于男性来说，除非他的确快要崩溃或饿死，否则这样的时刻（为了休息或食物放弃性）永远不会到来。每个新的合作者都能提供一次将更多基因传递给下一代的大好机遇——在达尔文主义者的计算中，这可比睡一觉或吃顿饭有价值多了。正如进化心理学家马丁·戴利（Martin Daly）和马戈·威尔逊（Margo Wilson）言简意赅的评价：对于雄性来说，"总有做得更好的可能"。[7]

从某种意义上说，雌性也可以做得更好，但那体现在质量而不是数量上。养育一个孩子会花费大量时间，更不用说还要付出精力，因此对于雌性所能承担的项目总量（养育后代的数量），大自然设定了一个很低的上限。每个孩子，从女性（基因）的角度看，都是极为珍贵的基因机器。它的生存能力和继续制造小基因机器的本领至关重要。这使得达尔文主义者相信，对于女人来说，精心挑选一个能帮她制造基因机器的男人是很有意义的。在允许男人进入这个投资项目前，女性要评估对方是不是一个心怀抱负的合作者，扪心自问他能为

---

① 之所以会形成这种差异，原因在于精子和卵子中只能有一方携带新陈代谢设备，也就是线粒体，否则它们会在相互竞争中"杀死"对方，进化给出的解决方案是，精子只携带遗传信息，卵子则包含了完整的新陈代谢设备。因此卵子的体型会远超精子，而生产加工一个大细胞当然需要更长时间，因此卵子更稀缺。——译者注

这个项目带来什么。这个问题又会引发一堆新问题，特别是在人类身上，问题要比你猜想的更多更微妙。

在讨论这些问题前，我们必须先说明两点。第一点就是女人不需要追究这些问题，甚至不需要了解这些问题。我们人类的许多相关历史就发生在祖先的智慧还不足以刨根问底之前。就算在最近的过去，当语言和自我意识出现后，我们也找不到理由将每一种进化的行为趋势都置于意识控制之下。实际上，有时候，在基因利益的视角下，意识到我们到底在做什么和为什么这么做，其实并不重要。（所以弗洛伊德虽然确实有所发现，不过许多进化心理学家会说他根本不得要领。）至少就性吸引来说，日常经验表明自然选择产生影响的方式，主要是通过情感阀门来打开和关闭初步的吸引、狂热的激情和令人沉醉的痴迷等情感。一个女人在打量一个男人时不会想道："对于我的基因遗产来说，他看起来像一个有价值的贡献者。"她只会评估对方，并感受自己是否对他有"感觉"。所有的"思考"已经被自然选择"无意间"完成了。有些基因会走向繁荣，是因为它们引发的吸引最终有利于增加她的祖先的基因遗产，反之，那些无法引发这种吸引的基因就会衰落。

只有先理解基因控制其实通常是无意识的，我们才能明白：不仅在性方面，我们在很多领域都是木偶，哪怕只想要获得部分解放，其希望也在于破解操纵者的逻辑。解释这个逻辑的全部内容要花一些时间，不过事先声明，操纵者似乎对木偶们的幸福毫不关心——我想这并不算是在剧透。

在思考自然选择如何"决定"塑造男女的性倾向之前，需要明白的第二点是，自然选择并不具有"前瞻性"。进化是被其所处的环境和环境的变化所引导的。例如，自然选择不会预测到有一天人类会采用避孕措施，人们的激情只会导致空耗时间和精力但没有任何"结果"的性活动；自然选择也不会预测到 X 级录像带的问世，于是欲望充沛的男人通过看色情片打发休闲时间，而不去追求那些可以帮助他们传递基因的真实女人。

这并不是说"没结果"的性娱乐有任何错误。自然选择创造了我们，并不意味着我们必须奴隶般遵循它的奇怪安排。（更有可能的是，我们会忍不住埋怨它不该让我们背负那么荒谬的包袱。）关键在于，人类心智的设计目标是使人类的适应性和基因遗产最大化，这一说法并不准确。自然选择理论其实是说，人类心智的设计目标是在其进化环境中使适应性最大化。这种环境被称为"进化适应环境"（EEA, environment of evolutionary adaptation）[8]，更好记的说法是"祖先环境"（ancestral environment）。"祖先环境"会始终潜伏在背景中，贯穿本书。有时，在思考某种心理特征是不是一种进化适应时，我会先问一下这种特征是否看起来符合其承载者的"基因利益"。例如，泛滥的性欲符合男人的基因利益吗？但是，这只是简化的说法。这个问题更合适的表述方式应该是，某种特征是否符合"进化适应环境"中的某人的"基因利益"——而不是现代美国、维多利亚时代的英格兰或者其他地方的某人的基因利益。从理论上说，当某种特征能促使引导该特征的基因在祖先的社会环境中世代传递时，这种特征才可以成为现在人类天性的一部分。[9]

我们祖先的生活环境是什么样的呢？在 20 世纪，最接近的例子就是狩猎-采集社会，例如非洲卡拉哈里沙漠的昆申人、北极地区的因纽特人或者巴拉圭的阿契人。不走运的是，狩猎-采集社会彼此之间存在差异，因此对现代人来说，要想简单概括人类进化过程中面临的残酷考验是极为困难的。这种多样性暗示了一个可能，即单一的进化适应环境就像小说或合成画一样，是虚构出来的，而我们祖先的社会环境无疑会在人类进化中发生变化。[10]尽管如此，也有一些主题反复出现于当代不同的狩猎-采集社会，它们的存在说明在人类进化过程中某些特征可能会保持恒定。例如，人们在亲属身边长大，生活在人人互相认识、极少有陌生人出现的小村庄，人们会结婚，会采用一夫一妻制或多配偶制，女人结婚的年龄通常是她发育成熟到能生育后代的时候。

至少有一点很确切：无论祖先的生活环境如何，它都不会和我们现在的环境非常相似。站在拥挤的地铁站台上，住在从不和邻居交谈的城郊，找到工作或被炒鱿鱼，看晚间新闻——这些不是我们的设计目标。我们的设计背景与生活背景间的割裂，也许可以解释许多精神病理学问题以及许多没那么严重的精神障碍。（就像潜意识动机的重要性，弗洛伊德因为这一观察结果收获许多赞誉，该概念是他的《文明与缺憾》一书的核心。）

为了搞清楚男性和女性想在对方身上寻求什么，我们需要更加仔细地考虑祖先的社会环境。正如接下来会看到的，仔细考虑祖先环境同样有助于我们解释为什么人类女性不会像其他雌性动物那样性保守。但是对于人类来说，无论女性的性保守程度如何，都一定会比男性更高。这是本章最重要的一点，而具体环境并不会对其产生多少影响。这一点只取决于一个前提，那就是雌性个体一生中所能拥有的后代数量要远小于雄性个体。这个情况基本永远不变：在我们祖先进化成人类之前，进化成灵长类动物之前，进化成哺乳动物之前，甚至一直追溯到爬虫类祖先都同样如此。母蛇可能并不非常聪明，但是至少足以无意识地辨别出有些公蛇并不是好的交配对象。

达尔文当时错在没有看出雌性有多么宝贵。他认识到雌性的羞怯让她们变得珍贵，但他没有看出她们与生俱来的珍贵，这种珍贵源于雌性在繁衍中扮演的生物角色，以及因此而导致的缓慢繁衍速度。自然选择"搞懂"了这一点，至少"领会"了这一点，雌性的羞怯正是这种"内隐理解"的结果。

开窍

在人类理解这一逻辑的道路上，英国遗传学家 A. J. 贝特曼（A. J. Bateman）于 1948 年迈出了坚定的第一步。贝特曼使用果蝇进行了一个约会游戏。他把五只雄果蝇和五只雌果蝇关进一个房间，让它们"随心所欲"，之后通过检查下一代的特征，找出不同后代属于哪些父母。贝特曼发现了一个清晰的模式。几乎所有的雌果蝇都有相同数量的后代，不管她们①交配过一只、两只还是三只雄果蝇。雄果蝇的后代数量则不尽相同，且遵循着一个简单的规则：交配的雌性越多，后代就越多。贝特曼看到了其中的关键之处：自然选择鼓励"雄性不加区分、热情主动，雌性精挑细选、矜持被动"。[11]

贝特曼的洞见久久不被重视。差不多 30 年后，几位进化生物学家才开始关注他的结论：不仅做了全面严谨的阐述，而且进行公开宣传。

严格来说，第一部分的工作来自两位生物学家，他们的经历证明了一些关于达尔文主义的刻板印象有多么荒谬。20 世纪 70 年代，社

---

① 本书原文在指称动物时，经常使用"him"或"her"，为了与原作相符，为了方便读者区分一个句子中出现的多个指称代词的不同含义，翻译本采用了与原作一致的指代方式，即有时会用"他（们）"与"她（们）"指代雄性与雌性动物。——译者注

会生物学的反对者常常控诉这个领域的先驱是隐藏的反动派、种族主义者和法西斯主义者等等。很难想象，有谁会比乔治·威廉斯和罗伯特·特里弗斯更容易遭受这种指责，也很难想象，有谁会比他们为新范式的确立做出了更多贡献。

威廉斯是纽约州立大学的荣誉退休教授[①]，他曾努力消除社会达尔文主义的余毒，并坚决抵制其中暗含的假设，即自然选择在某种程度上是一种崇尚服从与竞争的机制。许多生物学家赞同他的观点，并强调我们不应该从自然选择的标准中推导出道德价值。而威廉斯走得更远。他认为，自然选择是一个"邪恶"的过程，它以巨大的痛苦和死亡为代价，酿成了极致的利己主义。

在新范式刚刚成型时，特里弗斯还是哈佛大学的临时教授，如今他任职于罗格斯大学。相对于威廉斯，特里弗斯对道德哲学问题没有那么强的兴趣。但是他表示自己无法接受与社会达尔文主义相关联的右翼价值观，并自豪地宣扬与黑豹党[②]已故领袖休伊·牛顿的友谊（他们还合作过一篇人类心理学的文章）。他责骂司法系统的不公，并看透了守旧派的鬼把戏——这些诡计许多人都意识不到。

1966 年，威廉斯出版了那部具有里程碑意义的著作《适应与自然选择：对一些当代进化论思想的评论》。这本书逐渐在业内获得了近乎神圣的地位。对于依据新达尔文主义思考社会行为的生物学家来说，它是一个基础性文本。[12] 威廉斯的著作驱散了长久以来折磨社会行为研究的困惑，它蕴含的基本主张支撑起了整个关于友谊和性主题研究的宏伟大厦。对于这两座大厦的构建，特里弗斯也起到了重要

---

① 本书出版时的 1994 年，乔治·威廉斯教授还在世，他于 1999 年荣获克拉福德奖，2010 年去世。——译者注
② 黑豹党是 20 世纪 60 年代美国一个活跃的黑人左翼激进政党。——译者注

作用。

威廉斯扩展并延伸了贝特曼1948年那篇论文的思想逻辑。他依据繁衍活动对个体"牺牲"的要求，提出了雄性和雌性的基因利益对比问题。对于雄性哺乳动物来说，做出牺牲的必要性接近于零。他的"基本任务在交配过后就结束了，而交配涉及的精力和物质消耗微不足道，他将关注点从自己的安全和幸福上移开的时间非常短暂"。在性活动中雄性付出很少而收益很多，因此通过"怀着激情和直接的意志去和尽可能多的雌性交配"，雄性动物可以在自然选择的"流通体制"下获利。另一方面，对于雌性来说，"交配意味着一种奉献，要面对生理和心理层面的长期负担以及随之而来的压力与风险"。因此，只有在环境看起来合适时，"承担繁衍的重担"才符合她的基因利益。"一种最重要的环境就是有生育能力的雄性"，另外，由于"健康的父亲更可能有健康的后代"，所以"能挑选出最健康的雄性也合乎雌性的利益需求……"[13]

因此在求偶活动中："雄性要做一场广告，来展示自己有多么的健康。""雄性为了自我利益，不管自身条件如何，都要装作自己很健康"，同样，雌性为了自我利益，也要识别出虚假的宣传。因此，自然选择创造了"雄性娴熟的推销技术，以及雌性同样娴熟的抵制和辨别推销的技术"。[14] 换句话说，理论上，雄性应该倾向于炫耀。

几年后，特里弗斯借用贝特曼和威廉斯的想法创造了一个成熟的理论，之后进一步阐明了两性心理。特里弗斯开始用"投资"这一概念取代威廉斯提出的"牺牲"。二者看起来区别不大，但有时细微差别也能推动知识上的雪崩效应，而这就是一个典型例子。"投资"作为经济学词汇，与已有的分析框架联系了起来。

在一篇1972年发表的著名论文中，特里弗斯正式将"亲代投资"

（parental investment）定义为："父母为了增加某个后代的生存概率（以及保证该后代成功繁衍），以减少自己对其他后代的投资为代价而对其施加的投资。"[15]产生卵子或精子、受精、怀孕或孵化、养育后代，这些活动所耗费的时间和精力都属于亲代投资。显然，直到分娩前，雌性通常都会施加更高的投资，而在分娩后，这种差距仍会持续——虽然不再那么明显，但这的确是事实。

特里弗斯认为，通过量化出某个物种两性在亲代投资上的不平衡，我们可以更好地理解很多事情，例如，雄性热切与雌性矜持的水平，性选择的强度，求偶、亲子关系、忠诚和背叛行为中的许多微妙方面。特里弗斯还指出，对于人类这个物种来说，亲代投资的两性不平衡并不像许多其他物种那样明显。他准确地察觉到，这一结果会涉及许多心理上的复杂问题（我们会在下一章讨论该主题）。

最后，随着特里弗斯的论文《亲代投资与性选择》（Parental Investment and Sexual Selection）发表，这朵花终于绽放。这是达尔文理论的一个简单延伸——简单到达尔文在一分钟内就能完全理解，它在1948年被隐约窥视，1966年被清晰表达，如今，1972年，总算被揭开全貌。[16]然而，关于亲代投资理论还有一个工作没完成：公开宣传。E.O.威尔逊1975年出版的《社会生物学》和理查德·道金斯1976年出版的《自私的基因》为特里弗斯的成果俘获了一批形形色色的受众，促使大量心理学家和人类学家以现代达尔文主义的概念来思考人类性行为。在很长一段时间里，新的成果和洞见得以持续积累。

检验理论

理论俯拾皆是。许多理论极其精妙，就像亲代投资理论这样，能用很少的内容解释很多的现象，可最终却被证明毫无价值。关于某些进化理论的一种批评是公平的，这种批评（来自创世论者或其他人）认为那些理论对动物特征的解释"只是故事"——看似合理，但也不过如此。其实，把"合理"的理论和"不可拒斥"的理论区分开还是有可能的。在某些科学领域，对理论的检验很直接，以至于我们只能稍微夸张一点地说起某个待"证实"的理论（不过严格地说，这总归还是夸张）。在另一些科学领域，对理论的验证则比较迂回，这是一个持续的渐进过程，一旦共识达成，我们就可以信任理论，否则就宣告理论失败。关于人类天性或其他事物进化根源的研究，属于第二类科学领域。对于每一个理论，我们都可以问很多问题，答案决定我们是相信它，怀疑它，还是模棱两可。

亲代投资理论面临的一个问题是，是否在最基本的层面上，人类行为实际上也遵循它？女人真的比男人更挑剔性伴侣吗？（不要与另一个其实并不同的问题相混淆，即两性中哪一方会对婚姻伴侣更挑剔，我们之后会展开讨论。）当然，许多民间智慧也都表明了这一点。更具体地说，无论是现代还是维多利亚时代的英国，基本上都是男性在寻求卖淫服务——与不认识也不想认识的人发生性关系。同样地，几乎都是男性在消费各种完全依赖视觉刺激的色情产品——关于匿名者没有灵魂的肉体的图片或影片。各种研究证明，对于随意且匿名的性活动，平均来说男性会比女性持更开放的态度。在一个实验中，当被校园里一个不认识的女生搭讪时，四分之三的男生同意与她发生性关系，但没有女生同意与不认识的男生发生性关系。[17]

怀疑者们常指责，这些证据只来自西方社会，它们反映了那里扭曲的价值观。然而，随着唐纳德·西蒙斯（Donald Symons）在1979年出版了《人类性行为的进化》（*The Evolution of Human Sexuality*）

一书，这个指责也不再站得住脚。这是第一本从新达尔文主义视角出发，针对人类性行为的综合性人类学调查报告。通过参照从东方到西方、从工业社会到原始社会的不同文化，西蒙斯证明了亲代投资理论宽广的适用范围：女性对性伴侣比较挑剔，男性则不然，对男性来说，与各种各样的伴侣做爱是一件极其吸引人的事情。

西蒙斯所讨论的文化，有一种尽量远离了西方的影响范围：美拉尼西亚地区特罗布里恩群岛的土著文化。定居在这个群岛的原始土著是从几万年前——可能10万年前的欧洲迁徙而来的。特罗布里恩的远古文化脱离欧洲远古文化的时间，甚至早于美洲远古文化独立的时间。[18]实际上，著名人类学家布罗尼斯拉夫·马林诺夫斯基①曾在1915年来这里考察，他证明这些岛屿的历史比现代西方人想象的还要久远。当地土著人甚至似乎还没有意识到性和生殖之间的联系。一个远航多年的特罗布里恩人回到村庄时发现自己的妻子多了两个孩子，幸亏马林诺夫斯基足够机智，没有当场指出她出轨了。"我和其他人讨论这件事，暗示至少有一个孩子不可能是这个航海者的，但和我聊天的人并不明白我是什么意思。"[19]

一些人类学家已经开始质疑，特罗布里恩人并非真的这么愚昧无知。虽然马林诺夫斯基在这个问题上似乎有至高无上的权威性，可我们没有办法知道他是否真的了解了这个故事的所有内情。但重要的是要明白，原则上他应该是正确的。人类性心理的进化看起来要早于人类对性的作用的发现。性欲和其他类似感受都是自然选择的运作方

---

① 马林诺夫斯基，英国人类学家，生于波兰。他提倡的田野调查法对西方人类学和民族学产生了重大影响。从他之后，几乎所有的人类学家都必须到自己研究的文化部落常住，学习土著语言，并实地参与聚落的生活。我国著名社会学家费孝通先生是其博士弟子。——译者注

式，它们让我们表现得好像想要更多后代并知道如何实现目标——不管我们实际上是否真的如此。[20] 如果自然选择不这样运作——如果它利用人类的智慧和理性，使我们对适应的追求完全出于自身有意识的计算——那么我们的生命将会非常不同。例如，如果必须使用避孕措施，丈夫和妻子就不会花时间搞婚外情了，他们要么放弃避孕，要么放弃性生活。①

另一件在特罗布里恩文化中"不西方"的事情是，那里并没有对婚前性行为的"维多利亚式焦虑"。在青春早期，男孩和女孩都会被鼓励去和自己喜欢的对象发生性关系。（这种性自由在一些前工业社会也存在，不过往往一个女孩在生育期之前，她的性探索就结束了，而开始了婚姻生活。）但马林诺夫斯基从不怀疑两性中哪一方是选择者。"在一个特罗布里恩式的求爱过程中不存在什么迂回……可以简单直接地提出以性愉悦为公开目标的约会。如果邀请被接受，男孩欲望的满足会扫除内心浪漫的心境，抚平他对这神秘又难以企及的事物的渴求。如果他被拒绝了，也没有多少容纳悲剧的空间，因为他从小就习惯了自己的性冲动在某些女孩那里受到挫败，他也知道还有其他机会可以治愈自己的挫败感……"另外："在每场恋爱中，男性总是会不断地送小礼物给女性。对于当地人来说，这种单方面付出显然是有必要的。这种习俗表明，即使在相互吸引的情况下，性交也会被当成是女性提供给男性的服务。"[21]

毫无疑问，一些文化力量也进一步强化了特罗布里恩女性的矜持特质。虽然在特罗布里恩，年轻女性会被鼓励去拥有积极的性生活，

---

① 这句话的意思是，如果我们繁衍后代完全是由理性计算而不是性欲所驱动的，那么当我们明知一种性行为不会导致怀孕时，就不会去做。——译者注

但是如果太过主动和随便，她的优势就会丧失，因为"急切的诱惑往往意味着微不足道的个人价值"。[22] 但是我们能有什么理由相信，这种规范不是深层遗传逻辑在文化上的反映？谁能找到一种文化，在那里一个与男性有同样强烈性欲的女性不会被视为异类？如果不能，难道这只是一种惊人的巧合——在没有任何基因推动的情况下，全人类都独立迈上了大致相同的文化轨道？或者说，至少在50万年前，即人类还没有分散迁徙时，这种普遍的文化成分就已经存在了？对于一种本质上非常"随机"的价值标准来说，要在一种文化中持续下去而不消亡，这看起来可是很长一段时间。

这种思维实验带给我们两个启示。第一，我们有理由使用进化理论解释心理特质或心理发展规律——因为它们普遍存在、随处可见，甚至在两个相距甚远的文化中也找得到。[23] 第二，我们通常很难完全从文化的角度来解释这种普遍性，这说明达尔文主义的观点虽然没有像证明数学定理那样被证明是正确的，但是根据科学原则，它依然是成功的观点；与其他方案相比，它的解释链条更简短、可疑链条更少，因此它是一个更简洁有效的理论。目前提出的3个浅显论断：（1）自然选择理论的适应性原理直接预示着，女性会对性伴侣更挑剔，男性则不然；（2）这种"挑剔"与"随意"能在全世界范围内被观察到；（3）充满矛盾的纯文化理论无法像自然选择理论那样，简洁有效地解释这种普遍性——如果我们接受这些论断，并且遵循科学原则，我们就只能认可达尔文主义的解释：雄性的放纵和雌性的（相对）保守在某种程度上都是与生俱来的。

当然，有更多的证据总是好事。虽然在科学上完全地"证实"也许不可能，但可信度是可以调整的。尽管"进化解释"很难像物理或化学领域的某些解释那样达到99.99%的可信度，不过能将可信度从

70%提高到97%，这总归是好事。

一种强化进化解释的方法是展示其逻辑的普适性。如果女性在性上更挑剔是因为她们所能拥有的孩子比男性更少（因为要投资更多），如果动物王国的雌性所能拥有的后代普遍比雄性更少，那么雌性动物就应该普遍比雄性更挑剔。虽然进化生物学家并不奢望在他们的实验室再现进化过程，但就像其他优秀的科学理论一样，进化理论也能产生可证伪的假设——通过控制某些变量，预测结果。

这类预测已经被大量证实了。在一个又一个物种中，总是雌性腼腆矜持，而雄性则不然。实际上，雄性的性眼光实在很差，他们甚至会追求雌性之外的目标。在某些蛙类中，弄错对象的同性求偶现象很常见，那些发现自己被另一只同性抱住的雄蛙，不得不使用"释放信号"来告诉对方，他们会耽误彼此的时间。[24] 公蛇为人所熟知的一点是，他们会与死去的母蛇待一段时间后再去展开新的生活。[25] 雄火鸡会热情地向一个雌火鸡的动物标本求爱。实际上，把一只雌火鸡头部的复制品吊离地面15英尺，通常就可以取得这个效果。雄火鸡会绕着这个模型转圈，做一些仪式性的表演，之后（非常自信，大概认为自己的表现给对方留下了深刻印象）飞到空中落在接近雌性后背的地方，不过那里其实什么都没有。甚至用木头做的头也能引起那些年轻力壮的雄火鸡的兴趣，其中一些竟然还能对一个连嘴和眼都没有的木制头产生欲望。[26]

当然，这些实验只是以更生动的形式证明达尔文早前的论断是多么显而易见：雄性非常热切。这就引出了在检验进化解释时另一个经常被提及的问题：印证一个理论的"预测"是很奇怪的。达尔文并没有坐在自己的书房里说，"我的理论表明雌性更羞涩挑剔，雄性更愚蠢好色"，之后再出门看看能不能找到一些例子作为证据。相反，他先发现了许多例子，才开始思考自然选择到底是如何造成这些例子的——这个问题跨越到下个世纪中叶，在累积了更多例子后才有正确答案。而达尔文的批评者长期指责的，是那种有了明显证据再提出预测的模式。一些质疑自然选择理论或拒绝用其解释人类行为的人，常抱怨其根据已经存在的结果重新改造预测。当他们说进化生物学家花时间编造"故事"来解释自己所看到的一切时，脑子里想的通常就是这一点。

在某种意义上，编造看似合理的故事正是进化生物学家所干的事情，不过这么说并不是真的严厉指责。一个理论，例如亲代投资理论，其价值大小的衡量标准是它可以解释多少资料以及解释的简洁程度，而不是资料"浮现"的时机。哥白尼证明了只要假设地球绕着太阳旋转，就可以简明地解释天空中群星复杂的运行轨迹。如果有人指责他"你作弊了！因为你早就知道这种模式"，这么说可就跑题了。有些故事明显更好，所以它们胜出了。再说了，进化生物学家又到底能编出多少故事呢？早在达尔文提出理论前的几千年里，动物生命的资料库就已经存在了，对于这个事实，他们并不能多做什么。

但是有一件事情他们可以做。通常，一个达尔文式的理论不但会生成这个理论计划要解释的"伪预测"，还会带来额外的预测——真实的、未经验证的预测，这些预测就可以被用来进一步衡量该理论的价值。（达尔文在 1838 年，《物种起源》出版前 20 年，也就是他 29 岁时，就简略地描述了这种方法。他在笔记中写道："贯穿我的理论的论证路线是先通过归纳建立一个可能的论点，然后将其作为假设应用到其他论点上，看看它是否能解释那些论点。"[27]）亲代投资理论就是一个很好的例子。正如威廉斯在 1966 年记载的，存在一些奇怪物种，其中雄性对后代的投资可以与雌性持平，甚至超过雌性。如果亲代投资理论是对的，那么这些物种就会打破"性别刻板印象"。

考虑一下一种细长型的生物——尖嘴鱼。在这个物种中，雄鱼会扮演像母袋鼠一样的角色：他把卵放进育儿袋，让它们吸收自己血液里的营养。当雄鱼忙于养育后代时，雌鱼又开始了下一轮繁衍活动。这也许并不意味着雌鱼从长期看会比雄鱼有更多的后代，毕竟最初的产卵也会耗费大量的时间和精力。尽管如此，尖嘴鱼的两性亲代投资比例也不像大多数其他物种那样不平衡。而正如所预料的那样，雌性尖嘴鱼倾向于在求爱期扮演更积极的角色，她们会寻找雄性并主动开启交配仪式。[28]

一些鸟类也会展现出同样反常的亲代投资模式，例如瓣蹼鹬（包括两种海滨鹬鸟）。公鸟负责孵蛋，任由母鸟外出寻欢作乐。于是同预想的一样，我们又看到了与刻板印象相反的表现。雌瓣蹼鹬体型更大、颜色更华丽——这是一种反向性选择机制的信号，是雌性要赢得雄性。有个生物学家观察到雌瓣蹼鹬具有典型的雄性风格，"她们之间不停争吵和炫耀"，而雄瓣蹼鹬则耐心地孵蛋。[29]

直言不讳地说，威廉斯在1966年出版著作时就知道这些物种打破了刻板印象。但随后的研究证明，他的预测比预想的更普及：其他鸟类、巴拿马毒箭蛙、一种雄性将受精卵放在自己背上的水虫、摩门蟋蟀（这个名字有点讽刺，摩门教徒奉行一夫多妻制，但这种蟋蟀恰恰相反），这些动物都是雄性在亲代投资中付出巨大。目前为止，威廉斯的预测还没有遇到严重问题。[30]

猿类与我们

还有一种形式的进化证据可以证明男女之间的差异：看看我们的

近亲。类人猿——黑猩猩、倭黑猩猩、大猩猩和红毛猩猩——它们当然不是我们的祖先，而是与我们分道扬镳后进化而来的。不过，这些分叉路口出现在 800 万年前（对于黑猩猩和倭黑猩猩来说）到 1600 万年前（对于红毛猩猩来说）。[31] 就进化而言，这段时间并不算长。（一份文献指出：我们推测的祖先——南方古猿①出现在与黑猩猩分叉后不久的 400 万~600 万年前，南方古猿脑容量与类人猿相似，但已经直立行走；而直立人则在 150 万年前形成，他们的脑容量介于现代人与类人猿之间，凭借这样的大脑，他们学会了用火②。[32]）

类人猿与我们在进化树上的亲密程度为一种侦探游戏赋予了合理性。很有可能——虽然很难完全确定——人类和类人猿之所以共享一种特质，是因为这种特质来自我们共同的祖先。换句话说，它存在于 1600 万年前的猿类祖先身上，并从那之后保存在我们所有的遗传谱系中。概略地说，其中的逻辑就像找到四个互为远方表亲的人，发现他们都有棕色的眼睛，于是我们推断他们共同的曾曾祖父母中至少有一个人也是棕色的眼睛。这离一个严谨的结论还差得很远，但是比起只找到一个表亲就得出结论来说，已经更可信了。[33]

我们和类人猿共享许多特征。其中许多特征显而易见，根本不值一提，例如一只手有五根手指，没有人会怀疑人类手掌的遗传基础。但是具体到人类的心理特征，遗传基础就充满争议了，例如男女两性

---

① 之所以称南方古猿是现代人最早的祖先，是因为比南方古猿更早的祖先在当今世界上的后代不仅有人类，还有黑猩猩和倭黑猩猩，而南方古猿的后代只有智人，也就是现代人。——译者注

② 在本书出版的 1994 年，关于人类祖先使用火的考古学证据尚不够充分。而目前已有研究证据表明，直立人学会使用火发生在 70 万~100 万年前，但他们真正掌握了用火技巧，可以在任何地方随时点火的时间，发生在 40 万~50 万年前。——译者注

在性欲上的差异，在这种情况下和类人猿的比较就会很有价值。除此之外，花点时间了解一下我们的近亲也很有意义。谁知道我们的心智有多少成分来自和类人猿的共同祖先呢？

雄红毛猩猩是流浪者。他们会独自游荡，寻找雌性，而雌性则倾向于定居在自己的活动范围内。一只雄猩猩可能要定居足够长的时间来占领一个、两个甚至更多的活动范围，但占领太多也不都是好处，因为还要抵御大量竞争对手的侵扰。一旦任务完成，雌红毛猩猩生下孩子，雄性就可能会消失。他们可能会在几年后，雌猩猩又能怀孕时再回来。[34] 在此期间，他们可不会和家里联系。

对于雄性大猩猩来说，他们的目标是成为群体的首领。组成群体的一般是几只成年雌性、她们年幼的后代，可能还有一些年轻的单身成年雄性。处于统治地位的雄性可以独享与雌性进行性接触的机会，年轻的雄性一般会非常注意自己的"言行举止"（随着首领年龄增大及力量衰退，他可能会与其他雄性成员分享雌性）。[35] 首领还要面对外来的雄性闯入者，他们情绪高昂且自信，目的是要带走一个或多个雌性。

雄性黑猩猩的生活也充满斗争。他们要努力提升社会阶层，和大猩猩的阶层结构相比，黑猩猩阶层结构更复杂且具有流动性。同样，处于统治地位的雄性首领享有优先获得任何雌性的权利——这是他在雌性排卵时利用自己的独特活力而得到的特权，为此，他要不知疲倦地通过攻击、恐吓和诡计来捍卫自己的地位。[36]

倭黑猩猩，也就是巴诺布猿（它们实际是黑猩猩的一个特殊种类）可能是灵长类动物中最好色的分支。他们有多种形式的性行为，并且这些行为常常不只为了繁衍。他们有周期性的同性性活动，比如雌性之间摩擦生殖器，这似乎是表达"让我们做朋友"的一种方法。

尽管如此，整体来说，倭黑猩猩的性关系也与黑猩猩的有许多共同之处：显著的社会阶层有利于雄性接近雌性。[37]

在这些物种丰富多样的社会结构中，本章最基本的主题突出显现：雄性似乎对性行为非常渴望并努力追求，雌性却没那么努力。这并不是说雌性不喜欢性，她们喜欢性，也许还会主动寻求。有趣的是，黑猩猩和倭黑猩猩作为和人类亲缘关系最近的物种，其中的雌性好像特别习惯放荡的性生活，比如有多个性伙伴。尽管如此，雌性也不会像雄性那样行事——疯狂搜寻、冒着生命危险、尽可能多地与不同异性发生性关系，她们自有办法获得交配机会。

雌性的选择

雌性猿类整体上比雄性猿类更加谨慎，但这并不意味着她们一定主动筛选未来的性伴侣。筛选确实存在，但不一定主动；那些统治其他雄性的猿类有交配权，被统治的就没有。达尔文定义了两类性选择，这是其中一类，雄性类人猿之间的竞争（我们人类也一样）说明，此类性选择有助于高大、残忍的雄性得到进化。但另一类性选择呢？雌性是否参与筛选过程，从而选出那个可以为她的遗传项目带来最多贡献的雄性呢？

麻烦的是，雌性的选择往往难以认定，她们的选择倾向并不是特别清晰。雄性之所以比雌性高大强壮，仅仅是因为那些强壮的雄性击败对手获得了交配机会吗？或者，雌性更青睐强壮的雄性，是因为有这种遗传偏好的雌性会有更多强壮而多产的儿子，而他们的女儿又大多继承了祖母的品位？

尽管存在种种困难，假定雌性类人猿在某种意义上具有性挑剔倾向，还是比较安全可靠的。例如，雌性大猩猩虽然一般只会同一只居统治地位的雄性发生性关系，但在生命历程中也会"移情别恋"。当一只外来的雄性进入她所在的社群，通过恐吓甚至打斗获得了首领位置，如果印象深刻，雌性就会决定追随他。[38]

在黑猩猩的例子中，情况会更加微妙。处于统治地位的雄性首领可以占有他想要的任何雌性。但这并不意味着雌性会喜欢他，只是他通过恐吓其他雄性让雌性别无选择。他还可以威胁雌性，所以她们对低等级雄性的冷落可能仅仅反映了自身的恐惧。（实际上，当首领没注意的时候，这种冷落就消失了。）[39] 不过有些黑猩猩的配偶模式完全不同，他们之间存在持久而私密的亲昵关系——这很可能是人类求偶的原型。一只雄性和一只雌性会离开社群长达几天甚至几周。虽然对于雌性来说，拒绝雄性这一邀请可能会被他强制绑架，但也有其他情况，有时她能反抗成功，有时她会选择平静地跟着去——尽管周围的雄性都很愿意在她抵抗时施加援手。[40]

实际上，雌性不顺从的态度也能涉及某种选择。雌红毛猩猩就是很好的例子，她们确实经常做出积极选择，主动顺从某些雄性，但有时她们会抗拒交配，并因此在雄性的武力压迫下遭遇强奸——在这个层面上，强奸概念适用于其他灵长类动物。有证据表明，强奸犯往往是年轻的雄性，他们的行为经常并不会导致怀孕。[41] 但假设他们有规律地成功了，从达尔文主义视角看，与一个优秀的强奸犯——体型巨大、身体强壮且在性方面富有攻击性的雄性——交配，对雌性来说也是明智的选择，因为她的后代更可能体型巨大、身体强壮且富有攻击性（假设攻击性在一定程度上也源自遗传差异），并因此有更强的繁殖力。但雌性的抵抗也是自然选择所青睐的一种筛选方式，它可以让雌性避免怀上那些属于"无能"强奸犯的儿子（要假定强奸不会给雌性带来伤害)。

这并不是说一只雌性灵长类的反抗动作代表她其实"真的想要",很多人类男性喜欢发出这种论调。相反,一只红毛猩猩越是"真的想要",就越不会反抗,她的沉默作为一种筛选手段的作用就越小。自然选择想要的和个体想要的不必相同,比如在这种情况下它们就有些不一致。而重点是,即使雌性并没有清晰地表现出对某些雄性的垂青,这种垂青实际上依然存在。雌性拥有事实层面的"自由裁量权",它所引发的"过滤效应",正是自然选择所青睐的一种适应策略。

从最广义上看,同样的逻辑适用于任何灵长类动物。一般来说,一旦雌性进行反抗,哪怕是最轻微的反抗,这种额外的抵抗也会成为一种有价值的特质。不管压制反抗需要什么素质,强烈反抗者的后代都要比微弱反抗者的后代更可能拥有同样的素质。(这里同样假设,雄性动物压制反抗所依赖的能力反映了遗传差异。)因此,完全从达尔文主义的视角看,矜持本身是一种奖赏,无论雄性为了达成目标所使用的手段是武力还是语言,这一点都是如此。

动物及其无意识

人们对新达尔文主义的性观点的普遍评价是,作为一种对动物行为的解释,它完全说得通,也就是说,它适用于非人类的动物行为。当一只雄火鸡尝试与一个雌火鸡头的简陋标本交配时,人们可能会哈哈大笑。但是如果你指出很多男人在看了裸体女性的二维图像后会勃起,他们却看不出这和上一个场景有什么联系。毕竟,男性确实知道自己只是在看一张照片,所以他的行为也许有点可悲,但并不滑稽。

可能是这样的。但是如果他知道那是一张照片,为什么他会如此兴奋？为什么女性很少会被男性的照片煽动得意乱情迷？

人们拒绝将人类和火鸡一概而论地并置于达尔文主义原理之下，这是有些道理的。是的，相比于火鸡的行为，我们人类的行为处在更微妙可能也更有意识的控制之下。男人可以决定是否要被某些事物唤醒，至少，他们能决定不去看那些明知道会唤起自己兴奋感的东西。有时，他们甚至有意去坚持这些决定。虽然火鸡也能做出类似的选择（一只被人拿着猎枪追捕的火鸡可能会判定现在不是浪漫的时机），但毫无疑问可以确定，人类选择的复杂性与微妙性在动物世界中是无可匹敌的。人类经过深思熟虑对长期目标展开的追求也是如此。

这些都很合理，而且在某种程度确实如此，但这并不意味着它们不服务于达尔文主义的目的。能够沉思且具有自我意识的大脑将我们从进化指令中解放了出来，对于一个外行来说，这可能是看起来很自然的事。但对于一个进化生物学家来说，看起来很自然的事可能完全相反：人类大脑的进化并不会把我们隔绝于生存和繁衍的进化任务之外，而是让我们更有效更灵活地去执行任务。我们从一种雄性会强制绑架雌性的物种进化成一种雄性会说甜言蜜语的物种，而甜言蜜语同绑架遵循的是同样的逻辑，它们都是雄性操纵雌性以达成自身目的的手段，都服务于同一功能。自然选择的辐射线从我们大脑深处古老的脑区折射到大脑最新的脑组织，实际上，如果这些脑组织没有跟紧自然选择的底线，它们永远也不会出现在我们的大脑中。

当然，从我们的祖先与类人猿的祖先分道扬镳之后，已经发生了太多事情，我们可以想象到进化环境的变化能导致我们的血统不再像大多数动物那样，遵循两性"性趣"不平衡的逻辑。别忘了海马、瓣蹼鹬、巴拿马毒箭蛙和摩门蟋蟀这些动物相反的性别角色。在我们的亲缘家族中也有类似的例子，只是没上面几种动物那么具有戏剧性。长臂猿也是我们的灵长类表亲，它们的祖先与我们的祖先在大约2000万年前分叉。在长臂猿进化的某个时间点，环境开始鼓励雄性长臂猿付出更多亲代投资，它们会逗留在雌性身边帮忙照顾幼崽。在一种长臂猿中，实际上是由雄性携带幼崽的，这在雄性猿类中非常罕见。长臂猿的婚姻也挺和谐：夫妻双方会在早上唱响嘹亮的二重奏，目的大概是向潜在的第三者表达它们家庭稳固的信息。[42]

好吧，我们人类男性也是这样带着孩子，与家人一起生活的。有没有可能在过去几百万年的某个时期，在人类身上发生了长臂猿遭遇的事情？男女的性欲是否收敛到至少足以让一夫一妻制成为合理的目标？

第 3 章

男人与女人

> 基于人类男性现在的社会习惯，以及基于绝大部分野蛮人的一夫多妻制，最可能的结论是，原始人最初居住在小社区，每个人都会尽力多娶妻子，都会小心翼翼地提防其他男性接近妻子。或者他干脆与几个妻子单独生活在一起，就像大猩猩那样……
>
> ——《人类的由来》（1871）[1]

从关于性的进化观点中浮现了一个较为乐观的观点：人类是配对结合的物种。其最夸张的说法是，男人和女人注定要终其一生追求情感深厚、彼此唯一的爱情。这种说法显然没有仔细检视原始社会的情况。

配对假说（pair-bond hypothesis）的流行，得益于德斯蒙德·莫里斯在 1967 年出版的《裸猿》。这本书与 20 世纪 60 年代的其他几本书一起［例如罗伯特·阿德里（Robert Ardrey）的《领地规则》(*The Territorial Imperative*)］，描绘了进化思想史上一座终要到来的分水岭。他们得到了一大批读者，这标志着达尔文主义再度公开化，这很令人鼓舞，说明达尔文主义过去被政治滥用的余波得以消散。但最终，这些书没有在学术界掀起达尔文主义的复兴。原因很简单：它们缺乏学术意义。

在莫里斯的配对假说中曾出现过一个问题，他试图解释为什么人类女性通常对自己的配偶忠诚。这确实是一个好问题（如果你相信她们确实是的话），因为对配偶的高度忠诚会让人类女性在动物王国中成为典型的少数派。虽然大部分雌性动物不会像雄性动物那样性放纵，但她们也不会过分假正经，我们的猿类近亲尤其如此，雌性黑猩猩和倭黑猩猩偶尔会成为名副其实的性欲机器。在解释为什么人类女性会如此贞洁时，莫里斯诉诸早期狩猎-采集社会的劳动分工。他写道："起因是男性要保证，当他们离开伴侣外出狩猎时，伴侣依然会对他们保持忠诚。因此，女性必须发展出一种配对结合的倾向。"[2]

先停在这里。女性发展出忠诚的倾向符合男性的繁衍利益？所以自然选择帮忙男性迫使女性做出必要的改变？莫里斯从来没有解释，自然选择具体是如何做出这种慷慨的表现的。

让莫里斯一个人遭受指责，也许是不公平的。他只是被时代所局限，真正有问题的是当时目的论泛滥的宽松思想氛围。读了莫里斯或者阿德里著作的人，大概会对自然选择留下这样的印象：它凝望着未来，决定做一些改进物种所需要的工作，之后就开始采取必要步骤。但自然选择其实并不是这样运作的。它不会展望未来，也不会尝试改进什么。每一个单一、轻微、探索性进化步伐的迈出，取决于其是否符合即时的基因利益。如果不符合，一百万年后你也不会看到它。这是乔治·威廉斯在1966年那本书中最基本的观点，在莫里斯的书面世时，这个观点才刚刚站稳脚跟。

威廉斯强调，好的进化分析关键在于要集中关注基因的命运。如果一个女性的"忠贞基因"（或者"不忠基因"）能通过塑造她的行为而将自身复制到大量的后代身上，那么这个基因当然会走向繁荣。在此过程中，到底这个基因是与她丈夫的基因结合，还是（出轨）与邮递员的基因结合，都不会有什么关系。对于自然选择来说，两种手段其实都一样。(当然,当我们用"一种基因"谈到一种特征时,例如忠诚、不忠、自私、残忍,我们都是在使用过度简单化的表达方式。复杂的特征往往是许多基因共同作用的结果,其中每一个被选择出的基因都增加了个体的适应性。)

新一波进化论者已经开始通过这种更严谨的自然选择视角,怀着更大的热情来审视让莫里斯感兴趣的一个问题:人类两性生来就要与彼此建立持久的纽带关系吗?无论对于男女哪一方来说,答案都不是绝对的肯定。尽管如此,与黑猩猩等动物相比,人类的情况还是更接近于肯定的答案。在人类学记录的每一种文化中,婚姻——无论是一夫一妻制还是一夫多妻制,是永久性的还是非永久性的——都是一种社会规范,而家庭则是组成社会的基本原子。世界各地的父亲都爱自己的孩子,远远超出黑猩猩和倭黑猩猩的父亲对后代的付出,它们似乎根本没有多少线索来确定哪个孩子是自己的。父爱会驱使父亲养育和保护自己的孩子,并教给他们有用的东西。[3]

换句话说,在某一时刻,广泛的雄性亲代投资融入了我们的进化血统。正如动物学文献中所展示的,人类的雄性亲代投资水平很高。虽然男性的亲代投资并没有高到足以与女性相媲美的程度,但比其他雄性灵长类动物的平均水平还是高得多。所以,我们确实和长臂猿有一些重要的共同之处。

在某种程度上,高水平雄性亲代投资让男性和女性的日常生活目标趋于一致,正如任何一对父母都体验过的,它可以给他们带来一段深刻的共同欢乐时光。但与此同时,它也在求爱及婚姻过程中为两性创造了全新的分化方向。在罗伯特·特里弗斯1972年发表的关于亲代投资的论文中,他写道:"事实上,我们可以把两性视为不同的生物,异性是生出更多存活后代的资源。"[4]特里弗斯在这里提出的是一个具体的分析，而不是笼统的理论。他的比喻抓住了全局的要害：即使在男性亲代投资偏高的情况下，在某种程度上正因为如此，男女之间的潜在关系也是相互利用。有时，我们被设计出的原因似乎是为了让彼此更痛苦。这个结论有些让人沮丧，而在特里弗斯的论文发表之前，人们并没有意识到这一点。

为什么我们的雄性亲代投资偏高

有很多线索可以说明为什么男人甘愿付出成本抚养后代。在我们最近的进化阶段，有几个因素使得亲代投资从雄性基因的角度看是划算的。[5] 换句话说，正是因为这些因素，那些可以让男人深爱自己后代——让他们担心、保护、供养和教育后代的基因会繁荣昌盛，让他们远离后代的基因则会灭亡。

一个因素是后代的脆弱性。一般的雄性性策略是四处游荡、引诱异性、交配后抛弃配偶继续寻找新目标，这导致后代会被吃掉，也不太利于雄性的基因传播。这似乎正是许多鸟类奉行单配偶制或相对倾向于单配偶制的原因之一。假设母亲外出捕食虫子而把蛋单独留在巢中，失去看管的蛋不会存活太久。当我们的祖先从森林迁移到热带稀树大草原时，他们必须面对凶残敏捷的捕食者。对未成年人来说，这还不是唯一的新危险。在进化过程中，我们这个物种变得越来越聪明，行走姿势也渐渐直立，于是女性的身体结构开始面临一个悖论：直立行走意味着骨盆变小，产道变窄，但胎儿的头却更大了。这大概就是为什么相对其他灵长类动物，人类胎儿要更早被生下来的原因。从很小的时候，小黑猩猩就可以做到在母亲走动时仅仅扒在她身上，不对她的双手产生任何负担。人类的婴儿则会严重妨碍母亲获取食物，而且在长达十几个月的时间里，他们都是一块块生活不能自理的"肉"，是捕猎者的最佳选择。

与此同时，随着雄性投资所获取的遗传收益逐渐增加，投资成本也在下降。看起来狩猎在我们的进化中扮演了重要角色。男人能够轻易获得足够多的蛋白质类食物，养活一个家庭是完全可行的。相对于素食动物，一夫一妻制在肉食哺乳动物中更普遍，这应该不是巧合。

最重要的是，随着人类脑容量的变大，大脑与智力发育可能更多地依赖于早期的文化教养，而双亲家庭的孩子会比单亲家庭的孩子更具有教育优势。

就像惯常做的那样，自然选择似乎又采取了这种最佳成本-效益方案，并将其转化为情感，特别是"爱"的感觉。不仅仅是对孩子的爱，建立一对牢固父母组合的第一步是让男女发展出强烈的相互吸引。父母双方为孩子倾情付出后而收获的遗传收益，才是男人和女人会坠入爱河并长久迷恋对方的原因。

直到最近，这种说法还属于异端邪说。"浪漫的爱情"被认为是西方文化的产物，有报告称，在某些文化中选择配偶无关于个人感受，性活动也不产生任何情感负担。但后来一些人类学家注意到"吸引"背后的达尔文主义逻辑，于是重新审视这一现象，而类似的报告也开始受到质疑。[6] 男人和女人之间的爱似乎有一种天生的基础。两情相悦是我们与生俱来的天性，从这个意义上说，"配对假说"得到了支持，尽管原因并不完全像德斯蒙德·莫里斯想象的那样。

与此同时，"配对"——或者说"爱情"——的概念传达出一种持久和对等的内涵，但就像任何人都能看到的那样，这一点并不总能得到保证。为了充分理解人类爱情的"理想版本"和"自然版本"之间有多大差距，我们需要像特里弗斯1972年的论文中所强调的那样：

不要关注情感本身，而是关注它所体现的抽象进化逻辑。对于一个体内受精、孕期长久、婴儿期延长、依赖母乳喂养以及雄性亲代投资偏高的物种来说，两性各自的基因利益是什么？只有清楚地看到这些利益，你才能明白，进化不仅"发明"了浪漫的爱情，而且从一开始就使其遭到了腐蚀。

女人需要什么

对于一个雄性亲代投资低的物种而言，求偶背后的逻辑显而易见：雄性想要交配，但雌性不确定对方是不是合适的对象。[7]因此雌性可能需要时间来（无意识地）评估对方的基因质量，她可以通过直接检视或让雄性互相争斗的方式，也可以权衡一下对方携带疾病的可能性。另外，她还可以试着利用对方对卵子的需求来索取一份"彩礼"。这种"婚前供品"严格来说算是雄性一点小小的亲代投资，毕竟它喂养的是雌性与卵子。从灵长类到黑尾蝎蛉在内的许多动物身上都能看到这种现象。（雌蝎蛉在交配时坚持享用一顿死昆虫。如果雌蝎蛉在雄蝎蛉射精前就吃完了，她可能把雄蝎蛉抛在一边，自己去寻找另一餐。反之，如果雌蝎蛉没那么快吃完，雄蝎蛉可能在交配完成后把剩余食物打包带走，为以后的约会做准备。）[8]雌性的这些顾虑通常都能很快得到解决，没必要让交配活动拖上几个星期。

但是现在把高雄性亲代投资加入方程式中——雄性的投资不仅出现在进行性活动时，还会延伸到胎儿出生之后。于是突然间，雌性不仅关心雄性的基因质量或者免费食物，而且关心他在交配完成之后能给后代带来什么。1989 年，进化心理学家戴维·巴斯（David Buss）发表了一项开创性研究，他调查了世界各地 37 种文化背景下人们的择偶倾向。研究发现，在每一种文化中，女人都比男人更看重潜在伴侣的财务前景。[9]

　　这不意味着女人对富有男人有特定的进化偏好。大多数狩猎-采集社会几乎没有什么财富积累和私人财产，不过我们祖先的生存环境是否如此还存在争议。在过去几千年里，狩猎-采集者被从富饶的土地排挤到了边缘栖息地，因此，在这方面，他们可能不是我们祖先的典型代表。然而，如果在祖先生活环境中的男人确实都拥有差不多的财产（大家都不是很富裕），那么女人可能更关心男人的社会地位而不是他的财富；对于狩猎-采集者来说，地位常常能转化为权力，即资源分配时的影响力，比如一次大捕猎后如何分配猎物。而在现代社会中，财富、地位和权力总是携手并进，它们在普通女性眼中都是诱人的礼包。

　　抱负和勤奋也被许多女人看好，巴斯发现，这种模式在全球范围内也普遍存在。[10]当然，即使在雄性亲代投资较低的物种中，雌性也可能会看重抱负和勤奋，把它们视为体现基因质量的指标。然而，一旦涉及雄性的投资意愿，情况就不一样了。在高雄性亲代投资的物种中，雌性可能会探寻雄性是否慷慨、可靠并愿意持久付出的迹象。众所周知，女人比男人更看重鲜花和其他表示爱意的东西。

　　为什么女人要对男人如此怀疑？毕竟，高亲代投资的雄性不就是注定会定居下来、买栋房子并且周末修剪一下草坪吗？关于"爱情"和"配对"这些概念于是产生了第一个问题。相对于低亲代投资的雄性，高亲代投资的雄性更容易背叛雌性，这听起来很矛盾。正如特里弗斯所指出的，"雄性的最佳策略是一种混合策略"。[11]即使长期投资才是他们的主要目标，但勾引和抛弃有时也具有基因意义，只要这些行为不过多占用雄性投资在后代身上的时间与其他资源。缺乏亲生父亲投资的私生子也能茁壮成长，他们可能从那些把他们当作自己亲生孩子的"傻瓜"那里获得投入。因此，从理论上讲，高亲代投资的雄性动物会时刻警惕这种投机取巧的性关系。

当然，低亲代投资的雄性动物也会保持警惕。但这并不会产生利用关系，因为雌性没有机会从另一个雄性那里得到更多投资。在高雄性亲代投资的物种中，雌性是有机会的，然而如果不能从任何雄性那里得到资源，雌性就要付出高昂代价。

雌性厌恶被利用，而雄性热衷于利用，相互冲突的目标会引发一场进化上的军备竞赛。自然选择可能会青睐那些善于在忠诚方面欺骗雌性的雄性，同时又青睐那些善于发现欺骗的雌性；一方做得越好，另一方也紧追不舍。这是背叛和警惕的恶性循环——虽然对于一个情感足够微妙的物种来说，它可能表现为温柔的亲吻、呢喃的情话和天真的顾虑。

至少在理论上，这是一个恶性循环。抛开所有理论猜测，只凭借具体证据来窥见亲吻和示爱背后的阴暗面，这是件很棘手的任务，进化心理学家在这方面进展甚微。的确，一项研究发现，相比女性，男性更倾向于夸大自己的善良、真诚以及可靠程度。[12]但这种虚假广告可能只证明了一类情况，而找到另一类情况的证据则困难得多。特里弗斯在他1972年的论文中没有提到这一点，但他在4年后指出，先相信自己所说的才是骗住他人的好方法。具体到两性关系，这意味着男人被爱蒙住了双眼——先盲目地深爱一个女人，有了几个月的性关系后，又发现她没那么有魅力了。[13]确实，对于那些求偶时起初苦苦追求、事成后稍有烦恼就痛快离去的男人来说，这可是一个极好的道德逃生舱。如果被问起来，他们可以感动地回忆道："我当时真的爱她。"

这并不是说男人的爱情都是习惯性妄想，每一次意乱情迷都是策略性的自欺欺人。有时男人确实践行了他们永远忠诚的誓言。此外在一定程度上，彻头彻尾的谎言也并不存在。沉迷于爱情的人根本无法预测未来会发生什么——不管是有意的还是无意的。一个男人可能会在3年后遇到在基因上更吸引自己的配偶，但他也可能会遭遇严重不幸，失去竞争市场，因此现有的配偶成了他唯一的繁衍希望。不过，面对未来承诺的不确定性，自然选择还是有可能因为支持（雄性的）夸耀而犯错，只要这种行为能提高发生性关系的可能性，且不用付出相应的代价。

在我们人类进化过程中的那种亲密的社会环境里，就可能产生这样的代价。因为离开自己生活的小镇或村落并不是一件容易的事，在这种背景下，男人虚假承诺的代价就会超过他获得的利益，他会声誉受损甚至生命不保。人类学资料记录了不少男人在自己姐妹或女儿遭遇背叛后为她们复仇的故事。[14]

同样，过去有可能遭遇背叛的女性也远没有现代社会那么多。正如唐纳德·西蒙斯所指出的，在一个以狩猎-采集为生的社会，每个能娶到老婆的男人都会选择结婚，而每个女人也都在适孕年龄就结婚了。那个时代可能没有太多形单影只的场景，你可能偶尔会看到单身少女的画面，她们可能发育还未完全成熟，尚无法生育。西蒙斯认为，现代风流单身汉的生活方式——年复一年地引诱女性后又将其抛弃，不让她们中的任何一个人成为持续投资的对象——并不是一种进化而来的特殊的性策略。当你把男性思维以及他们对性伴侣多样性的偏好放在一个装配了避孕技术的大城市里，就会出现这样的生活方式。

在祖先环境中，也没有多少女人在一夜情后独自坐在那里咒骂"男人都是人渣"的景象，不过即使如此，人们还是有理由去提防那些夸大承诺的男人。狩猎-采集社会也会发生离婚；男人在养育一两个孩子后就离开家庭，甚至可能搬到另一个村子去，而一夫多妻制通常是一种选择。一个男人可能会发誓，他的新娘会永远占据自己生活的中心，然后，一旦结了婚，他却会花一半时间去追求另一位妻子——更糟糕的是，一旦成功了，他可能会把资源从第一个妻子的孩子身上转移走。考虑到这样的可能，女人的基因利益要求她尽早仔细地检查男人是否忠诚。总之，衡量男人的承诺是否靠谱看起来确实是人类女性心理学的一部分，而男性心理学似乎有时真的倾向于鼓励自欺欺人。

男性的承诺是限量供应的，每个男人能投在后代身上的时间和精力只有那么多——这就是人类女性为什么能够违背动物世界的性别刻板印象的原因。在低雄性亲代投资动物中，即在大多数有性繁殖的物种中，雌性彼此之间不存在太大的竞争关系，即使许多雌性共同倾心于一位基因优良的雄性，他也可以并很乐意满足她们的心愿，因为交配并不会花费太多时间。但在像人类这种高雄性亲代投资的动物中，雌性的目标是独占理想伴侣，将其社会和物质资源投在她的后代身上，所以势必要与其他雌性发生竞争。换句话说，高雄性亲代投资使得性选择同时在两个方向上发挥作用：雄性要相互争夺稀缺的雌性卵子，雌性也要相互争夺稀缺的雄性投资。

当然，性选择看起来还是会对男人施加更强的选择压力，而且它青睐男女身上的不同特质。毕竟，女人为了获得男人的投资而需要做的事情和男人为了获得与女人性接触的机会而需要做的事情是不同的。（最明显的是，女人不会像男人那样直接采取武斗的方式进行竞争。）重点很简单，无论男女为了从对方那里得到自己想要的东西必须付出什么代价，双方都应该欣然往之。在高雄性亲代投资的物种中，雌性不会太被动老实，她们有时会成为彼此的死敌。

男人需要什么

说高亲代投资的雄性动物会严格挑选配偶，这话也许具有一定的误导性，但从理论上来说，他们确实会有选择性地进行挑选。一方面，只要有机会，他们就会像低亲代投资的雄性动物一样，和任何雌性发生性关系。另一方面，为了"长期合作项目"而选择一个雌性，采取谨慎态度是必要的，因为这种项目雄性终其一生也承担不了几次，所以他们要仔细审视合作者给项目带来的基因，例如与身体和智力相关的基因。

这种区分在一项研究中得到了很好的体现。在接受调查时，男性和女性被问及他们对约会对象智商的最低要求，男女受访者的普遍回答都是"平均智商"。他们还被问及对性关系对象的智商要求。女性说："哦，这样的话，要明显高于平均水平。"男性说："哦，这样的话，要明显低于平均水平。"[15]

在其他情况下，男女受访者的回答基本协调一致。如果是"稳定的"约会对象，就要比平均水平更聪明一点，而如果是婚姻伴侣，要求还会更高。这项研究结果发表于1990年，它证实了特里弗斯在1972年关于亲代投资的论文中所做的预测。特里弗斯提出，在一个高雄性亲代投资的物种中，"雄性会区分只想使之怀孕的雌性与还要共同抚养后代的雌性。在前一种情况下，他会比雌性更加热切，对性伙伴没那么挑剔；在后一种情况下，他会像雌性一样仔细筛选"。[16]

正如特里弗斯所发现的，男女两性在选择配偶时不仅挑选的强度不同，性质也不一样。虽然二者都追求配偶的基因质量，但其他方面的品位有所差异。正如女性有理由关注男性提供资源的能力一样，男性也有理由关注女性生育后代的能力。这意味着除了其他品质外，男性还要特别关心潜在伴侣的年龄，因为女性的生育能力会随着年龄的增长而下降，更年期后则基本丧失。进化心理学家最不希望看到的是，绝经后的女性仍对普通男性具有性吸引力。当然，他们确实找不到这样的现象（根据布罗尼斯拉夫·马林诺夫斯基的记载，特罗布里恩岛民认为与老年女性发生性关系"无礼、滑稽、丑陋"）[17]。即使在更年期之前，女性年龄也很重要，尤其是对男性选择长期伴侣而言，因为女人越年轻，在未来能生育的孩子就越多。在巴斯调查的37种文化里，每一种文化背景下的男性都更喜欢年轻的伴侣（而女性更喜欢年长的伴侣）。

男性看重伴侣的年龄，这有助于解释为什么男性会特别重视配偶的外表吸引力（巴斯也在所有37种文化中发现了这一现象）。通常"美女"都长着大眼睛和小鼻子——没错，这是美女的"标配"，一项对不同男性审美品位的调查分析得出了这一结论。随着女性年龄的增长，眼睛会显得更小，鼻子会看起来更大，所以这些"美"的构成成分也是年轻，以及生育能力的标志。[18]女性对配偶外表的看法则更加开明，老男人依然可能有生育能力，这一点和老女人可不一样。

女性对配偶的容貌要求较为有弹性，另一个原因也许是她还有其他事情（有意识或无意识地）需要担心。比如，配偶是否会用心抚养孩子？看到美女和丑男在一起，人们通常会认为这个男人很富有或很有地位。研究者实际上已经煞费苦心地证明人们会做出这样的推测，而且它通常是正确的。[19]

当涉及性格评估，也就是判断自己是否可以信任伴侣时，男女两性的辨别倾向也有所差异，因为威胁到男性基因的背叛行为不同于威胁到女性基因的背叛行为。女性担心的是配偶未来会收回投资，而男性担心的则是自己的投资不得其所。如果一个男人花费时间抚育别人的孩子，他的基因将不久于世。特里弗斯在1972年指出，在高雄性亲代投资的体内受精物种中，"会进化出一些适应机制，能使雄性确保雌性生出的孩子是自己后代"。[20]

以上观点当然都是理论假设，但与"男性对女性的爱有时是一种精巧的自我欺骗"这个理论相比，它更容易被检验。在特里弗斯提出性选择为男性内置了"反通奸技术"多年后，马丁·戴利和马戈·威尔逊发现了一些相关证据。他们认识到，从达尔文主义看，如果男人最大的威胁是被"戴绿帽子"，而女人的威胁是被遗弃，那么两性的性嫉妒应该是不同的。[21]男性更在乎的是配偶的性背叛，他们一般不会原谅这种行为；女性当然也不会为配偶的婚外性行为而喝彩——毕竟这也消耗了时间和精力，但她们更在乎的是配偶的情感背叛，尤其是担心自己的配偶对其他女性许下承诺，因为这可能导致他们将更多资源转移走。

这些预测已经被无数的日常经验和过去几十年的大量实验数据所证实。最让男人抓狂的事就是想到自己妻子和另一个男人躺在床上，但他们不像女人那样会纠结配偶是否对他人产生情感依恋，或配偶是否再花时间关注自己。对妻子而言，丈夫的性背叛也会给她们带来心理创伤，她们会做出激烈反应，但长期后果却往往是一场自我改善运动：减肥、化妆、"把他赢回来"。丈夫对妻子性背叛的反应则是暴怒，甚至在风波平息后，他们也经常难以与出轨配偶维持长久关系。[22]

回顾过去，戴利和威尔逊发现，在亲代投资理论出现之前，心理学家就记录了这种基本模式（尽管没有强调）。进化心理学家现在则从新的角度和细节上验证了该模式。巴斯在实验中将电极放置在男女被试者身上，之后让他们想象自己的伴侣做各种让人心烦的事情。结果显示，当男人想象配偶性背叛的时候，他们的心率会像连续喝三杯咖啡那样大幅跃升，他们会流汗皱眉。当他们想象配偶和他人产生了新的情感依恋时，他们会相对平静，尽管也不会达到正常水平。对女性来说情况正好相反：想象配偶情感上的背叛——爱上别的女孩儿，但没有发生性关系——会给她们带来更深刻的心理痛苦。[23]

如今，男性性嫉妒背后的逻辑与过去不同了。不忠的妻子可以使用避孕措施，因此，事实上，她们并不会愚弄自己的丈夫，让他花20年的时间来培育另一个男人的血脉。但逻辑的改变似乎并没有弱化嫉妒的力量。对于丈夫来说，得知妻子在与网球教练发生性关系时用了避孕套，并不会起到什么安慰作用。

在现代社会，许多适应机制已经不再符合其背后的进化逻辑了，人们对甜食的喜爱是另一个经典例子。甜食偏好源自一种只有水果而没有糖果的生存环境，而如今沉溺甜食则会带来肥胖问题。许多人试图控制自己对甜食的渴望，有时他们能达成所愿，但过程很艰辛，很少有人觉得这很容易；甜味所引发的愉悦感受几乎是无法改变的（除非通过条件反射，将甜味与强烈痛苦不断建立联系）。同样，性嫉妒的情绪冲动也很难消除。尽管如此，人们还是能够控制这种冲动，或者因为足够的理由而控制这种冲动的某些表现形式，比如实施暴力会被关进监狱。

女人的其他需要

在进一步探讨绿帽子为男性留下的心理阴影之前，我们可以先问为什么它会存在。为什么一个女人要对配偶不忠呢？这样做并不会增加她的后代的数量，而且还要冒着激怒配偶、失去配偶投资的风险。什么样的回报能证明这种赌博是合理的呢？这个问题的答案可能比你想象的要多。

首先，你要考虑生物学家所说的"资源抽成"。如果人类女性像雌性蝎蛉一样，能通过性换取礼物，那么她的性伴侣越多，得到的礼物就越多。我们能从灵长类近亲那里看到这种行为逻辑。雌性倭黑猩猩往往愿意用性来换取一大块肉。黑猩猩的"食色交易"没那么直白，但也显而易见，当雌性黑猩猩露出代表她正处于排卵期的红色肿胀阴部时，雄性黑猩猩更有可能把肉分享给她。[24]

当然，人类女性并不公开宣传自己的排卵期。一种理论认为，"隐性排卵"是一种适应机制，作用是扩展女性获取资源的机遇。男人也许在女人排卵期前后向其赠予礼物换取性方面的回报，他可能充满愉悦，但毫无"结果"。在昆申族狩猎-采集部落，一位叫妮萨的女人曾坦率地对一位人类学家谈到多个性伴侣的福利。"一个人能给你的太少，并且他只给你一种食物。但当你有情人的时候，有人给这有人给那。晚上有人带着肉来，有人带着钱来，还有人带着串珠来。你的丈夫当然也会给你东西。"[25]

女人会与不止一个男人交媾的另一个原因——隐性排卵的另一个优势——是为了让多个男人认为，他们可能是某个孩子的父亲。在所有的灵长类动物中，雄性对幼崽的善意与他是幼崽父亲的概率之间都存在粗略的相关性。身为首领的雄性大猩猩可以独享所有雌性，他可以心安理得地确定部落里的幼崽都是自己的孩子。虽然他对后代的付出无法与人类父亲相比，但他也会溺爱和保护幼崽。雄性叶猴是另一个极端，他们会为了打破"性僵局"而杀死其他猴子的后代，这是他们与幼猴母亲交配前的序曲。[26] 毕竟这样做可以直接结束雌性叶猴对幼猴的喂养，并让她恢复排卵，将精力集中在未来的孩子上。要想达到这些目标，除了杀死幼猴，没有更好的手段了吧？

任何要对叶猴的道德发起控诉的人都应该首先注意到，各种人类社会都接受以不忠为理由的杀婴行为。现在还有两个这样的社会：男人一旦要娶"有过去"的女人，就会要求先杀死她的孩子。在巴拉圭的阿切族狩猎-采集部落中，男人有时会集体决定杀死一个刚失去父亲的孩子。不过即使不实施杀害，如果没有一个尽责的父亲，幼儿的生存也会很艰难。亲生父亲去世后由继父抚养的孩子活到 15 岁的概率只有双亲家庭孩子的一半。[28] 那么，在祖先环境中，一个女人拥有多个性伴侣的好处就很明确了：只要这些男人以为她的孩子是自己的血脉，他们就不会杀死他，反而会给予照顾。

这种逻辑并不依赖于性伴侣的有意思考。雄性大猩猩和叶猴就像马林诺夫斯基描述的特罗布里恩岛民一样，无法意识到性与血缘的关系。尽管如此，在这三个例子中，雄性的行为都反映了一种"隐性识别模式"。某些幼儿到底是不是自己的血脉？那些能让雄性下意识地对这一问题的相关线索保持敏感的基因会更加繁荣。假如一个基因对你说（或者低喃），"如果你和孩子的母亲有过多次性行为，就对这个孩子好一点"，另一个基因又说，"即使你在孩子出生前几个月就和他们的母亲保持性关系，也要从孩子那里偷走食物"，前者当然会胜出。

人类学家萨拉·布拉弗·赫迪（Sarah Blaffer Hrdy）一直拥护这种解释女性出轨的"后代困惑"理论。赫迪将自己描述为一个女权主义的社会生物学家，不过她的立场可能不仅仅是出于科学兴趣，她认为雌性灵长类动物往往是"富有竞争精神的强势个体"。[29] 反之，使男性达尔文主义者感到振奋的说法则可能会是"雄性一生都在追求性爱"。科学理论可以有多种来源，最后唯一要面对的问题是它们是否有效。

这两种关于女性乱交的理论——"资源抽成"与"后代困

惑"——原则上可同时适用于已婚女性与未婚女性。事实上，这两种理论对于低雄性亲代投入的物种也说得通，因此它们可以解释雌性黑猩猩和雌性倭黑猩猩极端混乱的性关系。但是还有第三种理论——"两全其美"理论，这个理论不再仅仅以雄性亲代投资为分析依据，所以特别适用于已婚女性。

在高雄性亲代投资的动物中，雌性追求的两大目标是良好的基因和持续的高投资。她可能无法在一个对象身上同时实现两个目标，一个解决方案是欺骗一个老实忠诚但不是特别强壮聪明的配偶来抚养另一个雄性的后代。这一次，隐性排卵又要派上用场，为背叛提供便利。如果女性的排卵期显而易见，那么男性很容易就能防止自己的配偶怀上竞争对手的孩子。但如果排卵期并不固定，男性对配偶有针对性的监督就不太可能实现了。当女性想从一个男人身上获得投资而从另一个男人身上获得优良基因时，她会非常需要制造出这种混乱。[30] 当然，女性可能不会有意地"想要"这么做，她甚至意识不到自己正在排卵期，但某些行为却会与排卵保持一致。

理论如果过多涉及潜意识的诡计，也许听起来就会聪明过头了，尤其是对于那些并不习惯自然选择的悲观逻辑的人来说。但有证据表明，部分女性在排卵期会有更活跃的性生活。[31] 另有两项研究发现，女性在排卵期前后去单身酒吧时会使用更多的首饰与化妆品。[32] 这些装扮似乎与黑猩猩肿胀的生殖器具有同样的广告价值，它们有助于吸引更多男性供女性挑选，而部分穿着妩媚的女性也确实倾向于在晚上与男性发生更多的身体接触。

英国生物学家 R. 罗宾·贝克（R. Robin Baker）和马克·贝利斯（Mark Bellis）的另一项研究发现，对伴侣不忠的女性更有可能在排卵期出轨。这表明，她们追求的经常是秘密情人的基因而不是资源。[33]

总之，无论女性出轨的原因是什么（或者用中立的生物学概念来表达，是"配偶外交配"），都无法否认这种现象确实如此。血液检验显示，在一些城市地区，超过四分之一的孩子的生父可能不是户籍记录上的父亲。即使在昆申部落这种类似于祖先环境的地方，人们密切的社会联系导致地下情很难发生，但每50个孩子中就有一个生父另有其人。[34]女性的出轨行为看起来历史悠久。

确实，如果女性的出轨行为不是人类两性关系中长期存在的一部分，为什么男性会进化出特别疯狂的性嫉妒呢？与此同时，男性往往在配偶孩子身上大量付出，这表明绿帽子现象并未泛滥；否则，鼓励无效投资的基因早就走进死胡同了。[35]男性心理是女性过去行为的进化记录。反之亦然。

如果"心理记录"的概念看起来还不够有说服力，那么可以考虑更简单直接的生理数据——人类睾丸的相对重量，准确地说，即睾丸平均重量与男性平均体重的比率。黑猩猩和其他睾丸相对重量较高的物种配备的是"多配偶繁殖系统"，雌性的性活动非常混乱。[36]而睾丸相对重量较低的物种要么是单配偶制（例如长臂猿），要么是一夫多妻制（大猩猩），即一个雄性独占几个家庭。原理很简单，当雌性与多位雄性交配时，雄性射入雌性的精液越多，他的基因利益越有可能得到保障。哪位雄性能将自己的DNA融合进卵子？这可能纯粹依赖精子数量之争，因为成群结队的精子会进行"隐秘战斗"。因此，一个物种的睾丸相对重量反映了这个物种中雌性动物性乱交的程度。人类的睾丸相对重量介于黑猩猩和大猩猩之间，这表明女性虽然不像雌性黑猩猩那么狂野，但也天生有点冒险精神。

当然，冒险并不意味着不忠。也许在祖先环境中，除了要求相互忠诚的一夫一妻制之外，女性也有过狂野、独立的生存时期——在此期间，相当重的睾丸为男性带来了回报。不过，事实也许并不是这样。考虑一下能指示雌性出轨的另一个更真实的指标：精子密度。你可能会以为，丈夫射精的多少只取决于他距离上一次做爱有多长时间，错了。根据贝克和贝利斯的研究，射出精子的数量在很大程度上取决于配偶最近离开他视线的时间。[37] 因此，一个女人从其他男人那里"搜集"精子的机遇越多，她的丈夫派出的精子就越多。再一次，自然选择设计出了这样一种巧妙的武器，事实证明它是一种可以用来"战斗"的武器。

这也证明了自然选择完全有能力制造出巧妙的心理武器，其中包括强烈的性嫉妒，以及有些男人一想到伴侣和另一个男人上床，自己就会产生性冲动。它们都反映了一种倾向：男性会把女人看作私人财产。威尔逊和戴利在1992年发表的一篇名为《错把妻子当作动产的男人》(The Man Who Mistook His Wife for a Chattel)的论文中写道："男人会宣称对特定女人的所有权，就像鸟类宣称对领地的所有权，狮子宣称对猎物的所有权，商人宣称对贵重物品的所有权……'男人将女人视为私有财产'不仅仅是一种比喻，在婚姻和商业活动上，一些人确实会进行这种心理计算。"[38]

所有这一切的理论结果是另一场进化军备竞赛。随着男人越来越适应配偶出轨的威胁，女人应该更善于让男人相信，她们对丈夫的爱近乎敬畏，她们对忠诚的坚守近乎神圣。此外，她们可能也会在一定程度上去说服自己。事实上，考虑到出轨所带来的灾难性后果——可能被丈夫抛弃，或是被暴力相待——女性也许早就进化出了精细的自欺倾向。对已婚女性来说，逐渐对性活动无欲无求可能是一种适应机制，即使她的潜意识一直在关注着基因的前景，并会在需要唤醒激情时通知她。

圣母-荡妇二分法

反出轨技术不仅可以在男人有配偶后派上用场，而且早在他选择配偶时就可以发挥作用。如果可选择的女性过往性经历有所不同，而性关系混乱的女性以后更不容易成为对丈夫忠诚的妻子，那么自然选择就会促使男性在择偶时对她们区别对待。作为短期性伴侣的话，性乱交的女性会非常受欢迎，而且从实际上也更可取，因为与她们发生关系会更容易。但她们不是合格的妻子候选人，因为男性会为在她们身上的投资感到担忧和怀疑。

自然选择会使用什么样的情感机制——复杂到对一个人既爱慕又厌恶——来让男性不可捉摸地遵循这种行为逻辑？正如唐纳德·西蒙斯所指出的，其中一种备选机制是著名的"圣母-荡妇"二分法，即男人倾向于用"把女人分成两类"，一类是他们敬爱的，一类是他们只想与之上床的。[39]

我们可以把男人求爱想象成他们对女人进行归类的过程。测试程序大致如下。假定你找到一个在基因上很适合投资的女人，先多花点时间和她在一起。如果她看起来能接受你，但在性方面屡屡回拒，那就坚持追求她。另一方面，如果她看起来对立刻发生性关系充满期待，那就想尽一切办法满足她。但如果这么容易就上床了，你或许就想将对她的策略从投资模式转为剥削模式。她的热情意味着她也许永远是一个容易被引诱的人，对于妻子角色来说，这不是一个可取的品质。

当然，对于任何一个女人来说，对性的渴望并不意味着她永远是一个容易被引诱的对象，也许她只是觉得无法抗拒眼前这个男人的魅力。但是，如果女人顺从男人的速度和她以后背叛他的概率之间存在相关性，那么从统计学上来说，这个速度就是一个事关未来遗传结果的有效线索。面对人类行为的复杂性和不可预测性，自然选择还是遵从了概率。

再给这一策略增加一点残酷性：男性实际上可能会鼓励女性过早与自己发生性行为，而他最终又会因此惩罚对方。还有什么更好的方法来检验一个女人的自我约束品质？对于一个你可能未来会对其子女进行投资的女性，这种自我约束可太珍贵了。而且，如果这个女人被证明缺乏自我约束，在找到更有价值的投资对象之前，男性没有更快的方式去播种基因，和她发生性关系也就顺理成章。

按照极端病态的形式推演，圣母-荡妇二分法会使得男人无法与他敬爱的神圣妻子发生性关系。显然，这种"敬爱"是不可能被自然选择所青睐的。而更为普遍、温和的圣母-荡妇分类方式，的确是一种有效的适应特征。它使男人对一个在性方面保守的心仪女性展示出自己甘愿为其付出的诚意，而这种诚意正是她在同意发生性关系前所希望看到的。它也让男人毫无负担地利用他们不想为其付出的女人，将她们归为轻视的对象。这种将"随便"的女性视为道德上也低人一等的归类法，恰恰是自然选择所偏爱的工具，尤其在战争中，它会被有效地使用。

出于礼貌，男人有时会否认他们从不同角度看待随便与自己上床的女人。这很明智。承认自己这么想，听起来在道德上太保守。（甚至有时自己内心承认这一点，都会导致男人很难真诚地向女人做出那种"自己第二天早上起来仍然会尊重她"的承诺——而这种承诺正是前戏的重要部分。）

不过，许多现代社会的妻子可以证明，在求爱初期就和男人上床并不会扼杀他的长期承诺。男人对女人忠诚程度的评价（大部分是无意识的）可能涉及很多方面——她的声誉、她对其他男人的看法、她看起来是否诚实等等。无论如何，即使在理论上，"将是不是处女作为投资先决条件"也不符合自然选择对男性心理的设计方向，找到处女之妻的机会因人和文化而异。根据狩猎-采集社会的情况来判断，在祖先环境中女性配偶婚前是处女的概率相当低。在不同环境下尽最大努力遗传基因，这才是自然选择赋予男性的进化方向。虽然在过分循规蹈矩的维多利亚时期，一些英国男人可能对处女有执念，但"圣母-荡妇二分法"这个概念其实用词不当，毕竟男性择偶时实际的心理标准要更有弹性。[40]

当然，这种弹性总是有限的。雌性的性乱交超过一定程度后，雄性亲代投资就没什么遗传意义了。如果一个女人把每周和不同男人上床作为牢不可破的生活习惯，那么就算那个文化背景下所有女人都会做同样的事情，也并不能使她成为更合乎逻辑的理想配偶。在这样的社会里，从理论上来看，男人应该完全放弃亲代投入而只专注于和尽可能多的女人交媾，也就是说，他们处理两性关系的方式应该像黑猩猩一样。

维多利亚时代的萨摩亚人

圣母-荡妇二分法长期以来都被视为是一种反常现象，是西方文化的又一种病态产物。特别是维多利亚时代的人，由于对童贞极端重视和对不正当性行为公然蔑视，他们常被认为是这种病态心理的孕育者或源头。只要达尔文时代的男人以更放松的心态看待性，就像一些性开放的非西方社会的男人那样，可能现在一切都会大不相同吧！

问题在于，那些田园诗般的非西方社会似乎只存在于少数著名学者的脑海里。只是他们被误导了。玛格丽特·米德就是一个典型例子，身为一名杰出的人类学家，她在20世纪初对达尔文主义的政治误用做出回应的方式是，强调人类的可塑性而否认天性的存在。米德最著名的书《萨摩亚人的成年》于1928年问世并引发轩然大波。她似乎发现了一种几乎没有沾染西方弊病的文化：地位等级制度、激烈的竞争以及各种不必要的性焦虑在那里统统不存在。米德写道，在萨摩亚，女孩们会推迟婚姻，"尽可能多地享受随意自由的性关系"。浪漫的爱情"在我们的文明中"总是与"占有、嫉妒和忠诚不渝"的观念密不可分，但在萨摩亚群岛"没有类似的事情"。[41] 多么美妙的地方啊！

关于米德的发现对20世纪思想的影响，怎么夸也不为过。此后，所有关于人类本性的观点都变得岌岌可危，哪怕只是发现有一种文化，那里没有与某类天性相关的表现，人们就可以否认这种天性的存在。在20世纪的大部分时间里，关于天性的观点总是不断遇到同一个问题的刁难："想想萨摩亚？"

1983年，人类学家德里克·弗里曼（Derek Freeman）出版了《玛格丽特·米德和萨摩亚：一个人类学神话的形成与破灭》一书，弗里曼在萨摩亚待了将近6年（米德待了9个月，她刚到萨摩亚时还不会说当地语言），而且他对这里受西方影响之前的传统历史非常熟悉。他的书让米德作为伟大人类学家的声誉陷入了严重争议。他将米德描成一个23岁的幼稚理想主义者，她带着当时流行的文化决定论立场来到萨摩亚，没有与当地人生活在一起，然后，根据自己预设的访谈得到一些数据，过程中又被萨摩亚女孩有意捉弄了。弗里曼对米德的结论进行了全方位的抨击，年轻人与世无争的心态和平淡简单的幸福统统不存在，而在性方面，男性没有性嫉妒、缺乏占有欲、对圣母-荡妇二分法漠不关心——这些说法也都是有问题的。

实际上，经过仔细审视，米德每一点具体的发现都支撑不了她激进的总结论，但这些结论却被她广为宣传且富有影响力。她承认，萨摩亚男性会因征服处女感到一定程度的自豪。她还指出，每个部落都有一个仪式性的圣女——一个有良好教养的女孩，通常是酋长的女儿，她被小心地保护着，直到结婚时被人用手捅破处女膜，用流出的血证明她的纯洁。但米德坚持认为这个女孩是个例外，只有她游离于"自由奔放"的社会习俗之外。[42]较低阶层的父母会"沾沾自喜地无视"女儿的性尝试。她勉强承认，"理论上所有阶层的人在婚礼上都会进行贞操测试"，但她说，这个仪式很容易被蒙混过去或被干脆跳过。

弗里曼放大了米德观察中被掩盖的真相，并指出了她完全没注意到的一些事情。他写道，在适婚男性的眼中处女有巨大价值，处于任何社会地位的年轻女孩都会受到她兄弟的监控，如果他们发现她和一个可能对其贞洁有企图的男孩在一起，"就会责骂她，有时还会打她"。至于被怀疑的男孩，他会遭受"极度凶残的攻击"。一些在择偶竞赛中表现不佳的年轻男性，会在夜晚偷偷潜入女孩房间，先强暴她然后再进行威胁，如果她不嫁给自己就对外公布她失贞的丑事（也许私奔是逃避贞操测试最可靠的方法）。一个在结婚当天被发现不是处女的女人会被公开谴责为"荡妇"，在萨摩亚的社会规范中，婚前失身的女人"水性杨花，就像退潮时露出的空壳一样毫无价值"。在"开苞"仪式上人们会唱这样一首歌："其他人都没进去，其他人都没进去……他是最重要的第一个，最重要的第一个，哦，第一个！"[43]这些可都不是性开放文化的特征。

如今看来，米德宣称萨摩亚社会并不存在的那些西方社会病态现象，可能恰恰是被西方文化所抑制了。弗里曼指出，有了传教士，处女测试就不再公开展示，而是在房间中的屏风后面执行①。就像米德自己所写的，"在早些时候"，如果部落的仪式圣女在婚礼上被发现不是处女，"她的女性亲戚们就会扑上去用石头殴打这个使家族蒙羞的女孩，让她毁容甚至丧命"。[44]

萨摩亚人的性嫉妒也是如此。米德强调，萨摩亚人的性嫉妒按西方标准看非常温和，事实上，这种温和可能是西方人带来的。米德指出，一个发现妻子通奸的丈夫可能会按照某种惯例做出让步，按她的描述，整个过程不涉及伤害，会在和谐的气氛中结束。冒犯者会带着他的家人坐在受害丈夫的房子外面，恳求用华丽的服饰作为补偿，直到得到宽恕，晚饭后所有人达成和解。当然，米德注意到，如果是在古代，被冒犯的男人可能"提起一根棍子和他的亲戚们一起冲出去，杀死那些坐在外面的人"。[45]

在基督教的影响下，暴力变得没有那么频繁，这当然是人类可塑性的证明。但是，如果想了解这种可塑性的复杂参数，我们必须弄清楚哪一个是核心特质，哪一个是可以改变的影响。米德等一众20世纪中期的文化决定论者，一次又一次地把事情搞反了。

达尔文主义有助于正本清源。新一代的达尔文学派人类学家梳理了旧时代的人种志，进行了新的实地研究，并且发现了过去的人类学家没有强调甚至没有注意到的东西。许多"人类本性"相继浮现，其中之一就是圣母-荡妇二分法。在包括从萨摩亚到芒艾亚的异域文化中，男性在选择长期伴侣时都会尽量避开那些有性乱交名声

---

① 在19世纪中叶，德国、美国和英国就相继侵入萨摩亚，并将西方文化传播到那里，如今的萨摩亚是一个基督教国家。——译者注

的女孩。[46]一项民俗学分析显示,"好女孩/坏女孩"的两极分界是一个长期存在的现象,从远东到伊斯兰国家,再到欧洲,甚至到原始美洲,莫不如是。[47]

与此同时,通过心理学实验,戴维·巴斯证明男性会对短期和长期伴侣进行区分。指示乱交倾向的线索(比如超短裙或者富有挑逗性的身体语言)能让一个女人在选择短期伴侣的男人眼中更有吸引力,但对于选择长期伴侣的男人来说,这些线索则会减少吸引力。而指示缺乏性经验的线索则会以相反的方式起作用。[48]

目前看来,强有力的理论逻辑、详尽的人类学资料和具体的心理学证据为圣母-荡妇二分法假设的可靠性建立了保障。各个时代有经验的母亲也提供了证据,她们会警告自己的女儿,如果她们成了男人印象中的"那种女孩",就不可能再从他们那里得到尊重了。

豪放女人和腼腆女人

圣母-荡妇二分法将一个连续体一分为二。但在现实生活中,女人不是非"快熟"即"慢热",她们的性观念从极端谨慎到极端开放均匀分布。所以,像"为什么有些女人属于一种类型,有些女人属于另一种类型"这样的问题没有任何意义。有意义的是,去思考为什么一些女人更接近光谱的一端而不是另一端,也就是说,为什么女人的性倾向会存在差异。而男人又如何呢?为什么有些男人似乎能够坚定不移地支持一夫一妻,而另一些男人却在不同程度上背离这一信念?圣母和荡妇、慈父和无赖之间的差异是由基因决定的吗?答案是肯定的。但之所以如此肯定,是因为"源于基因"这种说法是如此含糊,以至于毫无意义。

让我们从"源于基因"这个流行概念开始。是不是从父亲的精子与母亲的卵子相遇的那一刻起,有些女人就注定要成为圣母,而另一些女人则几乎肯定会成为荡妇?同样,有些男人注定成为无赖,而另一些男人则只会成为慈父?

无论对男人还是女人来说,答案都是:不太可能,但并非不可能。通常情况下,两种截然不同的备选特质不会在自然选择中都保留下来。因为其中必有一种会更有利于遗传增殖,无论优势多么微小,只要有足够的时间它总会胜出。[49]这就是为什么你身上几乎所有的基因也存在于世界上任何地方的大多数居民身上。但自然界还存在一种被称为"频率制约选择"的规则,根据这一规则,某一特质的价值会随着它变得越来越普遍而下降,因此自然选择给它的优势地位设置了上限,从而为替代特质留下了空间。

以蓝鳃太阳鱼为例。[50]正常的雄鱼长大后会筑起一堆巢,等待雌鱼产卵,然后给卵受精并保护它们。这是一位正派社区成员的生活。可是一条雄鱼可能有多达150个巢穴需要照料,这就使他容易陷入不那么负责任的雄鱼——"流浪汉"设计的陷阱。流浪汉会暗中绕着其他雄鱼的巢穴四处走动,偷偷摸摸给卵受精,然后悄悄溜走,把受精卵留给被欺骗的监护者。在生命的某些阶段,流浪汉甚至会模仿雌鱼的颜色和动作来掩饰他们的秘密行动。

你可以看到流浪汉和他们的受害者之间是如何保持平衡的。流浪汉一定在繁衍方面做得相当好,否则他们就不会存在了。但是,随着这种行为成功的次数增加,他们在种群中所占的比例上升,接下来他们成功的次数又会降低。因为流浪者们的饭票——那些正派的、可利用的雄鱼相对数量减少了。在这种情况下,"成功欺骗"这种行为为自身施加了惩罚,流浪汉越多,每个流浪汉的后代就越少。

从理论上讲，种群中流浪汉的比例应该会一直增长，直到每个流浪汉的平均后代数量与每个正常雄鱼的平均后代数量相等。当达到这个平衡点时，任何的比例变化——无论是流浪汉的增加或减少——都会改变这两种策略的价值，之后又抵消改变，趋向平衡。这种平衡被称为"进化稳定"状态，英国生物学家约翰·梅纳德·史密斯提出了这一概念，他还在20世纪70年代充分阐释了频率制约选择的内涵。[51]据推测，蓝鳃太阳鱼早已达到进化稳定状态，流浪者在种群中大约占五分之一。

人类和蓝鳃太阳鱼在性问题上的欺骗行为是不同的，部分原因在于哺乳动物倾向于体内受精。但理查德·道金斯用一种对人类通用的抽象分析表明，梅纳德·史密斯提出的原理在逻辑原则上也适用于人类。换句话说，我们可以想象这样一种背景：无论女人的腼腆或奔放特质，还是男人的忠诚或油滑特质，都不可能垄断进化策略。每种策略的成功率都会根据其他三种策略的流行程度而产生变化，整体比例则会趋向平衡。例如，道金斯根据某些假设条件推断出六分之五的女性属于腼腆型，而八分之五的男性属于忠诚型。[52]

现在，如果你已经明白了这个事实，我建议你忘掉一些事情。不要只忘记上面的两个分数，它们显然是由随意建立的人工模型得出的。重要的是要彻底忘掉这样的想法，即每个人都只会与某一种策略牢牢绑定。

正如梅纳德·史密斯和道金斯所指出的，如果你假设这种神奇的比例也存在于个体内部，也就是说，假定每个女性在六分之五的交媾机会中忸怩作态，每个男性在八分之五的交媾机会中忠诚坚定，那么进化也会长期趋于一个稳定的均衡状态。即使这些比例是随机的，就像人们每次相遇时掷骰子来决定该怎么做，结论依然成立。想象一下，如果一个人能（有意或无意地）衡量其所处情境，并可以有依据地在不同情况下灵活选择更有利的策略，那么他的行动会多么有效。

再想象一下另一类灵活性：存在一种发展程序，它可以在个体幼年时评估当地的社会环境，之后在个体成年时引导他采取最容易取得成功的策略。如果把这个程序安装在蓝鳃太阳鱼身上，于是会发生这样事情：一条雄鱼在早年分析了当地环境，计算出可以利用的正派雄鱼的数量，之后决定是否成为一个流浪汉。这种具有可塑性的个体最终会主宰整个种群，彻底埋葬只会僵化执行一种策略的鱼类。

这个故事的寓意是，只要有机会，灵活策略通常会战胜僵化策略。事实上，即使在蓝鳃太阳鱼这种大脑皮层并不发达的动物身上，灵活策略似乎也赢得了部分胜利。尽管有些基因会使一条雄蓝鳃太阳鱼倾向于一种策略，另一些基因会使他倾向于另一种策略，但并不绝对如此。雄鱼在"决定"采用哪种策略之前，会先采集本地数据。[53] 很明显，当我们将讨论对象从鱼转为人类时，灵活策略的选用范围大大增加了。我们有巨大的大脑，它存在的全部原因就是让我们能灵活适应不同环境。考虑到个体所处环境中的许多事物——包括其他人对个体优良或瑕疵特质的反应——都能改变个体成为圣母或荡妇、慈父或无赖的价值，自然选择不会一反常规地迟钝到不去青睐那些使大脑对这些事物保持敏感的基因。

在许多其他领域也是如此。在进化过程中，成为某种"类型"——如合作或吝啬——所能产生的价值取决于时间、地点以及人与人之间的差异。在理论上，那些让我们祖先与一种人格类型紧紧捆绑在一起的基因，会输给那些让人格没那么固化的基因。

这并不只是关乎一致性。一些文献会取类似于"行骗高手的演化"这样的标题。[54] 回到圣母和荡妇的问题上，有一种理论认为一些女人天生就倾向于遵循"性感儿子"的策略：她们与性吸引力强的男人（英俊、聪明、强壮等）乱交，冒着失去高雄性亲代投资的风险——如果她们更像圣母一点就能获得这些投资，而回报是自己的儿子可能能像他们的父亲一样充满魅力、多子多孙。类似的理论很有趣，但它们都面临着同一个障碍：无论是欺骗还是乱交，不管它是一种多么有效的策略，如果能灵活些效果会更好，比如在出现失败的苗头时就赶紧弃用。[55] 人类的大脑就是这种充满灵活性的东西。

强调这种灵活性并不是说所有人生来在心理上完全相同，也不是说所有的性格差异都是环境造成的。显然，如神经质和外向性等人格特质存在重要的遗传差异。这些特质的"可遗传性"大约是40%，也就是说人格特质中大概40%的个体差异（在遗传学家研究过的人群中）可以被基因差异所解释。（相比之下，身高的可遗传性是90%，只有10%的身高差异是由营养或其他环境因素决定的。）问题是，为什么人格的基因多样性是如此毋庸置疑地重要。能导致不同性格类型的外向性遗传倾向是不是频率制约选择的产物？"（虽然频率制约选择的经典例子往往只涉及两三种不同的策略，但它也可以涉及更多更精细的策略阵列。）或者，不同基因倾向只是一种噪声，是进化过程中偶然产生的副产品，而并非是自然选择"特意"塑造的？[56] 没有人知道。进化心理学家对此猜测不一。但他们达成共识的是，人格差异很大一部分源于我们进化出了"灵活性"和"发展可塑性"。

这种对心理发展的强调并不是像25年前[①]的社会科学家那样，把他们所看到的一切都归因于不明确的"环境因素"。进化心理学的

---

① 即1970年前后。——译者注

一个主要的（也许是最主要的）目标是澄清这些因素，生成更好的人格发展理论。换句话说，进化心理学不仅能帮助我们看到人性的"旋钮"，还能让我们知道如何调整这些旋钮。它不仅向我们展示了为什么所有文化中的男人都被变换性伴侣所吸引，而且能说明是什么环境让一些男人比其他男人更为之着迷。它不仅向我们展示了为什么所有文化中的女人在性方面都更保守，而且能让我们了解一些女人是如何颠覆这种刻板印象的。

　　罗伯特·特里弗斯在1972年发表的关于亲代投资的论文就是一个很好的例子。特里弗斯提到了社会科学家已经发现的两种模式：（1）年轻女孩越有魅力，她就越有可能"往上嫁"，即嫁给社会经济地位较高的男人；（2）年轻女孩的性行为越活跃，她往上嫁的可能性就越小。

　　首先，从达尔文主义角度看，这两种模式都是有道理的。一个有钱、地位高的男性通常有更大范围的高价值妻子可供选择，所以他倾向于选择漂亮又相对圣母的女人。特里弗斯对此进行了更深入的分析。他问道，"女性是否有可能在青春期根据她们的资本来调整生育策略？"[57] 换句话说，如果一个女孩在早期收到了关于自己美貌的社会反馈，她会利用这一点，选择性保守策略，以便获得那些高地位男性的长期投资，后者也正企图寻找漂亮的圣母。至于没那么有魅力的女人，她们通过性保守策略中大奖的概率更低，因此她们变得性关系更混乱，尽量从许多男性身上榨取每一点资源。虽然这种乱交可能会降低她们作为妻子的价值，但在祖先环境中，这并不会扼杀她们找到丈夫的机会。在一个以狩猎-采集为生的社会里，几乎所有有生育能力的女人都能找到一个丈夫，即使他远不是理想的丈夫，或者她不得不与其他女人共享这个丈夫。

达尔文主义和公共政策

特里弗斯的设想并不意味着有魅力的女人会有意识地守卫自己的贞洁（尽管这可能是一个原因，更重要的是父母也可能存在一种基因倾向，即当女儿很漂亮时，他们会鼓励她在性上更保守一些。）出于同样的原因，我们并不是说那些缺乏魅力的女人必然会意识到自己不能挑三拣四，于是在遇到理想对象前就开始性活动。其中起作用的机制很可能是在潜意识层面上，是她们青年期的经验逐渐塑造了性策略——或者换个词，性方面的"道德观"。

这样的理论很重要。人们经常讨论青少年尤其是贫困青少年中未婚妈妈的问题，但没有人真正了解性习惯是如何形成的，以及它们有多么牢固。关于如何提高自尊的讨论也很多，但是很少有人理解自尊是什么，它的作用是什么，以及它如何发挥作用。

进化心理学目前还不能确信地为这些讨论提供所缺失的理论基础。但问题不在于缺乏合理的理论，而在于缺乏去检验理论的研究。特里弗斯的理论被搁置了20年。1992年，一位心理学家确实发现了该理论所预测的"女人的自我感知与其性习惯的相关性"：她越认为自己缺乏魅力，性伴侣就越多。但另一位学者的研究却没有发现所预测的相关性。更重要的是，这两项研究的最初目的都不是要检验特里弗斯的理论，两位研究者并不知道他的理论。[58] 这正是进化心理学的现状：大片沃土，少有农夫。

最终，特里弗斯理论的主要立场（即使不是理论本身）很可能会被证明是正确的。也就是说：女性性策略的选择可能取决于每种策略在给定环境下能带来的遗传红利。只是起作用的环境因素不仅仅包括特里弗斯所强调的女性自身的吸引力，也包括男性亲代投资的普遍可获得性。后者在祖先环境中经常会有大幅波动。例如，在一个刚刚入侵了邻村的部落中，女性比例可能会骤然升高——不仅仅是因为部落中有男性伤亡，还因为获胜方通常会杀死或奴役对方的男性，抢走他们的女性。[59]于是一夜之间，这个部落里每个年轻女子获得一个男人全部投资的概率就会急转直下。饥荒或突然的富足也可能改变投资模式。因此，正是由于变化的存在，理论上任何有助于女性驾驭这些变化的基因都会繁荣起来。

证据表明事实确实如此。人类学家伊丽莎白·卡什丹（Elizabeth Cashdan）的一项研究显示，相比认为男人愿意为后代进行投资的女人，那些认为男人普遍追求"无责任性爱"的女人会更有可能穿挑逗的服装，并且更经常地与他们发生性关系。[60]虽然有些女人能意识到当地环境与她们生活方式间的关系，但这一点并非必要。如果一个女人所处的环境中全是不愿或不能成为尽责父亲的男人，那么她也可能会深深沉迷于无责任性爱。换句话说，她因解开"道德"约束而感到放松。如果环境突然改善，例如男女比例上升，或者男人出于其他原因转向高亲代投资策略，女人的性沉迷和道德敏感性也会随之改变。

在进化心理学发展的早期阶段，所有这些都必然是推测。但我们已经可以看到，它们所带来的启发正在逐渐增加。例如，对于男孩和女孩来说，"自尊"的来源和影响几乎肯定是不同的。正如特里弗斯所指出的，对于十几岁的女孩来说，关于美貌的反馈可能会为她们带来较强的自尊，而这又会鼓励她们在性方面更加克制。对于男孩来说，强烈的自尊很可能产生相反的效果：它可能导致他们更频繁地寻求短期性机遇，实际上，那些帅气又有地位的男性确实在短期性关系中更加吃香。在许多高中，一个英俊的体育明星会被人半开玩笑地称为"种马"。对于那些强调科学验证方法的人来说，这也是一个证据充分的结论：英俊的男人确实比一般男人拥有更多的性伴侣。[61]（女性被试者称，当她们没打算长时间维持一段关系时，她们会更注重性伴侣的长相。很明显，她们无意间选择了以亲代投资为代价换取优良的基因。）[62]

一个高自尊的男人在结婚后可能并不会因为对婚姻忠诚而引人瞩目。可想而知，他拥有的各种优势使他仍然可以继续过着一种四处风流的生活，即使一些活动需要隐蔽进行。（你永远不知道什么时候一次出轨行为会取代原来的婚姻，导致妻子被遗弃。）而自尊心较低的男性则可能会成为其他方面不尽如人意但却非常尽责的丈夫。由于自身缺少婚外情的机会，而且担忧伴侣出轨，他们会将所有精力和注意力倾注到家庭上。与此同时，自尊心极低的男性如果在女性那里持续受挫，他们也许最终会诉诸强奸。在进化心理学内部关于强奸的争论一直在持续：强奸是不是一种适应机制和精心设计的策略？是否只要社会环境给予足够的消极反馈，任何男孩长大后都可能采取这种行动？可以确定的是强奸现象广泛存在于各种文化中，而且通常发生在可预测的情境下：当男人无法通过合法手段找到有魅力的女人时。一项（非达尔文主义的）研究发现，典型的强奸犯"会对自己的能力和竞争力有着根深蒂固的怀疑，无论在与性有关还是无关的领域，他都缺乏作为男性的自信"。[63]

新达尔文范式所能带来的另一个启发是，它可能会阐明贫穷和性道德之间的关系。如果一个女人所生活的环境里几乎没有男人有能力或意愿供养家庭，那么她可能对不承载任何责任的性关系也并无异议。（在历史上，包括维多利亚时代的英国，"下层社会"的女性通常都会背负水性杨花的恶名。）[64]现在下结论还为时过早，或者我们不能断言只要收入水平改善，贫民区的性观念就会发生显著变化。但至少值得注意的是，进化心理学通过强调环境的作用，可以使人们注意到贫困的社会成本，从而不时助力自由主义政策的方案，并扭转人们将达尔文主义视为右翼思想的刻板观念。

当然，有些人可能会辩称，任何一个特定理论都能得到许多不同的政策启发。他们也可以构想出完全不同的达尔文主义理论来说明性策略的塑造方式。[65]但我认为有一件事情是办不到的，那就是认为进化心理学与整个讨论无关。一些人认为自然选择只对生物的微观设计元素敏感，它建造了巨大、精巧且灵活的大脑，但不负责让大脑对诸如性别、地位等与我们的生殖前景息息相关的环境线索保持敏感，这样的观点简直是无稽之谈。如果我们想知道一个人的性格是何时以及如何开始向特定方向发展的，如果我们想知道性格后来会多么难以改变，我们必须指望达尔文。我们还不知道答案，但我们知道答案会从哪儿来，而且这些知识能帮助我们提出更一针见血的问题。

继续维持的家庭

人们对女人短期性策略的关注已足够多，例如没有配偶的女人是否愿意接受一夜情？有配偶的女人是否会偷找情人？这些话题近期都被提及过。在20世纪70年代的社会生物学讨论中，流行的观点倾向于把男人描绘成野蛮又好色的动物，他们四处游荡，寻找可以欺骗和剥削的女人；女人则经常被描绘成受欺骗和剥夺的对象。看法的转变很大程度上要归因于人数越来越多的女性达尔文主义社会科学家，她们耐心地向男同行们解释女人是如何看待这个问题的。

即使风向扭转后，将男人和女人分别看作猎手和猎物的观点依然很有市场。在婚姻中，平均来看，男人往往更容易主动遗弃配偶。原因并不像人们有时所设想的，即婚姻破裂会让女人承受更大代价。的确，如果她有一个年幼的孩子，离婚也会让孩子遭受不幸——可能是因为她找不到一个愿意抚育别人孩子的男人，也可能是因为她找到的是一个忽视或虐待孩子的人。但是，从达尔文主义角度来看，抛弃配偶的丈夫也要一起承担这种代价，毕竟受苦的也是他的孩子。

男女之间的巨大差异其实来自因遗弃而产生的"福利"不一致。一对配偶解体后，每一方能在未来的繁殖活动中得到什么呢？从原则上讲，丈夫可以找到一个18岁的女性，她的生育潜力还可以维持25年。而妻子即使排除了带着孩子找新丈夫的麻烦，她也不可能找到一个能给她25年生育潜力的伴侣。当夫妻二人都很年轻时，这种外在机会上的差异是微不足道的。但随着年龄的增长，差距就会增大。

环境可以抑制或加剧这种差距。一个贫穷、地位低下的丈夫可能没有抛弃妻子的机会，事实上，他也许给妻子提供了抛弃自己的理由，特别是当她没有孩子并且可以很容易地找到另一个伴侣时。另一方面，丈夫财富和社会地位的上升会增强他抛弃妻子的动机，并减弱妻子抛弃他的动机。但在其他条件相同的情况下，丈夫的非分之想会随着时间的流逝而加剧。

所有这些关于"抛弃"的说法可能会让人产生误解。尽管离婚在许多狩猎-采集文化中都能见到，但一夫多妻制同样存在，在祖先环境中，娶第二个妻子并不一定意味着离开第一个妻子。除非不允许多妻制，否则从达尔文主义视角看没理由抛弃妻子。与子女待在一起，给予他们保护和教育，这在遗传上才更有意义。因此，相比抛弃妻子后另觅新欢，一夫多妻制才是更符合男性利益的设计。但在现代社会中，一夫一妻制在法律上已经完全制度化，因此男性多找几个妻子的冲动只能通过其他途径来得以释放，比如离婚。

随着孩子逐渐能够自给自足，依靠男性亲代投资的紧迫性会下降。有很多中年女性会选择离开自己的丈夫，特别是她们在经济上有保障的情况下。然而，从达尔文主义视角看，并没有什么特别力量驱使她们抛弃丈夫，离婚不会大大提高她们的基因利益。最有可能导致绝经女性退出婚姻的是她丈夫在婚姻关系中的恶劣态度。许多女性寻求离婚，但这并不意味着基因是问题所在。

在所有关于当代婚姻的调查研究中，有两项结论格外突出。第一项结论是，1992年的一项研究发现，丈夫对婚姻的不满程度是预测他是否离婚的最有力的因素。[66] 第二项结论是，离婚后男性再婚的可能性比女性大得多。[67] 第二项结论及其背后的生物学基础，很可能正是第一项结论的一大成因。

对这类分析的反对完全可以预见到："但是人们离婚是因为感情因素。他们不会拿出计算器算一下自己还能有多少孩子，男人是因为受够了妻子的乏味唠叨，或出于对中年危机的深刻反思。妻子是被粗暴冷漠的丈夫逐出家门，或被关怀体贴的男人吸引出走的。"

这些说法没错。但是，情感只是进化的执行者。婚姻咨询师会敏锐地评估配偶在思维、情感和气质方面的差异，可是它们的背后藏着基因策略。构成策略的冷酷方程式由简单变量组成，包括社会地位、配偶年龄、孩子数量、孩子年龄、外部机会等。妻子真的比20年前更无聊、更唠唆了吗？有可能，但也有可能是丈夫对唠唆的忍耐力下降了，因为她已经45岁了，不再有生育潜力。雪上加霜的是，他最近获得了晋升，已经在工作中吸引了一位年轻女性的艳羡目光。同样地，我们可以问一个没有孩子的年轻妻子，既然她觉得丈夫的麻木迟钝难以容忍，为什么一年前，在丈夫还没失业以及自己身边还没出现那个和她调情的富有单身汉时，她却可以忍受？当然，丈夫的劣迹也许真实存在，预示着他会背叛，又或许他即将离开，因此罪有应得，妻子现在才打算先发制人。

一旦你开始把日常的情感和思想都视为基因的工具，婚姻中的争吵就有了新的意义。即使是那些还不足以步入墓穴的婚姻，也会时不时重启谈判，更改合同。度蜜月时丈夫说他不想要一个"老派的妻子"，现在却挖苦妻子说，偶尔做顿晚饭又不太费力。这个威胁既明确又含蓄：如果你不愿意重新谈判，我就要解除合同。

重新审视配对假说

总的来看，德斯蒙德·莫里斯的配对假说并不太经得起严格推敲。我们人类似乎并没有太像灵长类亲戚长臂猿，它们以坚定不移地实行一夫一妻制而著称。这不太值得惊讶，长臂猿没有什么社交生活，每个家庭都独立生活在自己的巨大领地上——有时超过100英亩①——这样就避免了婚外情。长臂猿会赶走任何想要偷走或引诱自己配偶的入侵者。[68]相比之下，人类是在大型社会群体中进化而来的，群体生活中充斥着"忠诚"以外的基因获利途径。

当然，我们确实有高雄性亲代投资的特征。在过去几十万年甚至更长的时间里，自然选择使男性变得倾向于爱他们的孩子，并给予孩子女性在几亿年进化过程中一直享有的那种感情。也正是在这期间，自然选择也让男女彼此相爱（"爱"这个词的含义在不同情况下差异巨大，很少有爱情能达到父母对子女的那种恒久不变的付出）。尽管如此，不论爱或不爱，我们也不是长臂猿。

---

① 1英亩约等于4047平方米。——编者注

那么我们是什么？我们人类离"自然的"一夫一妻制还有多远？生物学家通常从解剖学的角度来作答。我们已经看了一些解剖学证据，例如睾丸重量和精子密度的波动表明人类女性在本质上并不会奉行虔诚的一夫一妻制。还有一些解剖学证据则可以说明，究竟男性离自然的一夫一妻制还有多少差距。正如达尔文所注意到的，在一夫多妻制倾向严重的物种中，雄性与雌性的体型差异——也就是性别二态性差异会非常巨大。一些雄性可以占有多个雌性，而另一些则被完全排除在基因大乐透之外。因此，成为一个能够威吓对手的大体型雄性会收获超额的进化价值。对于雄性大猩猩来说，如果赢得多次战斗，他们就可以和多位雌性交配，如果没赢就什么都没有，因此他们体型庞大，体重能达到雌性的两倍。而在奉行一夫一妻制的长臂猿中，小号雄性可以与大号雄性有一样的繁殖成就，所以雌雄两性的性别二态性也小到难以觉察。总之，性别二态性是反映一个物种间雄性性资源竞争强度的良好指标，而这种竞争强度又能说明一个物种中一夫多妻的流行程度。当把人类放到性别二态性的坐标上时，能看出我们是"适度奉行一夫多妻制"的动物。[69]我们的二态性比大猩猩小得多，比黑猩猩小一点，但明显比长臂猿要高。

这种逻辑存在的一个问题是，人类（甚至早期人类）男性之间的竞争主要体现在心智层面。男人没有像雄性黑猩猩那样长着长长的獠牙，用来争夺首领的地位并获得对雌性的优先交配权。但是男人会用各种计谋来提高他们的社会地位，从而增加对女性的吸引力。因此，在我们过去的进化过程中，一夫多妻制的某些或主要影响都不反映在生理层面上，而是反映在男性的心理特征上。尽管人类两性在体型上没那么明显的差别，但我们并不能据此就描绘出一幅人类倾向于一夫一妻制的美好画面。[70]

在漫长的岁月中，人类社会是如何应对人性中基本的性别不平衡的？应对方式依然不平衡。绝大多数社会允许男人拥有多个妻子——在人类学家搜集分析过的1154个过去和现在的社会中，有980个如此。[71] 其中就包括世界上的大多数狩猎-采集社会，它们最接近祖先生活环境，是人类进化活生生的例子。

配对假说最狂热的支持者们会贬低上述事实的重要性。德斯蒙德·莫里斯固执地想要证明一夫一妻制存在于人类天性中，他在《裸猿》一书里坚持认为，现代工业社会是唯一值得关注的社会，而它恰好属于那15%的一夫一妻制阵营。"一个没有进步的社会在某种意义上是失败的，有问题的。有些违背人类自然倾向的事情阻碍了社会的发展……所以，那些小规模、落后、失败的社会基本上可以忽略不计。"他还总结道（当他写下这些内容时，西方社会的离婚率只有当前的一半）："无论那些愚昧落后的部落如今正在做什么，人类物种的配对特质正以最极端的形式在主流社会得以展现，即制度化的长期一夫一妻制。"[72]

好吧，这是一种摆脱不和谐数据的方法：宣称它们是异常的，即使它们的数量远远超过"主流"数据。

事实上，一夫多妻制婚姻也并没有成为历史。在980个一夫多妻制文化中，有43%的社会把一夫多妻制分类为"偶尔"。即使在把一夫多妻制分类为"普遍"的社会，通常也只有极少数有能力或有资格的男人拥有多位妻子。长久以来，尽管大多数社会并不实行一夫一妻制，但普通人实际的婚姻生活还是以一夫一妻为主。

不过，人类学资料表明，一夫多妻又是一件很自然的事，因为如果男人有机会拥有不止一个妻子，他们往往倾向于抓住机遇。资料还表明了另外一件事：在解决男女两性基本需求不平衡方面，一夫多妻制能发挥优势。想象一个已经有几个孩子的已婚之夫越来越不安分，他"爱上了"一个年轻女孩。在我们的文化中，我们可能会说：好吧，你可以娶她，但我们坚持要你抛弃你的第一个妻子，而这会为你的孩子带来耻辱，如果你赚不了多少钱，你的孩子和前妻就会生活得非常悲惨。在另外一些文化中，人们可能会说：好吧，你可以娶她，但前提是你真的供养得起第二个家庭，你不能抛弃你的第一个家庭，这样你的孩子才不会背负任何耻辱。

也许今天某些名义上奉行一夫一妻制、但半数婚姻其实都失败了的社会需要重新反思。也许我们应该消除离婚带给人的污点，也许我们应该确保那些抛弃家庭的男人依然对家庭负有法律责任并继续供养家庭，从而让家庭成员能维持原来的生活习惯。

要想明智地辨别上述选项的优劣，我们必须先问一个简单问题（可能得到违反直觉的答案）：既然严格的一夫一妻制文化主张似乎违背人类本性，而且在过去几千年里几乎闻所未闻，那么它是怎样出现的？

第 4 章

婚姻市场

> 读了麦克伦南先生的作品后,几乎不可能认识不到,基本上所有的文明国家目前依然保留着一些陋习的痕迹,比如抢婚习俗。正如作者所问的,哪个古老国家敢说自己一开始就是实行一夫一妻制的呢?
> ——《人类的由来》(1871)[1]

这个世界上有些事情似乎说不通。一方面,世界主要由男人掌控;另一方面,在大部分地区,一夫多妻制又是非法的。如果男人真的是前两章所描述的那种动物,为什么他们允许这种事情发生?

有时这种悖论被解释为男女两性之间妥协的结果。在旧时代的维多利亚式婚姻中,男人要想平常高高在上,相应的代价就是要或多或少地控制自己到处游荡的欲望。妻子们要做饭打扫,屈从丈夫的命令,并要忍受和一个男人在一起所带来的种种不快。作为回报,丈夫们大方地同意留在身边。

这样的理论虽然很吸引人,但没有切中要点。诚然,任何一夫一妻制婚姻中都存在妥协。任何双人牢房里也都有妥协,但这并不意味着监狱是由罪犯之间的妥协而创造出来的。同样,男女之间的妥协是一夫一妻制得以维持的方式(当一夫一妻制确实还存在时),但它并不能解释一夫一妻制出现的原因。

要回答"为什么是一夫一妻制"这个问题,首先是要理解,对于人类学记录中包括狩猎-采集文化在内的很多一夫一妻制社会来说，这个问题并不那么令人费解。这些社会一直徘徊在生存边缘。在这样的社会里，几乎没有为了应对不时之需而储备的资源，一个男人如果要在两个家庭之间疲于奔命，最终可能没有孩子或者养不活他们。即使他愿意将赌注押在第二个家庭，他也很难吸引到第二个妻子。一个女人如果可以得到一个男人的全部，为什么她要勉强同意只得到另一个男人的一半呢？难道是出于爱吗？但爱情常常会错得如此离谱吗？记住，爱情的"目标"就是吸引女人去靠近对她的后代有好处的男人。此外，在前工业化社会中，家庭往往会务实地强迫新娘做出"选择"，因此，为什么她的家庭要容忍这种愚蠢情形呢？

即使一个社会的生活水平略高于生存线，且所有男人都能达到平均水平，同样的逻辑依然大体适用。如果一个女人选择同别人分享丈夫而不是自己独占，她的物质幸福会大打折扣。

一般原则是，男人之间的经济平等——特别是在接近生存线水平时——往往会简化一夫多妻制。这种趋势本身就会消除一夫一妻制的大部分神秘感，因为在已知的一夫一妻制社会中，有一半以上被人类学家界定为"非分层"社会①。[2]真正需要解释的是世界历史上出现过的另外七十多个社会，包括现代工业国家，它们有明显的经济分层，但实行的还是一夫一妻制。这些社会才是大自然的真正"怪胎"。

理查德·亚历山大（Richard Alexander）是最早将这种新研究范式广泛应用于人类行为的生物学家之一，他特别强调了贫富不均环境下的一夫一妻制悖论。当一夫一妻制出现在仅维持生存水平的社会中

---

① 社会分层是指社会成员、社会群体因社会资源占有不同而产生的层化或差异现象，非分层社会则是说一个社会并不存在特别明显的社会结构和社会等级秩序，个体之间相对平等。——译者注

时，亚历山大称之为"生态裁决"（ecologically imposed）。当它出现在更富裕、社会等级更明显的社会中时，亚历山大称之为"社会裁决"（socially imposed）。[3] 问题是，为什么社会要裁决出这样的结果？

"社会裁决"这一词可能会冒犯到一些人的浪漫理想。它似乎在暗示，如果法律没有禁止重婚，女人就会涌向金钱。只要能获得足够的资源来维持生活，她们心甘情愿成为别人的第二或第三个妻子。"涌向"这个词在这里也不是随便用的。在鸟类中，如果雄鸟控制的领地在数量和质量上有很大差别，就会出现一夫多妻的倾向。一些雌鸟很乐意与姐妹共享一个丈夫，前提是这只雄鸟坐拥的地盘比任何同性都要广阔。[4] 大多数人类女性会认为她们在两性关系中是被一种更优雅高贵的爱情所指引，这让她们比长嘴沼泽鹪鹩多了几分自豪感。

她们当然会更自豪。即使在一夫多妻制文化中，女人也往往并没有那么渴望去分享丈夫。但通常情况下，她们宁愿这样选择，也不愿在贫困生活中"享受"一个一无所有者全身心的关注。对于那些受过良好教育的上层社会女性来说，她们很容易对情愿忍受一夫多妻制的女人嗤之以鼻，嘲讽这些女人缺乏自尊心，她们还会否认女性非常重视丈夫的收入。不过上层社会的女性其实很难遇到低收入男性，更不用说与之结婚了。在她们的生活圈中，人们的经济条件旗鼓相当，因此她们不需要担心找到一个只能养家糊口的人。她们可以调整搜寻焦点，花时间考察潜在伴侣在音乐和文学方面的品位。（而这些品位本身就可以暗示一个男人的社会经济地位。这提醒我们，对配偶的达尔文式评价不必是"有意"进行的。）

亚历山大认为，如果一个社会高度分层但依然实行一夫一妻制，其中必然存在一些人为影响因素。一夫多妻制常常顽固地潜藏于这样的社会之下，这个事实支持了亚历山大的观点。尽管即使如今做情妇也往往会被人视为丑闻，但还是有很多女人情愿选择这个角色而不是其他选项：例如接受一份更真诚的承诺，但它来自一个没有什么成就的男人；或者做个独立女性，不要男人的承诺。

亚历山大强调了两种不同的一夫一妻制社会，之后他的区分开始从一些更具体更微妙的研究中得到支持。人类学家史蒂文·J. C. 高林（Steven J. C. Gaulin）和詹姆斯·S. 博斯特（James S. Boster）已经指出，嫁妆作为一种从新娘家到新郎家的资产转移方式，几乎只出现在"社会裁决"型的一夫一妻制社会中。37% 的分层化非一夫多妻制社会存在嫁妆现象，而只有 2% 的未分层非一夫多妻制社会存在嫁妆现象。（对于一夫多妻制社会，这个数字大约是 1%。）或者换一种说法：尽管从记录看只有 7% 的社会属于"社会裁决"型一夫一妻制社会，但它们却在有嫁妆的社会中占了 77% 的比例。这表明嫁妆是市场失衡和婚姻交易受阻的产物；由于限制每个男人只能有一个妻子，一夫一妻制使得富有男性变成了珍贵的商品，而嫁妆就是为这些商品支付的成本。可以这样推测，如果一夫多妻制合法化，婚姻市场会直接纠正这种错误：最有钱的男人（也许是最有魅力、体格最健壮，或者其他可以抵消财富因素的特质）得到的不是大笔嫁妆，而是多个妻子。

胜利者和失败者

我们可以采用这种方式看待事物——我们放弃西方的种族中心主义视角，接受达尔文主义的观点，即男人在自己负担不太重的情况下，总是（有意或无意地）想要更多能提供性和生育服务的机器，而女人总是（有意或无意地）想要为孩子争取更多的资源。如果这样做，那么我们就有可能得到一夫一妻制会在今天存在的关键原因：虽然一夫多妻制社会经常被描绘成被男性所拥护、被女性所厌恶，但实际上，在这方面任一性别阵营内部都不会真正自然地达成一致。显然，那些宁愿选择"半个"富男人也不愿选择"一整个"穷男人的女人，不会是一夫一妻制的受益对象；而那些被她们抛弃的穷丈夫，则不会是一夫多妻制的受益对象。

这种具有讽刺性的选择结果并不仅局限在收入接近底层的人群。事实上，从纯达尔文主义角度看，在一夫一妻制下，大多数男性可能会过得更好，而大多数女性可能会过得更差。这是一个很重要的观点，值得我们暂停一下，给予简单说明。

设想一个粗俗、无礼、具有冒犯性但有利于进行分析的婚姻市场模型。将1000名男性和1000名女性按照他们对异性的吸引力进行排名。当然，在现实生活中，人们对魅力没有完全一致的看法。但至少有一些明确的模式。在其他条件都差不多的情况下，几乎没有女人会更喜欢一个无所事事的失业者，而不喜欢一个充满雄心抱负的成功男士；同样，很少有男人会选择一个过度肥胖、没有吸引力的沉闷女性，而不是一个体型匀称、容貌迷人的聪慧女性。为了更容易理解，我们就简单将所有这些构成吸引力的特质合并成一个维度。

假设这2000人生活在一夫一妻制的社会中，每个女人都要嫁给和她吸引力排名相同的男人。女人想嫁给排名更高的男人，但他们都被比她排名高的竞争对手占有了。男人也想娶排名更高的女人，但出于同样的原因也无法实现。现在，在这1000对男女已经订立婚约但还没结婚时，我们将一夫多妻制合法化，并神奇地擦除它在道德上的污名。让我们假定其中一个比一般水平稍微更有吸引力的女人，她有一定的魅力，但不太聪明，总排名是400。这个女人抛弃了她的未婚夫（在男性中排名400，是个卖鞋的推销员），愿意当一个成功律师

（在男性中排名40）的第二任妻子。这种情况并非令人难以置信，放弃一个年收入4万美元左右的家庭——其中部分还是自己去必胜客打工赚来的，换来的可能是每年10万美元的收入，自己还不用工作（况且40号男人比400号男人更会跳舞）。[6]

实际上，一夫多妻制带来的这一点向上流动，会让大多数女性过得更好，而让大多数男性过得更差。排名低于"400号女人"的600名女性全部向上晋升一级，以填补前一位的空缺，她们仍然有一个属于自己独有的丈夫，而且是一个更好的丈夫。与此同时，599个男人最终娶了一个比之前的未婚妻略微逊色的老婆，而排名最后的男人现在只能打光棍了。当然，在现实生活中，这些女人不会步伐一致地向上爬。在这个过程的最初阶段，你会发现这样一个女人，她考虑到各种无形的吸引力后，决定留在自己原来的男人身边。但现实生活中更可能发生的是一开始就不止一个女性选择向上流动。这就出现了基本结论：相比一夫一妻的情况，在允许一夫多妻的背景下，许多女人都有了更大的选择空间，其中也包括不想和别人共享丈夫的女人。[7]出于同样的原因，许多男人则可能吞下一夫多妻制的苦果。

总而言之，虽然制度化的一夫一妻制经常被视为平等主义和女性权益的重大胜利，但它对女性的影响其实并不是完全平等的。一夫多妻制有利于在女性群体中更多地分配男性的财富资源。对于活泼漂亮的女性来说，如果她们的丈夫是充满魅力、体格健壮的企业巨头，她们就容易明智地抨击一夫多妻制是对女性基本权利的践踏。但是，对于生活贫困的妻子或者没有丈夫、孩子但有希望享有二者的女性来说，她们完全有理由去质疑一夫一妻制到底保护了谁的权利。在弱势群体中，应该只有男性会支持一夫一妻制，因为这让他们有机会迎娶那些本可以向更高社会地位攀爬的女性。

因此，在男女两性中，没哪一方的全体成员会一致地坐到婚姻制度谈判桌的同一边，进而促成传统的一夫一妻制。一夫一妻制既不会给所有男人带来损失，也不会为所有女人带来福祉，在两个性别的阵营内部都天然存在着利益冲突。更可能的是，婚姻制度是幸运和倒霉男人之间达成的巨大历史妥协。对他们来说，一夫一妻制确实代表了一种真正的和解方案：最幸运的男人仍然能得到最理想的女人，但他们必须限制自己，每人只能占有一个。因此，一夫一妻制是男人之间分配异性资源的方式，这种解释与本章开始时阐述的事实具有一致性：通常正是男性完全掌握着政治权力，历史上也正是他们决定着大多数的重大政治交易。

当然这并不是说，男人曾经真的坐下来，敲定好一个女人配一个男人这样的解决方案。更确切地说，一夫多妻制趋向于消失是对平等主义价值观的回应——不是男女平等，而是男人之间的平等。也许用"平等主义价值观"这个词来描述有些太客气了。随着政治权力的分配更加均等，上层社会男性"囤积"女性的行为变得越来越难以维持。对于精英统治阶层来说，没有什么比一群性饥渴、没孩子但还掌握一定政治力量的男人更让人焦虑的了。

这种理论目前还只是一种论述，[8]但至少部分现实与之相符。劳拉·贝齐格（Laura Betzig）曾指出，在前工业化社会中，极端的一夫多妻现象常常与极端的政治等级制度相伴而行，并会在最专横的政权下达到顶峰。（祖鲁人的国王可能会占有100多个女人，在他的餐桌前咳嗽、吐痰或打喷嚏都会被判处死刑。）政治地位与性资源分配的关系通常是明确具体的，在印加社会中，从小酋长到首领，四个政治等级允许拥有妻子的数量上限分别是7、8、15、30。[9]我们可以推断出，随着政治权力被更广泛地分割，对女性资源的分配当然也会符合同一趋势，最终结果就是一人一票，一夫一妻。这二者正是当今大多数工业化国家的特征。

无论正确与否，这个关于现代一夫一妻制度起源的理论展示了达尔文主义能给历史学家带来什么启发。当然，达尔文主义并没有把历史解释为进化，自然选择的速度也不足以驱动文化和政治方面的持续变化。但是，自然选择确实塑造了推动文化和政治变革的心智。而理解它是如何塑造心智的，可能会为探讨历史前进的动力提供新的视角。1985年，著名社会历史学家劳伦斯·斯通（Lawrence Stone）发表了一篇文章，他指出基督教早期强调丈夫的忠诚及婚姻的永久，此举具有伟大的意义。在回顾了一些解释这种文化革新如何传播的理论后，他得出结论：答案"仍然不清楚"。[10] 也许达尔文主义的解释起码值得一提，即考虑到人类的天性，一夫一妻制是男性政治权利平等的直接体现。基督教在政治和思想上都充当了推进一夫一妻制的工具，所以它通常将无权无势的穷人作为布道对象，或许这并不是巧合。[11]

一夫多妻制有什么问题

上述关于婚姻的达尔文主义分析使得我们更难在一夫一妻制和一夫多妻制之间进行选择。因为它表明，选择不是基于平等与不平等，而是基于男性间的平等与女性间的平等。这非常艰难。

我们可以想象几个支持男性平等（即一夫一妻制）的理由。一是避免激怒各种女性主义者，她们不相信一夫多妻制解放了受压迫的女性。二是，一夫一妻制至少是理论上唯一一种几乎可以为所有人提供配偶的制度。但最重要的理由是，让大量男人没有老婆、孩子，这不仅不公平，而且非常危险。

这种危险的根源是雄性间的性选择。长期以来，男人一直在争夺稀缺的性资源——女人。输掉这场竞赛的代价是如此之高（基因湮灭），以至于自然选择会驱使他们以特别凶猛的方式进行竞争。在所有文化中，男人都会比女人制造出更多的暴力行为，包括谋杀。（事实上，在整个动物世界中，雄性往往是两性中更好斗的一方，除了像瓣蹼鹬这种雄性亲代投入很高以至于雌性平均繁殖数量大于雄性平均繁殖数量的物种。）即使暴力行为不是针对情敌，也常常会归结为同性竞争。鸡毛蒜皮的小事可能会升级，直到一个男人为了保全面子、赢得尊重而杀死另一个男人——在远古环境中，这种尊重可以提升地位，带来性回报。[12]

幸运的是，男性的暴力倾向可以被环境因素所抑制。其中一种环境因素就是配偶。我们可以预测，没有女人的男人会以更凶残的方式展开竞争，事实也的确如此。在24岁至35岁这个年龄段，未婚男子谋杀其他男性的概率是已婚男子的3倍。毫无疑问，这个差异多少可以反映出已婚男子和未婚男子原本是哪种人，但马丁·戴利和马戈·威尔逊中肯地指出，这个差异的出现更有可能在于"婚姻的安抚作用"。[13]

谋杀并不是"未被婚姻安抚"的男人唯一更有可能做的事情。为了获得吸引女性的资源，他们也更有可能带来其他风险，比如抢劫。他们更有可能实施强奸。更广泛地说，高风险的犯罪生活通常会导致吸毒和酗酒，这可能会进一步降低他们通过合法手段赚足钱来吸引女性的机会，从而使问题变得更加复杂。[14]

这种基于男性平均主义的解释可能是对一夫一妻制婚姻的最佳论证，相对女性间的不平等，男性间的不平等会为社会带来更严重的破坏，因为它会同时伤害到男人和女人。在一个一夫多妻制国家里，大量低收入男性没有配偶，我们大多数人都不会想生活在那样的地方。

不幸的是，我们已经生活在这样的国家了。美国不再是制度化的一夫一妻制国家了。它是一个序列一夫一妻制国家，而序列一夫一妻制在某种程度上相当于一夫多妻制。[15]约翰尼·卡森①在他的职业生涯中曾占有过许多年轻女性的"生育期"，其他富有且地位显赫的男性也经常如此。设想一下，某个地方有个男人想要一个家庭和一位美丽的妻子，如果不是因为约翰尼·卡森，他早就如愿以偿了。而且就算这个男人想方设法找到了一个女人，她也同样会落入其他男人的虎口。以此类推，多米诺骨牌效应形成，生育女性的稀缺现象会逐渐下渗到各个社会阶层。

虽然这听起来只是抽象的理论，但确实势必会发生。每个女人只有大约25年的生育期。当一些男人占有了超过25年的生育期时，某些地方的某个男人所占有的比例就会减少。除了那些反复迎娶年轻女性的男人外，还有一些年轻男人和一个女人共同生活了5年但最终没有娶她，而是决定重新寻找合适的对象（可能最后在35岁时和一个28岁的女人结婚），这种现象也会产生显著的累积效应。在1960年，40岁以上未婚人群中的男女比例大致相同，但到了1990年，男性比例明显超过了女性比例。[16]

如果这些无家可归的酗酒者和强奸犯在1960年以前、女性资源更加平等分配的社会环境下长大，他们可能早就娶到妻子，过上了一种风险更低、破坏性更小的生活。这样的想法并不疯狂。无论如

---

① 美国著名节目主持人，曾连续30多年主持著名脱口秀节目《今夜秀》，因幽默睿智的风格而深受观众喜爱。——译者注

道德动物　094

何，即便你不认同上面的推测，也能接受这个观点本身：如果一夫多妻制确实会让社会上不那么幸运的男人利益受损，进而间接影响到其他人，那么仅仅反对一夫多妻制合法化是不够的。（我最后再说一遍，合法化的一夫多妻制绝不是一个迫在眉睫的政治威胁。）我们真正要担心的是事实上已经存在的一夫多妻制。我们需要探讨的不是一夫一妻制是否能被保留，而是它能否被修复。那些有可能热情地加入这场探讨的人，不仅有心怀不满的光棍，还有大批心怀不满的前妻——尤其是那些前夫不如约翰尼·卡森富有但自己还是被抛弃的不幸女人。

达尔文主义的道德信念

上述婚姻观是关于达尔文主义能不能正当地进入道德讨论领域的一个典型例子。它并不能提供给我们基本的道德价值。例如，我们可以选择是否想要生活在一个平等的社会，却不必仿效自然选择对弱者的苦难漠不关心。我们也不应该在意谋杀、抢劫和强奸在某种意义上是否"自然"，我们要自主决定自己对这些事情有多厌恶，以及我们多想努力与之抗争。

可一旦我们做出了这样的选择，一旦我们有了道德信念，达尔文主义就能帮助我们弄清楚哪些社会体制能最好地与之相适应。在这种情况下，达尔文主义的视角可以表明，我们目前实行的婚姻制度——序列一夫一妻制——在很多方面等同于一夫多妻制。因此，这种制度对男性群体内部产生的影响是不平等的，它会不利于弱势群体。达尔文主义也强调了这种不平等的代价——暴力、抢劫和强奸。

从这个角度看，一些陈旧的道德辩题有了全新的诠释方式。例如，支持"家庭价值"的阵营是由政治保守派所占据的，这一趋势如今看显得很奇怪。如果自由主义者真的关心弱者以及犯罪和贫穷的"根源",那么他们发展出对"家庭价值"的偏爱才合乎逻辑。因为,通过让更多年轻女性接触到低收入男性,除了能降低离婚率,也许还可以防止相当数量的男性陷入犯罪、吸毒以及无家可归的境地。

当然,考虑到一夫多妻制(甚至事实上的一夫多妻制)有可能为贫穷女性带来更多的物质机遇,我们也能想象持自由主义立场者对一夫一妻制的批判。我们甚至能想象出自由派女性主义者反对一夫一妻制的观点。不管怎么说,我们都能预见到受达尔文主义影响的女性主义是一种更复杂的女性主义。在达尔文主义的话语体系下,"女人"并不是一个利益一致的群体,世上不存在共同的姐妹情谊。[17]

通过这种新的思考模式,目前的婚姻规范还有一种附带后果会得到关注:对儿童的伤害。马丁·戴利和马戈·威尔逊写道,"从达尔文主义关于亲子动机的视角出发,也许能得到的最明显预测是:继父母通常不会像亲生父母那样对孩子那么关心",所以,"由亲生父母以外的人抚养的孩子可能更容易被剥削或处于危险之中。亲代投资是一种宝贵的资源,因此那种导致人们不将资源浪费在非亲生后代身上的心理机制,才是自然选择青睐的对象"。[18]

对一些达尔文主义者来说,这一预测如此强有力,以至于花时间去验证它只是白白浪费精力。但是戴利和威尔逊还是费心费力地完成了这一工作,而他们的发现甚至让他们自己都感到惊讶。在1976年的美国,与一个或多个继父母生活在一起的孩子,其遭受致命虐待的概率比与亲生父母生活在一起的孩子高出近100倍。在20世纪80年代的一个加拿大城市,如果一个2岁或2岁以下的孩子的双亲中有一个是继父母,他被父母谋杀的可能性是与亲生父母住在一起的孩子的70倍。当然,同继父母在一起生活的孩子中,被谋杀的其实也只占很小一部分，母亲的离婚和再婚并不会注定导致孩子死亡。但值得关注的是更常见的非致命虐待问题。10 岁以下的孩子如果与一个继父母和一个亲生父母生活在一起，他们遭受虐待的可能性是同亲生父母生活在一起的孩子的 3 到 40 倍（年龄和研究中使用的问题都会对这一答案产生影响）。[19]

我们可以合理推测，许多因不那么引人注目而未被记录的亲子冷漠关系也与继父母有关。毕竟，自然选择"发明"父爱母爱的全部原因是为了给后代带来好处。虽然生物学家称这些好处为"投资"，但这并不意味着它们是严格意义上按月发放的供养券。父亲会给自己的孩子各种监护和指导（而且比父亲和孩子意识到的更多），并保护他们免受各种威胁。母亲无法独自完成这些任务，而继父几乎不会承担起太多这方面的责任。按照达尔文主义的理论，一个年幼的继子是提升"适应性"的障碍，是对资源的浪费。

有很多方法可以愚弄自然规律，诱使父母去爱并非自己亲生的孩子。毕竟，人们无法通过心灵感应来感受一个孩子是否携带着自己的基因。相反，人们依赖的是在祖先环境中具有同样重要意义的线索。如果一个女人日复一日地喂养和怀抱一个婴儿，她可能会渐渐爱上这个孩子，同样的事情也可能发生在与她多年同床共枕的男人身上。正是这种情感纽带的存在，导致在抚育者眼中一些收养的孩子也招人喜欢，并且他们愿意为之付出关爱。但理论和日常观察都表明，孩子第一次接触养父母时的年龄越大，他们形成深厚依恋的可能性就越小。而大多数继子遇到继父时早已过了婴儿期。

我们可以想象，具有理性和人道主义精神的人一定会就一夫一妻制社会与一夫多妻制社会之间的优劣进行争论。但有一点似乎争议较少：不管在哪种社会，一旦允许婚姻解体，离婚和单身妈妈的比例就会急速上升，许多孩子不再与亲生父母生活在一起，随之而来的将是对最宝贵的进化资源——"爱"——的巨大浪费。无论一夫一妻制和一夫多妻制孰优孰劣，我们现在所拥有的序列一夫一妻制，也就是事实上的一夫多妻制，从某种重要意义来看，是最差的选择。

追求道德信念

显然，达尔文主义不会总是简化道德和政治辩论。实际上，通过强调男性与女性各自内部因追求平等而造成的张力，它使"哪种婚姻制度最符合我们的信念"这一问题复杂化了。然而，这种张力其实始终存在，至少现在它已被阐释清楚，相关的辩论也可以以更加明晰的方式进行。此外，在新范式的帮助下，一旦我们决定了哪种制度最符合我们的道德信念，达尔文主义就可以为道德话语做出另一种贡献：可以帮助我们搞清楚包括道德规范和社会政策在内的哪些力量能够滋养这一制度。

先谈谈关于"家庭价值"的辩论中的另一件具有讽刺意味的事情：保守主义者可能惊讶于得知，巩固一夫一妻制婚姻的最好方法之一竟然是平均分配收入。[1]20 如果单身汉 B 与已婚男人 A 一样有钱，那么年轻的单身女性当然更愿意选择前者，而不会引诱后者离开自己的妻子。同样，如果已婚男人 A 没有得到年轻女孩的眉目传情，他可能会对妻子 A 更满意，而不太会注意到她的皱纹。其中的动态变化可能有助于解释为什么一夫一妻制婚姻经常扎根于几乎没有经济分

---

[1] 保守主义者支持自由市场以及自由放任的经济政策，主张充分竞争，反对平均主义。——译者注

层的社会。

保守主义者驳斥反贫困政策的一个常用论点是其代价难以承受：赋税不但加重了富人的负担，还降低了他们的工作积极性，从而减少了社会经济总产出。但是，如果这项政策的目标之一是巩固一夫一妻制，那么稍微压缩富人占有的资产会带来令人愉快的副作用。因为威胁到一夫一妻制的不仅仅是绝对意义上的贫穷，还有富人的相对富有。当然，降低他们的富有程度当然会削减经济总产出，这依然令人遗憾；可一旦考虑到收入再分配的好处以及更稳定的婚姻，这种遗憾就不会让人那么烦恼了。

人们可能会认为，这套分析正在逐渐失去现实意义。毕竟，随着越来越多的女性进入职场，她们有更充足的资本将除男性收入以外的其他因素纳入婚姻决策。但请记住，我们要面对的不仅仅是女性有意的计算，还有她们深层的浪漫情感，而且这些感性机制是在不同于今日的环境下塑造形成的。以狩猎-采集社会为依据，在人类进化过程中男性控制了大部分物质资源。即使在一个贫瘠到男性财富差异几乎无法区分的社会中，父亲的社会地位往往也能通过物质分配或其他形式，微妙地转化为后代的生存优势，而母亲的社会地位则不会产生什么影响。[21] 虽然现代女性可以理所当然地考量她自己独立获取的财富和社会地位，并以此作为自己婚姻决策的参考，但这并不意味着她可以轻易地推翻那些在祖先环境中曾发挥重要作用的深层审美冲动。事实上，现代女性显然没有弃置它们。进化心理学家已经表明，无论女性自身收入或预期收入如何，她们在择偶时都会比男性更看重伴侣的经济前景。[22]

只要一个社会依然具有经济分层，调和终生一夫一妻制与人类天性之间的矛盾就会面临巨大挑战，道德和/或法律上的激励和抑制手段可能是必要的。至于哪些激励手段可以起作用，可以先看看它们的运作背景，即具体的分层社会，比如维多利亚时代的英国。寻找维多利亚时代有助于婚姻成功（起码不会导致婚姻破裂）的道德观念，并不意味着我们自己就应该接受这些观念。人们可以发现某些道德原则里的"智慧"——看到它们如何通过暗中识别出人类天性的某些深层事实而达成特定目标——而不必总考虑其副作用。总之，要探索某些道德原则到底面临着什么挑战，了解其中蕴含的智慧确实不失为一个好办法。而从达尔文主义视角审视达尔文与艾玛·韦奇伍德的维多利亚式婚姻，就是非常值得一做的工作。

在我们回到达尔文的生活之前，有一点需要注意。到目前为止，我们一直在抽象地分析人类的心智，我们已经谈论了能使适应性最大化的"物种特定"适应设计。但当我们把注意力从整个物种转移到任意一个体身上时，我们都不应该期望那个人可以长期维持最大化的适应状态，并将他/她的基因以最优方式传递给后代。原因不仅仅是我们一直强调的：大多数人并没有生活在一个他们的心智当初被设计时所处的环境（祖先环境）。更重要的是，环境本就不可预测，其中也包括有机体被设计时所适应的环境。这就是为什么灵活的行为机制一开始就会进化出来的原因。不可预测的本质就是无法掌控，正如约翰·图比和勒达·科斯米德斯所言，"自然选择无法直接'看到'特定环境下的个体并为其定制一套适应行为"。[23]

自然选择所能做的最好的事情就是给我们带来具有适应性的"心理器官"或"心理模块"。它可以赋予男性"关爱后代"的模块，并使该模块的开启与否要视后代亲生概率而定。但是这种适应不是万无一失的。自然选择可以给女性一个"被肌肉吸引"的模块，或者"被地位吸引"的模块，此外，它还可以使这些吸引力的强度取决于各种相关因素；但是再高度灵活的模块，也不能保证这些吸引偏好能转化为可存活和继续繁衍的后代。

正如图比和科斯米德斯所说，人类并不是通用的"适应性最大化者"，而是"适应机制的执行者"。[24] 在任何特定的情况下，这些适应机制都只是"可能会"带来好的结果，除了在小型狩猎-采集村庄，其他环境下它们生效的可能性都极不稳定。所以，当我们审视查尔斯·达尔文时，问题并不是：我们能否想象他为了获得生命力和繁殖力更强的后代还能做些什么？而是：作为一个由一捆适应机制组成的心智产品，他的行为是不是可理解的？

第 5 章

达尔文的婚姻

就像一个儿童得到了心爱的珍宝，我想要一直重复这句话，我心爱的艾玛、我心爱的艾玛……我心爱的艾玛，我带着所有的谦卑和感激来亲吻你的双手，它们已经填满了我的幸福之杯……我心爱的艾玛，不要忘记生命短暂，两个月就是一年的六分之一。

——达尔文于 1838 年 11 月给未婚妻的信，催促早日举行婚礼

性欲让人分泌唾液……真是个古怪的联系。

——达尔文同年同月在他的科研笔记中所记载[1]

在达尔文结婚的那十年里，也就是 19 世纪 30 年代，英国平均每年有 4 对夫妇申请离婚。这个统计数据在一定程度上有误导性，从某方面看，它可能反映了一种趋势，那就是当时的男人往往死在中年危机达到高潮之前。（这里有点不妥，因为通常是妻子比丈夫更容易出现中年危机。）此外它还反映了一个事实，那就是离婚需要议院法令批准——你没看错，正是字面上所理解的意思。当然，婚姻也能以其他方式结束，尤其是夫妻私自分居。尽管如此，不可否认的是，当时的婚姻基本上是永久性的，特别是在达尔文所处的中上层社会。在 1857 年之后的半个世纪里，婚姻一直保持着这种状态。尽管那一年颁布的离婚法案让离婚变得更容易了，[2] 但维多利亚时代的一些道德

观在维持婚姻方面发挥了作用。

在维多利亚时代的英格兰，我们无从得知那些不幸而又无法结束的婚姻给人们带来了多少痛苦。但它很可能不会超过现代婚姻破裂所带来的痛苦。[3] 无论如何，我们确实知道一些维多利亚时期很成功的婚姻，其中就包括达尔文和艾玛的婚姻。他们对彼此倾心投入，这份情感随时间的推移愈发强烈。他们的孩子有7个活到了成年，没有一个人留下过关于父母暴虐专横行为的恼人回忆（他们是达尔文最亲密的家人）。女儿亨丽埃塔称父母的婚姻是"完美的结合"。[4] 儿子弗朗西斯这样描述他的父亲："在与我母亲的关系中，他性格中温柔和富有同情心的一面得到了最美的展现。由于母亲的存在，他找到了自己的幸福，他的生活本来可能被忧郁所笼罩，但通过她变得满足又快乐。"[5] 在后人看来，达尔文和艾玛的婚姻就像一首田园诗般舒适、祥和和恒久。

达尔文的计划

在维多利亚时代的婚姻市场上，达尔文一定是一件相当受欢迎的商品。他性格迷人，教育背景令人尊敬，素有家学渊源，未来事业会一帆风顺，还即将得到大笔财产。他不是特别英俊，但那又怎样？维多利亚时代的人审美取向分类明确，与进化心理学的结论非常一致：良好的经济状况会让男性成为有魅力的丈夫，而漂亮的外貌则会让女性成为有魅力的妻子。无论上大学期间还是后来的"小猎犬"号航行期间，达尔文和他姐姐们在大量通信中都会谈论到风流韵事，他的姐姐们会向他报告一些小道消息以及她们为他所做的侦查工作。几乎不变的是，衡量男人的标准是他为女人提供物质财富的能力，而女人则被当作为男人提供的愉悦视听的装饰。已到适婚年龄且符合达尔文身份的女性都是"漂亮""迷人"的，或者至少是"讨人喜欢"的。"我保证你会喜欢她，"达尔文的姐姐凯瑟琳在信中曾这样评价一位候选对象，"她是那么欢快和宜人，而且我认为她很漂亮。"另一方面，对适婚男人的评价则只看他有没有钱。苏珊·达尔文给她航行中的弟弟写信说："你迷人的表妹露西·高尔顿已经和莫伊利埃特先生订婚了，他是莫伊利埃特胖太太的大儿子……这位年轻的绅士有一份很大的家产，所以这门亲事当然让人非常满意。"[6]

"小猎犬"号的航行比预期要更久，达尔文在自己二十几岁的黄金年龄，花了整整五年在远离英格兰的海上漂荡。但是就像平凡的相貌一样，年龄的增长也不是男人需要担心的事情。和达尔文处于同一社会阶层的女性会在 20 岁出头时极力展示自己，希望趁青春年华俘获一个男人。而男人们通常像达尔文一样，在 20 多岁时一心一意地追求事业地位（和/或金钱），这些都是日后能吸引到年轻女性的因素，所以他们并不特别着急。在维多利亚时代，女人嫁给年纪大得多的男人会被认为是很自然的事情，但男人娶一个比自己更老的女人则会让人心生诧异。达尔文在"小猎犬"号上时，他的姐姐凯瑟琳写信提到，和达尔文同龄的表兄罗伯特·韦奇伍德"激烈而绝望地爱上了克鲁小姐，她 50 岁了，还瞎了一只眼睛"。他的姐姐苏珊讽刺地说："他们的年龄差了 20 岁！"卡罗琳姐姐则说："那是个年纪比他妈还大的女人。"凯瑟琳推测："她一定是个聪明的女人，用诡计诱骗了他，同时她残存的美貌也帮上了忙。"[7] 换句话说：这个男人的年龄探测程序像预设的那样在正常运转，但是他碰巧遇到了一个不容易衰老的女人，她年轻的外貌骗过了探测程序。

达尔文的可选配偶范围算不上有多大。从青春期开始，候选人都来自距离什鲁斯伯里达尔文宅邸不远的两户富裕家庭。其中有永远受欢迎的范妮·欧文，"最漂亮、最丰满、最迷人"的范妮·欧文——达尔文在大学时这样描述她。[8] 还有达尔文的舅舅乔赛亚·韦奇伍德二世的三个小女儿：夏洛特、范妮和艾玛。[9]

当"小猎犬"号在外航行时，似乎没有人认为艾玛会在达尔文的情感世界中处于领先位置，尽管他的姐姐卡罗琳在信中曾顺便提到"艾玛长得很漂亮，而且与她交谈会感到愉悦"。[10]（一个男人还能要求什么呢？）但一切就像命运注定的那样，其他三位候选人很快就退出了角逐。

第一个退出的是艾玛的姐姐夏洛特。1832年1月她写信给达尔文，突然宣布自己与另一个男人已经订婚。她承认，这个男人"现在只有很少的收入"，但即将因祖母离世而继承一大笔遗产，而且无论如何，他"有着崇高的原则和善良的天性，这给了我安全感……"[11]（潜台词：这个男人近期就会获得大量资源，而且可以非常信任他，他愿意将这些资源用于抚育后代。）事实上，夏洛特对达尔文来说可能并不是头号种子选手。虽然她给他和他哥哥伊拉兹马斯留下了深刻的印象，他们形容她"无与伦比"，但夏洛特比达尔文大十多岁，可能伊拉兹马斯更加迷恋她（他曾迷恋过许多女子，但最终谁都没娶）。

比起夏洛特的事情，也许更令达尔文感到不安的是，几乎同时传来消息，迷人的范妮·欧文也突然要走入婚姻殿堂。范妮的父亲写信告诉达尔文这一消息，并坦白承认他因新郎"现在不富有并且可能永远如此"而感到失望。[12] 另一方面，她的丈夫是个有地位的人，曾在议会短暂任职。

达尔文在写给他姐姐卡罗琳的信中对这些婚姻消息做出了回应，他并没有假装高兴。"对于当事人来说，这一切当然是值得高兴的好事，不过由于我喜欢的是未婚女人而不是被祝福的新人，所以我认为这很无聊。"[13]

达尔文的姐姐们曾设想他将来会成为一名乡村牧师，并娶个好妻子安顿下来，但随着有可能成为妻子的人都嫁给了其他人，这一设想实现的可能性逐渐降低。凯瑟琳调查了剩下的候选人韦奇伍德家的艾玛和范妮，然后对范妮表示了认可。她写信给达尔文说，希望他回国时范妮仍是单身，"她将成为一个美好珍贵的妻子"。[14]可惜，我们永远不会知道范妮能否成为这样的妻子，她生了一场病，不到一个月就去世了，享年26岁。四位候选人中，随着两位结婚一位离世，胜算决定性地倒向了艾玛。

如果说达尔文长期以来就对艾玛有所预谋的话，那么他隐藏的可太好了。据凯瑟琳回忆，他曾预测，自己一回国就会发现伊拉兹马斯"曾恨不得和艾玛绑在一起，但已经对她彻底厌倦"。在1832年，凯瑟琳在给查尔斯的信中说："我被你的预言逗乐了，不过我觉得它不一定能实现，很可能会有好的结果。"[15]伊拉兹马斯确实对艾玛表现出持续的兴趣，但当"小猎犬"号在1836年回到英国时，艾玛仍然单身待嫁。事实上，你可以说她确实"等待"嫁出去。当"小猎犬"号起航时，23岁的艾玛尚无忧无虑，在接下来的几年里她收到了几次求婚。如今她已经快30岁了，而且还要花很多时间在家照顾病弱的母亲，她不再像过去那样有很多在男人面前曝光的机会。[16]艾玛给嫂子写信说，为了准备迎接达尔文的归来，她正在读一本关于南美洲的书，"为与达尔文的会面学一点知识"。[17]

我们有理由怀疑，"一点知识"是否足以让达尔文将注意力集中在这位童年玩伴身上。回国后的他拥有了所有文化和任何时期的女人们都会欣赏的男性品质：地位。由于家世不凡，达尔文一直处于社会顶层，而现在他的名声又靠着自己的事业而日渐卓越。在"小猎犬"号航行期间，达尔文向英国寄回了许多化石和动物标本，同时也发表了一些关于地质学的敏锐观察，这为他在科学界赢得了大批听众。很快，他就进入了那些最伟大的博物学家的社交圈。1837年春天，他在伦敦定居下来，住在离他哥哥伊拉兹马斯不远的单身公寓里，广受社会欢迎。

如果换作一个更虚荣、目标更不明确的人，他可能就此陷入空耗时间的社交漩涡，爱交际的伊拉兹马斯向来乐于教唆他人去参与这种腐化活动。当然，达尔文也意识到了自己日渐提升的社会地位（"我在那儿可是名人，"他曾记录过自己有一次访问剑桥的经历）。但他太过慎重和认真，以至于从天性上他就不会成为左右逢源的人。达尔文常常觉得放弃大型聚会没什么不合时宜，他对自己的导师约翰·亨斯洛教授说："与其在盛大的晚宴上与所有人会面，还不如安静地拜访一下你。"在留给查尔斯·巴贝奇（一名数学家，他所设计的"分析机"可以被视为计算机的前身）的一张便笺中，他犹豫地写道："亲爱的巴贝奇先生，非常感谢您的聚会邀请，但我恐怕不能接受，因为我会在那里遇到一些人，我曾在他们面前向众圣徒起誓，永不再出门……"[18]

利用节省下来的时间，达尔文爆发出一系列惊人的成就，回到英格兰后的两年内他就完成了这些工作：（1）将他的航海日志按卷编好出版［这本书很好读，在当年就很畅销，如今简化后命名为《小猎犬号航海记》（*Voyage of the Beagle*），依然在出版发售］；（2）非常高明地从英国财政大臣那里获得了1000英镑的补贴，加上其他捐款，出版了《小猎犬号之旅的动物学》（*The Zoology of the Voyage of H. M. S. Beagle*）；（3）发表了6篇论文，涉及领域从美洲鸵鸟新品种（伦敦动物学会将这种鸵鸟命名为达尔文三趾鸵鸟）到表层土形成的新解释

（他指出，在古老草原上长出新草皮的地层中，每一块土壤都是蠕虫消化的产物），这些成果进一步巩固了他在英国科学界的地位；[19]（4）去苏格兰进行了一次地质考察；（5）入选了仅接纳精英人才的雅典娜俱乐部；（6）被选为伦敦地质学会秘书（由于担心会占用太多时间，达尔文其实并不特别情愿接受这一职位）；（7）编撰了科学笔记，涉猎主题从物种问题到宗教再到人类道德感，这套著作具有非常高的思想水准，将会构成达尔文接下来40多年最重要工作的基础；（8）构想出自然选择理论。

选择婚姻

在这一时期的最后，也就是领悟到自然选择理论前的几个月，达尔文决定结婚，不过并不是必须和哪个特定的人结婚。我们不清楚他在做结婚决定时脑海里是否出现过艾玛的身影，哪怕只是略微浮现。但通常的看法是，对于结婚这个问题，是否和艾玛组成家庭并不是达尔文考虑的重心。在一张大致写于1838年7月的著名小纸条上，他做了一个非常抽象的决策。

这张纸上有两栏，一栏标着"结婚"，另一栏标着"不结婚"，而这两栏的上面圈出了一行字，"这是个问题"。在支持结婚的一侧，他写下了公式："有孩子（如果上帝眷顾的话），对彼此感兴趣的长期伴侣（年老后的朋友），相爱和共同玩耍的对象。"在思考了不知道多久之后，他又在上面加了一句"至少比养条狗强"。他继续写道："有家，有人照顾家庭，有音乐，可以和女人闲聊——这些事情对身体健康不错，但是会耽误时间。"就这样，达尔文从支持婚姻的那一侧毫无征兆地转向了反对婚姻的那一侧，而"婚姻会侵占时间尤其是工作时间"的问题在"不结婚"理由那一栏得到了更充分的阐述。不结婚的话，他写道："可以想去哪就去哪，选择结伴生活但不够自由，可以去俱乐部同聪明的男人聊天，不用被迫拜访亲戚和处理各种生活琐事，省下了养孩子带来的花费和焦虑，可能会吵架，浪费时间，不能在夜晚读书，变得又胖又懒又无所事事，带来焦虑和责任，用来买书和其他东西的钱会减少，如果有很多小孩必须努力挣钱养家。"

然而，最终支持婚姻的力量占据了上风，达尔文在"结婚"那一栏的最后总结道："上帝啊！假如自己要像一只工蜂那样忙忙碌碌过完一生，其他什么都没有，想想就难以忍受。不，不，那可不行。想象在伦敦一个又脏又臭的房子里独自度过每一天，再想象另一个画面，漂亮温柔的妻子坐在沙发上，炉火正旺，也许还有好书和音乐。"在记录下这些场景后，他写道："结婚！证明完毕！"

然而，达尔文还是经受住了一波新的疑虑后才最终决定下来的。正如达尔文所写的："既然已经证明结婚是必要的，那么什么时候结婚？迟早吧。"但这个问题又激起了一阵恐慌，就是许多新郎熟悉的那种感觉。当然，新娘其实也会在婚前恐慌，但她们看起来更担心的是自己所选择的终身伴侣是不是那个对的人。对于男人来说，就像达尔文在小纸条上分析的，焦虑无关于任何特定的结婚对象，真正让他们惊恐的是"终身伴侣"这个概念本身。因为在一夫一妻制社会里，婚姻至少在一定程度上阻断了一个男人与其他女性发展亲密关系的前景，而他的基因又驱使他这样去做（即使只是暂时地）。

并不是说婚前恐慌仅关乎一个人担心无法再成为其他人的性伴侣，潜意识的运作方式可以更微妙。尽管如此，对于那些即将和一个女人终身厮守的男人来说，他们多少还是会有一种即将落入陷阱的恐惧，会产生冒险生活已经结束的感慨。"唉！"达尔文写道，伴随直面终身承诺带来的最后一次战栗。"我不再有机会去了解法国人，去游历欧洲大陆，还有去美洲，坐热气球上天，独自去威尔士旅行，这些统统不行了。可怜的奴隶，你会比黑奴过的更糟。"但随后，如宿命一般，他下定决心："没关系，小伙子，振作起来！一个人不能孤独地度过一生，到了头晕眼花的老年时，没有朋友，没有孩子，凄凉地盯着自己已经布满皱纹的脸。没关系，相信命运！擦亮眼睛去寻找，还是有很多快乐的奴隶的。"全部的记载到此结束。[20]

选择艾玛

大约在更早的4月份，达尔文在一份备忘录中对自己的职业道路作了谨慎的分析，"去剑桥教地质学，动物学"？或者"致力于研究物种传播"？同时，他还对婚姻问题进行了一番思考。[21]我们无法知晓到底是什么原因驱使他后来又重新回到这个问题，并一次性敲定答案。但有趣的是，在他4月到7月零星记载的6篇日记中，有两篇提到了他感觉"不舒服"。"不舒服"将会成为达尔文的生活常态，可能他已预料到了这一事实。讽刺的是，关于死亡的暗示可以将一个男人拖入婚姻，但在之后的生活中，经常又是同样的暗示驱使他走出婚姻，为自己的生命注入新的活力。可一旦考虑到终极原因，所有的讽刺之处就迎风消散了：向一个女人承诺终身之爱的冲动与后来离家另觅新欢的冲动并存于一个男人的内心，这一切都源自于它们是否能引导祖先成功繁殖。从这个意义上看，两种机制都算是对抗死亡的良方，尽管最终都是徒劳的（从基因角度来看它们确实成功对抗了死亡），而且后者，也就是离开家庭的冲动，经常会导致灾难性的后果。

无论如何，换一种没那么深奥的说法：达尔文可能已经意识到，他很快就需要一个愿意全身心投入的助手和照料者。也许他甚至已经瞥见，自己将要花费多年精力，以极大的耐心闭关隐居，完成一本关于进化的大作。随着达尔文的健康状况越来越差，他对这个主题的理解却越来越深刻。1837年6、7月左右，他开始整理第一本关于"物种演化"的笔记，1838年初，他又开始着手整理第二本。[22] 就在他为结婚问题所纠结的时期，他已在朝着自然选择的终点不断迈进。他相信进化的关键在于最初微小的遗传差异，例如，当一个物种因为一片水池而被隔成两个群落时，两个变种会向不同方向发展，直到成为两个全新物种。[23] 剩下的也是最难的部分，就是找出是什么导致了这种分化。1838年7月，达尔文完成了第二本物种笔记并开始了第三本的计划，正是这部分工作为他带来了答案。而这一切发生的时间，恰恰与他写下事关命运的结婚分析在同一个月，因此他可能预感到了即将到来的成功。

9月底，解决方法出现了。达尔文刚刚读了托马斯·马尔萨斯谈论人口的著名文章，文中提到，如果不对人口加以控制，人口的自然增长率会超过食物供给增速。达尔文在自传中回忆道："从对动植物习性的长期观察中我发现，生物随时准备好迎接生存竞争的挑战，我突然想到，在这种情况下有利于生存的变异被保留下来，不利于生存的变异则走向覆灭，而结果就是新物种的形成。至此，我终于有了一个合理的解释。"[24] 在9月28完成的笔记中，达尔文写了几行关于马尔萨斯理论的内容，他没有具体描述自然选择机制，但探究了其影响："我们也许可以说，有一种力量就像成千上万的楔子，试图将每一种适应结构嵌入自然的缝隙中，或者更确切地说，通过将较弱的结构挤压出来形成缝隙。这一过程的最终目标，一定是挑选出合适的结构并使其适应变化。"[25]

达尔文的事业方向目前已经确定，现在他要来决定自己的情感归宿了。在写完这段文字的 6 周后，11 月 11 日，星期天（"重中之重的日子！"他在日记里写道），他向艾玛·韦奇伍德求婚了。

从最简单的达尔文主义原理来看，达尔文会被艾玛吸引似乎很奇怪。他现还不到 30 岁，是个身居高位的有钱人，应该很容易找到一个年轻漂亮的妻子。艾玛比他大一岁，虽然并不难看，但也不算漂亮（至少从她的肖像画看来是这样的）。为什么达尔文会做出如此不具有适应性的选择，娶一个已经耗费了十多年生育潜能的平凡女子呢？

首先，这个简单的方程式——富有、地位高的男人等于年轻、漂亮的妻子——有点粗陋。一个基因上更幸运的好伴侣是由许多因素所造就的，包括智力、可信赖性以及志趣是否相投。此外，对配偶选择的过程其实也是为后代选择家长的过程。艾玛坚毅的性格预示着她能对子女悉心照料。他们的一个女儿曾回忆说："母亲的同情心和稳定温和的性情会让每个和她在一起的孩子都感到绝对的放松，无论遇到的麻烦是大是小，都能在她那里得到安慰。孩子们都知道她是多么无私，她从不觉得任何事情是负担，他们在童年遇到各种小问题时，都可以找她寻求帮助或解释。"[27]

此外，如果问题是达尔文期盼找到一个"有价值"的妻子的话，那么严格地说，关键不在于他本身是一个多么抢手的配偶，而在于他自认为有多么抢手。在青年时期，或者更早的时候，人们就会得到有关自己的"市场价值"的信息反馈，这些反馈会塑造他们的自尊，从而影响他们选择配偶的目标定位。达尔文似乎并没有在青春期时产生自己是优质男性的感觉，他虽然身材高大，但性格柔弱，不是一个好斗的人。并且，就像他的一个女儿所说的，他认为自己的脸看起来"平庸到让人厌烦"。[28]

当然，所有这些都与他后来的成就无关。达尔文也许在十几岁的时候没有很高的地位，但他后来得到了。而在女人眼中，地位本身可以弥补平庸的外貌和孱弱的体格。然而，他的不安全感似乎从未消散。事实上，青春期形成的不安全感经常会持续存在。问题是，为什么会这样呢？

也许主导达尔文不安全感的发育机制是一种进化残余，这种适应程序本来在祖先环境中可以提高一个人的适应性，但现在已经不再有效。因为在许多狩猎-采集社会，男性的地位等级在刚步入成年期时就已经固定下来，那些能力一般、地位低下的男人没机会去上大学，勤勉攀登事业阶梯，然后靠着成年后实现的成就让女性为之沉迷。所以在祖先环境里，青春期后稳固下来的自尊可能是一个人在婚姻市场上长远价值的可靠指标，只不过在现代环境中，它也许已经成为一种常常具有误导性的信号。

再者，也许固执地自视甚低是一种在任何环境下都具有适应性的心理机制。毕竟，妻子对丈夫的不忠始终存在。从民间故事看，妻子常常与那些英俊健壮的男性出轨。达尔文如此轻视自己的魅力，这起码可以让他避免娶到那些太过耀眼的女人，这样的女性会很容易被有手段的风流人物注意到，而相比之下，达尔文又确实没他们那么性感迷人。

艾玛接受求婚

艾玛接受了达尔文的求婚，他的感受是"衷心感谢她接受了我这样一个人"。艾玛后来曾提起，她很高兴，她发现达尔文并不确定自己会给出什么答复。[29] 每个人都不希望被配偶认为自己理所当然会答应求婚，这并不难理解，因为这样的态度很可能成为未来出轨的不祥征兆。

艾玛没有展现出丝毫犹豫，她清楚地表示自己钦佩达尔文的智慧，在解释自己同意的原因时，她还强调了达尔文正直的品德、他对家庭的情感以及他温和的性格。[30]（翻译成达尔文主义的表达：他有一些非常优良的基因，并且看起来是个非常可靠慷慨的亲代投资者。）而且她不可能注意不到，他来自一个富裕的家庭，社会地位很高，事业还在不断上升（他将有足够的物质和社会资源进行投资）。

当然，艾玛来自一个更富裕的家庭。她的祖父是一位富有创新精神且非常成功的陶瓷商人，以他的名字命名的"韦奇伍德瓷器"品牌流传至今。就算嫁给一个穷光蛋，艾玛也不用担心她的孩子会生活拮据。但是正如我们所解释的，在进化过程中，对女性来说，被配偶的社会地位和物质资源所吸引总是有利于她们适应性的提升，因此这种偏好已经成为她们心中不可动摇的一部分。即使艾玛能够靠金钱进入伦敦上流社会，比如通过慈善捐赠，但达尔文的社会地位依然激发了她的热情。无论如何，这样的事情确实发生了。在她和达尔文订婚期间，这对情侣受到了剑桥大学地质学家亚当·塞奇威克（Adam Sedgwick）[①]的款待。艾玛为此感叹道："伟大的塞奇威克竟然邀请我去他家做客，这是多么荣幸啊！只是想想这件事，我都觉得自己已经成了一个了不起的人。我要成为达尔文夫人了，真不敢想象……真无法形容。"[31]

当然，男人不会真的完全忽视配偶的社会地位和财富。但是，在

[①] 塞奇威克，早年曾研究数学，但后来因进行多次地质学考察而闻名于世，他命名了"寒武纪"与"泥盆纪"。达尔文在剑桥读书时就曾接受过塞奇威克的指导，他们还曾一起前往威尔士进行考察。——译者注

进化过程中，这些事物对两性的重要意义确实是不对等的。如果男性被女性的财富或社会地位所吸引，这可能源自他有意识的算计，而不是原始冲动。在 7 月份所写的婚姻分析中，当达尔文为婚姻的两大罪过——可能导致"每天浪费时间"和"可怕的贫穷"——而烦恼时，他狡猾地在这两个短语后面各加了一句附加说明，对前一个问题，他写的是："除非妻子像一个天使，并能让人保持勤奋。"对后一个问题，他写的是："除非妻子比天使更美好，而且非常富有。"

不管达尔文对自己未来的健康和事业状况有多了解，他已经概括地描绘出，对于一个患有慢性病、正努力写出划时代意义的科学巨著、但暂时没有受聘于任何大学（没工作）的男人来说，理想妻子应该是什么形象。另外，不管他是否已隐约想到应该找谁做自己的妻子，他给出的描绘都精准地与艾玛的条件相一致。[32] 凭借达尔文父亲的财富、艾玛父亲的财富、达尔文的版税收入以及他极佳的投资技巧，达尔文的家庭会有充足的资产。[33] 尽管达尔文后来勤勉的工作态度可能并不是艾玛造成的，但她确实给予了达尔文精神鼓励与悉心照料，并让他免于杂事纷扰。而达尔文其实一开始就隐约做了这样的角色安排，订婚三周后，他在给艾玛的一封信中诉说了一位老熟人对这件事的反应："那个人问我，'所以达尔文先生要结婚了，我猜他会中断地质学研究，在乡下打发完人生吧？'她不知道的是，我的未婚妻有多么严格和优秀，我相信有了她之后，我能学更多东西，并且各方面都会变得更好……"[34]

达尔文激动了

我们说达尔文在挑选妻子时非常认真而理性，但这并不代表他不够爱她。在婚礼前，达尔文写给艾玛的信中充斥着浓烈的感情，他提出了一个问题：为什么他的感情会急速升温？从种种迹象看，7月份时，达尔文根本都没想过要和艾玛在一起，甚至他还为是否要结婚而犹豫不决。那个月底，他曾去拜访她，俩人有过一次长谈。三个半月后，他又与艾玛会面，并向对方求婚。现在，他突然欣喜若狂，用华丽夸张的文字诉说他是如何每天焦急地等待邮件，希望在里面找到她的来信；以及他如何夜不能寐，畅想着他们的未来；"我多么期盼我们一起进入家门的那一天；看见你坐在我们家的火炉旁，那会多么美好！"[35] 到底在这个男人身上发生了什么？

冒着反反复复谈论同一个话题的风险，我希望你们能将关注点再次放到基因这个主题上。特别是要考虑到，对于彼此之间从未发生过性关系的一对男女，他们的基因利益差异。在性行为之前，女性的基因利益要求的是谨慎评估，感情不应该马上变成势不可挡的激情。与此同时，男性的基因利益要求的是快速达成目标，因此要多说些甜言蜜语来消解女性的谨慎。在这些甜言蜜语中，最常用的就是"刻骨的爱"与"永恒承诺"，没有什么比爱和承诺更能传达出令人信服的亲密感了。

这种逻辑可能会在很多情况下被放大，其中一个影响因素就是男性之前和多少人上过床。马丁·戴利和马戈·威尔逊观察到："任何认识到自己正走在繁殖失败道路上的生物，在理论上，都应该会努力偏离开前进轨迹。"[36] 也就是说，对于那些因为长期缺乏性经验就不去积极主动追求性活动的男性，自然选择不会善待他们的基因。如我们所知，达尔文多年来一直是个单身汉，他从没有过什么性接触。[37] 作为一个长期无法体验到性爱之乐的男人，一点小小的刺激就能唤起他的欲望。当"小猎犬"号停靠在秘鲁的时候，达尔文看到优雅的女人从紧裹的头巾中露出一只眼睛。他写到"那一只眼睛多么乌黑而明亮，它具有表情和动作一般的力量，展现出强大魔力"。[38]因此当艾玛近在眼前时——她的脸庞清晰可见，她的身体很快就要属于他了——达尔文垂涎三尺的样子不值得我们惊讶。（看起来，垂涎三尺用在这里很合适，可以参见本章开头节选的达尔文旅行笔记。）

我们很难估计婚礼临近时达尔文心中爱与情欲的确切比例，在我们过去的进化过程中，它们的相对生殖价值每个世纪、每时每刻都在发生巨大变化（现在仍然如此）。婚礼前几周，达尔文在他的一本科学笔记中曾思考："当某人说他爱一个人的时候，他脑子里会想些什么呢……其实这是一种盲目的感觉，就像性爱一样……爱是一种感觉，它是否受到其他感觉的影响？"[39]就像达尔文笔记里的许多段落一样，这段话的含义有些模糊不清。但是它将爱与性相提并论，并说明爱可能根植于其他感觉，因此它似乎已经朝着现代达尔文主义的人类心理学方向迈进了。它还表明（就像他提到的分泌唾液一样），在那个时候，达尔文对艾玛有着不止一种感觉。

艾玛是什么感觉呢？如果对于即将来临的性活动，与男性的强烈兴趣相对的是女性挥之不去的犹豫谨慎，那么艾玛理应不像达尔文那么热情。当然，在任何一种情况下，都会有各种各样的因素去改变事情的走向，但从整体情况看，在结合之前，女性确实会比男性更容易产生矛盾心理。因此从理论上讲，维多利亚时代将性关系推迟到婚后的做法，实际是让订婚后的女性获得了更多权力。男人有理由渴望婚礼那天的到来（至少和今天的男人相比），而女人则有了停下来进行反思的空间（至少和今天的女人相比）。

艾玛的做法与我们的理论一致。订婚几周后，她建议将婚礼推迟到来年春天举行，而达尔文则急切希望冬天就完婚。艾玛考虑到了姐姐萨拉·伊丽莎白的感受，萨拉比她大15岁，至今未婚，想必她对艾玛会产生非常复杂的情感。在给达尔文的姐姐凯瑟琳的信中，艾玛坦率地承认："除了因为萨拉外，我自己其实也希望如此。"她恳求道："所以亲爱的凯茜，拜托让事情发展的稍微慢一些。"[40]

借助一些浮夸的文字（"你希望推迟婚期这件事让我非常难过，我担忧是否真的能称你为我的妻子"），达尔文阻止了蜜月的推迟。但即使在结婚日期已确定后，他似乎还是因为艾玛勉强的态度以及她整体的行事风格而感到不安。她的信件内容都很温暖，但绝算不上热情洋溢。达尔文曾写道："我诚挚地祈祷，你永远不会因为周二即将发生的事情（婚礼）而后悔，对我来说它既伟大又美好。"艾玛试图安抚他，但她没有像达尔文那样笔下生辉："我亲爱的查尔斯，你不需要担心我是否快乐，我会永远把29号视为自己最幸福的一天，尽管可能没有你说的那么伟大或那么美好。"[41]哎哟！

所有这一切也可能反映的是达尔文和艾玛之间的特殊情感，而不完全是维多利亚时代婚姻与房事的关系。艾玛从来不是个过于感情用事的女人。[42]而且，不管怎样，她可能已经开始对达尔文的健康产生怀疑，这种担心是有依据的。但总的来说，我们的基本论点应该是正确的：如果说如今把男人拖进婚姻圣殿比以前更难，一个原因是他们不必完成这一步也能和女人同床共枕。

蜜月之后

性关系可以改变感情的平衡。虽然一般来说，女人会比男人更谨慎地释放她们的热情，但理论上，一旦她们打开了情感的闸门，就不会再去束缚它。在认定一个男人有资格加入亲代投资游戏后，让他持续参与其中才符合她的基因利益。艾玛的行为再次符合这一预测，在他们结婚的头几个月里，她记载道："我无法向他描述我有多幸福以及我有多爱他。感谢他对我的所有感情，这让我的生活越来越幸福。"[43]

男人的忠诚是否会因性关系而得到滋长，就不那么确定了。也许他们最初的热情表白就是自欺欺人；也许一旦配偶怀孕，他们就会看到其他更好的机会。但在达尔文的婚姻中，早期迹象确实很美好。结婚几个月后（也是艾玛怀上第一个孩子几周后），达尔文在他的笔记本上记录了他正努力探索一个问题的进化解释，即"为什么一个男人对妻子和孩子的善举会给他带来快乐，而他根本不需要考虑自己的利益？"这说明他对艾玛的感情依然非常深厚。[44]

也许这并不值得惊讶。女人性矜持策略的价值不只是让男人极度渴望性行为，或者让男人为了获得性而说任何不切实际的话，这种策略有时会让他们真的相信一些事，比如"我想和你共度一生"。如果男性的大脑中真的有一个"圣母-荡妇"的转换开关，那么一个女人早前的保守态度确实会长久地影响男性对她的看法。假定她没有在对方的热烈攻势下随意屈从，那么他可能会在次日清晨给予她更多敬意，甚至在以后很多年还是如此。男性会对他追求的很多女人都说"我爱你"，而且他也许真的感觉如此，但是如果他不能立刻得偿所愿，这种爱意可能更容易长期维持下去。维多利亚时代对婚前性行为的否定，或许隐藏着某些智慧。

除了反对婚前性行为之外，维多利亚时代的文化也是精准校正的结果，可以促使男人对"圣女"提起兴趣，而对"荡妇"失去感觉。维多利亚时代的男人会将自己对女性的态度称为"女性崇拜"。女性是救赎者，她们是天真和纯洁的化身，她们能驯服男人的兽性，把男人的灵魂从沉闷的工作世界中拯救出来。然而，要发挥这一功能，她们必须满足几个条件：在家庭环境中，受到婚姻的祝福，还要经过长时间的纯洁恋爱关系。正如一首维多利亚时代的诗在标题中所描述的，她们要成为"家中的天使"。[45]

这不意味着男人应该在生命的某个时刻停止拈花惹草，步入婚姻，并对他们的妻子充满敬意，他们应该从一开始就收敛起来。尽管对于乱交行为的双重标准在19世纪的英国与在其他地方一样普遍，但它遭受了维多利亚时代那些更为严厉的道德捍卫者（包括阿克顿博士）的打压，他们倡导男性不仅要在婚外洁身自好，婚前也要禁欲。在《维多利亚时代的思想框架》（*The Victorian Frame of Mind*）一书中，沃尔特·霍顿（Walter Houghton）写道："为了保持身体和心灵的清洁无垢，男孩被教导要将女性视为最值得尊敬甚至敬畏的对象。"虽然应该给予所有女人尊重，但某种类型的女人值得得到更多敬意。"他认为好女人（像他的姐姐和母亲，以及他未来的新娘）更像天使而非人类，这是一种精心设计的想象，它不仅将爱与性分离，还将爱变成崇拜，对纯洁的崇拜。"[46]

当霍顿说"设计"的时候，他是认真的。1850年一位作家对男性婚前禁欲的美德做了如下表述："我们该去哪里寻找对女性的尊重、对感情的温柔，以及对她们全身心的奉献？这些可都是爱情中最美好纯洁的部分。我们对女性的感情中弥漫着的细腻关爱和骑士精神，都可以追溯到原始激情，它们因为被压抑而变得神圣崇高，这难道不是确定的吗？……在今天，还有什么东西能维持贞洁、保留一些骑士精神的风骨呢？难道我们没有意识到，一个年轻人如果不能在早期拥有正直又充满激情的恋爱关系，那么他在日后就无法避免肉体的低级诱惑？"[47]

除了使用"压抑"这个可能会被人们误解为精神分析概念的词之外，这段话的其他内容还挺有道理的。这意味着，一个男人的激情如果不过早熄灭，就可以变得"神圣崇高"，换句话说，这个过程有助于将女人拖到他脑海中的"圣母"那一类别。

这并不是说求偶期的贞洁是促成婚姻的唯一原因。回想一下祖先环境和现代环境是多么不同，特别是当时没有避孕套、子宫帽和避孕药这些避孕手段。因此，如果一对成年男女在一起同床共枕一两年还没孩子，很有可能就是其中一方无法生育。当然，他们无法分清是谁的问题，但对他们来说，解除配偶关系再寻找新伴侣不会造成什么损失，反而获益良多（至少对一方而言）。这种逻辑可能孕育出一种适应方案——"配偶退场模式"，在这种心理机制的作用下，如果一对男女在多次结合后依然没有子嗣，他们就会对彼此产生厌倦感。[48]

这一理论具有一定的推测性，但它确实也具有一些旁证。在世界上的各种文化中，无子嗣的婚姻都是最容易破裂的。[49]（尽管以无子嗣作为理由结束婚姻并不符合这个理论的要义，即被激发出的对配偶的"无意"疏远。）正如许多夫妻可以证明的那样，孩子的诞生经常能够将双方注意力都集中在孩子身上，进而间接巩固包括配偶关系在内的整个家庭结构。对配偶来说，这是一种不同的爱，但它以自己的方式将双方捏合在一起。缺少了这种迂回的"充电"线路，配偶之爱终将完全消失——这是自然选择设计好的。

达尔文曾一度担心避孕技术会"在未婚女性中传播，进而破坏维系家庭纽带所依赖的贞洁，削弱家庭纽带会是人类犯下的最大罪恶"。[50] 毫无疑问，对于避孕和婚前性行为实际到底如何阻碍婚姻，达尔文当时并没有掌握具体的原理。他也并没有推测出圣母-荡妇二分法的深层基础，或意识到"配偶退场模式"的存在。甚至直到今天，我们也还远不能确定这些现象的存在。（婚前性行为与离婚率的关系，以及婚前同居和离婚率的关系，目前仍得不到确证。）[51] 尽管如此，与30年前相比，我们已经不能再把达尔文的担忧当成是一个维多利亚时代的人在杞人忧天了。

避孕不是唯一能影响到家庭生活结构的技术。母乳喂养的母亲经常报告说她们性欲降低了，从达尔文主义角度看这很好理解，因为她们此时并不适合受孕。与此同时，丈夫们也常常觉得哺乳期的妻子不太"引人兴奋"，这背后的根本原因可能是一致的。因此，奶瓶喂养既可以恢复妻子的性渴望，也可能让她们更有吸引力。但总体来看，家庭亲密度是否会因此得以提升还很不好说（比如这到底会导致丈夫不那么"分心"，还是妻子更容易出轨？）无论如何，这种可能性为阿克顿博士那听起来颇为滑稽的说法又增添了几分道理，他认为"最好的母亲、妻子和家庭管理者，对于性沉溺或是知之甚少，或是全然不知。对家庭、孩子和家庭职责的爱，是她们唯一的激情所在"。在维多利亚时代的英国，当妻子们将自己的黄金年华用于怀孕或养育后代时，她们的激情确实被按下了中止键。[52]

即使孩子的连续出生有助于夫妻双方彼此忠诚，但随着时间的推移，丈夫和妻子的利益方向还是可能会产生偏离。孩子逐渐长大（对亲代投资的迫切需求会减少），妻子年龄变老，男人忠诚所能收获的进化收益会越来越少。既然已经收割了足够的庄稼，土地又不再肥沃，也许是时候换块地继续耕耘了。[53] 当然，丈夫是否会强烈地产生这种冲动，可能要取决于这种冲动能产出什么样的果实。一个风度翩翩又腰缠万贯的男人也许会从女人那里得到各种含情脉脉的注视，从而点燃冲动，可一个贫穷又丑陋的男人就没有这种机会了。无论如何，丈夫往往比妻子更容易感受到这种强烈的冲动。

虽然夫妻间吸引力平衡的转向很少被明确地描述，但它常常作为对新郎新娘的忠告，在小说、名言警句或者民间智慧中以更隐晦的方式得以展现。亨斯洛教授，一个已经享受了15年幸福婚姻的老手，在达尔文结婚前不久给他写了一封信："我唯一需要给你的忠告是：记住，你的妻子好也罢坏也罢，你都要珍爱她的优点，别太在意她的缺点。"他还补充道："正是因为忽视了这个小细节，才使得很多男人在婚后甚至不如单身时幸福。"[54] 换句话说，铭记一个简单的规则：不要犯很多男人容易犯的错误，即停止爱自己的妻子。

与此同时，艾玛得到的建议不是关于如何忽视达尔文的瑕疵，而是如何掩盖自己的问题，尤其是那些让女人显得人老珠黄的毛病。一位姨妈（也许注意到艾玛缺乏时尚意识）写道："如果你多花一点钱，就总能穿得更有品位一些。别轻视那些能让人看起来更美好的小事，就因为你觉得自己嫁给了一个不屑于这些小事的男人。没有男人会真的不在乎……包括我那半瞎的丈夫。"[55]

所有当局者，包括丈夫和妻子，其实都意识不到男性这种善变行为的内在逻辑。一个对伴侣厌烦的男人不会想："离开这段婚姻，更有利于我发挥生殖潜力，所以出于完全自私的原因我要这么做。"意识到自私只会限制他进一步的追求，更简单的做法是，逐渐消退那种驱使他进入婚姻阶段的感情，而不是疾风骤雨般闪离。

一个躁动不安的丈夫可能会对上了年纪的妻子态度越来越恶劣，这一点在查尔斯·狄更斯身上得到了很好的诠释，狄更斯是维多利亚时代上流社会中少数真正摆脱了婚姻的人之一（分居，而不是离婚）。1838年，狄更斯和达尔文在同一天入选伦敦的雅典娜俱乐部。当时，他已经和一个被他赞颂为"更好的另一半"的女人结婚两年了。20年后，狄更斯更加声名卓著，因此吸引了许多年轻女性的注意，他已经很难看到自己妻子闪光的一面。现在他觉得她"活在一种致命的气氛中,能把每个她最该亲近的人都杀死"。狄更斯在给朋友的信中写道:"请相信,任何两个人之间都不可能像我妻子和我之间那样,充满了完全不一致的兴趣、同情心、信任和情感。"(如果是这样的话,为什么他不在妻子给他生下十个孩子前,讨论一下这个问题?)一位记录他们婚姻的人描述道,"在他看来,他的妻子已经变得迟钝、麻木、呆滞,近乎毫无人性"。[56]

与狄更斯的妻子一样,艾玛也会青春不再、容貌老去,而达尔文则像狄更斯一样,婚后社会地位越发显赫,但并没有证据表明达尔文也认为艾玛"毫无人性"。这种差异该如何解释呢?

第 6 章

达尔文的幸福婚姻计划

> 她一直是我收获的最伟大的恩赐，我敢保证在我一生中从未听她说过哪怕一个会让我感到难过的词语……终其一生，她一直是我睿智的顾问、快乐的照料者。没有她，我的一生将在病痛折磨之下悲惨度过。每一个靠近她的人，都会向她表达爱意与钦佩。
>
> ——《达尔文自传》（1876）[1]

在追求持久而美满的婚姻的过程中，查尔斯·达尔文拥有几个明显的优势。

第一个是他的慢性病。结婚 9 年后，达尔文去看望患病的父亲，恰逢自己也身体不适，他向艾玛写信倾诉自己是多么"思念"她，因为"没有你，病中的我倍感孤独"。他在信的结尾处写道："我渴望你的陪伴、你的保护，只有在那种情形下我才感到安全。"[2] 结婚 30 年后，艾玛发现"没有什么比疾病更能让一个人在婚姻中如此完全投入"。[3] 这一感慨反映出的苦涩也许多于甜蜜，达尔文的病对她来说是终身负担，直到婚礼后很久，她才完全明白这个负担真正的分量。无论这是否会让她对这场婚姻产生不同看法，起码对于达尔文来说，他在婚后的大部分时间里都算不上很有市场的抢手货。而在婚姻市场中，滞销的商品，无论是男是女，通常都是比较心满意足、不太产生性躁动的一方。

达尔文长久婚姻的另外一个优势是他对维多利亚时代理想女性形象的由衷认同，即女性可以带来精神救赎。在婚前深思熟虑的独白中，他曾幻想过一个"天使"，既能让他保持勤勉，又不会让他在工作中窒息。他不但得到了这样的天使，还收获了一位护工。此外，纯洁的求爱方式可能有助于艾玛在达尔文心中树立起"圣母"形象。事实确实如此。"我为自己的好运气而惊叹，"他在临终前写道，"她在每一项道德品质上都高出我甚多，却愿意做我的妻子。"[4]

第三个优势是居所的地理位置。达尔文一家像长臂猿一样，单独住在一块 18 英亩的土地上，从那里到伦敦乘马车要两个小时，远离了城市，也远离了年轻女性的诱惑。男性的性幻想本质上是视觉性的，而女性的性幻想更多地包括温柔的抚摸、轻柔的低语和其他关于未来投资的提示。毫不奇怪，男性的幻想和性唤起更容易被纯粹的视觉线索及陌生的肉体形象所激活。[5]因此，视觉隔离是一种特别有效的手段，可以防止男人产生那些可能导致婚姻不满和/或不忠的想法。

与世隔绝在当今社会很难实现，这不仅仅是因为那些年轻迷人的女人不再光着脚、怀着身孕待在家里。美女的影像随处可见，虽然是二维的，这并不意味着它们无关紧要。自然选择无法"预见"摄影术的发明。在祖先环境中，如果一个男人身边时常出现许多年轻漂亮的女人形象，意味着对他来说存在比单配偶制（从基因上看）更有利可图的选择，而他的情感也会相应地发生变化。一位进化心理学家研究发现，相比看其他照片的男人，看过《花花公子》杂志模特照片的男人在自我陈述中对妻子的爱意会更少。（但看《花花女郎》上的男模照片，并不会影响女性对配偶的态度。）[6]

达尔文一家在生育方面也得到了上苍的眷顾。在一段婚姻中，如果孩子一个接一个地出生，而家庭又有足够资源给予照顾，丈夫和妻子在外寻欢作乐的欲望就会受到抑制。出轨需要时间和精力，不如把它们投给那些可爱的基因传承工具。当有更多孩子时，离婚的可能性确实会下降，人们认为这意味着有些夫妻愿意"为了孩子"选择忍受婚姻的痛苦。毫无疑问，这种情况会发生。但至少有可能的是，如果一段婚姻孕育了更多子女，进化会让我们更深爱自己的配偶。[7]而那些声称会维持婚姻但不要孩子的夫妻，很可能会被证明在某方面是错误的。[8]

现在，我们可以大致勾勒出查尔斯·达尔文的幸福婚姻计划：完成一段纯洁的求爱，娶一位天使，婚后不久移居到乡村，生一大堆孩子，然后染上一种导致身体极度衰弱的慢性病。对工作发自内心的投入也有利于维持婚姻，尤其是当这份工作不需要出差的时候。

给男人的婚姻贴士

从 20 世纪末的普通男人的视角看，复制达尔文的幸福婚姻计划似乎没有太大的可能。不过，我们也许可以从达尔文的生命历程中找到些能切实维持一段婚姻的关键之处。让我们从他走进婚姻的三个步骤开始：（1）理性而有条不紊地决定结婚；（2）找一个在实际生活中最能满足自己需求的人；（3）娶她为妻。

一位传记作家曾指责达尔文这种公式化的程序，悲叹"他对婚姻的深思熟虑对应的是情感上的空虚"。[9]也许是这样。但值得注意的是，在近半个世纪的时间里，达尔文一直是一位慈爱的丈夫和父亲。任何想要充当这一角色的男人，都可以从达尔文对婚姻"情感空虚"的思虑中获益。这是可以移植到现代社会的经验。

也就是说，持久的爱是一个人"下决定"才能完成的事。终生的彼此忠诚其实并不自然，甚至对女人来说也不是，对男人就更是如此。它需要我们用所谓的"意志"（缺乏更好的表达术语）去坚守。因此，达尔文把婚姻问题与婚姻配偶问题做了明显区分，这是很合适的做法。他最终坚定地下决心结婚并重视婚姻，对他来说，这与选择配偶是同样重要的事情。

这并不是说年轻人不能指望被爱情所俘获，毕竟达尔文在自己婚礼那天就很激动。但是，男人一时燃起的情爱之火是否能准确地衡量出他们对婚姻的忍耐力，那是另一个问题。这种热情迟早会消退，之后婚姻的存亡就取决于尊重、包容、单纯的情感和（尤其是现在的）决心。有了这些因素的协助，一种配得上"爱"这一标签的情感就可以持续下去，直到生命结束。但它与婚姻刚开始时的"爱"不同，是否前者才是更丰富、更深沉、更触及灵魂的爱？人们观点不一，但它确实更深刻感人。

综合以上论述，我们可以得出一个结论：婚姻从来不是天作之合。促使人们离婚的一个重要因素是，许多男人（也包括不少女人）相信他们的结婚对象是"错的人"，下次婚姻就能遇到"对的人"。好像并非如此，离婚统计数据更支持塞缪尔·约翰逊[①]的观点，即男人再婚的决定往往是"希望战胜经验的结果"。[10]

约翰·斯图亚特·密尔持有同样的冷静观点。密尔坚持对多元道德观宽容以待，他强调社会中那些不墨守成规者的实验行为能带来长远价值，但他不建议将道德冒险主义作为一种生活方式。《论自由》

[①] 塞缪尔·约翰逊，英国18世纪中叶的文坛领袖，作家、文学评论家、诗人。——译者注

一书激进思想的背后正是密尔的信念,即将我们的冲动牢牢地置于大脑控制之下。他在一封信中写道:"大多数人获取幸福的能力是有限的。他们期望婚姻能带给他们更多的幸福,却不知道幸福的不足之处恰恰源于自己,因为他们幻想和别人在一起应该会更幸福。"他为不快乐的人给出的建议是:静静待着,直到这种感觉过去。"如果他们继续在一起,一段时间后失望的感觉就会消退,他们依然能幸福地一起生活。而这种幸福的程度,不亚于恢复单身或与其他人重新结合所能获得的最大幸福,不同的是,在这种情况下他们无需经历重复失败所带来的疲倦感。"[11]

许多男人,也包括较少的女人,会在一段新恋情的初期感到很享受。但最终他们可能会发现,刚开始交往时他们对未来长久欢愉的预测,其实只是基因带来的一种错觉。切记,基因的目标是让我们更多地繁衍,而不是让我们持续快乐。(在我们自己设计的环境中,这其实也行不通,在一夫多妻制违法的现代社会,相比自然选择的"意图",多配偶的冲动可能会对所有当事人造成更大的感情伤害,尤其是子女。)接下来的问题就变成了,开垦一块新田地带来的短暂快乐,是否能超过放弃旧耕地产生的痛苦。这不是一个简单的问题,更不用说这个问题的答案太容易暴露一个人内心的向往。很多人(尤其是男人)不愿承认,但答案通常是否定的。

无论如何,是否应通过每分每秒快乐与痛苦的总和来解决这一问题,其实存在着争论。也许生命累积的惯性就能产生影响,世世代代的男人都证明,从长远来看,与一个女人和几个小孩子共同度过一生,尽管会遭遇各种各样的挫折,但也能得到其他生活方式无法企及的回报。当然,我们不应该无限制地重视那些已婚老男人给出的证言。在这个世界上,每当有一个已婚男人声称自己拥有充实的人生,就至少有一个单身汉也声称他非常享受自己"四处征战"的生活。但值得注意的是，这样说的老男人很多在早期也都体验过性自由的生活，并且他们坦诚很享受那一阶段。而持另一种观点的人，其实没法说出创建一个家庭并坚持下去是什么滋味。

密尔在更宏观的层面上阐述了这一点。即使是作为功利主义最重要代言人的密尔，也坚持认为"快乐和摆脱痛苦，是唯一值得追求的目标"这句话并不是它听起来的表面意思。他相信，所有受到你的行为影响的人（尤其是你的婚姻所涉及的人），其快乐和痛苦都属于你的道德积分。此外，密尔不仅强调快乐的数量，而且强调快乐的质量，并为涉及"高级能力"的快乐赋予了特殊价值[①]。他写道："很少有人会愿意变成任何一种低等动物，哪怕这样可以让他充分享受野兽的乐趣……做一个不满的人，远好过做一头满足的猪；做不满的苏格拉底，远好过做一个满足的傻瓜。如果傻瓜或猪有不同的意见，那是因为他们只了解自己的世界，而另一方则对双方的生活方式都有所了解。"[12]

那时和现在的离婚

自达尔文时代以来，围绕婚姻的激励结构已经发生了改变——实际上是倒转。在那个时代，男人有好几个非结婚不可的理由（性、爱情和社会压力），同时有一个必须维持婚姻的理由（他们别无选择）。如今，一个未婚男人也可以经常享受性活动，这不会引发什么非议，也不管是否关乎爱情。如果因为某种原因他真的卷入一段婚姻，他也

[①] 密尔的意思是，在类似于阅读、观看戏剧或欣赏音乐这种涉及智力的活动中得到的快乐，是一种更高级的快乐。——译者注

没必要惊慌。当激情消退后,他可以搬出家重新开启积极活跃的性生活,这不会引起周围人的侧目。随之而来的离婚相当简单。维多利亚时代的婚姻充满诱惑力,但也会让人陷入其中无法脱身,而现代婚姻既无必要,又可以轻易逃离。

这一变化始于世纪之交（19 世纪末 20 世纪初）,在 20 世纪中叶后以惊人比例上升。美国的离婚率在 20 世纪 50 年代至 60 年代初保持不变,但在 1966—1978 年间则翻了一番,达到了现在的水平。与此同时,随着离婚变得越来越简单及司空见惯,激励男人选择婚姻的力量也不断衰弱（对女人来说也是如此,只是变化没那么富有戏剧性）。在 1970—1988 年,尽管女人首婚的平均年龄在上升,但 18 岁女孩有过性经验的比例从 39% 增长到了 70%,对于 15 岁的女孩来说,这个比例从 5% 上升到了 25%。[13] 美国未婚同居的情侣则从 1970 年的 50 万对增加到了 1990 年的近 300 万对。

因此就有了双重打击:离婚简单导致曾结过婚的女性数量增加,而性行为的不受拘束则导致不婚女性数量的增加。1970—1990 年,35—39 岁的美国女性中未婚比例从 5% 上升到了 10%。[14] 而在这个年龄段结过婚的女性中,大约 1/3 也离婚了。[15]

对于男人,情况更为严重。35—39 岁的男人中,1/7 从未结过婚。正如我们分析的,比起女人,序列一夫一妻制（即可以离婚再娶）导致更多男人被挡在了婚姻门外。[16] 而面对这种情况,女人仍可能是更大的输家。她们比男人更想要孩子。不同于同龄男性,一个 40 岁未婚且无子女的女性,要眼睁睁看着自己今后能成为母亲的概率跌至零点。至于曾经结过婚的男人和女人,他们的命运走向也并不一致:离婚一般会为男人的生活水平带来显著提升,而他的前妻子和孩子则要遭受着相反的凄苦。[17]

第 6 章 达尔文的幸福婚姻计划

1857年的离婚法案使婚姻在英格兰可以以合法的方式解体，因此受到了许多女性主义者的欢迎，其中就包括约翰·斯图亚特·密尔的妻子，哈莉特·泰勒·密尔（Harriet Taylor Mill），她一直受困于一段自己非常憎恶的婚姻（密尔是她第二任丈夫），直到第一任丈夫去世才得以解脱。密尔夫人看起来从来都不是狂热的性爱好者，她痛苦地相信"所有男性，除了少数思想崇高之人，其他或多或少都是感官主义者"，而"女性恰恰相反，完全不具备这种特征"。对于任何一个像她这样厌恶性行为的妻子来说，维多利亚时代的婚姻就像一连串永不停止的恐怖强奸。从女性利益角度考虑，她赞成离婚制度。

密尔也赞成应该满足人们的离婚需求（假设这对夫妻还没有孩子），但他的具体立场与密尔夫人不同，他认为婚姻对丈夫的约束要甚于妻子。密尔对一夫一妻制的社会制度起源有深刻见解，他指出当时严格的婚姻法（即不允许离婚）"既是感官主义者所写的，也是为限制感官主义者所写的"。[18] 密尔的这一看法其实非常普遍，如果可以离婚，男人会不停另觅新欢，这是许多反对1857年离婚法案的人真正担忧的事情。格莱斯顿①批评该法案，认为它"会导致女性生存处境的恶化"。[19]（或者用一个多世纪后一位爱尔兰女性的话来说："女人投票赞成离婚法，就像火鸡投票赞成圣诞节一样。"[20]）降低离婚门槛会引发很复杂的后果，但很多方面的证据确实会支持格莱斯顿的观点，即离婚对女性来说往往是不公平的。

试图逆转时间，通过让离婚不合法的方式来维持婚姻，没有任何意义。研究表明，父母为了避免道德谴责而继续勉强维持婚姻，甚至

---

① 格莱斯顿，英国19世纪的政治家，自由党领袖，曾四次出任英国首相，政治立场鲜明，被誉为英国历史上最伟大的首相之一。——译者注

会比离婚带给孩子的伤害更大。但毫无疑问,男性不应该因为经济上的诱因而离婚,离婚不应该提高他个人的生活水平,但现状却经常如此。事实上,降低他的生活水平似乎才是公平的——不一定是惩罚他,而是因为考虑到支持两个家庭要比一个家庭效率更低,这通常是防止他妻子和孩子生活水平骤然跌入谷底的唯一方法。如果经济上有保障,即使没有男人协助,女人单独抚养孩子常常也会很快乐——有时比和男人一起抚养更快乐,甚至能超过她的前夫找到新处女地时的快乐程度。

尊重

在现代道德环境中女性得到了多少"尊重"?在这一问题上,人们观点不一。男人认为她们已经得到很多尊重。女性比过去更受尊重,相信这一观点的美国男性比例从1970年的40%上升到了1990年的62%。但女人则不同意。在1970年的一项调查中,她们最有可能将男性描述为"基本上是善良、温柔、体贴的"。但1990年同样的一项调查则显示,在女人眼中男人最有可能是这种形象:他们只在意自己的看法,贬低女性地位,只想和女人上床,从不关心家务。[21]

尊重是一个模棱两可的词。也许那些认为女性已经"很受尊重"的男人,他们的意思是在工作中接受女性是值得信赖的同事。但是,如果你所说的尊重是指维多利亚时代呼吁的那种对女性的尊重,即不要把她们当作性征服的对象,那么自1970年以来,这种尊重很可能已经下降了(当然从1960年以来也是如此)。对上述数字的一种解释是,女性希望多得到第二种尊重。

这两种尊重之间其实不存在非此即彼的取舍,20世纪60年代末和 70 年代初的女权主义者没有理由因为坚持获得第一种尊重，就要放弃第二种尊重（实际上，她们确实也要求获得第二种尊重），但她们真的这么做了。她们宣扬的观点是所有领域都要性别对等，包括性方面。许多年轻女性认为，这种对等原则意味着她们可以追随性诱惑并无视含糊不清的本能性谨慎：与任何她们喜欢的男人上床，无须担心他对自己的喜爱是否与他的性兴趣相匹配，也不惧怕自己可能因为性而付出更多真情实感。（一些女性随意的性行为几乎只是出于对"女性意识"的承诺。）对男人而言，他们可以利用对等主义的观点来摆脱道德枷锁，如今他们可以四处风流而不用担心感情负担——女人和他们是一样的，所以没必要专门考虑她们的感受。在这方面，他们甚至得到了一些女性的支持，这些女性坚持认为对女性的特殊道德待遇其实是一种施舍。（在维多利亚时代的英国，特殊的道德待遇有时确实是施舍。）

与此同时，立法者将性别对等理解为女性不需要特殊的法律保护。[22] 在 20 世纪 70 年代，许多州都实行"无过错"离婚制并自动平分夫妻财产，即使配偶中的一方将因为没有职业而面临更惨淡的生活前景，且这样的角色通常是妻子。离婚女性原本可以指望的终身赡养费现在可能被几年的"复原维护费"所取代，这些费用是为了缓冲她重新走上工作岗位所需要的时间。可事实上，如果一个离异女性有孩子要抚养，重新工作的恢复期可就不止几年了。妻子要想得到更公平的离婚协议，证明丈夫是导致离婚的主要原因——例如他在外猖狂地拈花惹草，或在家蛮横无理——起不到什么作用。毕竟，法律认为离婚双方是无过错的。"无过错"逻辑是导致离婚对于男性来说更有利可图的一个原因。（另一个原因是对男性要履行的经济责任执行不严。）好在这种潮流已经过去，州立法机构采取了一些措施来弥补过去的法案造成的伤害，当然，漏洞依然存在。

女性主义主张的两性对等原则并不是唯一祸源，甚至都算不上主要祸源。长期以来，性和婚姻的规范一直在发生变化，影响因素从避孕手段到通信技术，从居住模式到娱乐趋势。为什么我们要把女性主义拿出来专门详细论述呢？部分原因在于，其中出现了一些具有讽刺意味的事情，女性主义信念的目标是减少女性受到的压迫，但它却助长了对女性的另一种剥削；还有一部分原因是，尽管并非女性主义者一手制造了这个问题，但她们中的一些人的做法确实会让这个问题持续下去。女性主义者在许多文章和书中表达了对"生物决定论"的谴责，但她们却并不试图理解"生物"以及"决定"的内涵到底是什么。虽然终于有越来越多的女性主义者开始讨论性别差异，但往往含糊其词、表里不一，人们会用达尔文式的术语来表述那些似乎可解释的差异，但却避而不谈这些差异是不是天生的。[23]

不幸福的已婚女性

维持婚姻的"达尔文计划"——也就是本章到目前为止的主题——似乎预设了一幅简单图景：女人热爱婚姻，男人则不喜欢。显然，生活比这要复杂得多。有些女人不想结婚，更多女人结婚后并不幸福。即使本章着重讲述了男性心智与一夫一妻制婚姻的不一致（确实如此），那也并不是因为我想强调女性心智是婚姻中奉承和忠诚的源头，而是因为我确实认为男性心智是终身一夫一妻制最大的障碍——这种最大障碍显然肯定脱胎于新达尔文主义范式。

女性心智和现代婚姻之间的对立之处没有那么简单明确（而且也没有那么大的破坏性），这种冲突与其说是与一夫一妻制本身有关，不如说是与当代的社会和经济环境有关。在典型的狩猎–采集社会中，女性同时拥有工作和家庭生活，并且协调这两者并不困难。当她们外出采集食物时，对孩子的照料几乎不会成为问题，孩子可以和她们一起前往，或者和姑姑、叔叔、祖父母、堂兄弟姐妹们待一起。当母亲们工作归来照顾孩子时，环境背景是社群性甚至公共性的。人类学家马乔里·肖斯塔克（Marjorie Shostak）①在非洲一个狩猎-采集村落生活过一段时间后写道："形单影只的母亲照顾烦人的小孩，这种场景在昆族的日常生活中可见不到。"[24]

可能大多数现代母亲会发现，无论是在工作还是生活方面，狩猎-采集社会女性自然争取到的这种快乐（且合理）的折中方案，才是最适合自己的选择。毕竟现代女性可能每周要工作四五十个小时，同时还要担心日托质量，并为此隐隐感到内疚；或者她们可能是全职家庭主妇，需要独自抚养孩子，几乎要被单调的生活逼疯。当然，也有些家庭主妇能在邻居瞬息万变、彼此互不相识的典型现代社区中建立起稳定的社交关系，但对于另一些女性来说，忧愁几乎是不可避免的。第二次世界大战后的逆城市化发展趋势（以及其他许多事情）疏离了社区邻里关系，同时也拆散了大家庭，可自然选择并没有把女人设计成天生适合在郊区孤独自处的家庭主妇。明白了这些矛盾后，我们就不难理解为什么现代女性主义会在20世纪60年代积攒如此强大的势头。

与此同时，20世纪50年代的城郊住宅区对男人来说却更"自然"。像许多狩猎-采集社会的父亲角色一样，住在郊区的丈夫们会用一点

---

① 马乔里·肖斯塔克，20世纪中后期颇具传奇性的"异类"人类学家，她大学主修文学，陪同丈夫在非洲昆族人部落考察时，她学会了当地语言，并开始关注部落中女性的社会角色、家庭地位及成长困境等问题。代表作有《妮萨：一名昆族女子的生活和心声》。——译者注

时间和孩子相处，但会花更多时间与其他男性一起活动，包括工作、娱乐或其他典礼。[25] 就这一点而言，许多维多利亚时代的男性也同样如此（但达尔文不是）。虽然终身的一夫一妻制本身对男人来说更不自然，但是一夫一妻制婚姻所采取的形式，不管是过去还是现在，可能都是让女性更加为难。

但这并不等同于说女性心智对现代一夫一妻制的威胁不少于男性心智。一个母亲即便产生了不满，也不会像父亲那样自然地寻求分手。终极原因是，在祖先环境中，有了孩子就找新丈夫的行为并不有利于女性获得更多基因利益。

要让现代一夫一妻制"行得通"——既能维持婚姻，又让夫妻二人都过得幸福——是一个极其复杂的挑战。一次成功的大修复很可能需要居住结构和职业生活的改变，任何有抱负的干预者都应该好好思考一下人类进化的社会环境。当然，人类也没有被设计成在原始社会就会一直开心，如同当代一样，焦虑是一种长期激励因素，而幸福则是人们一直追求的目标。不过，至少祖先环境是人类进化的背景，在那种环境下人们可不会发疯。

艾玛的计划

尽管对现代婚姻有着种种不满，许多女人还是渴望找到终身伴侣，并与他生儿育女。既然当前环境不利于这一目标的实现，她们该怎么做？我们已经讨论了如果男人想让婚姻更加稳固，他们该如何表现。但是给男人提供结婚秘诀有点像送给维京海盗一本名为"如何不抢劫"的小册子。如果女性比男性更接近自然的一夫一妻制，并且更容易因离婚遭受痛苦，那么也许将她们置于改革轨道才是最合乎逻辑的做法。正如乔治·威廉斯和罗伯特·特里弗斯所发现的，人类的性心理机制大部分都源于卵子相对于精子的稀缺。这种稀缺性赋予女性更多权力，无论是在个人关系中，还是在道德结构的塑造上，只是她们有时意识不到。

但有时她们又确实能意识到这一点。想要丈夫和孩子的女人会尝试用艾玛的方案来俘获一个男人。用最极端的话说，你可以执行这样的计划：如果你想在婚礼当天听到永远忠诚的誓言，如果你想确保会有举办婚礼的那一天，那就不要在蜜月前和你的男人上床。

这种做法背后的逻辑不仅仅如谚语所说的，一个人如果可以免费得到牛奶，他就不会买牛奶。更重要的是，如果圣母-荡妇二分法在男性脑海中已经根深蒂固，那么过早的性关系可能会扼杀他对一位女孩正在萌发的爱情。假定人类脑海中真有"配偶退场模式"存在的话，那么长时间毫无阻碍的性爱就可能会让男女对彼此的感觉降温。

许多女人认为艾玛的策略让人厌恶，"套住"一个男人有损她们的尊严，如果一个男人是被迫结婚的，那么她们宁愿没有这桩婚事。其他人还认为艾玛的方法是保守主义和性别歧视的化身，是一种古老观念的复兴，即为了维护社会秩序女性需要承担起自我约束的道德重担。还有一些人说，这种方法似乎假定了女性的性压抑很容易实现，但事实往往并非如此。这些反对意见都是有依据的。

还有另一个针对艾玛策略的常见抱怨：它不起作用。如今，男人并不需要付出什么承诺就能获得性机遇，如果一个女人切断了对他的性资源供给，还会有大量替代品，对于男人来说，虽然这时候性资源总量减少，但也足够了。过于一本正经的女人只能孤独地待在家里，沉浸于自己的纯洁。在1992年的情人节前后，《纽约时报》引用了一位28岁单身女性对"浪漫爱情和真挚求爱期逝去的哀叹"。她说道：

"男人们总是认为，如果没有遇到你，也会有其他人。好像没有什么因素能鼓励你先更好地了解对方。"[26]

这也是一个有理有据的观点，能说明为什么一个女人在性资源投放上的"财政紧缩政策"不太可能带来巨额回报。尽管如此，一些女人可能会发现适当的矜持也是有意义的。[27] 如果一个男人对一个女人没有足够的兴趣，他无法在享受性欢愉前先忍受两个月的纯精神接触，那么以后无论如何，他也不太可能在这个女人身边逗留太久。在这种情况下，一些女性决定干脆不浪费时间，不用说，她们的时间比男性的更宝贵。

温和版的艾玛策略可以进一步自我强化。随着越来越多的女性发现了短暂冷静期的价值，对她们来说延长冷静期也变得很容易。如果等待 8 周是通常做法，那么等待 10 周也不会让女性在竞争中处于劣势。当然，不要指望这一趋势会达到维多利亚时代的极端程度，毕竟女人也能享受性爱的快感。但我们可以期待这一已经开始的潮流会继续下去。在当今社会，保守的性风尚很大程度上可能源于人们对性传染病的恐惧。但是，随着许多女性越来越清楚地认识到男人大体上像猪一样贪婪，这种新风尚的部分原因也可能是女性对自我利益的理性追求，以及她们对人性中残酷一面的认识。我敢打赌，人们如果看到一点甜头，就会想追求更多自我利益。在这种情况下，进化心理学能够帮助人们看到利益之所在。

道德机会理论

自我支持可能是另一个导致性道德转变的原因，无论转向性保守还是性开放。如果男人和女人确实被设计成根据当地市场条件调整他们的性策略,那么一方遵循的规范其实也取决于另一方遵循的规则。戴维·巴斯等人已经提供了证据,当男人认为某个女人淫乱时,他们会采取相应的态度对待她——把她当作短期战利品,而不是长期奖赏。我们也从伊丽莎白·卡什丹那里看到了证据,那些认为男性通常只追求短期策略的女性,更可能在着装和行为上表现得非常随意,她们穿着性感,性关系混乱。[28] 可以想象,这两种趋势会像螺旋一样相互形成积极反馈,如果一个维多利亚时代的人看到这一切,会称之为"持续的道德滑坡"。一方面,低胸装和魅惑外表的流行会向男性传递更多视觉线索,鼓励他们不付出承诺;另一方面,由于男人对女性越来越缺乏敬意,越来越追求露骨的性爱,导致低胸装更加流行。(即使是出现在广告牌或《花花公子》封面上的诱人造型,也可能会产生同样的效果。)[29]

如果由于某种原因,事情开始向另一个方向发展,即男性开始加大亲代投资的比例,互相强化的动态关系也能巩固这一趋势。女性越像圣母,男性就会越像慈父而不是浪子,而这又会让女性朝圣母迈进一步,如此循环往复。

将这一观点称为"推测"有些过于保守了。确实,它具有难以直接验证的问题(像许多关于文化转变的观点一样)。但它确实建立在个体心理学的理论之上,而这些理论本身是可检验的。作为初步验证,巴斯和卡什丹的研究已经为这一观点提供了两方面的支撑。而这一观点还有助于解释为什么性道德的潮流可以持续如此之久,就像维多利亚时代"一本正经"的性道德观,它的背后是持续了一个世纪的趋势,当这一趋势达到顶点后,其消退期也维持了很久。

为什么这种长期缓慢的钟摆摆动会发生逆转?可能的原因包括从技术(例如避孕技术)到人口的转变。[30] 当两性一方(或者双方)中大部分人发现自己最根本的利益没有得到满足时，他（她）们会开始有意识地审视自己的生活方式，逆转的趋势就可能会出现。1977年，劳伦斯·斯通观察到："历史记录表明，一个社会长久保持极端的性开放姿态，之后没有出现强烈反弹，这种可能性不大。讽刺的是，就在一些思想家预言完美婚姻——夫妻双方在性、情感和创造力方面的需求都能得到充分满足——将要到来的时候，如果以离婚率作为衡量指标，婚姻破裂的比例其实在急剧上升。"[31] 自从他写了这下这段文字后，越来越多的女性开始检讨随意的性行为是否明智，而她们对性道德的转变有很大影响力。目前还无法判断我们是否正在进入道德保守主义的长久上升期。但显然，当前的道德现状并没有让所有人都感到满意。

维多利亚时代的秘密

人们对维多利亚时代的性道德观做出过许多评价。一种评价是，它会让人压抑、痛苦并心生畏惧。另一种评价是，它非常适合延续和维持婚姻。达尔文主义者肯定了这两种评价并将它们统一起来。一旦你看到了在一个经济分层的社会中，终身一夫一妻制婚姻被颠覆的可能性，换句话说，如果你了解了人性，你很难想象这个制度在缺乏严厉压制措施的情况下能够维持。

但维多利亚主义并不只靠简单又宽泛的压制，它的那些抑制措施明显是为手边的任务而量身定做的。

富有或地位高的年长男性抛弃妻子，转而追求年轻漂亮的女性，这可能是对于婚姻维持最大的威胁，而这种现象在维多利亚时代会招致猛烈炮火。尽管查尔斯·狄更斯不惜承受巨大争议和社会代价也要离开他的妻子，但他永远只与情妇秘密会面。事实上，如果他承认遗弃，这会为他带来自己不愿面对的责难。

的确，有些丈夫会在伦敦众多妓院里选一两家待上一段时间（女仆有时也会成为上流社会男人出轨的对象）。但只要男性的出轨不以遗弃妻子为结果，它可能确实威胁不到婚姻。相比男性，女性更容易接受和不忠的伴侣继续生活在一起。确保男性的出轨行为不会导致他们抛妻弃子的方法是，将其出轨对象限制在"荡妇"的范围内。我们敢打赌说，维多利亚时代的男人早上坐在餐桌旁时基本不会做这样的白日梦：幻想离开他们的妻子，以前一晚让他享受过的妓女取而代之。我们可以如此确信这一点的理由是，圣母-荡妇二分法在男性心智中已根深蒂固。

如果一个维多利亚时代的男人确实更直接地威胁到了一夫一妻制，如果他与"受人尊敬的"女人通奸，那么他要承担的风险就很大了。达尔文的医生爱德华·莱恩（Edward Lane）曾被一名患者的丈夫指控与患者有不正当关系。在那个时代，这类案件会引发巨大丑闻，伦敦的《泰晤士报》每天都会追踪报道。达尔文也密切关注了莱恩的案件，他怀疑莱恩罪责的真实性（"我从没听到他说过什么感情表达的话"），同时也担心莱恩的未来："我担心这会毁了他。"[32] 如果法官没有宣布他无罪的话，事情很可能就会真的这样。

当然，由于双重标准的存在，通奸的女性会比男性招致更严厉的指责。莱恩和他的患者都已婚，但她的日记中记录了他们一次幽会时的对话，并划分了责任比重。"我请求他相信，自从我结婚以来，我从来没有犯过一丁点过错，他为我所做的事安慰我，并恳求我原谅自己。"[33]（莱恩的律师让法庭相信，她的日记完全是疯狂幻想，但即便如此，它也反映了当时主流的道德观念。）

这种双重标准可能并不公平，但它确实有一定的合理性。妻子出轨往往会对一夫一妻制婚姻产生更大的威胁。（再次强调，一般来说，相较于女性，男性更难与一个有过出轨行为的伴侣继续生活下去。）如果妻子出轨后，丈夫基于某种原因继续留在婚姻中，那么出于对血缘关系的怀疑，他可能对孩子不再那么热情。

对维多利亚时代的道德观进行这种敏锐、剖析式的评价是很危险的，它容易让人们产生误解。所以我们一定要清楚，剖析不等于辩护，这不能成为双重标准或其他维多利亚时代道德观存在的理由。

事实上，双重标准为男性性欲望提供了一个出口，可不管它对婚姻的稳定性做出了什么样的贡献，时代已经改变了。如今，位高权重的商界精英不再把婚外情对象局限于妓女、女佣或秘书，这些人由于出身和教育背景不可能成为他的妻子。随着职场女性的增多，他会在办公场所或出差时遇到年轻的单身女性，如果他想将家庭推翻重来，她们正是再婚的合适选择。从19世纪起到20世纪50年代，婚外性行为只是丈夫的一种纯粹性发泄方式，而今天，它的后果却向抛弃妻子倾斜。双重标准可能曾经算是一夫一妻制的保障，但现在它却会引发离婚。

即使撇开维多利亚时代的道德在今天是否"有效"不谈，还要考虑的问题是它所承受的代价是否能被带来的好处所平衡。维多利亚时代的一些男人和女人绝望地受困于婚姻中。（尽管当逃避婚姻看起来几乎是不可想象的时候，人们也很少考虑其缺点。）流行的道德观念甚至使一些女性难以毫无愧疚地享受婚姻中的性生活，更不用说维多利亚时代的男人在性方面也并不以体贴著称。对于那些不希望仅仅当个装饰品、不希望成为"家中天使"的女性来说，生活也很艰难。达尔文的姐姐们向达尔文报告说，她们对弟弟伊拉兹马斯和作家哈丽雅特·马蒂诺（Harriet Martineau）之间暧昧不清的友谊有些担忧，马蒂诺并不符合当时的标准女性特质。达尔文见过她后曾有这样的印象："她非常和蔼可亲，因为时间有限，她谈论的话题非常合适。我为她完美无瑕的容貌所震惊，但在我看来，她已经被自己的事业、想法和才能所累。伊拉兹马斯对此的辩解是，不应当把她当女性来看待。"[34] 正是因为这种评价的存在，我们才不应该大规模重现维多利亚时代的性道德观，当然这只是原因之一。

毫无疑问，还有其他道德体系可以成功地维持一夫一妻制婚姻。但是就像维多利亚主义一样，任何类似道德体系都要承担切实代价。虽然我们确实可以去争取一种男女均衡付出的道德观（甚至可以追求男性之间的完全平等和女性之间的品德），但男女均衡付出本身是不太可能的。两性存在差异，他们经由进化形成的心智会从不同方面对婚姻产生威胁。因此，对男女而言，与这些威胁相抗争所依托的道德观约束也是不同的。

如果我们真的想要重建一夫一妻制，那么"抗争"看起来似乎是最恰当的词汇。1966年，一位美国学者回顾了维多利亚时代男性对性冲动的羞耻感，发现"可悲的是，整个男性阶层有一部分人对自身的性欲敬而远之"。[35] 关于"敬而远之"，他的描述是对的，但"可悲"就未必了。"敬而远之"的对立面是"放纵"，即顺从我们的性冲动，仿佛它们是神圣野性的呼唤，能使我们恢复到某种原始的幸福状态，但事实上这样的事情从没发生过。在性冲动毫不受约束的那四分之一个世纪过后，世界变成了这个样子：大量孩子没有父亲，无数女性充满痛苦，对强暴和性骚扰的抱怨不绝于耳，孤独的女性无所事事，而单身男性却频繁租借色情录像带。和这些后果相比，维多利亚时代男性去对抗自己的性欲还算是"可悲"吗？看起来我们不应该再如此宣称了。当谈论到一个人要用一生的时间"全副武装抵抗纵欲的诱惑"时，塞缪尔·斯迈尔斯提出了许多质疑，但其他方案好像也没有明显更可取。

道德准则从何而来

本章断断续续的道德说教口吻在某种意义上具有讽刺意味。是的，一方面，新达尔文主义范式确实表明，任何像一夫一妻制这样"非自然"的制度，如果没有强大的（即压制性的）道德准则，可能很难维持下去。但是新范式也有一种抗衡效果：即使没有滋长道德相对主义，也是对一般道德准则的彻底嘲讽。

道德准则是如何产生的？最接近一般进化论解释的观点是：有助于人们将基因传递给下一代的道德判断会得到扩散（或者至少在祖先进化环境中有利于基因传递）。因此，道德准则是基因自身利益日常相互竞争的妥协产物，每种基因都依照自己的目的、使用其可以支配的手段来塑造道德准则。[36]

考虑一下性的双重标准。达尔文主义最广为人知的解释是，男人一方面可以放任自己的性欲，但另一方面，他们会把具有同样倾向的女性（"荡妇"）归为道德低下的群体，而值得注意的是，男人其实又很鼓励女人在性方面更随意。因此，从某种程度上说，道德准则是由男人塑造的，其中就包括了双重标准。然而，仔细观察会发现，这一典型的男性道德似乎得到了其他阵营的天然支持：年轻漂亮女孩的父母会鼓励女儿把爱情留给自己的真命天子（也就是说，要对男性亲代投资保持吸引力），并告诉女儿不这么做是错的；女儿们自己会为了更高的"竞标价格"而保守贞操，她们还会出于自己的利益去蔑视那些具有竞争力但又"廉价"的女孩；幸福的已婚女性认为，开放的性氛围会对她们的婚姻产生切实威胁（也就是说，影响到她们的后代获得持续的高额投资）。因此，将性放纵的女性描绘得非常邪恶是一场基因共谋。与此同时，人们对男性拈花惹草相对宽容，这不仅是因为一些男性（尤其是有魅力或富有的男性）也认同这一想法，还因为相比丈夫的不忠，妻子们更承受不了丈夫的遗弃，这其实也强化了双重标准。

如果你以这种方式看待道德准则，你就不会期望它们服务于整个社会的利益。道德准则在日常政治过程中逐渐浮现出来，而这一过程中有权势的人会有更大的影响力，他们不太可能公平地代表每个人的利益（尽管在一个言论自由和经济平等的社会中，他们也更有可能这样做）。当然，我们也没有理由假设现有的道德准则反映了更高深的真理，一旦如此，我们好像只能通过神迹或超然哲学才能理解道德。

事实上，达尔文主义有助于突出我们所拥有的道德准则与一位超然哲学家想要达成的道德准则之间的区别。例如，尽管双重标准对女性性放纵的严厉惩罚可能是人类天性的副产品，但一位道德哲学家也许会很好地辩称，男人的性放纵在道德上更有争议。想想一对未婚男女的第一次约会，男人比女人更有可能（有意识或无意识地）夸大情感承诺，并利用这些虚情假意获得性机遇。如果他得逞了，那么他的热情会比女方更容易先消退。当然，这并不是一个固定不变的规则，人类行为在不同情境与个体间具有复杂差异，男女双方在情感关系中都有可能以各种方式受到伤害。不过总的来说，单身男人更容易去欺骗异性并在短时间内给伴侣带来更多痛苦，这种说法并不失公允。只要女人不与已经有妻室的男人上床，她们的性放纵即使会伤害他人，也是以一种间接方式逐渐扩散的。因此，如果你像大多数人一样，认为通过有意或无意的欺骗而给他人带来痛苦是一种不道德行为，那么你应该更倾向于谴责男性而不是女性的性放荡。

至少，就本章内容而言，我的倾向是建议女性实践性约束，这个建议并不意味着人们应该承担某些义务。它仅仅是一种自助方式，而不是道德哲学。

这听起来似乎自相矛盾：从达尔文主义的有利视角看，人们可以建议女性要克制性欲，这与传统的道德规劝大体呼应，与此同时，又可以批评传统道德对不遵规劝的女性的谴责。你不如习惯这种矛盾，因为这正是达尔文主义道德观的一种普遍倾向。

一方面，达尔文主义者可能对当前的道德规范持怀疑态度。另一方面，传统道德往往能体现出一定的功利主义智慧。毕竟，对基因利益的追求有时会与对幸福的追求方向一致，尽管并不总是这样。就像那些力劝女儿"保护贞操"的母亲，她们的行为虽然是冷酷的遗传利己主义的体现，但同时她们又确实关心女儿的长期幸福。那些听从母亲奉劝的女儿也同样如此，她们认为这种约束有助于她们以后结婚生子并长久维持婚姻：确实，她们想生孩子的原因是她们的基因"想"让她们生孩子，但另一方面的事实是，她们自己也的确想要孩子，而且如果有了孩子，她们的生活会更充实。遗传利己主义本质上不算"好"，但也谈不上"坏"。当它确实能带来幸福（当然不会总是这样）并且不会严重伤害到别人时，为什么要与它抗争呢？

鉴于达尔文主义关注道德哲学，游戏目标就是检验传统道德是否像我们所假定的那样：充满改善生活的实用智慧，但也夹杂着一些在哲学上站不住脚的自私论断，这些论断主要是对"绝对不道德"的指控。母亲建议女儿自制是明智的，而去谴责那些不自制的竞争对手也是明智的。但是，声称这些谴责具有道德力量的说法，可能只是基因"精心策划"的诡辩。

如果道德哲学家花时间去理解这种新范式，那么从诡辩中提取出其明智之处将是他们未来几十年一项伟大又艰巨的任务。本书的最后，在那些最基本道德冲动的起源已经被清晰探讨后，我们还会回到这一任务。

裹上糖衣的科学

根据新达尔文主义讨论道德问题，常常引发一种反应：我们是不是有点超前了？进化心理学才刚刚起步，就产生了一些有强大证据支持的理论（男性和女性嫉妒的天生差异），一些有一定程度证据支持的理论（圣母-荡妇二分法），和一些合理的纯粹猜测（配偶退场模式）。这些理论真的能够支持维多利亚时代或其他时代所盛行的道德观吗？

哲学家菲利普·基切尔（Philip Kitcher）提出了更进一步的疑问，他在20世纪80年代确立了自己作为社会生物学杰出评论家的地位。基切尔认为，达尔文主义者应该小心前进，他们将刚刚萌芽的科研成果在道德或政治领域延伸时要保持谨慎（由于20世纪70年代一些人受到的指责，他们大多数人会尽量避免这种延伸），同时要始终把科学放在第一位。毕竟，即使他们不去跨越科学和价值之间的界限，也有人会去的，关于人性的理论将不可避免地被用来支持种种道德规则或社会政策。如果这些理论被证明是错误的，它们就很可能在此期间造成大量破坏。基切尔指出，社会科学不同于物理或化学。如果我们对一个遥远星系的起源有错误认识，那么"这个错误不会被证明是个悲剧"。相反，"如果我们对人类社会行为的基础产生了认识偏差，如果我们之所以放弃公平分配社会利益和责任的目标，仅仅是因为我们接受了关于人类自身以及人类进化历史的错误解释，那么，这个科学错误就会导致灾难性的后果"。所以，"当一种科学观点会影响到社会政策时，与之相关的取证标准以及自我检视水平必须非常高"。[37]

这里有两个问题。首先，"自我检视"本身并不是科学的重要组成部分，来自同行的集体检视才是，同行评议是高"取证标准"的保障。然而除非已经提出了一个具体假设，否则这种集体的自我检视工作是无法开启的。因此，大概基切尔并不是在建议我们通过避免提出相对较弱的假设（相对缺乏证据的假设）来简化科学进步的流程。弱假设只有被提出后，经过细致入微的检验，才能变成更坚实的理论。如果基切尔只是建议我们给推测性假设贴上说明标签，没有人会反对。事实上，多亏了像基切尔这样的人（这并不是讽刺的意思），许多达尔文主义者在谨慎求证方面都达到了大师级水平。

这就引出了基切尔论点的第二个问题：秉持达尔文主义的社会科学家应该比其他社会科学家更谨慎地进行研究。这种观点蕴含的潜台词是，当一种关于行为解释的理论错误时，如果它是进化理论，就会比非进化理论带来更大的危害。但为什么会这样呢？"男女两性在求偶和性欲方面没有重要的先天心理差异"——这是长久以来作为标准答案存在的一个非达尔文主义心理学学说，似乎正是这一观点在过去几十年里造成了相当数量的苦难。它被提出时连最低取证标准都不具备，实际上，是完全没有任何证据，而且还公然漠视地球上各个文化的民间智慧对这一问题截然相反的看法。然而，出于某种原因，基切尔对此不以为然，他似乎认为，涉及基因的理论可能会产生恶劣影响，而不涉及基因的理论则不会。

不正确的理论比正确的理论更有可能产生坏影响，这才是更靠谱的结论。如果我们不能确定哪些理论是正确的，哪些是错误的，通常

第6章 达尔文的幸福婚姻计划

情况下，最好先选择那些看起来最有可能是正确的理论。本书的基本立场是，尽管进化心理学是一门很年轻的学科，但它的解释力远远超过了其他关于人类心智起源的理论，并且它的许多特定假设已经得到了有力的实证研究支持。

另外，会对诚实探索人类本性产生威胁的，并非只有进化论的敌人。在新的范式中，真相有时会被粉饰。例如，人们往往会尽量淡化两性之间的差异。对于男人倾向于拥有多个配偶的天性，政治敏感的达尔文主义社会科学家可能会这样说："记住，这些只是统计上的宏观概括，任何一个个体都可能大大有别于其性别常态特征。"好吧，确实如此，但是再特殊的个体也很少会符合另一个性别的标准特征（而且别忘了，即便某一特征的个体差异再大，在这一特征上某一性别也有一半个体远高于另一性别的平均水平）。他们也可能说："记住，行为受当地环境和有意选择的影响。男人不一定会玩弄女性。"是的，这种强调至关重要。但是，我们的许多冲动是根深蒂固、非常强烈的，想要抑制它们需要非常强大的力量。将自我约束描述的就像按遥控器按钮那么简单，这太具有误导性了。

除了误导外，这种言论还是危险的。乔治·威廉斯或许是最能当得起"新范式之父"这一名号的人，他说自然选择是"罪恶"的，这可能有点言过其实。毕竟，虽然自然选择在创造人性中的所有具有毁灭性的机制的同时，也创造了一切美好的特征。但可以肯定的是，在自然选择中我们可以看见一切邪恶的根源，并且它们会在人性中表现出来（当然美好的一面也是如此），公正和正义的敌人确实存在于我们的基因深处。如果在这本书里，我没有使用一些达尔文主义者面对公众时惯常使用的策略，而是更多强调人性中邪恶的一面，那是因为我认为低估这种邪恶会比高估它带来更多危害。

第二部分
社会基石

第 7 章

家庭

据我所知，工蚁与其父母差异极大，而且它们无法生育。因此，它们从来不可能将自己获得的形态转变或本能传递给后代。这就引出了一个问题，这个情况符合自然选择理论吗？

——《物种起源》（1859）

昨天多迪（达尔文的儿子威廉）非常大方地将他的最后一口姜饼给了安妮，而今天呢……他又把自己最后的面包放到沙发上让安妮去拿，然后用自吹自擂的语气叫着说："噢！善良的多迪啊！善良的多迪！"

——达尔文对自己孩子的观察（1842）[1]

我们都喜欢认为自己是无私的。有时我们确实会做出一些无私的举动，但与社会性昆虫相比，我们就像猪一样自私。蜜蜂会为了同伴将内脏也随着倒刺一起扎进入侵者的皮肤，自己壮烈牺牲。有的蚂蚁会为了保护蚁群，把自己像炸弹一样引爆；有的蚂蚁会用肉体铸成大门，挡住昆虫的窥探；还有的蚂蚁会将自身做成食物袋，倒吊在巢穴顶上以防食物短缺。[2] 这些把自己像工具一样对待的动物从来不会有后代。

达尔文花了十多年的时间思考自然选择是如何发展出蚁族社会等

级中没有后代的那部分蚂蚁的。与此同时，他自己繁衍了不少后代。从他的第四个孩子亨丽埃塔于1843年底出生起，昆虫不育问题已经引起了他的注意。直到1856年他的第十个也是最后一个孩子查尔斯出生时，这个问题还没有解决。这期间，达尔文一直保守着自然选择理论的秘密，没有向世人公开，其中一个原因可能正是蚂蚁是个赤裸裸的反例。他认为这个悖论看起来"无法克服，实际上对整个自然选择理论是致命打击"。[3]

当达尔文思考昆虫之谜时，他可能不会想到，这个问题的答案还可以解释他日常生活中的家庭关系：为什么他的孩子们既会彼此相爱，又会有时发生争执？为什么他觉得自己必须教他们善良的美德，而他们有时会抗拒？为什么一个孩子的夭折会比另一个孩子的夭折让他和艾玛感到更悲伤？理解昆虫的自我牺牲，将会解开哺乳动物家庭生活之谜，包括人类。

达尔文最终构想出解释昆虫不育问题的正确答案，并怀疑人类行为也与此有关。他的大方向尽管是对的，但他走得还不够远，没有看到这种关联的广度和多样性。其他人也没有，直到一个世纪后情况才发生改变。

之所以其他人没有深入探讨，其中一个原因可能是达尔文的解释与描述很难理解。在《物种起源》一书中，他写道，不育现象的进化悖论"不再是严重问题，或者如我所相信的，已经解决了。只要我们记住，选择同时以家族和个体为单位，通过这两种途径都能实现进化目标。因此，当烹饪一种可口的蔬菜时，蔬菜个体被毁灭了，但菜农也播下了蔬菜种子，并充满信心地期待着同一种蔬菜的成长；为了得到肉和脂肪完美融合的牛肉，牧民会屠宰母牛，但也会对同一品种充满信心，并饲养更多"。[4]

无论把动植物育种者引入这一场景中显得有多么奇怪，但在 1963 年一位名叫威廉·D. 汉密尔顿的年轻英国生物学家勾勒出亲缘选择理论后，这一切完全说得通了。[5] 汉密尔顿的理论是对达尔文遗传学观点的拓展延伸，尽管在达尔文那个时代，遗传学这个概念还没有正式出现。

"亲缘选择"这个词本身就与达尔文"选择同时以家族和个体为单位"这一主张具有内在关联，达尔文的观点虽然正确，但有一定误导性。汉密尔顿理论的精妙之处在于，它认为选择不仅存在于个体和家族层面，更重要的是在基因层面上发挥作用。因此汉密尔顿率先明确提出了新达尔文范式的核心主题：从基因的角度看待生存。

设想一下，一只还没有后代的地松鼠，看到捕食者后立刻用后腿站立起来发出响亮的警报声，这可能会引起捕食者的注意，导致它最先丧命。如果你秉持的是 20 世纪中期生物学家看待自然选择的立场，即自然选择主要事关动物及其后代的生存繁衍，那么这种警告行为是无法解释的。如果一只地松鼠没有后代需要拯救，那么它的警告就是自杀。是这样吗？汉密尔顿给出了重要的否定回答。

在汉密尔顿的观点里，焦点从发出警报的地松鼠转移到了警报行为的基因基础上（实际上往往是基因序列）。毕竟地松鼠不会永生不死，其他动物也一样。唯一可能永存不朽的有机实体是基因（或者严格地说，是编码在基因中的信息模式，因为物质形态的基因在通过复制将信息传递下去后就会死亡）。因此，在进化横跨数百、数千或数百万代的时间尺度上，问题不是某一只动物个体是如何生存的，我们都知道每个个体残酷的结局。真正需要探讨的是基因的命运，有的基因会消失，有的则会繁荣兴盛，哪个基因会怎样才是重要问题。一个"自杀式警告"基因的前景会如何？

答案指向了汉密尔顿理论的核心之处，而且有点让人吃惊：在恰当的背景下，这个基因会有很不错的前景。原因是携带这一基因的地松鼠可能有一些亲属在它身边，它们会因警报声得救，而这些亲戚中可能有一些就拥有同样的基因。例如，可以假设一半的兄弟姐妹携带这种基因（除非它们是同父异母的兄弟姐妹，在这种情况下，这个比例仍然高达四分之一）。警报声拯救了四只本来会被吃掉的亲属，而其中两只携带了这一基因，此时这一基因其实已经为自己争取了更好的利益，尽管要付出牺牲警报者的代价。相反情况，不发出警报的自私基因会指挥着它的携带者迅速逃离到安全的地方，平均来说，这一行为会导致双倍的基因损失。因此，超级无私的基因在岁月之河中将会比自私基因得到更好的传播。[1] 如果假定每次发出警报会有四分之一的概率牺牲，但能拯救一个兄弟姐妹，同样的逻辑依然成立。因此，在这个物种的进化史上，这种无私基因每一次的牺牲都能换来双份同类基因的安全保障。

兄弟情谊的基因

这一过程没有什么神秘之处。基因不会神奇地感知到其他生物体中是否存在自己的副本并试图加以拯救。基因没有透视眼，没有意识，它们从不"尝试"做任何事情。但是，如果一个基因恰好能使其载体的行为方式有助于提高其他携带该基因副本的载体的生存和繁衍

---

[1] 事实上，一只地松鼠与它的兄弟姐妹所共有的基因远多于一半，包括人类在内的其他物种也同样如此。但如果是新出现的基因，平均来说在亲兄弟姐妹中确实只有一半的概率会共同携带，而当我们谈论到某种新特质的进化时，关心的正是这些基因。——原书注

前景，那么该基因就可能会兴盛繁荣，即使在这一过程中，其载体的利益会被牺牲。这就是亲缘选择。

某些基因会使哺乳动物看到自己亲属居住的洞穴受到威胁时发出警报，以上逻辑也适用于解释这些基因。有的基因会使昆虫不育，但只要这些昆虫会在该基因的作用下穷尽一生去帮助其他能生育的亲属（这些亲属携带的是所谓的"隐性基因"），同样的逻辑也适用。人类的某些基因也遵循同一逻辑：这些基因使人类个体在早期就意识到谁是自己的兄弟姐妹，从此和他们分享食物，给他们指导，保护他们，等等。换言之，基因会导向同情、怜悯、共享，而这些因素共同构成了"爱"。

在汉密尔顿之前，对家族之爱的不重视导致研究者无法清晰地看到能引出亲缘选择理论的线索。1955年，英国生物学家J. B. S. 霍尔丹（J. B. S. Haldane）在一篇广为流传的文章中指出，如果一个基因使你甘愿冒着10%的死亡风险去跳河救一个溺水儿童，只要孩子是你的后代或兄弟姐妹，这个基因就能繁衍生息。即使那个孩子是你的表亲，这种基因也可以以较慢的速度传播，因为平均来说，第一代表亲也有1/8的基因与你相同。但霍尔丹又观察到，在紧急情况下人们根本没有时间进行数学计算，所以他没有顺着这一思路延续下去，而是转换了视角。可以肯定的是，我们旧石器时代的祖先们可并没有边东奔西跑边算计着彼此的亲缘关系，所以霍尔丹得出结论："英雄主义基因只会在小群体中传播，那里大多数孩子都是这个冒着生命危险见义勇为者的近亲。"[6] 换句话说：无差别的英雄主义可以反映一个群体中个体间的平均亲缘水平，如果这个水平足够高，无差别的英雄主义就会进化出来。

鉴于霍尔丹做到了从基因而不是个人的角度来观察事物，但是他又没有将这一逻辑坚持到底，这真的让人费解。他似乎认为，自然选择实现其目标计算的方式是让生物体有意识地自我复制，而不是通过为生物体装载各种情感直觉，这些情感直觉正好可以充当计算的执行者。难道霍尔丹没有注意到，人们往往会对与自己拥有最多相似基因的人怀有最亲密的感情吗？难道人们冒着生命拯救的不都是那些最亲近的人？旧石器时代的人不是数学天才，这又有什么关系？他们是动物，他们有感情。

从技术层面讲，霍尔丹所做的推测是正确的。在一个小规模、亲属关系密切的种群中，无差别的利他主义确实可以进化，尽管有些利他主义行为会施加于非亲属。毕竟，即使你的利他行为完全只针对兄弟姐妹，从进化角度来看其中某些行为也并不会产生效益，因为兄弟姐妹并不拥有和你完全一样的基因，他们中任何一个个体都并不一定携带会导致利他主义的基因。在这两种情况下，重要的是利他主义基因往往会改善这种基因携带者的繁殖前景，从长远来看，在自我繁殖方面，这种基因能为自己带来的好处远远大于坏处。行为总是在不确定的情况下发生，而自然选择所能做的就是玩概率游戏。在霍尔丹设想的方案中，赢得概率游戏的方式就是向生物植入温和而具有普遍性的利他主义，而利他强度取决于社群内的平均亲缘水平。这样的想法是可信的。

但正如汉密尔顿在1964年指出的那样，只要有机会，自然选择就会通过减少不确定性来最大限度地提高概率。任何能够提高利他主义行为精准度的基因都会繁荣兴盛。如果一种基因能引导黑猩猩将两盎司肉分给兄弟姐妹，而另一种基因会引导黑猩猩将一盎司肉分给兄弟姐妹，一盎司肉分给其他非亲属，那么最终前者会在与后者的竞争中占据上风。因此，除非难以识别亲属，否则进化创造出的应该是能精确在亲属间释放善意的物种,而不是对任何同类都无限制释放善意的物种。这正是已经发生了的事情。至少在某种程度上,地松鼠就是这么做的,它们在近亲出没于附近时更有可能发出警告。[7] 黑猩猩和其他非人灵长类动物通常具备相互扶持的亲属关系,在某种程度上,也是这么做的。至于我们人类,更是这么做的。

如果我们不这么做,也许这个世界会更美好。真正与字面意思一致的兄弟情谊要以《圣经》上所说的那种"兄弟情谊"为代价[①],我们越是能将无条件的善意精准地给予亲人,留给其他人的善意就越少。但是,不管怎样,我们的兄弟情谊确实如字面意义上那样,只针对有血缘亲属关系的人。

许多群居昆虫通过一种叫信息素的化学信号来识别亲属。人类和其他哺乳动物是如何(有意或无意地)辨别亲属的,就不是那么确定了。当然,如果我们看见自己的母亲日复一日地喂养和照顾一个孩子,我们会把他/她看作自己的兄弟姐妹,这是一条明显的线索。我们也可以通过观察母亲的社会互动来感知到某些关系,比如谁是她的姐姐,以及她姐姐的后代又是谁。另外,语言出现之后,母亲有能力告诉我们每个人的具体身份,从而给予我们一种指示,让我们关注那些符合她们基因利益以及我们自身基因利益的人。(也就是说,就像驱使个体对亲属做出利他行为的基因一样,那些能让母亲倾向于帮助孩子辨认出亲属的基因也会繁衍兴旺。)除这些途径外,很难确定其他的亲属识别机制,因为相关实验可能需要将儿童从原生家庭剥离,这会引起巨大伦理争议。[8]

---

① 第二个兄弟情谊指的是无亲缘关系的人之间的互利,本书会多次出现两种不同意思的"兄弟情谊",遇到无法根据上下文进行意义辨析的地方,译者会在正文中给出标注。——译者注

第 7 章　家庭

清楚的是，这种机制一定是存在的。在任何文化中，有兄弟姐妹的人都会在他们急需帮助时产生共情，如果能施以援手，个体会有成就感，如果不能，则会感到深深的自责。任何经历过兄弟姐妹过世的人都会了解那种刻骨铭心的悲痛。这些要感谢亲缘选择让他们知道了爱是什么。

对于男人来说情况更是如此，如果没有亲缘选择，他们可能永远感受不到一点深刻的爱。在人类转变为一种高雄性亲代投资物种之前，男性没有理由对后代表现出强烈的利他倾向。这种感情是女性独有的，部分原因是她们能非常确定后代与自己的血缘关系。虽然无法判断亲子关系，但男性可以确定自己的兄弟姐妹是谁，所以通过亲缘选择，兄弟情谊就这样在他们的灵魂上扎根萌芽。如果男性没有获得这种感知兄弟之情的能力，他们可能根本就无法搭上驶入高雄性亲代投资轨道的列车，更不用说体验到亲代抚育带来的深刻情感了。进化的运作方式就是尽量利用那些恰好已经存在的"原材料"，因此，如果对兄弟姐妹这类特殊儿童的爱在几百万年前没有成为男性心智的一部分，那么通向亲子之爱的旅程——让男人发展出高亲代投资——可能会更加迂回曲折。

新计算方式

如上文所述，达尔文在解释终身劳作却没有后代的工蚁时，列举了母牛的例子，它们因为具有大理石般纹理的牛肉而被人屠宰吃掉。有了汉密尔顿的理论，我们就更容易理解达尔文看到的这种联系。可以肯定的是，让母牛长出大理石纹理的基因并没有为那个已经被屠宰掉的载体做些什么，对于这一载体的基因遗产也没什么贡献，毕竟，一头已经被屠宰的母牛不可能再生出更多后代了。但是，这种基因依然可以为这头牛的间接遗传遗产产生非常多的价值。由于这一基因可以带来优质牛肉，它会促使牧民多喂养和繁殖同一品种的牛，而这些牛正是那只被宰杀母牛的亲属，它们携带了许多相同的基因。同样的事情也发生在了无后代的工蚁身上。这些蚂蚁确实没有直接留下后代，但是引发这一结果的基因其实做了很大贡献，由于这种基因的存在，工蚁节省了本来用于繁殖的时间精力成本，可以全身心地帮助那些会生育的亲属。这些亲属身上也携带了会导致不育的基因（只是在它们身上不表达），它们会将这一基因传递给下一代，于是在下一代又产生了一批献身于不孕基因传播的利他主义者。这就是工蚁和肉牛的相似之处：一些基因，通过阻断自身的某种传播途径，使另一种传播途径更加高效，最终赚取更多的遗传价值。

在没有掌握任何基因知识、同时对遗传规律也缺乏深刻理解的情况下，达尔文竟早于汉密尔顿一个世纪就看到了这种相似性，我们应该对他思想的敏锐与精确给予高度赞扬。

当然，汉密尔顿的亲缘选择理论要比达尔文的理论更优越，这一点毋庸置疑。正如达尔文所言，自然选择有时在家族层面发挥作用（如昆虫的不育），有时在个体层面发挥作用，这是正确的。但为什么不让事情更简单点呢？为什么我们不直接说，在这两种情况下选择的基本单位其实都是基因呢？为什么我们不能将自然选择的所有形式都囊括进一个解释框架中呢？换句话说，那些可以引导自己其他基因副本生存和繁衍的基因就是胜利者。它们可以直接实现这一目标，具体手段包括让基因载体（即生物）更好地生存和繁衍，并为后代的生存繁衍创设有利条件。它们也可以用更迂回的手段，例如，让工蚁不知疲倦地劳作，不孕不育，并且无私奉献，这样蚁后就能繁衍出许多包含这些基因的其他后代。无论基因通过何种方式完成工作，从它们的角度来看这都是自私的，即使在生物体层面上它们会引发利他主义。因此，这正是理查德·道金斯为自己的书取名为《自私的基因》的原因。（这个书名遭到了一些人的指责，他们认为基因本来就没有意图，所以不能"自私"。这种说法当然是对的，但这里的"自私"不是它的字面意义。）

理所当然，有机体层面的选择是人类最为关心的，因为人类就是有机体。但它在自然选择中其实只是次要的，打个比方，如果自然选择真的"关心"任何事物的话，那些事物也不是我们，而是存在于我们生殖细胞即卵子和精子中的遗传信息。当然，自然选择"想要"我们按照特定的方式来行动。但是，只有我们照做，它根本不在意在这一过程中我们是幸福还是悲伤，我们有没有受到伤害，甚至我们会不会死亡。自然选择从根本上"希望"达到的目的只是保持我们基因中的信息状态完好，为此，它不惜让我们遭受任何痛苦。

在1963年给《美国博物学家》(The American Naturalist)杂志编辑的信中，汉密尔顿用抽象简明的观点论述了这一深刻的哲学要义。他设想了一种能引起利他行为的G基因，并指出："尽管有适者生存原则的存在，但决定G传播效率的根本标准不是利他行为是否有利于行为者，而是它是否会对G基因有利。这就好比向基因池中投放更多G基因，最终结果通常是要提高基因池的G基因浓度而不是扩大基因池本身。"[9]

第二年，汉密尔顿在《理论生物学杂志》(The Journal of Theoretical Biology)上发表了题为《社会行为的基因进化》(The Genetical Evolution of Social Behaviour)的论文，将他的洞察发展为具体的理论解释。这篇论文曾在许多年中没有得到重视，但后来成了达尔文主义思想史上引用频率最高的成果之一，并掀起了进化生物学中数学算法的革命。在亲缘选择理论出现之前，人们通常认为进化的终极裁决者似乎是"适应性"，而"适应性"的根本表现是生物体直接生物遗产的总和。那些能提高有机体适应性的基因——也就是能让有机体后代数量达到最大值的基因——会不断繁衍兴旺。如今，进化的终极裁决因素成了"广义适应性"（inclusive fitness），它将基因的间接遗产也纳入考虑范围，例如兄弟姐妹及表亲身上具备的相同基因。汉密尔顿在1964年写道："这样我们就发现了广义适应性这个量级概念，在很多情况下，广义适应性要达到最大化所依赖的途径与更为简单的经典模型中适应性达到最大化所依赖的途径是一致的。"

汉密尔顿的数学算法中包含一个强有力的符号"r"，生物学家休厄尔·赖特（Sewall Wright）早就提出了这一符号，而汉密尔顿则赋予了它新的重要意义，用它来表示有机体之间的亲缘程度。在同父同母的兄弟姐妹中，r是1/2，在同父异母的兄弟姐妹中，r是1/4，在表亲中，r是1/8。新的数学算法表明，只要利他主义者付出的代价（就对未来繁衍成功的影响而言，用c表示）小于所有受助者获得的利益（同前，用b表示）与亲缘程度的乘积，也就是c<br，导致利他行为的基因就会继续兴旺。

当汉密尔顿阐释亲缘选择理论时，他引用了曾困扰达尔文的生物族群作为例子。同达尔文一样，汉密尔顿也被膜翅目昆虫非同寻常的自我牺牲行为所震惊，尤其是高度社会化的蚂蚁、蜜蜂和胡蜂。为什么在其他昆虫世界就很少见到这种强烈的利他主义及与之相随的社会凝聚力？当中可能有几个进化成因，而汉密尔顿则指出了最核心的一个因素。他认为，由于奇特的繁殖方式，导致这些物种的亲缘程度r不同于平均水平。蚂蚁姐妹间相同基因比例不是1/2而是3/4。所以从自然选择角度看，这些物种发展出不同寻常的利他主义也就是合理的了。

当 r 甚至大于 3/4 时，利他主义和社会团结精神的进化论据就更加强有力了。以细胞黏液霉菌为例，它们会紧密结合在一起，以至于人们甚至会合理争论，究竟是应该将细胞黏液霉菌的结合体视为一个细胞群落，还是单个有机体。由于黏菌细胞采用的是无性繁殖的生育方式，它们的 r 等于 1，所有成员都像同卵双胞胎。从基因角度来看，一个霉菌和周围其他霉菌的命运没什么区别。因此，许多霉菌自己不繁殖而是选择滋养其他同伴也就不足为奇了。从进化的角度来看，它们邻居的福祉相当于自己的福祉，这就是利他主义。

人类也是如此，当然，这里指的不是作为生物族群的人类，而是组成人类这一物种的细胞群。在几亿年前的某个时刻，多细胞生物诞生了。高度整合的细胞群组成了"有机体"，而这些有机体中最终进化出了我们人类。但是，正如细胞黏液霉菌所表明的那样，群落和有机体之间并没有严格清楚的界限。从技术上来说，即使像人类这样高度完整连贯的有机体，被视为紧密结合的单细胞群落也没什么问题。这些细胞表现出的合作和自我牺牲精神，可以让昆虫如机器般高效的社群组织相较之下也黯然失色。人体内几乎所有细胞都是不进行繁殖的。只有性细胞有机会复制自己并进行繁衍，在我们身体的细胞中它们具有"蜂后"一般的地位。其他无数的不育细胞看起来对这种安排非常满意，这无疑是因为，它们和生殖细胞之间的亲缘程度 r 等于 1；不育细胞的基因通过精子或卵子稳妥地传递给后代，就像它们通过特定的细胞载体进行直接传递一样。当 r 为 1 时，利他主义是根本原则。

爱的限度

硬币总有两面，基于这个结论我们可以得知，当 r 不等于 1 时，利他主义就不是根本原则了。即使最纯粹的手足之爱，也就是兄弟情谊，也不是完全的爱。据说霍尔丹曾经讲过，他永远不会为一个兄弟而牺牲自己，但为了"两个兄弟或八个表兄弟"情况就不一样了。大概他是在开玩笑——也许他错误地认为数学算法是对达尔文主义逻辑一种过度精细的拓展，并就此进行模仿调侃。但他的玩笑抓住了一个基本的事实。当我们在定义任何亲属相互之间的奉献程度时，也在定义他们之间漠不关心的程度，甚至可能是相互对立的程度。定义对任何亲属的承诺程度，就是定义冷漠程度和潜在的对抗程度，兄弟姐妹之间的共同利益如同杯中之水，半满等于半空，半空等于半满。虽然从基因上讲，帮助兄弟姐妹是有价值的，人们甚至有时愿意为此付出巨大代价，但代价总是有限制的。

因此，一方面，没有一个现代达尔文主义者会认为，当一个孩子看到自己兄弟姐妹因为饥饿而虚弱时，他会霸占着食物不进行分享。但是，我们也不能指望，给两个兄弟姐妹一个三明治，分配问题可以在友好氛围中得以解决。教导孩子学会与兄弟姐妹分享也许并不难（至少在某些情况下不难），但要他们做到平等分配却很难，因为这违背了他们的基因利益。无论如何，这就是自然选择的安排。我们可以让经验丰富的父母来判断这个预测在实际生活中是否能得以证实。

兄弟姐妹之间的基因利益差异会造成非常恼人的分歧，同时也常常表现出有趣的悖论。他们会调动所有资源来激烈地争夺父母的爱和关注，在这个过程中，他们的嫉妒心简直无孔不入，以至于很难相信他们之间存在感情。但是如果他们中的一个真的生活艰难，或者有生命危险，那么爱就会浮现出来。达尔文在将近五岁的儿子威利（威廉的简称）身上看到了他对妹妹安妮的态度转变。他写道："当我们在场时，如果安妮把自己弄疼了，威利表现的并不在意，他有时还会故意弄出一些很大的声音来吸引我们注意。"可有一天安妮又弄伤自己了，而旁边没有大人在照看，所以威利不敢判断当前情况是不是真的危险，他的反应与平时"截然不同"。"他一开始尝试温柔地安抚她，并说他会把贝茜叫来，但贝茜不在，他的勇气土崩瓦解，于是跟着哭了起来。"[10]达尔文从来没有用亲缘选择或他所谓的家族选择概念来解释过关于手足之情的事例，包括这件事情，他好像一直没看到昆虫自我牺牲行为与哺乳动物亲属感情间的关联。[11]

第一个强调共同基因利益之杯部分空着的生物学家是罗伯特·特里弗斯。他特别指出，一个儿童的基因利益不但与兄弟姐妹的基因利益存在分歧，与父母的基因利益也并不完全一致。从理论上讲，每个孩子都应该将自身价值视为是兄弟姐妹的两倍，但在父母眼中他们的价值是相同的，因为父母和每个子女的亲缘程度都是相同的。因此，我们可以做出另外一个达尔文主义式的推测：不仅兄弟姐妹要学会平等分享，事实上，父母也会尽力教他们这么做。

1974年，特里弗斯在一篇论文中分析了父母与子女之间的冲突。通过例证，他讨论了一个关于哺乳动物比较有争议的问题：胎儿何时断奶。他观察到，一头小驯鹿其实不再依赖乳汁生存了，但它在很长一段时间内仍会继续吮吸母亲的乳房，即使这妨碍了母驯鹿怀上另一头与它有相似基因的小驯鹿。毕竟，"这头小鹿和它自己具有百分之百的亲缘关系，而与它以后的兄弟姐妹只是亲属而已……"[12]总有一天，对于这头驯鹿来说，母乳带来的营养回报已经微不足道，从基因利益角度考虑，它宁愿要另一头鹿而不是乳汁。但是在母亲看来，两个后代的价值是相等的，所以她会让断奶的那一天更早到来。因此，基于广义适应性这一概念，自然选择理论意味着母亲-胎儿间的断奶冲突将会成为哺乳动物生命中的常规组成部分，事实上正是如此。断奶冲突常常会持续几个星期，甚至可能演变得非常野蛮。婴儿会尖叫着要母乳，甚至会为此攻击母亲。经验丰富的狒狒观察者都知道，要想找到野外狒狒群，每天早上留心倾听狒狒母子争吵的声音是个好办法！[13]

在争夺资源的战斗中，孩子们会使用他们能利用的所有手段，包括欺骗。欺骗方式可能非常粗糙，而且针对的是其他兄弟姐妹。（"威利有时会耍个小把戏，以防安妮想要他的苹果……他会说：'安妮，你的苹果比我的大啊。'"）但有时候这类诡计也可能更精巧，并且针对包括父母在内的更多"观众"。对于儿童来说，有一种方法可以让父母不再要求自己做出更大牺牲，那就是夸大自己已有的损失，或者也可以说，选择性地强调自己的奉献行为。就像本章开头的那个例子：威利在两岁时有次把最后一块姜饼留给了妹妹，于是向所有人大声喊："噢！善良的多迪啊！善良的多迪！"[14]许多父母对于这种浮夸的邀功行为非常熟悉。

为了从父母那里榨取资源，夸大需求也是儿童常用的策略。艾玛记录了他们儿子伦纳德三岁时的一些行为："他的手腕蹭掉了两小块皮"，"他认为爸爸没有给予他足够的同情和怜悯，于是他强调说'皮都掉下来了，出血了'"。一年后，伦纳德有一次又说："爸爸，我咳嗽得好厉害啊，很严重，比以前严重五倍，而且越来越严重了，我是不是该吃点那个黑乎乎的东西啊（甘草糖）？"[15]

为了进一步向父母证明自己得到的关注不够，儿童可能会强调父母对自己残忍和不公之处。当这种情形比较严重时，就是我们所谓的闹脾气了。除了人类幼儿外，其实黑猩猩、狒狒和其他灵长类动物也会使用这种策略。正如一位灵长类动物学家在半个世纪前所记录的那样，许多生气的黑猩猩幼崽会"偷偷地瞥眼看看自己的妈妈或看护人，似乎想知道自己的行为是否吸引了它们的注意"。[16]

这些灵长类动物的幼崽是幸运的，它们的父母天生就是要被利用的角色。对孩子哭闹和抱怨的关注符合父母的基因利益，因为孩子是含有父母基因副本的载体，哭闹和抱怨可能表达了儿童的真实需求。换句话说：父母爱自己的孩子，而且会被这种爱蒙蔽双眼。

然而，对于大部分父母来说，把闹脾气视为一种操纵手段并不是一种会让他们感到震惊的革命性观点，这证明他们也没有被完全蒙蔽。虽然自然选择会让父母最初接受这种操纵手段，但从理论上来说，它会在之后又为他们配备上反操纵装置，比如他们会对儿童抱怨哭闹的行为有所怀疑。可一旦这种识别能力出现了，自然选择又会为儿童装载反识别技术，让他们的哭闹显得更真诚。双方的竞赛永无止境。

正如特里弗斯在他1974年的论文中强调的那样，从基因的角度来看，父母自己也会使用欺诈操纵策略。他们希望，或者至少是他们的基因"希望"从孩子身上提炼出更多亲缘导向的利他主义行为和自我牺牲精神，因此他们会向儿童灌输更多关于亲情的理念，这种对亲情的重视程度已经超过儿童实际的基因利益需求。除了兄弟姐妹之爱外，同样的逻辑和手段也适用于对伯叔姑舅姨、堂表兄弟姐妹等旁系亲戚的爱，这些人所具有的与父母共同基因的总量（平均来说）是子女总量的两倍。因此，通常很少见到父母要求孩子不要太体谅父母的兄弟姐妹、侄子侄女、外甥外甥女。

从生理上来说，孩子很容易受父母灌输的观念的摆弄，就像父母也容易被孩子摆弄一样。原因是按照父母的指示去行动是一种更符合达尔文主义原则的做法。虽然父母和孩子的基因利益有所差异，但起码有50%的重合部分。所以没有人会比父母有更强烈的基因驱动力，愿意将各种事实和智慧装进孩子的脑袋。对于孩子来说，也没有什么人比父母更值得关注。孩子的基因会"要求"他们深入地发掘利用父母独有的数据库。

很明显，基因达到了自己的目的。小时候，我们对父母总是充满敬畏和信任，达尔文的一个女儿曾回忆说："他所说的，无论是什么，对我们来说都是绝对的真理与法律。"当然她有些夸张了。（当达尔文发现5岁的伦纳德在沙发上跳来跳去的时候，他告诉儿子这是不合规矩的，伦纳德的回应是，"那么我建议你离开这个房间"。）[17] 然而，儿童确实会对父母形成信任感，哪怕不是完全信任，也会有一种基本信任。而从理论上来说，父母也确实会滥用这一信任。

特别是，父母应该会打着"教育"的幌子，像特里弗斯所说的那样去"塑造"孩子。他曾写道："相对于塑造，教育更容易被子女所认可，因为他们认为教育对自身有好处，因此父母会特别强调自己作为教师的角色，这样就可以最大限度地减少子女的反抗。"[18] 特里弗斯可能会以一种嘲讽的态度看待达尔文关于他母亲的一段回忆："我记得她说过，'如果让你做什么……那都是为了你好'。"[19]

如果想要（一定程度上）打压自己子女的基因利益，父母还有一个更具体的优势。亲缘选择确保了个体会发展出关爱兄弟姐妹的道德良心，如果严重忽视他们，个体就会产生愧疚感。因此，父母可以利用儿童的愧疚感，而自然选择也应该让他们精于此道。但另一方面，如特里弗斯所指出的，自然选择又会掉头协助儿童，给他们配备上反利用装置，例如，当父母宣扬兄弟情谊的义务时，他们可能提出尖锐质疑。于是你来我往，这同样是一场永无止境的军备竞赛。

这一切的结果是每个孩子的灵魂在战争洗礼中走向成熟。特里弗斯写道："孩子的人格和良心就是在这个充满冲突的舞台上形成的。"[20]

有一种流行的观点认为，儿童的养育过程就是对文化的适应过程，父母会尽职尽责地让孩子掌握各种重要技能，而特里弗斯则认为这种看法幼稚得无药可救。"那些试图向后代传授责任、正派、诚实、值得信赖、慷慨、舍己为人等品质的父母，仅仅是为了向后代提供一些有价值的信息，以便他们在当地文化中表现出恰当行为吗？我们不认同这样的观点，因为所有那些美德都可能影响孩子对父母亲属所做的利他行为及利己行为，而父母和子女会以不同的方式看待这些行为。"特里弗斯似乎把"文化适应"这一概念的流行看作是压迫者之间的一个未说破的共谋。他指出："在某种程度上，广为流行的社会化概念其实只是一种观点，人们希望成年人能够接纳和传播这一切。"[21]

这暗示了另一种观念，达尔文主义长期以来被认定为体现了右翼世界观，但它的立场其实已转向另一派。从新范式来看，道德规范和意识形态可能像一场持续的权力斗争，获胜者的观念会盛行，弱者则被剥削。马克思和恩格斯曾写道："各个时代流行的思想从来都是统治阶级的思想。"[22]

妈妈总是最喜欢你

到目前为止，我们关注的都是关于亲缘选择和亲子冲突的基本模型，这些模型依赖的假设简单实用，但同时也有些暧昧不清。其中一个假设是，在人类进化过程中，兄弟姐妹总是同父同母。在某种程度上这个前提就是有瑕疵的，所以，从个体利益角度出发，利他行为在兄弟姐妹间的自然比率并不一定是1/2，而是介于1/2和1/4之间。（这一修正可能会减轻一些父母的担忧，他们认为相比汉密尔顿数学理论所计算出的"自然关系"，自己的子女实际上的相互关系要更加具有敌对性。）当然，也有可能孩子们实际上（无意识地）估计了自己兄弟姐妹与父亲和母亲共享基因的比率，然后据此对他们区别对待。例如，假如看一下父母都经常在家的兄弟姐妹，是否比父母经常分开的兄弟姐妹对彼此更慷慨，这样的研究结果会很有趣。

另一个过度简化的假设是，认为两个人之间的亲缘程度 r 决定了他们对彼此天生该具有的态度。在威廉·汉密尔顿提出的数学问题"c 是否小于 br"中，还有两个变量：利他主义者付出的代价（c）和受助者获得的利益（b）。对这二者的阐述都基于达尔文主义的适应性概念：由于做出利他主义行为，利他者生育后代以及后代也能顺利繁衍的概率会降低多少，受助者的这些指数又能上升多少？很明显，它们都取决于初始概率，也就是说，利他者和受助者最初的繁殖潜力如何，而繁殖潜力又是一个差异性很大的因素，不但每个亲属之间存在差异，他们自身在不同时间段的繁殖潜力也存在差异。

例如，一个高大、强壮、聪明、英俊、有雄心壮志的兄弟比一个孤僻、迟钝、笨拙的兄弟更有可能在生育方面获得成功。这种情况在人类进化的社会环境会尤为显著，地位高的男性可能有不止一个妻子，即便制度上不允许，他们也有更多出轨的机会。理论上，父母应该能（有意识或无意识地）注意这种差异，他们应该会像华尔街的投资经理那样，以敏锐的洞察力将投资在不同孩子身上进行分配，目标始终如一：让每一笔投资增量的整体繁殖收益都能达到最大化。在

第 7 章　家庭

20世纪60年代，斯莫瑟斯兄弟（Smothers Brothers）喜剧团的一部剧中，笨头笨脑的大圆脸汤米经常向他聪明又活泼的弟弟抱怨，"妈妈［或爸爸］总是最喜欢你"。[23] 之后这句台词就流行起来了，这种抱怨是有进化基础的。

两个后代的相对繁殖潜力可能不仅仅取决于他们自身，还取决于一个家庭的社会地位。对于贫困家庭来说，如果有一个漂亮的女儿和一个长相英俊但别无天赋的儿子，那么女儿的后代更可能出生在物质条件优越的环境中，因为相对于儿子，女儿更有可能通过婚姻实现经济上的阶级跃升。[24] 但对于富裕且有社会地位的家庭来说，在其他条件相同的情况下，儿子则有更高的繁殖潜力，女人的生育潜力总是有限的，而男人则可以利用财富和地位来繁衍更多后代。

这种令人不安的逻辑，是不是一种嵌入人类大脑的执行程序？那些资源丰富或身居高官显位的父母，是否会因为儿子可以更有效地将地位或物质资源转化为子孙后代（至少在进化过程中是如此），就下意识地决定以牺牲女儿为代价，将关注点向儿子倾斜？而意识到自己贫穷的父母会不会做相反的选择呢？这听起来令人毛骨悚然，但并不意味着这种事情不会发生。

这一逻辑基于一个更普遍的观点，即罗伯特·特里弗斯与数学家丹·E.威拉德（Dan E. Willard）在1973年合著的论文中提出的观点。[25] 在任何一个实行一夫多妻制的物种中，总有一些雄性能够和许多雌性发生大量交配关系，而另一些则完全没有繁殖机会。所以对于身体状况不佳的母亲来说，将女儿视为比儿子更有价值的资产也许能让她们在基因上获益。原因是假设母亲虚弱的身体会导致母乳分泌不足，进而造成子女体质虚弱，那么男性后代会受到尤为不利的影响。因为营养不良的雄性可能会被完全排除在生殖竞争之外，而雌性只要能生育，几乎在任何情况下都能吸引到性伴侣。

一些非人类哺乳动物似乎也遵循这一逻辑。佛罗里达负鼠妈妈如果喂养能力不足，会强迫负鼠儿子断奶，甚至不惜让它们饿死，但是对女儿会精心喂养照料。在某些物种中，甚至雄性和雌性后代的出生比例也会受到影响，条件最好的母亲基本上会生儿子，而条件较差的母亲则大多生女儿。[26]

在某种程度上，可以说一夫多妻制贯穿了人类进化史，财富和社会地位是与健康同样重要的生殖资产。它们都是男人用来争夺女人的可靠武器，至少对于社会地位因素而言，这种情况已经存在了数百万年。因此，对于那些意识到自身在社会地位和物质财富方面具有优势的父母，对儿子的投资多于对女儿的投资（从达尔文主义角度看）完全说得通。这是一个证明亲代投资逻辑的良好范例，尽管人们常常认为这种逻辑太过马基雅维利主义①，因此不该成为人类天性的一部分。可是在达尔文主义者的眼中，马基雅维利式的冷酷无情策略反而会增加达尔文理论的可信度。（正如托马斯·赫胥黎所说："卑劣的机制在一定程度上恰恰提高了其自身能得以出现的可能性。"这是他在达尔文提出了一个异常阴暗的水母繁殖假设后给出的评价。）[27] 到目前为止，有充足的证据支持达尔文主义假设，而反面证据则少得多。

20世纪70年代末，人类学家米尔德丽德·迪克曼（Mildred Dickemann）在研究了19世纪的印度、中国和中世纪欧洲后，得出了这样的结论：仅仅因为刚出生的孩子是女儿就将其杀死，这种杀害女婴的行为主要集中发生在上层社会。[28] 另外，许多文化中都有一个

---

① 马基雅维利是意大利政治家和历史学家，在政治理念上主张为达目的不择手段。因此，马基雅维利主义既是权术和谋略的代名词，也指利用他人达成个人目标的行为倾向。——译者注

第7章 家庭　　173

广为人知的惯例：富有家庭会将最大财产传给儿子而不是女儿。[达尔文的一位亲戚，20世纪早期的经济学家乔赛亚·韦奇伍德在一项有关遗产继承的研究中指出："在我的调查对象中，如果是较为富裕的家庭，儿子得到的遗产份额看起来通常都比女儿多；而在资产较少的家庭中，子女平均分配的情况更为普遍。"][29] 对儿子或女儿的宠溺或歧视还可以以一些更隐秘的形式存在。人类学家劳拉·贝齐格（Laura Betzig）和保罗·特克（Paul Turke）在密克罗尼西亚的研究发现，社会地位较高的父母会用更多时间陪伴儿子，而社会地位较低的父母会用更多时间陪伴女儿。[30] 所有这些结论都符合特里弗斯和威拉德提出的逻辑假设：对于在社会经济序列中占据上层的家庭来说，儿子是比女儿更好的投资对象。[31]

最近的研究更加支持了特里弗斯和威拉德推测的结论。一项对北美家庭的研究发现，不同社会阶层父母对男孩和女孩的溺爱程度存在显著差异。低收入女性所生的女儿有一半以上是由母乳喂养长大的，儿子享受母乳喂养的比例则不到一半；富裕女性所生的女儿中，大约60%是母乳喂养，如果换作儿子这一比例能接近90%。更具有戏剧性的是，对于低收入女性来说，如果她生下了一个儿子，平均间隔3.5年会生下一个孩子，但如果她生下的是女儿，平均间隔4.3年才会生下一个孩子。换言之，假定多拥有一个兄弟姐妹就多一份亲代投资的竞争，低收入的母亲会尽量让女儿避免陷入这种较量，她们在更长的等待后才会去生那个与姐姐抢夺资源的竞争者；而富有母亲的情况恰恰相反，女儿平均出生3.2年后就会有一个与之竞争的兄弟姐妹，而儿子则需要等待3.9年。[32] 在这些研究中，几乎没有母亲知道社会地位如何影响两性的繁殖成功率与繁殖策略（或者严格地说，在我们进化的环境中社会地位如何影响繁殖选择）。这再次提醒我们，自然选择的运作方式是隐秘的，它通过塑造人类的感情发挥作用，而不是让人类意识到其选择逻辑。[33]

虽然这些研究都集中在亲代投资上，但同样的逻辑也适用于兄弟姐妹间的互相投资。从理论上讲，如果你生活贫困，你应该会对姐妹而不是兄弟施予更多利他行为，如果你很富有，情况则相反。毫无疑问，在达尔文这个富裕的大家族中，女性亲属常常为自己的兄弟们操心，并会花大量时间去照料他们。不过，当社会规范要求女性仅仅能作为社会从属角色时，这一趋势在低收入阶层中也可能同样明显（这提醒我们，文化可以驱动我们做出有违达尔文主义逻辑的行为）。

另外，女性非凡的利他倾向也可以通过其他的达尔文主义观点进行解释。在个体的生命周期中生殖潜力会不断变化，而这种变化对于男女两性来说是不同的。在1964年的论文中，汉密尔顿抽象地指出，"可以推断，生殖期已完结的动物会采取纯粹的利他行为策略"。[34] 总之，一旦基因寄宿的载体无法再将基因直接传递给下一代，它们就会被引导着将所有精力花在其他能够传播基因的载体上。由于女性生育期结束较早，她们会在不具有生殖潜能的情况下度过漫长的生命周期，这意味着老年女性比老年男性更关注亲属。事实正是如此。把一生都奉献给家族的单身姑姑要比单身叔叔常见的多。当达尔文的妹妹玛丽安娜去世时，他的姐姐苏珊和哥哥伊拉兹马斯都是中年未婚，而肩负起照料玛丽安娜遗孤重担的正是苏珊。[35]

悲伤的模式

即使对于男性来说，生殖潜力也会随着时间的推移稍微有些变化。实际上，个体的生殖潜力年年都是不同的。不管什么性别，平均而言50岁的人在未来具有的潜在后代数量都要比他/她30岁时少得多，而在30岁时，他们的生育潜力又比自己15岁时要小。另一方面，平均来看15岁的青少年又比1岁的婴儿更有可能在未来生育更多后代，因为1岁婴儿也许没有活到青春期就夭折了，在人类进化史上，婴幼儿夭折是非常普遍的事情。

  这里还存在亲缘选择基本模型中另一个过度简化的观点。由于利他主义方程式两端的代价和收益因素都涉及生殖潜力，因此利他者和受助者的年龄也可以决定利他主义行为是否能提高广义适应性，进而被自然选择所青睐。换句话说，我们对亲属的热情和慷慨程度在理论上既取决于我们的年龄，也取决于亲属的年龄。例如，在子女的一生中，父母对其生命的珍爱程度应该是不断变化的。[36]

  具体来说，父母对子女的感情投入会持续增长，直到青春期早期，届时个体的生育潜力会达到巅峰，之后开始下降。试想一匹训练水准一流的赛马在第一次上场比赛前遭遇死亡，或者在刚出生后就夭折了，无疑前者会更让饲养员失望难过。与之相似，相对于失去一个婴儿，父母应该对青少年子女的死亡更感到伤心。青春期少年和成熟的赛马都是即将兑现回报的资产，一旦因为意外遭遇损失，养育者要花费大量时间和精力，才能将一个新对象培养到具有同样收益潜力的程度。（这并不是说父母对待婴儿的态度永远不如对待青少年那么温柔呵护。假如有一批劫掠者靠近，母亲的本能冲动就是抱起婴儿逃跑，而很可能留下青少年自谋生路；但这种冲动的存在是因为青少年的确能够自谋生路，而不是因为对于父母来说不如婴儿珍贵。）

  正如以上所预测的，一个青春期子女死亡和一个三个月大的婴儿夭折，前者带给父母的悲痛感确实高于后者，如果死亡的是40岁的子女，结果也会与理论假设相一致。人们很容易忽视这样的结果：相对年纪比较大的人，我们理所当然会对年轻人的离世更感到遗憾，因为年轻人有太多生命历程还没有体验，想到这点人们显然倍感心痛。达尔文主义者对此的回应是：对，但是别忘了，这一模式中"显然的部分"可能正是我们眼中创造了该模式的基因的产物。自然选择实现其"意图"的方式就是让一些事情看起来像是"显然的"、"正确的"和"让人渴望的"，而另一些事情则是"荒谬的"、"错误的"和"让人厌恶的"。在否认常识本身不是进化创造的认知产物之前，我们应该做的是先谨慎检视自己对进化理论的常识性反应是否合理。

在这个例子中，我们应该问：如果一个少年的逝去使人异常悲痛的原因是，他还有漫长的人生没有经历，那么为什么婴儿的夭折不会让人更加难过呢？一种可能的答案是，我们和青少年从小到大相处的时间更长，能更清晰地预见到他还有哪些抱负没有施展。因此，随着死者年龄的增长，亲属对他的亲密感会越来越高，这会让人们对他的死亡更为悲伤；但与此同时，他尚未实现的人生则相应缩短，这又会减轻人们对他死亡的悲伤程度。巧合的是，这两个具有相互抵消关系的变量，会在青春期这个时间刻度上组合产生最大的悲伤值，而此时个体的生殖潜力也是最高的。为什么这个峰值不出现在生命周期的其他坐标点？比如25岁，那时一个人未来人生的轮廓比较清晰了，或者5岁，那时还有更漫长的未来要去体验。

目前的证据显示，亲属死亡引发悲伤的模式确实恰好符合达尔文主义的预测。在1989年加拿大的一项研究中，研究者要求成年人被试者想象不同年龄段孩子的死亡，并评估哪些孩子的死亡会带给自己最强烈的创伤。结果显示，在青春期前"悲伤曲线"会一直上升，而在青春期后则开始下降。将这条曲线与个体生命周期的生殖潜力曲线（根据对加拿大人口统计数据得出）放在一起进行比较，会发现两条曲线具有很强的相关性。但是如果将加拿大父母对不同年龄子女死亡的悲伤曲线与非洲昆族狩猎-采集者的生殖潜力曲线进行比较，会发现二者的相关程度更高，事实上这两条曲线近乎重合。换句话说，考虑到祖先环境所表现出的人口学特征，关于子女死亡的悲伤变化模式与达尔文主义假设几乎完全一致。[37]

从理论和现实角度来看，父母在子女心目中的珍贵程度也会随着时间而变化。在自然选择冷酷无情的意识里，父母对我们的功用从某个时间点后会开始下降，这个下降速度甚至会快于他们对我们的感情变化。随着我们度过青春期，他们作为数据库来源、物质提供者和保护者的角色会越来越不重要。当他们度过中年后，进一步促进我们基因传播的可能性也越来越小。而当他们年老体衰时，对我们的基因遗传几乎不可能再发挥任何作用。即使我们照料他们（或付钱请人这么做），我们也可能会体察到自己的不耐烦和抱怨。最终，我们的父母会像我们当初依赖他们一样反过来依赖我们，然而我们不会像他们曾对我们做的那样，无微不至地关怀他们的需求。

父母和孩子之间感情与义务的平衡会随着时间推移不断变化，但几乎永不平衡，这可能是人生最深刻、也最苦乐参半的体验之一。同时，它也说明了基因对我们情感阀门开启和关闭的控制是多么不精确。虽然我们似乎找不到一个好的达尔文主义理由来解释为什么将时间和精力花在年迈垂死的父亲身上，但没有人能够做到对他置之不理。家族之爱根深蒂固，它超越了自身在进化中的价值，可以旷日持久。我们大多数人也许会为基因这种马马虎虎的控制方式而感到高兴，当然，如果基因控制得更加精确，我们可能也无法意识到自己会有什么不满。

达尔文的悲伤

达尔文的一生中经历过许多悲伤时刻，包括他 10 个孩子中有 3 个夭折，以及他父亲的去世。他的行为反应基本符合以上理论假设。

达尔文的第三个孩子玛丽·埃莉诺于 1842 年出生，仅仅活了 3 周就离开人世。不可否认，达尔文和艾玛很伤心，达尔文在葬礼上也非常痛苦，但没有迹象表明他们悲痛欲绝或悲痛持续了很久。艾玛写道："如果她活了更长时间，忍受更多痛苦后不幸死去，那样会让我们更加无法承受。"她宽慰自己的嫂子，还有另外两个孩子会分散达尔文和她的注意力，"你不用担心我们的悲伤会持续太久"。[38]

从理论上来说，达尔文最小的孩子查尔斯·韦林的夭折也不会为他带来沉重的正面打击。韦林当时年龄很小，只有一岁半，而且智力发展迟钝。根据达尔文主义的预测，父母会相对不那么在乎那些因为残疾而缺乏繁殖价值的孩子。（在许多前工业社会中，有明显缺陷的婴儿按照惯例会被直接杀害，即使在工业社会中，残疾儿童依然特别容易受到虐待。）[39] 达尔文为他死去的儿子写了一篇简短的悼词，这篇悼词的某些地方更像是冷漠的临床观察记录（"他激动时经常发出莫名其妙的颤抖，表情怪异"），而且从中几乎看不出什么痛苦之情。[40] 达尔文的一个女儿后来谈到这个弟弟时说："我的父母对他几乎无限的温柔，但在 1858 年夏天他去世时，他们起初经历了一段时间的悲伤，之后就只剩下欣慰了。"[41]

1848 年达尔文的父亲去世了，这对他同样没有构成毁灭性的打击。达尔文那时候完全可以养活自己了，而他 82 岁的父亲则耗尽了全部生育潜力。在老达尔文死后的几天里，达尔文确实表现出了陷入极度伤痛的迹象，而且我们也无法确定，在那之后他是否连续几个月都悲伤不绝。但是达尔文在信中写道："不认识我父亲的人，谁也不会相信，一位超过83岁［原文如此］的老人竟能始终保持如此温柔热情的性格，以及自始至终从未改变的敏锐洞察力。"这样感情流露的笔触是他之前从未有过的。父亲去世三个月后达尔文还写道："我最后一次见他时，他的神情非常舒畅，在我脑海里，当时的他既安详又幸福。"[42]

与这3起案例截然不同的是1851年女儿安妮的死亡，安妮在此前一年就开始遭遇周期性的病魔折磨，她去世时是10岁，再有几年生育潜力就能达到顶峰了。

在安妮去世前的一段时间，达尔文带着安妮四处求医，他和艾玛的信中充满了心酸痛苦之情。安妮死后几天，达尔文也为她写了一篇悼词，这篇悼词与他后来为查尔斯·韦林所写的那篇悼词在情感基调上有着惊人的差异。"她的面容总是洋溢着愉悦活泼的精神，她的每一个动作都富有朝气和活力。一见到她我就会高兴快乐。她那可爱的脸现在又浮现在我的眼前，就像她有时偷偷地跑下楼，帮我取一撮鼻烟时一样。她会因为能给别人带来快乐而自己快乐……在最后一次短暂的患病期，她的行为简直像天使一般。她从来没有抱怨过，没有变得焦躁，她总是为别人着想，以最温柔和让人怜惜的方式感谢其他人为她所做的一切……当我倒给她一点水喝时，她说：'真的谢谢您。'我相信，这是从她那可爱的双唇中对我冒出的最后几句珍贵话语了。"在悼词的结尾处，达尔文写道："我们失去了家庭的欢乐源泉，也失去了年老后的慰藉。她一定知道我们有多爱她。啊，但愿她现在能知道，我们多么深沉又温柔地爱着她充满欢乐的脸庞，从过去到现在，一直如此！保佑她！"[43]

我们在分析达尔文对不同事件的悲伤态度时，可能会使用一些略带嘲讽的语调（信不信由你）。安妮似乎是达尔文最喜欢的孩子，她聪明而富有才华（达尔文曾经说过，她就像第二个莫扎特），这些资产可以增加她在婚姻市场上的价值，从而提升她的生育潜力。她是一个模范儿童，在道德、慷慨和礼貌方面都堪称典范。[44] 或者，用特里弗斯的术语来说：艾玛和查尔斯成功诱导了安妮，使她愿意全力以赴以实现他们的广义适应性。对"最爱的孩子"的分析也许可以证实，他们往往在遗传属性上具有很高的价值，不过，这种价值主要是相对父母的基因而言，从儿童自身基因的视角看就犹未可知了。

在父亲去世后几个月，达尔文就宣告他已经走出悲伤的阴霾了。在一封信中他是这样描述的："我亲爱的父亲现在对我来说是最甜蜜美好的回忆。"[45] 而对于安妮的夭折，达尔文和艾玛从没有一个悲伤终结的时刻。他们的另外一个女儿亨丽埃塔写道："可以说，在这件事情上，我妈妈受伤的心灵永不痊愈。她很少谈起安妮，可一旦说起，就会重新打开丧女之痛的开关。而我的父亲根本就无法承受任何回忆带来的悲伤，就我所知，他从不再提起她。"安妮过世25年之后，达尔文在传记中说，一想到安妮就会让他泪流不止，安妮的死是这个家庭遭遇过的"唯一严重的创伤"。[46]

1881年，达尔文的哥哥伊拉兹马斯离开了人世，这也正是达尔文去世前的一年。在一封给好朋友约瑟夫·胡克（Joseph Hooker）的信中，达尔文发出了他对"老年人与年轻人死亡"之区别的感慨。他写道："在后一种情况下，当有一个光明的未来在等着年轻人时，死亡会带来让人永远无法淡忘的悲伤。"[47]

第 8 章

达尔文和野蛮人

密尔先生在他的名著《功利主义》中将一些社会感觉描述为"强有力的自然情操",同时也是"功利主义道德情操的自然基础"。然而在之前几页他还写道:"如果像我所信仰的那样,一些道德感觉不是与生俱来的,而是后天获得的,它们并不会因此而显得不自然。"我很犹豫是不是可以对他这样一位知识渊博的思想家表示异议,但是我认为,既然低等动物的社会情感是本能和天性的一部分,为什么这一逻辑在人类身上就不能适用呢?

——《人类的由来》(1871)[1]

达尔文第一次接触到原始社会时,他的反应就像你能想象到的一个 19 世纪英国绅士的反应一样。当时"小猎犬"号驶入火地岛的一个海湾,他看到一群印第安人大喊大叫,"双臂疯狂地摇摆"。在给自己的导师约翰·亨斯洛的信中,他写道,"他们长发飘飘荡荡,就像来自另一个世界的不安灵魂"。后来,更近距离的观察进一步强化了这种印象。"从我们的概念来看,他们的语言很难称得上是清晰明确的语言",他们的房子"就像孩子们在夏天用树枝搭成的屋子"。这些住所也缺乏夫妻温馨感情的滋润,"也许只有在主人虐待下的奴隶的艰辛生活与此接近"。[2]

更让人惊讶的是,当食物匮乏时,火地岛人会习惯于吃掉老妇人。达尔文曾记录过一段可怖对话,当问到一个火地岛男孩为什么选择吃人而不吃狗时,他的回答是:"狗抓水獭,女人一无是处,男人很饿。"达尔文在给姐姐卡罗琳的信中写道:"我从未见过如此骇人听闻的残暴之事,在夏天像对待奴隶那样,驱使她们去做饭,而在冬天时又要把她们吃掉。一听到这些可怜野蛮人的声音,我就厌恶作呕。"[3]

后来证明,吃女人的那部分故事可能并不符合事实。但达尔文在环球航行中考察许多前现代文明社会时,确实目睹了大量的暴力例子。他在几十年后出版的《人类的由来》中这样描述原始人:"他们以折磨敌人为乐,不在乎流血牺牲,能够毫无负担地残害婴儿。"[4] 因此,我们很怀疑,即便达尔文知道火地岛人并没有真的吃掉老年人,他恐怕也不会改变在《小猎犬号航海记》中对原始岛民的印象:"我无法相信,野蛮人和文明人之间的差异有这么大。这简直比野生动物和家养动物之间的区别还要大……"[5]

尽管如此,火地岛人当时的生活确实包含一些维多利亚时代英国文明生活的核心元素,例如:友谊——以相互间慷慨互惠为标志,伴随着表达团结的仪式。达尔文曾记述过火地岛人的另一件事:"我们送给他们一些鲜红的布料,他们立刻把布系在脖子上,然后我们就成了他们的好朋友。一个老人拍着我们的胸膛,发出一种人们喂鸡时常发出的那种咯咯的声音。我和老人走在一起,这种表示友谊的仪式重复了好几次,最后,他在我胸部和背部用力拍了三下作为结束。然后他袒露胸膛,让我回敬他的动作。我做完后,他看起来非常高兴。"[6]

达尔文对野蛮人人性的认识随着一项跨文化研究而得以进一步加深。在之前一次的航行中,菲茨罗伊船长将四名火地岛人带到了英国,现在其中的三人将被送回家乡,他们在英国刚刚接受了教育和文明礼仪教化(包括完全体面的穿着),当局希望他们可以在新大陆传播启蒙思想和基督教道德观。这项实验从很多方面看都失败了，最让人沮丧的是，一位新开化的火地岛人偷取了另一位同伴的全部财产，在黑夜的掩盖下逃往了岛屿的另一个区域。[7] 不过，这项实验起码催生了三位会说英语的火地岛人，因此达尔文有机会和当地人深入交流，而不只是难以置信地盯着他们。他后来写道："美洲原住民、黑人和欧洲人的心理差异就像三个可以单独命名的物种那么大，然而，在'小猎犬'号上与火地岛人一起生活时，我不断受到震撼，因为他们性格中许多细微的特征都显示出他们的心理与我们的是多么相似。另外，我曾密切接触过一个纯种的黑人奴隶，他的心理与我们的也没多大区别。"[8]

认识到人类中人性的基本统一，这是成为进化心理学者需要迈出的第一步。达尔文还迈出了第二步，即用自然选择理论来解释人性的各个部分。特别是，从达尔文在"小猎犬"号的日志和信件来看，你可能会认为火地岛人和其他"野蛮人"根本不具备某些人类心理特征，但这恰恰是达尔文试图去解释的内容："道德感，它告诉我们应该做什么……以及良知，如果我们违背了良知，它会谴责我们……"[9]

就像面对昆虫的不育问题一样，达尔文又一次选择面对他进化论的主要障碍：很难看出道德情感是自然选择的产物。

在某种程度上，达尔文对不育问题的回答也正是对道德问题的解决方案。他的"家族选择"或亲缘选择概念能够解释哺乳动物的利他主义行为，进而可以阐述良知的由来。但亲缘选择只能说明家族内部的利他行为。对于不具有亲属关系的人，人类也有高尚的良知去同情和帮助他们，并且会因为没能帮助对方而感到内疚。马林诺夫斯基在20世纪早期曾注意到，特罗布里恩群岛的岛民会用两个词来表示"朋友"，而具体用哪一个取决于这个朋友是来自己的宗族还是另一个宗族。他将这两个词翻译为"界限内的朋友"和"界限外的朋友"。[10] 甚至连火地岛人这种"可怜的野蛮人"也能和一个远渡重洋的年轻白人男子成为朋友。即使在亲缘选择理论被提出之后，这个问题依然存在：为什么我们会有"界限外的朋友"？

这个问题远不止如此。人类同情心的对象不仅包括"界限外的朋友"，也包括那些算不上朋友甚至素昧平生的人。这是为什么呢？为什么会有这么多好心人？为什么大多数人从乞丐身边走过时，都会感到良心被刺痛？

达尔文找到了这些问题的答案。现在看来，他的回答是有误导性的，可这种误导本身又非常富有启发性。它源于一种让生物学界始终困扰的疑惑。直到20世纪末，该疑惑才最终被扫除，这为现代进化心理学的发展之路扫清了障碍。虽然达尔文犯了一个大错误，可重要的是，他对人类道德的分析在很多方面都堪称典范，即使以今天的标准看，他的方法也为进化心理学立下了一座标杆。

道德基因

任何想要从进化角度分析道德的学者，所面临的第一个问题都是道德巨大的多样性。维多利亚时代的英格兰崇尚拘谨和文雅，野蛮人对野蛮行径表示道德认可，还有许多介于二者之间的道德形态。达尔文对"荒唐的行为准则"困惑不已，这体现在许多方面，例如，"打破种姓制度的印度人会感到恐惧"，以及"穆斯林妇女因暴露脸部而羞愧不已"。[11]

如果道德基于人类的生物属性，那么道德规则怎么会表现出如此巨大的差异？难道阿拉伯人、非洲人和英国人有着不同的"道德基因"？

这并不是现代进化心理学所支持的解释，也不是达尔文所强调的解释。当然，他确实相信不同种族具有一些先天的心理差异，而且某些正和道德有关。[12]这种看法在19世纪是一种标准观念，在那个年代，许多学者（不包括达尔文）热烈地辩称所谓的种族其实根本就不是种族之别，而是不同物种。但达尔文相信，世界上如此形态各异的道德习俗都源于人类共同的天性，至少在一般意义上是这样的。

首先，达尔文注意到所有人类都对公众声誉非常敏感。他主张"对赞美的热爱和对骂名的排斥，以及给予他人表扬或责备"都是出于本能。逾越规则会引起一个人的"懊恼"，即便是违背一些琐碎的礼节，当多年后回忆起来时，还是会带给人"面红耳赤的羞耻感"。[13]因此，人类具有遵从道德规则的内在基础，只是道德规则的具体内容不是天生就有的。

具体内容为什么会有差异？达尔文相信，不同地方的人之所以会形成不同的规则，是因为他们根据自身的历史渊源，认为符合集体利益的规则是不一样的。

达尔文说，这些判断往往是错误的，所产生的行为模式基本毫无意义，甚至会"与人类真正的福祉和幸福背道而驰"。这给人一种印象，那就是从达尔文的观点来看，英国或者至少是欧洲是最少犯这种错误的地方，而野蛮人犯的错误显然要多得多。他们似乎"缺乏足够的推理能力"来辨别道德律令和公共福利间不显著的关联，而且他们也许天生缺乏自律。"别说他们那些有违人性的犯罪行为，就是平时无法无天的作风也够骇人听闻的。"[14]

尽管如此，达尔文认为，这种野蛮状态不应该干扰我们对人类道德第二个普适元素的认识。火地岛人和英国人都同样具有"社会本能"，其中最核心的是对同胞的恻隐之心。"怜悯感和仁慈善意是很常见的，尤其是在同一部落成员生病的时候……""有很多关于野蛮人的事例记录，他们没有任何宗教动机的引导，却能做到舍生忘死而不是背叛同伴，他们的行为应该被认为是道德的。"[15]

确实，野蛮人有一种不幸的品质，他们倾向于认为部落之外的人不具有道德价值，甚至认为伤害外人是一种荣耀行为。"据记载，一个原住民暴徒非常遗憾自己没有像他的父亲那样，杀害和抢劫那么多的旅行者。"[16] 不过，这其实关乎于同情心的范围，而不是同情心是否存在的问题。只要所有的民族都具有进行道德关怀的核心能力，就没有哪个民族是无法教化的。在《小猎犬号航海记》中达尔文曾这样描写智利海岸附近的一个岛屿："土著人的文明在进步，向着白人征服者达到的文明程度靠拢，不管进步多少，看到这一切总是让人欣慰的。"[17]

因此，达尔文认为野蛮人也具有充分的恻隐之心和潜在的社会本能，不过任何对此感到受宠若惊的野蛮人都应该意识到，达尔文将类似的"殊荣"也赋予了一些非人类动物。他从许多关于动物的报道中都看到了怜悯同情，例如乌鸦会尽职尽责地喂养失明同胞，狒狒从狗群中勇敢救出自己的孩子，以及"当牛群围绕在垂死或已然死去的同伴周围并凝视着它时，谁能知道它们的感受？"[18] 达尔文还记述过两只黑猩猩间的温馨一幕，一位动物管理员目睹了它们第一次相遇时的瞬间，并转告给了达尔文："它们面对面坐着，用突出的嘴唇碰触对方，然后一只黑猩猩把手搭在另一只的肩上，接着它们互相拥抱对方。后来它们站起来，将一只手搭在对方的肩上，抬起头张开嘴，愉快地喊叫起来。"[19]

其中一些例子可能是近亲之间的利他行为，在这种情况下，亲缘选择就是一种简单的解释。黑猩猩相识的那个场景可能被这个喜欢拟人化的动物园管理员过度美化了。但是，从其他记录来看，黑猩猩也确实会建立友谊，仅仅这一点就足以证明达尔文的观点：无论我们认为人类是多么特殊的物种，但在共情能力上，我们不是独一无二的，甚至对家族外成员的共情行为也并非人类的专属。

当然，达尔文指出，人类能将道德行为提升到独一无二的水平。通过复杂的语言系统，他们能准确地了解到，自己为了所谓的"公共利益"该采取怎样的行为。他们也可以回顾过去，回忆当他们允许自己卑鄙的"底层本能"凌驾于"社会本能"之上时，所引发的痛苦后果，并因此下决心之后要做得更好。达尔文同意，从这些层面看，道德这个词确实是人类的专属。[20] 但他还是认为，虽然人类的进化极大地丰富了道德，但早于人性而出现的社会本能才是道德根基之所在。

在理解进化如何青睐某些道德冲动（或其他冲动）时，关注这些冲动带来的行为是至关重要的。毕竟，自然选择评判的对象是行为，而不是思想和情绪；直接引导基因传递的是行为，而不是感受本身。达尔文完全了解这一原理。"人们常常认为动物先发展出了社会化属性，因此它们彼此分开时会感到难过，而待在一起时就很舒服；但可能更正确的观点是，感受是最先发展出来的，这些感受可以引导那些能在集体生活中获益的动物更好地共同生活；对于通过亲密相处能取得更大生存优势的动物来说，享受社交快乐的个体可以最好地避开各种危险，而那些对同胞漠不关心、离群索居的孤家寡人则会大量毁灭。"[21]

群体选择论

达尔文所走的进化心理学推进路径基本是正确的，直到他陷入了群体选择论这样一个陷阱。考虑一下他对道德感进化的核心解释，在《人类的由来》一书中，达尔文写道："道德标准的进步，以及有崇高道德感的人数量增加，一定会给一个部落带来强于其他部落的优势。毫无疑问，如果一个部落的成员能做到忠诚、服从、勇敢、富有同情心，拥有高度的集体主义精神，他们总是准备互相扶持，可以为了共同利益牺牲自己，那么这个部落一定会在竞争中战胜其他部落，这就是自然选择。"[22]

如果这一切真的发生了，确实就是自然选择。然而，尽管它并非不可能发生，但是你考虑得越认真，就越会觉得一切不像看起来那么简单。达尔文自己也注意到了这一障碍，在几页之前他还论述道："那些更富有同情心和仁慈心的父母，或者那些对伙伴最忠诚的人，他们所能养活的后代是否会比那些自私奸诈者所养活的后代更多？这是非常值得怀疑的。"相反，最勇敢、最有牺牲精神的那些人"平均来说会比其他人死得更多"。一个高尚的人"常常无法留下能继承他高贵品性的后代"。[23]

正是这样。所以即使一个充满无私者的部落将会胜过一个充满自私者的部落，但很难想象一个部落到底是怎么从一开始就冒出这么多无私者的。灾祸和不幸是史前时代日常生活的常规组成部分，在这一时代背景下，能得利的人可能是这样的：他们将食物储藏起来而不是与他人分享，或者让邻居在战斗中冲锋陷阵而自己不去冒受伤的风险。这种自私行为在族群内的优势，会随着群体竞争的激烈化而越发凸显，比如当群体遭遇战争或饥荒时（除非在战争结束后，社会对牺牲了的英雄的亲属给予非常好的照顾）。但群体竞争却正是达尔文群体选择理论的核心。因此，可能并不存在一种让生物层面的无私冲动在族群中自由扩散的途径。即使你能神奇地将"共情基因"植入族群中90%的个体，它们也会在竞争中输给不那么高尚的基因，从而比例也会逐渐降低。

正如达尔文所说，一旦自私特征在部落中蔓延，该部落一定会在与其他部落的竞争中灭亡。但所有的部落都遵循上述另一套内在逻辑，所以道德模范大概不是部落内的胜利者。而且从理论上讲，即便一个部落成员在群体竞争中收获了胜利的果实，他们曾奋力施展的那一点无私精神也会逐渐消失。

达尔文观点遭遇的问题也正是群体选择理论普遍存在的问题：很难相信，群体选择能扩散那些在个体竞争水平上不受青睐的特质，或者自然选择在解决群体利益与个体利益的冲突时会倒向前者。确实，我们可以想象这样的场景，当群体迁徙或者种群灭绝的速度达到一定速率时，群体选择会更青睐个体牺牲；许多生物学家也相信群体选择确实在人类进化过程中起了重要作用。[24] 然而，群体选择论者所相信的剧本依然有些让人费解。乔治·威廉斯认为群体选择论要背负太多限制，以至于他在《适应与自然选择》一书中提出了公开意见："人们不应该将那些超越了事实限定的适应特征视为理所当然。"[25] 换句话说，研究者应该首先努力寻找到，主导某种特征的基因如何在日常生活面对面的竞争中得以进化。只有失败之后，人们才会诉诸群体竞争，并保持异常谨慎。这已经成为新范式不成文的原则。

在同一本书中，威廉斯生动地运用了他的学说。在没有涉及群体选择概念的情况下，他分析了人类道德情操的起源，这一解释目前已被接受。该书完成于20世纪60年代中期，就在汉密尔顿解释亲缘利他行为的根源后不久，威廉斯提出了进化可以将利他行为扩展到亲属关系之外的一种方式。

第9章

朋友

> 相比你自己的苦难，如果他人的苦难能够刺激你流出更多眼泪，这会是相当伟大的事情，这确实会发生。许多人对自己遭遇的痛苦挤不出一滴眼泪，却会因挚友蒙受不幸而呜咽抽泣。
>
> ——《人类和动物的表情》（1872）[1]

达尔文也许感到了自己关于道德情操的主要理论的不足之处，因此提出了第二个理论作为补救。他在《人类的由来》一书中曾写道："人类进化过程中推理能力和预见意识不断提高，每个人都能从经验中学习到，如果他帮助了同伴，今后他同样会收到帮助作为回报。从这种低水平动机中他可能习得助人的习性，而助人习性又会强化同情心，成为他日后做出仁慈行为的首要驱动力。习性，在许多代后会被遗传继承。"[2]

最后一个结论当然是有问题的。我们现在知道，父母是靠教导和示范将习性传递给子女，而不是通过基因。实际上，没有任何一种生命体验能改变基因遗传（当然，人暴露在辐射环境中除外）。达尔文的自然选择理论最美妙的地方就在于，它并不支持后天获得的特性也可以遗传，这不同于以让·巴蒂斯特·拉马克为代表的早期进化论学者的理论。达尔文也理解这一美妙，因此一直强调自己版本的理论。但随着年岁渐长，他还是甘愿借助一些模棱两可的机制来解决那些恼人难题，例如道德情操的起源。

针对达尔文关于互助行为进化意义的沉思，乔治·威廉斯在1966年提出了一种改进方式：不仅去掉最后一个结论，还去掉关于"推理""预见""习得"的那部分。在《适应与自然选择》一书中，威廉斯重申了达尔文提及的"低水平动机"，即个体帮助他人是为了得到回报，他写道："我看不出有什么理由需要将有意识的动机也涵盖进来。如果自然选择青睐助人行为，那么个体在帮助他人后当然会偶然获得回报。但助人者和受助者都没必要意识到这一切。"他接着说，"简单地讲，一个能将自己的友善最大化而将敌意最小化的人会获得进化优势，自然选择会青睐那些能促进人际关系优化的特质。"[3]

威廉斯的基本观点（达尔文当然理解，并在其他语境中也强调过）[4]是我们之前论述过的。包括人在内的动物，通常不是通过有意识的计算，而是凭感觉来执行进化逻辑的，感觉被设计成了进化逻辑的执行者。在这种情况下，威廉斯建议将同情和感激也纳入这种感觉的范畴。感恩之心可以引导人们去回报别人的恩惠，而不需要斟酌自己正在做什么。如果我们对某些人怀有更强烈的同情心——例如那些我们曾非常感激的人——这种感觉就可以促使我们再次不假思索地对他们回以善意。

罗伯特·特里弗斯把威廉斯简洁的推测发展成了一个成熟的理论。1971年，也就是达尔文于《人类的由来》中提到互惠利他主义整整一百年后，特里弗斯在《生物学评论季刊》(*The Quarterly Review of Biology*)上发表了一篇题为《互惠利他主义的进化》(The Evolution of Reciprocal Altruism)的论文。在论文摘要中，他写道："友情、厌恶、道德攻击、感激、同情、信任、怀疑、可依赖性、羞愧等各种感觉以及许多不诚实和虚伪的行为模式，可以被解释成为调节利他系统而出现的适应器。"在这一充满勇气的声明发表 20 多年后的今天，支持它的证据扩展到了各个领域，且仍在不断壮大。

博弈论和互惠利他主义

如果有人指责达尔文没有构想和发展出互惠利他主义理论的话，一个合理的辩护理由是，他所处的思想文化环境并不具备优势条件。维多利亚时代的英国缺乏博弈论和计算机，而这两种工具的组合可以形成一个独特而有力的分析方法。

作为一种研究决策的方法，博弈论诞生发展于 20 世纪 20—30 年代。[5] 它在经济学和其他社会科学领域很受欢迎，但也因为研究思路过于精巧而遭受批评。博弈论者可以巧妙地将人类行为研究变得更优雅简洁，但他们在现实性方面也付出了高昂代价。他们有时假设，人们在生活中追求的东西可以被简单地概括为一种心理货币，例如快乐、幸福或"效用"；他们还假定，人们作为理性人，会坚定不移地赚取这些心理货币。任何进化心理学家都能告诉你这些假设是错误的。人类不是计算机器而是动物，虽然我们具有理性意识，但也会受其他因素的引导。人类并没有被设计成将追求长期幸福作为生活宗旨，尽管这一目标看起来富有吸引力。

另一方面，人类是一台计算机器的产物，其设计过程高度理性、冷静公正。这台机器确实将人类设计成追求某种单一货币的动物，但这种货币是基因扩散，或广义适应性。[6]

当然，这些设计并不总能达成所愿。由于各种各样的原因，许多生物个体都不能成功地将基因传递下去。（正是因为有些个体注定要失败，进化才能得以发生。）此外，对人类的设计工作是在祖先社会环境下完成的，而当前生活环境已完全不同。我们生活在城市或郊区，看着电视喝着啤酒，同时被原始情感所驱动，这些情感的设计初衷是为了更好地在小规模的狩猎-采集社会传播我们的基因。难怪人们似乎常常在追求特定目标时不太成功，比如幸福、广义适应性或其他任何东西。

当博弈论者将自己的工具应用于人类进化时，他们希望能遵循一些简单的规则。第一，博弈目标是最大限度地传播基因。第二，博弈背景应该能如实地反映祖先环境，也就是大致类似于狩猎-采集社会的环境。第三，找到最佳策略后，实验还没有结束，最后一步（即结果）是要弄清楚到底什么感觉会促使人类采取这种策略。理论上，这些感觉应该是人类天性的一部分，应该是经过一代代的进化博弈而产生的。

在威廉·汉密尔顿的建议下，特里弗斯采用了一种叫作"囚徒困境"的经典博弈。在这个博弈中，两名犯罪伙伴正在分别接受审问，他们面临着一个艰难的决定。政府缺乏为他们的严重罪行定罪的确凿证据，但有足够证据指控他们犯下了较轻罪行——也就是说每人要判处1年监禁。检察官的诉求是更严厉的判决，他希望两人各自认罪，并将对方供出来。他分别对两人说：如果你认罪了而你的同伙不坦白，我就放你一马，凭借你的证词把他关10年。这个提议反过来是一种威胁：如果你不认罪，而你的同伙坦白了，你就会被判10年监禁。此外，如果你坦白了，你的同伙也坦白了，我就把你们两个都关起来，但只关3年。[7]

如果你把自己代入其中一个罪犯，逐个权衡这些选择以后，你可能会决定认罪，也就是"背叛"你的同伙。首先，假设你的同伙背叛了你，此时你最好也背叛他，这样你只会被判3年监禁，而如果你在他认罪时守口如瓶，就会被判 10 年监禁。其次，假设他没有背叛你，此时你最好还是背叛他，因为当他缄口不言时，你同样保持沉默，你会被判 1 年监禁，而你坦白后就能获得释放。因此，这个逻辑似乎不可抗拒：背叛你的同伙是最佳选择。

然而，如果双方都遵循这个几乎不可抗拒的逻辑，并且互相背叛，他们最终会被判入狱 3 年，而如果双方都选择信守忠诚、保持沉默，他们只需要入狱 1 年就行了。假定他们被允许互相交流并达成共识，那么此时合作就会出现，两个人的结局会变得更好。但是他们没法交流，那么合作怎么可能出现呢？

这个问题大致类似于另一个问题，即那些不会"说话"的动物，它们既不能做出报答的承诺，也不能理解报答的概念，那么它们是如何进化出互惠利他行为的？背叛一个忠诚的犯罪同伙，就像动物从利他行为中获益却从不回报。相互背叛就像是没有动物一开始愿意对其他个体施以援手：尽管双方都可能从互惠利他行为中获益，但谁也不会冒着被欺骗的风险而迈出第一步。相互忠诚像是一个成功的互惠利他循环，你给的帮助会得到回报。但问题又来了：如果无法保证有回报，为什么还会有利他举动？

模型和现实之间的匹配并不完美。[8] 在互惠利他的互动中，利他行为和回报行为之间存在时间延迟，而囚徒困境中的参与者要同时做出决定。但这只是一个相差不大的区别，因为囚犯们不能与同伙就他们当前的选择进行交流，所以每个人都独立处于一个具有潜在利他主义倾向动物所面临的处境中：不确定自己友好的举动是否能得到相同的回应。此外，如果你让同样的玩家和同样的对手在一场又一场博弈中相互竞争——"重复的囚徒困境"——双方都可以参考对方过去的行为，从而决定自己未来对他采取什么行为。因此，种瓜得瓜种豆得豆，付出善念的参与者会收获回报，就像互利行为模式一样。

总的来说，模型和现实的匹配还是不错的。重复的囚徒困境中会出现合作现象的逻辑，也正是自然情境中会出现互利行为的逻辑，这个逻辑的本质就是非零和博弈。

非零和博弈

假定你是一只黑猩猩，你刚刚杀死一只猴子，并将其中一些肉分给了某个食物短缺的同伴。就算是给了5盎司①吧，我们记为你损失了5分。现在，重要的是那只黑猩猩获得的其实超过了你的损失。毕竟他正处于食物短缺的非常时期，这些食物对他的基因繁殖起到的价值贡献非常高。事实上，如果他是个能思考自己处境的人类，且不得不签订一份有约束力的合同，那么他可能会理性地同意签合同，比方说在下周五发薪后马上偿还6盎司的肉，以便现在得到5盎司的肉。所以在这场交换中尽管你只失去了5分，他却得到了6分。

正是这种非对称性造成了这一博弈的非零和结果。一个玩家的得分不会被另一个玩家的失分所抵消。非零和博弈的本质特征是，通过合作或互惠，每个参与者都能达到更好的结果。[9]如果这只黑猩猩选在他有很多肉而你缺乏食物的时候回报你，那么他牺牲了5分，而你能得到6分。你们两个都从这次交易中获得了1分的净收益。一场网球或高尔夫球比赛最终只有一个获胜者，但囚徒困境这样的非零和博弈游戏则不同，通过合作两个参与者都能赢下游戏。如果原始人A和原始人B联手猎取到单独一个人无法猎杀的猎物，两个家庭都可

---

① 1盎司约等于28克。——编者注

以饱餐一顿；如果没有合作，两个家庭都无法享用到这一切。

　　劳动专业分工是非零和博弈的常见来源：你成为一个专业兽皮缝制者，给我提供衣服；我雕刻木材，给你提供矛。这一过程中的关键之处在于，一个动物的过剩资源对另一个动物来说却是珍贵的稀缺品，上面关于黑猩猩的例子以及其他非零和案例莫不如是。这种情况经常发生。达尔文回想起一次与火地岛的印第安人交换物品的经历，他写道："我们双方都因对方的做法而大笑、迷惑和目瞪口呆。我们对他们感到同情，因为他们用优质的鱼肉和螃蟹和我们交换破布；他们也是第一次发现，竟然有人会愚蠢到为了换顿好吃的而送出这么奢华的饰品。"[10]

　　从许多如今的狩猎-采集社会的情况来看，劳动分工在祖先环境中并不显著。几乎可以肯定，最常用来交易的商品就是信息。知道哪里发现了大量的食物，或者哪里有人遇到了毒蛇，都可能是生死攸关的事情。而知道谁和谁睡在一起，谁对谁发怒，谁背叛了谁，这些类似的信息可以让人们了解到，为了性和其他重要生存资源该采取哪种社会策略。事实上，各种文化背景下的人都天生渴望听到与胜利、悲剧、财富、不幸、忠诚以及背叛等事情有关的流言蜚语，这些信息与能提高适应性的各类信息相匹配。[11] 八卦是朋友之间最常干的事情之一，甚至可能也是为什么友情会存在的原因之一。

　　与食物、长矛或兽皮不同，信息是可以共享的，而不需要真正"交出去"，这一事实使得信息交换具有标准的非零和性。[12] 当然，有时候信息只有储存起来才有价值，但通常情况并非如此。一位达尔文的传记作家写道，在达尔文和他的朋友约瑟夫·胡克进行科学讨论后，"他们都争着声称自己能从中受益……好处远远超过了他所应得的回报"。[13]

第 9 章　朋友

非零和性本身不足以解释互惠利他主义的进化。即使在非零和博弈中，合作也不一定说得通。例如，在食物交换的例子中，虽然你靠互利行为可以获得1分，但如果你只接受别人的帮助而从不回馈，靠这种背叛行为就能获得6分。因此结论似乎是：如果你可以一辈子都利用别人，那就用尽所有手段去这么做吧，相比之下，合作的价值黯然失色。此外，如果你找不到可以利用的人，合作也依然不见得是最佳策略。如果周围的人总是试图利用你，那么相互利用才是你减少损失的最好办法。非零和性是否推动了互利主义的进化，这在很大程度上取决于当时的社会环境。如果要通过囚徒困境来更好地解释互利主义出现的原因，它除了阐明非零和博弈外，还有很多工作要做。

当然，对进化生物学家来说，对理论的检验始终是一个难题。化学家和物理学家可以通过精心控制的实验来验证理论，这些实验的结果要么符合预期，要么不符合。有时进化生物学家也可以做到这一点。正如我们所看到的，研究人员可以剥夺雌性负鼠的营养，观察它们是否会像实验预测的那样，更偏爱雌性后代。可生物学家不能像对负鼠那样在人身上做实验，他们也不能实施终极验证方式：倒带重演进化过程。

然而，事实上生物学家确实有越来越多的方法可以重演类似于进化的过程。当特里弗斯在1971年提出互惠利他主义理论时，计算机还是少数专家使用的古怪机器，那时家用电脑根本还不存在。虽然特里弗斯很好地运用了囚徒困境作为分析手段，但他并没有提到如何让囚徒困境变成一个动态过程——比如在计算机中创造出一个物种，它的成员会周期性面对这种困境，并可能因困境而存活或死亡，然后让自然选择发挥作用。

20世纪70年代末，美国政治学家罗伯特·阿克塞尔罗德设计了一个这样的计算机世界并让其运转。不过他没有提到自然选择理论，那不是他起初的兴趣所在。阿克塞尔罗德邀请一些博弈论专家提交了许多重复囚徒困境下的不同行为的策略，并将这些策略编程化。当一个程序与另一个程序相遇时，会依据预设的行为策略来决定是否与其合作。他将搭载不同策略的程序混合在一起，计算机世界的竞争环境可以很好地反映人类和前人类在进化中的社会环境——一个相当小的社会，只有几十个会周期性互动的个体（程序）。每个程序都可以"记住"彼此以前相遇时是否合作过，并据此调整自己的行为。

在每个程序与其他程序进行了200次交锋之后，阿克塞尔罗德把它们的分数加起来，宣布获胜者。接着系统筛选出第一轮游戏中最适应的那些程序，根据得分情况决定了它们的比例，然后又进行了第二轮竞赛。于是博弈就这样一轮又一轮继续上演。如果互惠利他主义理论是正确的，你就应该期待互惠利他主义会从阿克塞尔罗德的电脑世界中进化出来，并逐渐在种群中占据主导地位。

最终结果确实是这样，互惠利他主义出现了。胜出者是由加拿大博弈论专家阿纳托尔·拉波波特[Anatol Rapoport，他曾写过一本名为《囚徒困境》(*Prisoner's Dilemma*)的书]设计的"以牙还牙"程序。[14]"以牙还牙"策略遵循的规则最为简单，它的计算机编码只有五行那么多，是所有提交程序中最短的。（这意味着，如果所有策略都是由计算机随机变异而不是被设计出来的，那么"以牙还牙"很可能会最先出现。）正如其名字所暗示的，"以牙还牙"程序在首次遇到其他程序时，它都会合作。此后，再次遇到其他程序时，它会效仿该程序在上次相遇时的做法。也就是以恶报恶，以礼还礼。

这个策略的优点就像这个策略本身一样简单。如果一个程序显示出合作的倾向，"以牙还牙"程序会立即与其建立友谊，双方都能享受合作的果实。如果一个程序表现出欺骗倾向，"以牙还牙"程序可以减少自身的损失，除非该程序改正自己的态度，否则不与其合作，这样可以避免上当受骗付出的高昂代价。所以"以牙还牙"程序不会像那些不加区分的合作程序一样，一再受到伤害。但是它的命运也不会像那些不合作的程序一样，永远只想利用其他程序，却因此陷入互相背叛的循环链条中。毕竟有很多程序，只要你选择合作，它们也会配合的。当然，"以牙还牙"策略通常意味着要放弃那种靠利用别人而获得的一次性巨大收益。但凡是倾向于盘剥他人的策略，无论是不停地背叛还是周期性"出其不意"地欺诈，都会随着博弈的重复而导致得不偿失的结果。其他程序不会再与它们友好相处，所以它们既无法再获得欺诈收益，也没法通过相互合作赚取适当好处。从长远来看，比起一直当老好人、一直想占便宜或者其他"自作聪明"的策略——它们有时复杂到让其他程序难以理解其行为模式，简单直接的"以牙还牙"策略才是最具有适应性的。

"以牙还牙"策略的感受

"以牙还牙"策略是指以其人之道还治其人之身，这与普通人的日常处事态度有非常多的相似之处。当然，作为一个程序或策略，它无法理解回报的价值，只是按照自己的模式有仇必报、有恩必还。从这个意义上说，它可能更像我们的小脑袋祖先南方古猿。

到底自然选择给南方古猿装载了怎样的情感，使并不聪明的他们能运用互惠利他主义这么智慧的策略？答案超越了达尔文所强调的简单而不加区分的"共情"。诚然，同情心在一开始的时候可以派上用场，它能推动个体在实施"以牙还牙"策略前先摆出友好合作的姿态。但在那之后，它的作用会被有选择地削弱，并被其他情感所取代。"以牙还牙"策略可靠的回报行为源自感激和义务感的驱使。古猿对自私的古猿不再慷慨以待，也许是愤怒和厌恶发挥作用的结果。一旦自私鬼改过自新，其他古猿继续对他们表现出友好，则可能是宽恕使然——宽恕是橡皮擦，可以擦除那种突然出现却适得其反的敌意。这些情感在人类所有文化中都有所体现。

在现实生活中，合作并不是非黑即白的事情。你不会一遇见熟人就试图套取有用的信息，更常见的情况是，双方交换各种数据，每个人都提供一些可能有用的东西给对方，且贡献并不完全平衡。因此，人类的互惠利他规则可能并不像"以牙还牙"策略那样绝对非此即彼，如果 F 这个人在许多情况下表现良好，你可能就会放松警惕，对他习惯性地施以善意，而并不会一直关注他的言行；只有当他冒出卑鄙恶行的苗头时，你才恢复警觉，并定期有意或无意地重新评估其信誉账户。相似地，如果 E 这个人几个月来都表现得很吝啬，那最好直接将他从合作名单上除名。这种迅速有效地行动的模式源自情感冲动，它们分别是喜爱与信任（导向朋友这个概念），以及敌意和怀疑（导向敌人这个概念）。

友谊、喜爱、信任——这些东西早在人类发明合同或编制法律之前就将人类社会联系在一起了。即便在今天，这些力量依然是导致人类社会在规模和复杂性上远远超过蚁群的一个原因——尽管那些合作互惠的人之间亲缘关系通常接近于零。当你看着这友好又严厉的"以牙还牙"程序在计算机世界扩散时，其实你正在见证人类独有的精妙社会联系是如何从随机基因突变中产生的。

更令人瞩目的可能是，随机突变在没有群体选择的情况下也可能蓬勃发展。这是威廉斯在 1966 年的全部观点：对非亲属的利他主义，虽然是群体凝聚力的核心要素，但这种行为的诞生并不是为了"群体的利益"，更不用说为了"物种的利益"，它似乎是从简单的个体日常竞争中产生的。威廉斯在 1966 年写道："从理论上讲，这一因素可以毫无限制地引发各种复杂多变的群体行为，这些行为的直接目标永远是为了其他某些人的福祉，且他们与利他者常常没有血缘关系。然而，从根本上来说，利他主义不是为了群体利益而产生的适应机制。它的发展扩散源于个体的生存差异，其设计基础是为了利他者自身基因的存续。"[15]

从微观的自私中产生宏观的和谐，关键之处在于宏观与微观间的反馈。随着以牙还牙者数量的上升——也就是说，随着社会和谐程度的提高——每个以牙还牙者的生存优势也在上升。毕竟，一个以牙还牙者理想的邻居是另一个以牙还牙者，二者可以毫不费力地稳定下来，形成一段持久的友好关系。双方都可以从中获得丰硕成果，没有人因此受到伤害，也没有人需要对对方施以严厉的惩罚。因此，社会越和谐，每个以牙还牙者就越能顺利贯彻其处世哲学，而每个以牙还牙者越能充分展示自己策略的优势，社会就越和谐，以此循环往复。简单的合作关系实际上可以通过自然选择机制自我生成，不需要借助其他力量的推动。

社会凝聚力具有自我强化属性，约翰·梅纳德·史密斯是对这一观点开展现代研究的先驱，他也是将博弈论应用于进化研究的拓路者。我们已经看到他是如何使用"频率制约"的概念来展示蓝鳃太阳鱼中的两大类——"流浪汉"雄鱼和"正派"雄鱼——怎样均势共存（本书第 3 章）：如果"流浪汉"雄鱼相对于"正派"雄鱼的数量增加，那么"流浪汉"雄鱼的基因收益会降低，而它们的相对数量也会随之回归正常。"以牙还牙"策略也要服从频率制约原则，只是在这种情况下动态反馈形成的才是积极的正向循环，而不是此消彼长的关系。以牙还牙者越多，施行这一策略的基因收益就越大。如果负向反馈会产生"进化稳定状态"，即不同策略间的平衡，那么正向反馈就会产生"进化稳定策略"，即一旦某种策略遍及整个族群，它可以完全不受其他小规模策略的侵扰，任何基因突变诱发的备选策略都不可能获得成功。阿克塞尔罗德在见证"以牙还牙"程序成为最终胜利者后分析了其占据优势的过程，他得出结论，这种策略正是进化稳定策略。[16]

在博弈的早期，合作就已经开始自我强化了。即使只有一小部分人采取"以牙还牙"策略，而其他人都坚定不移地落实不合作精神，合作圈也会在种群中一代代扩大，而不合作的群体则没什么增长。即使一些不合作派突然同时出现在这一场景，他们也无法颠覆以牙还牙者的上升曲线。简单地说，有条件的合作比纯粹的自私更具有可感染性。1984年阿克塞尔罗德主编了《合作的进化》一书，汉密尔顿和阿克塞尔罗德在他们联合撰写的一章中表示："社会进化的车轮上，装载了防止其逆向运转的装置。"[17]

不幸的是，这个装置在最开始并不会起作用。如果只有一个以牙还牙者进入全是自私者组成的环境，他就注定要灭绝。坚定的不合作本身也是一种进化稳定策略，一旦这种策略遍及整个族群，对于基因突变引发的其他策略，它同样可以完全免疫，虽然突然涌入一小群合作基因确实会对其造成侵扰。

就此而言，阿克塞尔罗德其实使"以牙还牙"程序赢在了起跑线上。虽然这一程序起初并没有太多复制体同伴，但它的大多数邻居至少在一些情况下是愿意合作的，这样就可以让它充分展现出自身的良好价值。假定比赛开始时只有1个"以牙还牙"程序和另外49个坚定的自私程序，那么比赛结果会是这49个程序并列第一，而输家只有一个。无论阿克塞尔罗德电脑屏幕上的"以牙还牙"程序看起来多么势不可挡，但几百万年前互惠利他主义显然并不那么稳操胜券，在那时，我们的进化谱系中充斥着卑劣的自私性。

互惠利他主义是如何顺利迈出成功第一步的？如果所有能引导合作精神的基因都被踩到泥沼中而无法冒头，那么能扭转这一局面、开启合作之路的那一小群互惠利他主义者又是怎样出现的呢？

汉密尔顿和阿克塞尔罗德共同提出了最具吸引力的答案：亲缘选择给予了利他主义轻微的推动力。正如我们所看到的，亲缘选择会青睐那些能将利他倾向精准导向亲属的基因。因此，假设有一种基因，它能促使类人猿看到其他幼猿吮吸自己母亲的母乳后，认定他们是自己的弟弟妹妹，并增加对他们的爱护，这种基因就可能会走向繁盛。但是弟弟妹妹们应该怎么做呢？他们从没见过自己哥哥姐姐吃奶的样子，他们该如何获得关于亲缘关系的线索呢？

其中一个线索就是利他主义本身。在哥哥姐姐那里，能够引导他们对母乳吸吮者（即弟弟妹妹）表现出利他主义的基因符合亲缘选择的要求，而在弟弟妹妹那里，能够引导他们对利他主义者（即哥哥姐姐）予以积极反馈的基因也符合亲缘选择的要求。因此，互惠利他的基因会首先通过亲缘选择得以传播。

当两位亲属所掌握的关于他们亲缘关系的信息不对等时，互惠利他基因就具有了成长的土壤。这种不对等在人类历史上就存在过。在语言出现之前，伯叔姑舅姨乃至父亲都有识别自己年幼亲属身份的明显线索，而反之则不然，所以利他主义很大程度上是由年长亲属引向年幼亲属的。这种不平衡本身就是一种可靠线索，可以让年幼者识别出亲属表现出的利他行为——至少它也许会比其他线索更可靠，这才是最重要的。这样，引发"以善报善"行为的基因就可以在大家庭中传播，而通过杂交生育，它也可以在其他家庭中以同样的逻辑繁荣发展。[18] 当到达某一临界点后，"以牙还牙"策略就会普遍到即使没有亲缘选择的助力，它也会持续兴旺。此时，反逆向运转装置安装就位，进化步入正轨。

亲缘选择可能还以另一种方式为互惠利他基因的传播铺平了道路：它为互利主义提供了现成的心理机能。早在我们祖先成为利他主义者之前，他们就具备了感受亲情、慷慨、信任（在亲属间）和内疚（提醒我们不要虐待亲属）的能力。这些能力和其他利他主义元素都是类人猿祖先心智的一部分，随时可以以一种全新的方式编织在一起。自然选择通常会先利用已经准备好的材料，有了这些心理储备，自然选择对利他基因的锻造无疑会更容易。

考虑到亲缘选择和互惠利他主义之间可能存在的联系，我们几乎可以把进化的这两个阶段看作是由单一推力所驱动的。通过这一推动力，自然选择精心编织了一个不断扩大的情感、义务和信任网络，而这一切的根本目的依然是为基因的自我利益服务。姑且不论这个网络包含了那么多让生命更有价值的体验，单是这一过程中的讽刺性就足以让人细细品味。

但这算科学吗？

博弈论和计算机模拟既简洁又有趣，但它们到底意味着什么？互惠利他主义理论是真正的科学吗？它是否成功解释了它要解释的东西？

答案是：要看它在和什么相比较。在这个问题上，并不存在许多可以与之匹敌的理论。生物学领域中，唯一的备选解释是群体选择理论，我们已经阐述过，它会面对达尔文群体选择理论所遭遇的所有问题。至于社会科学领域，对这一问题的研究还是一片空白。

可以肯定的是，社会科学家早已认识到，互惠利他主义在所有文化中都是生存的重要基础，这种认知至少可以追溯到人类学家爱德华·韦斯特马克。社会科学界有大量关于"社会交换理论"的文献，这些文献对日常生活中信息与社会支持等无形资源的交换进行了认真的分析。[19] 但是，由于太多社会科学家对"人类具有天性"这一说法持抵制态度，互惠行为因此常常被视为一种社会规范——只是恰好在各个文化中普遍存在（也许是因为不同地区的人独立地发现了互惠行为的价值）。很少有人注意到，人类社会的日常生活互动不仅建立在互惠的基础上，还依赖共同的情感基础，包括同情、感激、喜爱、责任、内疚和厌恶等等，而对于这种共性做出解释的人就更少了。不可否认，这种现象背后一定是有原因的，除了互惠利他主义理论，还有人提出备选解释吗？

由于缺乏备选方案，该理论不战而胜。但是它能胜出，不仅仅是因为缺乏竞争对手。自从特里弗斯在 1971 年发表论文以来，这一理论久经检验，到目前为止依旧表现良好。[20]

阿克塞尔罗德的计算机程序锦标赛就是一个测试。如果不合作程序能胜过合作程序，或者合作程序只有在一开始就占据数量优势时才能显示出价值，互惠利他主义理论就会面临很大问题。但结果证明，"有条件的友善"比一贯自私更具竞争性，而且，一旦获得小小的立足之地，它就会成为一种几乎无法阻挡的进化力量。

该理论也得到了自然界的支持：研究表明，即使无法像人类那样理解抽象逻辑关系，动物只要聪明到能识别其他个体并有意或无意地记住对方过往的行为，它们就可以进化出互惠利他主义倾向。威廉斯在 1966 年注意到恒河猴中存在互相扶持和长久结盟现象，同时，他认为鼠海豚间的"救援"行为可能也是出于互惠原因——这一猜测后来得到了证实。[21]

特里弗斯和威廉斯都没有提到过吸血蝙蝠，事实证明这种动物也具有互惠利他特征。蝙蝠在夜间吸取牛、马或其他受害动物的血液，但觅食成功率并不是特别高。由于血液极易变质，而蝙蝠又没有冰箱，因此每只蝙蝠都会经常面临食物匮乏的危机。正如我们之前所阐述的，当资源供给表现出周期性匮乏时，非零和逻辑就会涉及其中。果然，那些一无所获返回巢穴的蝙蝠，能获得其他蝙蝠反刍的血液，而它们也会在未来对这种帮助予以回报。有些分享行为发生在亲属间，这并不让人感到意外，但更多的分享行为发生在伙伴关系中——两只或多只毫无血缘关系的蝙蝠可以通过独特的"接触呼叫"来识别彼此，它们经常互相梳理毛发。[22] 蝙蝠也会交朋友。

对人类互惠利他主义的进化解释，最重要的动物学证据来自我们的近亲黑猩猩。当威廉斯和特里弗斯第一次撰写互惠理论的时候，动物学家对黑猩猩社会的观察了解才刚刚开始。那时几乎没有迹象表明互惠利他主义已完全渗透进黑猩猩的日常生活中。现在我们知道，黑猩猩会分享食物，并能形成某种持久的联盟。它们朋友间会互相理毛，共同抵御敌人攻击，给予彼此安心的爱抚和热情的拥抱。当遭遇朋友的背叛时，黑猩猩会表现出发自内心的暴怒。[23]

互惠利他主义理论也通过了科学理论基本的美学测试：关于优雅性与简约性的测试。一个理论越是能用短小的内容去解释更多的事物，它就越具有简约性。很难想象有人还能像威廉斯和特里弗斯一样分离出一种单一且简约的进化力量，用来解释诸如同情、厌恶、友谊、敌意、感激、责任以及对背叛极度敏感等各种现象。[24]

互惠利他主义可能不仅塑造了人类的情感，还塑造了人类的认知。勒达·科斯米德斯已经证明，对于难以解决的逻辑谜题，如果这些谜题表现为社会交换形式，人们就会变得很在行，尤其是当游戏目标是找出是否有人作弊时。科斯米德斯认为，这说明人类进化出了"骗子检测"模块这种管理互惠利他行为的心理器官。[25]毫无疑问，其他类似心理器官还有待发现。

互惠利他主义的意义

面对互惠利他主义理论，一个常见反应是感到不适。当有人听到他们最高尚的举动竟然源于自己基因的狡猾伎俩时，会感到困惑不安。这并不是一个必要的反应，但是假如有人感到不适，就有必要弄清原委。如果真的因为同情和仁慈是基因自私性的表现，就感到心灰意冷，那么人们理所当然会心灰意冷。因为，你越是琢磨互惠利他主义的细节，越是觉得基因唯利是图。

再考虑一下同情心的问题——特别是它的强烈程度往往与他人所处困境的严重性成正比。为什么我们会更可怜一个食不果腹的人，而不是一个稍微有点饿的人？是因为人类有伟大的灵魂，致力于减轻世间的痛苦？再好好想想吧。

特里弗斯回答了这个问题，他指出，我们要先考虑为什么被拯救者的感恩心态会因为自己所处困境的不同而有所差异。为什么你在茫茫荒野游荡了三天后，会极度感激那个救你一命的三明治，而对于某个平常夜晚得到的免费晚餐，你只是稍微有所谢意？他给出了一个简单、可信且并不让人吃惊的答案：感激之情的强度反映了收到的好处的价值,它是将来进行回报的标尺。或者说,感激就像是一张欠条,它自然真实地记录了我们到底欠别人多少。

对捐助者来说,这个故事的寓意很清楚:受益者受益时的处境越悲惨,欠条就越大。敏感的同情心只不过是高度精妙的投资建议,而我们最深切的怜悯感其实等于我们找到了最好的抄底买进时机。假定一个急诊室的医生在病人濒死之际,向其索要比平时高五倍的费用,我们大多数人会鄙视他,认为他麻木不仁、利欲熏心。我们会问:"难道你没有一点儿同情心吗?"如果他读过特里弗斯的著作,他可能会说:"我非常有同情心,而我在做的恰恰是诚实表达我的同情心是什么。"这可能会平息我们的道德义愤。

说到道德义愤,它就像同情心一样,同样可以从互惠利他主义的角度得到全新的诠释。特里弗斯指出,对剥削的警惕和反抗非常重要。即使在阿克塞尔罗德设定的那个简单的计算机世界里,不同程序之间的交互只有合作与否这两种非此即彼的选项,"以牙还牙"程序也必须惩罚那些只会剥削的程序。在现实世界中,有人可能假借友谊的名义欠下一大笔债务,之后逃之夭夭或完全抵赖,这种剥削行为必须被坚决制止。因此,道德义愤的怒火源自我们确信,自己受到了不公平对待并且元凶应受到惩罚。从这一视角看,"罪有应得"作为人类正义感最核心、最直观的想法,其实也是进化的副产品,是基因策略的执行者。

道德义愤的强烈水平常常会让人困惑,它有时引发的仇隙与争斗远超欺骗或冒犯行为应得的程度,甚至可能导致报复者的死亡。为什么基因会驱使我们冒着生命危险去追求"荣誉"这种虚无缥缈的东西?特里弗斯的回答是,"哪怕是小小的不平等,如果在人一生中多次发生,也会累积成巨大损失",所以为了避免发生这种事情,"个体在发现自己受到欺骗后会展现出强烈的攻击性"。[26]

有一点他没有提到，但后来被其他人发现的是，愤怒在被公众看到时会更有价值。如果你凶猛捍卫荣誉的名声传播开了，一场血淋淋的殴斗就能打消许多邻居想要欺骗你的念头（即便是偶尔的轻微欺骗），那么冒险打斗就是值得的。在一个狩猎－采集社会里，几乎所有行为都是公开的，而且流言蜚语传播极快，所有人都会关注打架斗殴的新闻。值得注意的是，即使在现代工业社会，当男性杀死他们认识的男性时，通常也会有观众在现场。[27]为什么要当着证人的面杀人？这种模式似乎有些反常，但从进化心理学视角看，就很正常了。

特里弗斯展示了真实世界中的囚徒困境博弈会变得多么复杂曲折。正如为了某个目的而进化出的情感后来可适用于其他情况，道德义愤也可能成为骗子有意或无意使用的一种伪装姿态，以逃避他人对自己的怀疑（比如说出"你怎么敢诋毁我！"）。而负罪感，原本的简单作用是督促人们偿还自己欠下的债务，后来又开始发挥第二种功效：促使人们坦白自己即将被揭露的欺骗行为。（有没有注意到，负罪感与自己的坏行为被发现的可能性之间存在联系？）

一个理论的优雅性体现在，那些长期存在的、令人困惑的现象与数据在它面前可以迎刃而解。1966年的一项实验发现，认为自己弄坏了昂贵机器的被试者更倾向于自愿参与令人痛苦的实验，但前提是他们知道自己对机器的损坏已经被人看到了。[28]如果负罪感像许多理想主义者所假定的那样，是指引道德行为的灯塔，它的强度就不应取决于罪行是否会被发现。同样地，如果负罪感是群体选择论者所相信的那些，主要作用在于激励个体做出对群体有利的补偿，那么它也不应该受到恶行是否被公之于众的影响。但是正如特里弗斯所指出的，如果负罪感的作用只在于促使你做出让债主满意的回报或补偿行为，那么它的强度就不应该仅取决于你的错误行为,还在于有谁知道或者马上就会知道这一切。

同样的逻辑也可以用来解释日常生活中的一些现象。当我们从一个无家可归的人身边路过时,我们可能会因为没能帮助他而感到不自在。但真正让人感到良心不安的是,我们与他有了眼神接触后却依然无法给他任何接济。相比没能提供帮助,我们似乎更介意的是被别人看到我们没有提供帮助。(至于为什么我们要在意那些我们再也不会遇到的人的意见,也许是因为在我们祖先生活的环境中,几乎每个遇到的人都是日后会再次遇到的人。)[29]

"群体利益"逻辑的消亡不应该被夸大或误解。我们主要在一对一的情况下分析了互惠利他主义,而且几乎可以肯定,互利主义正是以这种形式发展起来的。但随着时间推移,牺牲精神的演变可能更加复杂,同时群体责任感也得以塑造。假定有一种"团队组合"基因(不要太在意字面意思),这种基因让你有能力将另外两三个人视为一个整体团队的一部分;当他们在场时,你的利他主义对象会更加广泛,你愿意为了整个团队做出牺牲。例如,你可能冒险加入他们的野外捕猎活动,并(有意或无意地)期盼他们在今后的探险中会有所回报。但是,相比于直接回报,你更期望的是他们像你那样为团队做出牺牲。其他团队成员也是这样想的,并且那些不符合团队期望的人会被剥夺团队成员资格,过程可能缓慢含蓄,也可能直接明确。

与一对一利他主义的遗传基础相比,团队利他主义的遗传基础似乎要复杂得多,这种情形可能没那么容易实现。但实际上,一旦一对一的利他主义完全确立,其他的进化步骤就没有那么困难了,其中就包括将更大的群体纳入利他主义对象这一步。的确,从达尔文主义视角看,在一个以狩猎-采集为主的村庄里,当越来越多的小群体取得了越来越大的成功后,他们为了在竞争中处于上风,一定会加入更大的群体,而能引导这种选择倾向的基因当然就会繁荣发展。于是,我们可以想象人们最终会发展出对群体忠诚和奉献的精神,而群体规模可以像达尔文在关于道德情操的群体选择理论中所描述的那么庞大。这一场景与达尔文设想的场景其实并不冲突,而且它不需要让人们对那些不参与互惠的人做出牺牲。[30]

实际上,典型的一对一互惠利他主义本身就能产生好似集体主义的行为。在拥有语言的物种中,要想做到奖励好人和惩罚坏人,塑造他们的声誉是一种有效且几乎毫不费力的方法。将某人欺骗你的消息广而告之就是对他强有力的报复手段,其他人会因担心受到伤害而拒绝向他提供利他行为。这可能有助于解释"委屈"的发展演变,这种情感不仅表达了被冤枉的感受,它也暗含了很想澄清原委的愿望。人们会花费大把时间向别人抱怨、倾听别人的抱怨、判断抱怨是否合理,并据此相应地调整他们对被控诉者的态度。

为什么道德义愤会成为报复性攻击的情感助推燃料?在这一问题的解释上,特里弗斯或许走在了前列。正如马丁·戴利和马戈·威尔逊所指出的,如果你的目标只是单纯的攻击行为,那么道德上的愤慨情感其实毫无必要,纯粹的敌意就够了。合理的解释是,人类进化成了一种重视旁观者意见的动物,而且旁观者的看法确实很重要,所以我们发展出了与旁观者有关的道德情感,例如委屈抱怨。

旁观者的意见为何重要是另一个问题。旁观者可能会像戴利和威尔逊所说的那样,将"集体制裁"作为"社会契约"的一部分(或者,至少是"团队契约"的一部分)。或者像我在上文所提到的,他们可能只是出于自身利益而尽量避开那些声名狼藉的恶人,从而造成了对这些恶人事实上的社会制裁。也许两种情况同时存在,总之,在任何情况下，抱怨所引发的旁观者反应都可能起到集体制裁的作用，而这已经成为社会道德体系的重要组成部分。很少有进化心理学家会反对戴利和威尔逊的基本观点，即"道德是具有复杂认知能力的动物特有的策略，它的作用不外乎帮助个体在纷乱世界中追求自己的利益"。[31]

也许关于互惠利他主义理论最沮丧的事情，就是它使用了这个不恰当的名字。鉴于在亲缘选择的情况下，我们基因的目标还是帮助另一个有机体，而在互惠利他主义的情况下，基因的目标变成了让另一个有机体记住我们曾帮助过他，仅仅这种记忆印象就足以带来回报。在阿克塞尔罗德的计算机游戏中，第二个目标（追求回报）总是与第一个目标（与其他个体合作）相关联，在人类社会中也常常如此。但是当事情没有这样发展时——比如我们可以看起来很善良，但其实并不如此，或者我们可以很卑劣却没被抓到——不要因人性中显现出丑陋的一面而感到惊讶。从日常生活到莎士比亚的文学作品，各种程度的秘密背叛都有可能发生。因此，人们总是倾向于让自己的道德名誉焕发出光彩，对人类这种道德动物来说，名誉是我们游戏的目标。而伪善看起来正是从两种自然行为中发展出来的：通过抱怨揭发别人罪行的倾向，以及掩盖自己罪行的倾向。

乔治·威廉斯1966年关于互惠互助的思考最终演变成一个令人信服的解释体系，这是20世纪科学史上的一大成就。它涉及精巧的现代分析工具，并得出了重要结论。虽然互惠利他主义理论无法像物理学定律那样得到证明，但它可以在生物学领域收获许多信任。在未来几十年里，随着基因与人脑间的关系越来越清晰，这份信任会进一步增强。虽然这一理论并不像相对论或量子力学那样神乎其神、令人眼花缭乱，但它最终可能会更加深刻地改变人类对自身与世界的看法。

第 10 章

达尔文的良知

> 有一种复杂的情感，它起源于社会本能，被同伴认同所指引，受理性、自我利益和深刻的宗教感情所支配，被教养和习惯所巩固，所有这一切组合在一起，最终构成了我们的道德感和良知。
>
> ——《人类的由来》（1871）[1]

达尔文有时被认为是一个过分正派的人。回看一下他的传记作者、精神病学家约翰·鲍尔比对他的评价，鲍尔比发现达尔文的道德良知"过度活跃"和"专横"。尽管非常钦佩达尔文的谦逊和"坚定的道德原则"，但鲍尔比仍认为"可惜这些品质发展过度"，这使他"容易自责"，并导致"慢性焦虑和严重抑郁症"。[2]

自责确实是达尔文的老习惯。他曾回忆："小时候因为某些事得到大人的称赞时，比如坚持不懈的品质，或者勇敢地爬上了一棵小树，我反而会蔑视自己，觉得自己很没用。"[3] 长大后，他的自责与谦卑已经成了一种条件反射。在达尔文堆积如山的通信记录中，有一大部分会涉及他向别人表达歉意。十几岁时他写道："这封信简直凌乱得让人难以置信。"二十几岁时他写道："我发现自己在胡言乱语、毫无意义。"三十几岁时他写道："我已经写了这么一封不可理喻、冗长乏味的信了，所以就到这儿吧。"[4] 诸如此类，不胜枚举。

夜晚正是达尔文开启困惑盛宴的时间。根据他的儿子弗朗西斯的说法："那些白天让他困扰烦心的事儿，在夜里依然挥之不去。"他可能清醒地躺在床上，反复回想和邻居的谈话，担心有所冒犯；又或者想着他还没有来得及回复的信件。"他过去常说，如果自己不回信，就会遭到良心的谴责。"弗朗西斯回忆道。[5]

能触动达尔文的道德情操的不仅仅是日常道德责任。在随"小猎犬"号出海航行多年之后，那些发生在巴西的虐奴事件仍使他备受折磨。（在"小猎犬"号上时，他曾因为船长维护奴隶制而与之争吵。）甚至面对动物的苦难，他也会感到难以承受。弗朗西斯记得，达尔文在一次散步回来后"脸色苍白，神情虚弱，因为他看到了一匹马正在被主人虐待，他严厉指责了马主人，并为此心情烦乱"。[6] 所以，鲍尔比的看法没有任何问题：达尔文确实常常因为自己的良知而痛苦。

我们要再次强调，自然选择从未承诺要给我们一座美好的蔷薇花园。它并不"希望"我们快乐，而是"想要"我们的基因遗传更繁荣昌盛。在达尔文身上，自然选择的目标似乎实现得不错，达尔文有10个孩子，其中7个活到了成年。因此，当我们试图分析自然选择为良知打造的适应特征时，没有理由不将达尔文的良知视为绝佳范例：从繁殖成就看，他确实是一个典型的适应者。如果良知能够驱使他去做一些有利于扩大他的基因遗产的事情，那么它可能正是按照自然选择的设计在运作，即使这一过程会引起某些痛苦。[7]

当然，幸福是美好的，我们有充分的理由去追求幸福。精神科医生也有充分的理由向人们灌输幸福的理念，而不按照自然选择"要求"的标准来塑造他人。但是，一旦治疗师们理解了自然选择究竟"想要"什么，以及它"试图"通过什么手段来实现目标，他们其实就能更好地让人们快乐起来。我们被哪些繁重的心智设备所困扰？如果真有的话，怎样才能拆除它们？这又会让我们与他人付出什么代价？从自然选择的视角来理解什么是病态，什么不是病态，可以帮助我们正视那些我们认为是病态的情况。为了达到这一目标，我们需要先搞清楚达尔文的良知在什么时候发挥作用，在什么时候失灵。

无耻的把戏

道德良知所带来的奖惩具有一个显著特征：它不涉及感官上的痛苦或享受。良知不会像饥饿那样让我们感到不快，也不会像性行为那样让我们感到愉悦。它只是让我们觉得自己是错的或是对的，内疚或不内疚。一个像自然选择这样无视道德、讲究实际、粗鄙可悲的程序竟然能设计出一种心理器官，让我们感觉自己似乎接近了更高层次的真理，这真是不可思议，同时也着实无耻。

但是良知确实是有效的适应机制，在全世界都是如此。亲缘选择使得人们在严重伤害或忽略兄弟姐妹、儿女甚至侄子侄女时会感到深深愧疚，互惠利他主义将这种责任感的范围扩展到了亲属圈之外。是否能找到一种文化，在那里忽视朋友是一种完全不需要歉意且被广泛认可的行为？如果某个人类学家声称存在这样的地方，我们会对此表示深深怀疑。

互惠利他主义可能在良知上同样留下了印记。几十年前，心理学家劳伦斯·科尔伯格试图构建人类道德发展的自然顺序，从蹒跚学步幼儿理解简单的"坏"的概念（父母因此惩罚你）到客观地权衡抽象准则。并非人人都能达到科尔伯格道德阶梯的最高一层，那是道德哲学家所处的高度（大概科尔伯格本人已经达到了）。但他所说的"第三阶段"在所有文化中是共通的。[8] 这一阶段的特征是个体出现对"好"或"善"的渴望。也就是说，人们希望成为一个他人愿意与之结交的、可靠的互惠利他主义者。这种冲动有助于赋予道德准则强大的共识性，我们都想做，更准确地说，是想被人看到做了众人认为好的事情。

除了这些基本的、看起来普遍共存的道德情操维度外，良知的内容还具有差异性。这不仅体现在不同文化下人们会赞扬和谴责不同行为，进而强化了不同的道德规则（这在提醒我们，人类天性本身就为各种可变性留下了巨大空间）。还表现为，在同一种文化中，人们对这些道德规则的遵从程度也因人而异。有些人，比如达尔文，有着强烈而敏感的道德良知，他们会在夜晚反思着自己的罪过而辗转难眠。有些人则显然不会这样。

现在可以推测，达尔文那异常强烈的道德良知在某些方面可能与他的基因有关。行为遗传学家称，被他们称为"责任心"的那种心理特征，其可遗传性在30%到40%之间。[9]也就是说，个体之间约三分之一的差异可以追溯到他们基因的不同（至少在典型的20世纪末的社会环境中是如此）。然而，仍有三分之二的差异是环境造成的。道德良知大体上就是这样一个例子，它展示了人类天性中由基因遗传所赋予的"旋钮"，会被后天背景因素调节到与环境相适应的位置。每个人都有内疚的时刻，但不是每个人都像达尔文那样，会仅仅因为日常交谈就产生内疚感。每个人都会因为人类遭遇的某些苦难而感到同情，但有时他们又会觉得痛苦是合理的，是罪有应得（即使只是很短暂地这么觉得）。达尔文在随"小猎犬"号航行期间见到了奴隶受到残酷虐待的景象，其他人和他的反应并不一致，这一事实证明关于同情和报应的观念会因人而异。

问题在于，为什么自然选择赋予了我们相对来说灵活可塑的道德良知，而不是让道德良知的内容生来就全部固定？对于具有可随性的良知，自然选择又是如何设置的？为什么人性中的道德旋钮是可调的？通过怎样的方式进行调节？

关于"怎样调节"的问题，达尔文认为，他的道德旋钮早已被置于亲属的控制下。他说他自己总的来说可以算"一个仁慈的男孩"，而这要归功于"姐姐们的指导和示范，实际上我怀疑仁慈之心可能不是人类与生俱来的天性"。例如，他收集昆虫标本的计划没有如愿以偿，因为"在询问过姐姐后，我得出结论，为了制作标本而杀死昆虫是不对的"。[10]

家里的首席德育家是姐姐卡罗琳，她比达尔文大9岁，1817年他们的母亲去世时，达尔文只有8岁，从那之后，卡罗琳开始承担"代理母亲"的角色。达尔文回忆说，卡罗琳"在试图改善我的道德品质方面非常积极热心，我清楚地记得……每次走进她房间之前，我都会自言自语地说，'这次她要责备我什么呢？'"[11]

达尔文的父亲也是一股不可小觑的教化力量，他身材高大，仪表堂堂，常常十分严肃。他的严刻作风使其常常被当成关于父子关系精神动力学的典型案例，而这些理论一般对父亲角色不太持正面看法。达尔文的一位传记作者总结了关于罗伯特·达尔文的形象侧写："他的样子像一个家庭暴君，对儿子来说，他的影响就是带来持续不断的神经衰弱和心理障碍。"[12]

达尔文突出了亲属对个人道德发展的影响，这一看法已被行为科学研究所证实。父母以及其他年长亲属等权威人物会充当榜样与导师的角色，他们会通过表扬和批评塑造儿童的良知。这基本上就是弗洛伊德描述超我形成的方式，在他的理论框架中，良知是超我的一部分，看起来他的观点基本是正确的。另外，同伴也会提供各种积极和消极反馈，鼓励儿童遵守游戏规则。

当然，亲属对个体道德发展进行严格指引是有道理的。由于与年幼儿童共享许多基因，他们有足够的理由在道德方面给予其有效指导。出于同样的原因，儿童也有足够的理由遵从长辈的教导。正如特里弗斯所指出的，从儿童的立场看，我们会对这一论断有些怀疑，例如，儿童可能并不理会父母关于"兄弟姐妹要平等分享"的训诫。但在其他方面，比如如何与朋友或陌生人相处，父母没有太多理由刻意操纵儿童，因此儿童会更倾向于服从。无论如何，很明显，亲属的意见常常会引发特殊共鸣。达尔文说，对于卡罗琳修女学究式的唠叨，他后来变得"立场坚定，不在乎她说的是什么"。[13]但有没有成功就是另一个问题了。在达尔文从大学写给卡罗琳的信中，他为自己潦草的字迹表示歉意，努力并谨慎地让她相信自己对宗教的虔诚，并总是表现出对她所说的话非常关心的样子。

在达尔文那里，父亲的影响渠道似乎一直是保持开放的。年轻时的达尔文极为崇拜父亲，无论是父亲睿智的忠告还是残酷无情的斥责，他都铭记于心。例如，"你除了打猎、养狗和抓老鼠之外其他什么都不关心，这样下去，你会让自己和整个家族都蒙受耻辱"。[14]他由衷地希望得到父亲的认可，并为此全力以赴。"我认为父亲在我小时候对我有点不公平，"他说，"但庆幸后来我成了他最喜欢的人。"当达尔文对他的一个女儿说这番言论时，她的印象是："伴随着这句话，他沉浸于生动形象的回忆和幸福欢愉的遐想，仿佛这回忆留给他的是深沉的平和与感激。"[15]许多能体会到这种平和感的人，以及那些在成年后依然因为父母对自己不满而心情烦闷的人，都证明了情感机制的强大力量。

至于"为什么"的问题——为什么自然选择倾向于使良知更具有可塑性？诚然，达尔文的亲属是他天然的道德指引者，但这有什么用呢？从基因的角度来看，他们向年轻达尔文身上灌输的内疚感有什么价值？无论如何，既然道德良知如此有价值，为什么基因不直接将它作为硬件植入人的大脑呢？

答案要先从一个事实开始说起，现实远比罗伯特·阿克塞尔罗德的计算机游戏复杂得多。在阿克塞尔罗德设定的比赛中，一群贯彻"以牙还牙"策略的电子程序赢得了胜利，从此它们在相互合作中过上了幸福的生活。这个实验的价值在于揭示了互惠利他行为是如何进化的，并说明了我们每个人都有支配这一行为的情感本能。当然，我们并不是使用情绪来保持"以牙还牙"策略稳健运转的。我们有时会说谎、欺骗和偷窃，但不同于"以牙还牙"程序的是，我们甚至可能对善待我们的人也做出这些坏行为。而且靠着这种方式，我们确实常常取得成功。因此，我们有利用他人的能力，这种能力有时会得到回报。这表明在进化过程中，善待好人并不总是最佳遗传策略。我们可能都掌握了"以牙还牙"策略，但同时也储备了其他不那么光彩的策略。人类能根据不同环境选用不同策略，灵活可塑的道德良知才具有适应意义。

至少，这是特里弗斯在他1971年关于互惠利他主义的论文中提出的观点。他指出，与他人合作或欺骗他人能获得的收益取决于我们所处的社会环境，而环境会随着时间改变。因此，"人们会期望自然选择让某些特质更具发展可塑性，包括调节利他和欺骗倾向的特质，以及控制人们对这些倾向反应模式的特质"。"个体成长中形成的负罪感"可能"部分是由亲属培养的，从而使得他们掌握一些与当地环境相适应的欺骗形式，并防止他们做出更出格、会带来更危险后果的欺骗"。[16]简而言之，"道德引导"是一种委婉说法。父母确实会指引儿童向"道德行为"的方向前进，但前提是这些行为能带来基因利益。

道德动物　220

很难说明在进化过程中，究竟哪些具体环境让不同的道德策略更能发挥价值。村庄的规模、大型动物的博弈竞争结果以及危险捕食者的密度都会发生周期性变化。[17] 其中任何一种因素的变化都可能会影响到当地合作行为的比例与价值。此外，每个人出生于不同的家庭，而不同家庭在社会生态中会占据不同位置，这导致个体的社会资产与社会债务会有很大差异。有的人不需要承担欺骗背叛的风险也可以成功，有的人则不行。

无论自然选择最初赋予人类这个物种灵活的互惠利他策略是出于什么原因，可塑性的出现的确提高了这一策略的价值。一旦合作的主流风向发生变化，无论这种变化发生在从一代人到另一代人之间、从一个村庄到另一个相邻村庄之间、还是从一个家庭到其他家庭之间，它都是一股不可忽视的力量，而灵活可塑的策略正是一种应对方案。正如阿克塞尔罗德所指出的，特定策略的价值完全取决于周围参与者所奉行的准则。

如果特里弗斯是对的，如果对年轻人良知的塑造部分上相当于教导其如何从欺骗中受益，以及如何为了更有利可图而克制欺骗行为，那么你会发现儿童确实非常擅长学习欺骗。这种说法似乎都有些过于保守了。让·皮亚杰在其 1932 年关于道德发展的研究报告中写道："说谎的倾向是非常自然……自发和普遍的。"[18] 随后的研究证实了他的说法。[19]

确实，连达尔文都似乎是一个天生的骗子，他"习惯于编造那些深思熟虑的谎言"。例如，据他回忆："有一次，我从父亲的树上采集了许多珍贵的水果，并把它们藏在灌木丛中，然后上气不接下气地跑去散播消息：我发现了一个被偷水果的窝藏点。"（从某种意义上说，确实是他发现的。）他每次散步回来后，都会声称自己看到过"一只野鸡或某种奇怪的鸟",但这并不一定是真的。还有一次,达尔文对一个男孩说:"通过浇不同颜色的水,我可以栽培出各种颜色的百合花和报春花。当然,这是一个荒诞的传说,我其实从来没有试过。"[20]

童年期的谎言不仅是一种每个儿童都可以轻松面对的、不会产生实质危害的不良行为,同时也是一项关于欺诈认知的测试。通过正强化(未被看穿的、有效的谎言)和负强化(谎言被同伴识破或被亲属谴责),我们了解到什么样的谎言可以侥幸逃脱惩罚,而什么样的不可以;同时我们学习到,在亲属看来哪些算精明的诡计,哪些很愚蠢。

父母很少会告诉孩子撒谎是一种美德,但这并不意味着他们没有教孩子撒谎。儿童似乎会一直说谎,除非他们受到了强烈的劝阻。父母经常说谎的儿童会比其他儿童更容易成为习惯性撒谎者,缺乏父母严格监管的儿童也是如此。[21] 如果父母并不限制自己说出那些已经被证明对自我有利的谎言,而且他们是在孩子面前说出这些谎言的,那么可以认为他们正在开设一门关于说谎的高级课程。

一位心理学家曾写道:"撒谎无疑是令人兴奋的,而且,是谎言本身而不是谎言带来的好处会刺激儿童继续说谎。"[22] 这种将二者相对立的说法具有一定误导性。因为大概正是由于巧妙的谎言能让人受益,自然选择才赋予了谎言以令人兴奋的乐趣。再强调一次,是自然选择在进行"思考决策",而我们仅仅是执行者。

根据达尔文的回忆,自己编故事是为了"获得引人关注和惊奇时那种纯粹的兴奋与乐趣"。一方面,"如果这些谎言没有被识破,它会对我的心理产生巨大影响,像一出华丽的悲剧那样让我兴奋与欢愉"。[23] 另一方面,这些谎言有时也让他觉得羞耻。他没有说明原因,但我们很容易联想到两种可能性。一种可能性是一些谎言被多疑的儿童拆穿了,另一种可能性是他因为说谎受到了长辈的惩罚。

无论通过哪种可能性，达尔文无疑得到了反馈，他获知了在他所生活的社会环境中对待谎言"最适宜"的方式。而且可以确定的是，反馈是有效果的。当他长大成人后，无论以什么标准衡量，他都是一个诚实的人。

从年长者到年幼者之间的道德指引传递与遗传指引传递是平行的，它们的效果有时难以区分。塞缪尔·斯迈尔斯在《自己拯救自己》一书中写道："父母的性格就这样在孩子身上不断重复。当儿童通过耳朵学到的那些道理早已被抛诸脑后，父母在日常生活中所示范的那些情感、纪律、勤奋和自我控制等行为却会一直存在并发挥影响作用……谁能说得清，有多少邪恶的行为是由于某些善良父母的思想而停止的？他们的孩子不会因为做了一件不光彩的事情，或沉溺于一个不纯洁的思想，就玷污了自己记忆。"[24]

这种道德传播的"保真度"在达尔文身上是显而易见的。当他在自传中赞美父亲的慷慨和同情心时，他可能也在说他自己。另一方面，达尔文会努力对自己的孩子灌输以种种互惠利他技巧，包括正直的道德观以及社会礼仪细节。他给上学的儿子写信说道："你必须给沃顿先生写信，而且最好以'我亲爱的先生'开头……最后要说：'谢谢您和沃顿夫人，感谢你们一直以来对我的照顾。请相信我，由衷感谢您。'"[25]

维多利亚时代的道德良知

自然选择无法预知达尔文所处的社会环境。人类基因中，根据环境对良知进行量身定制打造的程序不包括"维多利亚时代的上层阶级"这一选项。出于这个原因（和其他原因），我们不应该指望达尔文的早期经历能够完全以最适应的方式塑造其道德良知。然而，自然选择也确实可能"预见"的一些事情，并且这些规律本身不受时空因素的限制，例如，某地的绝对合作水平会因环境不同而不同。达尔文的道德发展是否让他具备了成功的条件，这是值得一看的。

达尔文的道德良知如何获得收益？这一问题其实等同于"维多利亚时代的道德良知如何实现收益？"。毕竟，达尔文的道德罗盘只是维多利亚时代道德基本模式的一个更为敏感的版本。维多利亚时代的人以强调"品格"而闻名，他们中的许多人放到我们现代社会中都会显得异常古板而认真，即便他们可能还达不到达尔文的程度。

塞缪尔·斯迈尔斯认为，维多利亚时代品格的本质是"诚实、正直和善良"。他在《自己拯救自己》一书中曾写道："言行正直是品格的支柱，赤诚之心是品格最卓越的特征。"[26] 请注意，这与"个性"形成了鲜明对比。就我们所知，在20世纪，魅力、活力以及其他个性特质已经在很大程度上取代了品格，成为对一个人的评价标准。这种转变颇为让人惆怅，它似乎暗示了当今这个时代是道德沦丧和自私自利猖獗的时代。[27] 毕竟，放在"个性"维度看，诚实或荣誉并不具有太多价值，它们似乎仅仅是自我提升的手段。

个性文化的确让人感觉有些肤浅，而且它容易引起人们对旧时代的怀念，那时一个人不可能仅靠油嘴滑舌就在生活中一帆风顺。但这并不意味着重视品格的时代就是一个完全正直、不受私利玷污的时代。如果特里弗斯对于"道德良知可塑性"的解释是正确的，那么"品格"本身就是一种为自我利益服务的工具。

维多利亚时代的人也会直言不讳地道出品格的用处。斯迈尔斯曾以赞许的态度引述过一段话："一个人坚守原则不动摇，对真理一丝不苟，他会发现，遵守道德良知能打通通往成功和财富的道路。"斯迈尔斯自己则观察总结道，"品格就是力量"（而且这比"知识就是力量"更有道理），他引用了政治家乔治·坎宁振奋人心的发言："我的权力之路由品格所铺就，我不会去尝试其他的途径，我有足够的信心认为，这条途径虽然不是最快的，但却是最稳固的。"[28]

如果在那个时代，品格对自我提升是有益的，那为什么今不如昔？为什么在今天它不能像在旧时代那样发挥作用？这里不是要撰写一部达尔文主义的道德史专著，但有一个可能的因素显而易见：维多利亚时代的英国人大多生活在类似于小城镇的地方。可以肯定的是，尽管当时城市化进程早已开始，左邻右舍互不相识的匿名时代已经临近。但是，和今天相比，那时的邻里关系依然较为稳定，甚至在城市中也是如此。人们倾向于住在一个固定的居所，年复一年地与一群固定的人互动。在达尔文古朴的家乡什鲁斯伯里村，情况也是这样。如果特里弗斯是对的，如果道德良知的塑造方向是适应当地社会环境——这一切是在亲属积极帮助下进行的，那么在什鲁斯伯里这类地方，我们应该可以找到达尔文敏感的道德之心能兑现回报的方式。

至少有两个原因使正直和诚实这类品质在一个小型而稳定的社会环境中具有特殊意义。其中之一是，你无法逃避自己的过去（每个在小镇上生活过的人都知道）。斯迈尔斯在《自己拯救自己》中"要表里如一"这一节写道："一个人必须成为他看起来想要成为的人。那些言行不一致的人得不到尊重，他们所说的话也没什么分量。"斯迈尔斯转述了一个有趣的故事，某个男人对另一个人说："我愿意出1000英镑换你的好名声。""为什么？""因为靠它我能赚10 000英镑。"[29] 根据青年艾玛的描述，达尔文是她见过"最没有私心杂念、最透明的人，他的每一句话都表达了他真实的想法。"这样的人在什鲁斯伯里获得成功是天经地义的。[30]

阿克塞尔罗德的计算机世界和什鲁斯伯里有很多相似之处：同样都是一小群人构成的小型社区，日复一日，每个与你相遇的个体都能记得你们上次相遇时的互动方式。这当然是为什么在计算机世界互惠利他行为能取得回报的核心原因之一。如果你能让计算机世界变得更像一个小镇，让其中的电子生物可以相互闲聊，谈论其他程序是多么忠诚或者狡猾，那么合作策略可以以更快的速度繁荣起来。因为这样欺骗者会在人们开始回避他之前自己主动逐渐减少欺骗行为。[32]（阿克塞尔罗德的电脑世界有多种用途。一旦人们拥有了灵活的道德装置，合作机制就可以在几代人的时间里快速传播或消退，而基因库不会发生任何变化。因此，计算机在记录这些波动时可以模拟文化变迁，而不是像在本书最后一章所描述的，模拟基因变化。）

在什鲁斯伯里这样的地方，待人友善就能收获丰厚回报的另一个原因是，受到你友善对待的人将会在很长一段时间内生活在你周围。即使是漫无目的的社会资源，例如四处嘘寒问暖，也可能成为一笔靠谱的投资。斯迈尔斯曾写道："那些谦卑礼貌只是生活中一些微小的变化，它们单独看起来可能没什么内在价值，但通过不断地重复和积累，就能体现出重要意义。"他发现"善意是能使人类在交往中保持互惠和愉快的最主要因素。蒙太古夫人[①]说，'礼貌不需要花费什么，却可以买来一切'。伯利[②]也曾向伊丽莎白女王说过，'赢得人心，你就会获得所有人的忠诚和财富'"。[32]

事实上，礼貌确实需要人付出一点代价：包括时间和心力，而且

[①] 蒙太古夫人（Lady Montague），英国18世纪女诗人，书信作家，随丈夫任驻土耳其期间，发现当地人使用的"接种预防法"可以大大减少天花传染率，回到英国后积极推广这一做法。——译者注

[②] 伯利伯爵（Burleigh），伊丽莎白一世期间曾任财政大臣。——译者注

如今它也换不到太多东西——除非精准地对特定个体表现出礼貌。我们每天会遇到很多人，他们中大部分都不知道我们是谁，而且永远也不会知道。即使我们的熟人也可能只是暂时的，人们经常搬家，经常换工作。因此，正直的名声现在不那么重要了，各种付出——甚至是对同事或邻居——在未来很长一段时间内也不太可能得到回报。如今，一个中上层社会的男人会通过亲身示范来向儿子传授成功的要诀：学会圆滑做人，表面要真诚，但可以撒很多小谎言，把精力花在承诺而不是兑现承诺上。

在阿克塞尔罗德的电脑游戏中你也可以看到这一点。如果改变游戏规则，允许电子程序频繁地迁入或迁出社区，那么凭借一分付出获得一分收获的可能性就会降低，"以牙还牙"策略的力量会明显削弱，而更卑鄙的策略赢得成功的概率则会增加。（我们再次强调一次，电脑模拟的是文化变迁而不是基因进化，道德良知的平均尺度可以发生变化，这并不意味着构成道德良知的基因组也要发生改变。）

计算机世界就像现实世界一样，合作或自私的趋势具有自我推动力。当合作度较低的策略盛行时，局部存在的合作关系总量会减少，这会进一步降低合作的价值，因此不合作的策略会更加繁荣。反之亦然：维多利亚时代的人越具有道德良知，道德良知就越能换取回报。但是，无论出于什么原因，当钟摆最终达到顶点并回落时，它自然会获得动量。

在某种程度上，这种分析只是再次凸显了关于城市匿名效应的老生常谈的论调：纽约人很粗鲁，纽约到处都是扒手。[1][33] 但这还不够，

---

[1] 这里的意思是，在大城市人人并不相识，陌生人之间的互动方式不会对他们今后的利益回报产生什么影响，因此，人们更容易对彼此表现出自私冷漠的态度，也更容易产生犯罪行为。——译者注

这里要强调的重点不只是人们会常常环顾四周，寻找欺骗的契机，并有意识地抓住机会。更重要的是环境会对个体道德良知的发展产生潜移默化的影响，从咿呀学语开始，个体就会根据亲属（他们可能并不自知）和其他环境反馈，模糊探索并调整自己道德良知的边界。文化影响可能就像遗传影响一样，是个体无法觉知的。考虑到二者紧密纠缠的关系，这并不奇怪。

同样的观点也适用于另一类地方：美国大城市的内城区，那里已成为贫穷和犯罪的代名词，对其精神风貌的讨论是当今社会的热门话题。那些正在萌芽中的罪犯根本不需要环顾四周、评估形势并凭借理性选择犯罪生活，他们是直接走上了犯罪的道路。如果这是全部真相，那么对于犯罪问题的标准解决方案——通过确保犯罪行为无法获得回报而"改变激励结构"——可能会更有效。但达尔文主义学说揭示了一个更令人不安的事实：许多贫穷孩子的道德良知、同情心和内疚感从他们很小的时候就被环境所困缚，在他们长大后，这些狭隘的特征已经完全固定下来了。

造成这种困缚的原因不单单是因为大城市的匿名环境。对于许多内城区居民来说，摆在他们面前与更广阔世界进行"合法"合作的机会极为有限。尤其是一些男性，由于无法拥有对人生的长远期待，于是利用性别优势开始了高风险的犯罪生涯。马丁·戴利和马戈·威尔逊也认为，之所以"目光短浅"是犯罪分子最显著的特征，可能是因为这是一种"预测自己未来人生前景能否获得成功后的适应性反应"。[34]

"财富和地位与真正的绅士品质之间没有必然的联系，"塞缪尔·斯迈尔斯写道，"在日常生活中，贫穷的人也可能是精神层面上真正的绅士，他也许是诚实、正直、礼貌、谦卑、勇敢、自尊、自立，是一位骨子里有教养的人。"因为"从最高阶层到最低阶层，从最富有到最贫穷，无论是社会地位还是生活条件，都无法剥夺大自然赐予人的最伟大恩惠——伟大的心灵"。[35] 这是一个不错的想法，也许对于生命的最初几个月它是正确的，但之后的人生历程恐怕就不是这样了，至少在现代社会不是。

对有些人来说，听到达尔文主义者将罪犯描述为"社会的受害者"而不是"缺陷基因的受害者"会觉得有些奇怪。但这正是20世纪达尔文主义与19世纪达尔文主义的不同之处。基因编写的不是行为本身，是行为发展程序，它将年轻的心智塑造成与环境相适应的模式。一旦接受了这种观点，那么我们看起来都像环境的受害者（或受益者），环境的影响作用不亚于基因。[36] 因此，两个群体（不同社会经济阶层，甚至不同种族）之间的差异可以在不诉诸基因差别的情况下用进化逻辑来解释。

当然，在负责塑造道德良知的发展程序中，既不存在一个"城市下层等级"刻度，也不存在一个"维多利亚时代"刻度。（的确，与今天的大城市相比，什鲁斯伯里村更像是自然选择"预期"的那种环境。）尽管如此，既然如今下城区的那些罪犯会娴熟利用欺骗的各种技能，这就说明，祖先环境也存在着有利可图的犯罪机会，因此我们在进化中才保留下了这种行为倾向。

这种机会可能源于与附近村庄的周期性接触，而有助于让我们抓住这些机会的适应机制正是人类心智的一个典型特征：道德图景二分法，包括值得关心的内群体和理应利用的外群体。[37] 即使是城市黑帮成员也有他们可以信任的朋友，即使维多利亚时代的绅士也会走上战场，并坚信自己制造的杀戮是正义的。道德发展不仅是良知有多强的问题，还是良知能维持多久的问题。

评判维多利亚时代的人

维多利亚时代的人到底有多么"道德"，这是个饱受争议的话题。他们经常被指责太过虚伪，然而，正如我们先前阐释的，稍微有点虚伪其实是人类这个物种的天性。[38]而且吊诡的是，极度虚伪可能正是道德高尚的标志。在许多道德化程度很高的社会里，人们日常生活中崇尚恭敬礼仪和利他行为，任何自私与欺诈行径都会得到社会集体制裁的惩罚，因此好名声至关重要，一旦名誉不佳，个体要付出惨重代价。这种规律增加了名望的分量，会进一步激励人们去做他们本来就会做的事情：继续扩大自己的善行。正如沃尔特·霍顿在《维多利亚时代的思想框架》一书中所写的那样，"尽管每个人有时都会装得比他实际上要更好一点，甚至他自己也会相信真的如此，但维多利亚时代的人比我们更习惯于这类骗术。他们生活在一个行为标准更严格的时代……"[39]

即使我们承认，对于维多利亚时代的人来说，虚伪与道德是一体两面，指出他们虚伪相当于间接肯定了他们的道德。但我们可能仍然要问，"道德"一词用在这里是否合适。毕竟，维多利亚时代盛行的道德风气其实并没有让每个人真的做出牺牲。当人人谨言慎行时，每个人都能从中得到好处。当然，我们不是要对维多利亚时代的道德发出控诉。因为它正体现了健康道德体系背后的全部理念：除了经济和法律强制领域外，鼓励发生在经济和法律强制领域外的日常非零和交换，从而提高社会整体福祉。一位哀叹"自私之风兴盛"和"维多利亚时代的美国已然逝去"的作家指出，在维多利亚时代思潮下，"美国的核心民众生活在一个可预测、稳定和基本体面的社会体系中。之所以如此，是因为尽管人们有虚荣的一面，但大

道德动物　　　230

多数人还是觉得他们对他人负有责任和义务，且履行责任义务要先于他们的自我满足"。[40]我们可以对最后一句话的字面意义提出质疑，但不必怀疑其思想主旨有什么问题。从根本上来说，维持每个人的责任感的并不是自我克制，而是他们对一个覆盖面巨大的社会契约的认同，在这个契约之下，一个人为他人履行的义务总有一天会回报到自己身上。那位作者的观点是对的：如今人们在戒备他人上所花费的时间精力在那个时代可以统统省下来。

所以我们可以认为，维多利亚时代的英格兰是一个令人钦佩的社会，但生活在那时的人并不见得令人特别钦佩，他们只是在做和我们一样的事——认真、礼貌、周全地做事，直到有所回报。只是在那个时代，人们付出得更多而已。此外，他们的道德行为无论值得称赞与否，都只是一种对传统的继承，而非选择。维多利亚时代的良知被塑造的方式，是维多利亚时代的人永远无法理解的，而在某种意义上，他们也没有能力去影响这一过程。

接下来，运用我们现在所知道的关于基因的一切权威，我们可以对查尔斯·达尔文下一个结论：达尔文是他所处环境的产物。如果说他是个好人，他的善良主要好在被动地反映了当时社会的良善风貌。更何况，达尔文的善良大都得到了回报。

不过，达尔文有时似乎确实超越了互惠利他主义的要求。在南美洲时，他为火地岛印第安人建造了花园。几年后，当他住在达温村时，他创立了"达温友好协会"和"聚会室"（在那里，人们通过斯金纳的条件性刺激法来提升道德水平，做出咒骂、打架和酗酒行为都要被罚款），为当地工人提供救助。[41]

一些达尔文主义者甚至把这种善行当作利己主义的表现，如果他们找不到火地岛印第安人对达尔文给予回报的证据（我们不知道印第安人是否回报达尔文了），那么他们就会说达尔文是在赚取声誉，也许"小猎犬"号上的人会把达尔文的慷慨事迹带回英国，在那里他会以某种方式得到回报。但达尔文的道德情操强大到足以把这类冷嘲热讽完全击碎。当他听说当地一个农民故意饿死一些羊时，他亲自去搜集证据，并把这个案子交给了地方法官。[42] 死羊不可能报答他，饿死羊的农民更不会，而这种狂热行为所带来的声誉效应可能并不是对达尔文完全有利的。同样，因为南美奴隶遭受的痛苦而难以入睡，又能为他带来什么回报呢？

对于这种"过分"的道德行径，一种较为简单的解释方法是，要把人类看成是"适应机制的执行者"，而不是"适应性最大化者"。我们所讨论的适应机制，即道德良知，它的设计初衷是通过利用局部环境来提高个体的适应性，从而实现基因的自我利益，但这一设计的效果成功率还不能得到足够保证，特别是在与自然选择格格不入的现代社会环境中。

因此，道德良知能够引导人们去做一些不符合其自身利益的事情，除非抚慰良知本身就算是出于私利，或者除非个体在青年时期由于环境原因与同情心、责任感和内疚感彻底分道扬镳，否则这些情感机制总会带来一些它们的"造物主"——自然选择——不会"赞同"的行为。

我们在这一章的开头提出了一个合理假设：达尔文的道德良知是一种平稳运行的适应机制。从很多方面看，事实正是如此。更重要的是，其中一些运作方式让人颇为振奋：它们表明，虽然一些心理器官被设计出来的根本目的是为利己服务的，但它们也被设计得要与其他人的心理器官和谐共处，大量社会福利由此诞生。此外，达尔文的道德良知并没有仅仅承担提高适应性的职责，这也是值得我们欢呼的理由。

第三部分
社会冲突

第 11 章

达尔文的推迟

自从我来到农村，我的健康状况有了很大改善。我相信，在不认识的人眼中，我是一个很强壮的人。但我觉得我不能做任何费力的事情，哪怕是一点小事，也会把我弄得疲惫不堪。看来"竞赛是为强者准备的"，接受这样的结论让我感觉很耻辱。我无法多做什么了，我只能满足于去赞许其他人在科学上所做的贡献。必须如此……

——致查尔斯·赖尔的信（1841）[1]

在 1838 年发现自然选择现象之后，整整 20 年达尔文都没有向外界公开他的思想。他也没有将自己的理论整理成一本著作，直到 1855 年，但 1855 年的这一写作计划其实也没有完成。只是在 1858 年时，他得知另外一位博物学家也想到了相同的观点[1]，于是才决定展示他称之为"摘要"的《物种起源》，该书正式出版于 1859 年。

但达尔文在 19 世纪 40 年代也不是完全无所事事。尽管他一直疾病缠身，被战栗、呕吐、胃痛、胀气、晕厥和心悸等病痛折磨，可依

---

[1] 另一位博物学家是英国人阿尔弗雷德·拉塞尔·华莱士（Alfred Russel Wallace），华莱士在科学史上被认为是自然选择理论的共同发现者，不同的是，华莱士只是触及到了自然选择的概念，他并没有像达尔文一样提出完整系统的进化理论；同时，华莱士所搜集列举的证据数量也完全无法与达尔文相提并论。在《物种起源》出版后，华莱士曾多次在公开场合对达尔文的理论及证据体系表示钦佩。有关华莱士的问题本书后续章节会有所涉及。——译者注

然成果颇丰。² 在结婚后的头 8 年时间里，他发表了许多学术论文，编辑完成了五卷本的《小猎犬号之旅的动物学》，并根据旅途见闻写了三本书：《珊瑚礁的结构和分布》（*The Structure and Distribution of Coral Reefs*, 1842），《火山群岛的地质观察》（*Geological Observations on the Volcanic Islands*, 1844）和《南美地质观察》（*Geological Observations on South America*, 1846）。

1846 年 10 月 1 日，达尔文在他的个人日记中写道："终于完成了《南美地质观察》的校样，这本书和《福克兰群岛（马尔维纳斯群岛）地质考察日志》中的文章。花去了 18 个半月的时间，然而这部手稿并不像《火山群岛的地质观察》那么完善。所以我的地质学工作用了 4 年半的时间，现在我回到英国已经 10 年了。疾病耽误了多少时间啊！"³

这些都是达尔文的代表作品。随着病情的发展，达尔文步履艰难地继续工作，并常常发出无奈的感叹。尽管这段时间达尔文完成了伟大的三部曲（其中至少有一部仍被认为是经典之作），但他并不认为自己的成就达到了那种需要开香槟庆祝的高度。他不断地自我批评，当一段工作完成后，他甚至一天都不能享受，就马上去检查其不足之处。达尔文对光阴流逝极度敏感，他困扰于如何才能利用好时间。

你可能会认为，这反而是达尔文成功的一个契机，正是由于身体的拖累，他终于开始朝着自己命中注定的使命迈进，即发表自然选择学说。可以确定的是，对创作的最大激励——死亡意识——在达尔文那里已经积累的足够多了。1844 年，他交给艾玛一份关于自然选择学说长达 230 页的书稿，同时立下书面遗嘱，希望艾玛在他死后将书稿出版，并一定"竭尽全力去完成这件事"。此时达尔文一家已经从伦敦搬到了达温乡下，这一事件本身就证明了他的身体正在衰退。在乡下，达尔文远离了城市的喧嚣和不规律生活，从不断壮大的家庭中得到温暖治愈；他在工作、娱乐和休息方面遵循严格规律，试图从他可怜的身体中每天抽出状态还可以的几个小时进行写作，一周七天都是如此，只要他还活着。正是在这样的环境中，达尔文完成了《南美地质观察》。同样是在 1846 年 10 月 1 日，在给菲茨罗伊船长的一封信中，他写道："我的生活像钟表一样准时前进，当它应该结束走动时我会停下来。"[4]

考虑到所有这一切——稳定的工作环境、死神脚步声的渐渐远去、已经完成了"小猎犬"号科学考察的全部学术任务——还有什么原因，能进一步推迟达尔文撰写关于自然选择的著作呢？

答案很简单，就两个字：藤壶。达尔文对藤壶的长期研究始于他在智利沿海地区对另一种植物的好奇观察。但后来他联想到了藤壶，于是没过多久他的家就成了藤壶世界的总部，里面到处都是通过邮件向各处收藏家索要的藤壶标本。在达尔文的生活中，对藤壶的研究曾在很长一段时间内占据了重要位置，以至于达尔文的一个小儿子在邻居家玩时曾问对方，"你在哪里研究藤壶？"[5] 达尔文最初预测他对藤壶的研究将花费几个月或一年，但实际却是 8 年。到 1854 年底，他已经出版了四本书，其中两本与现存藤壶物种有关，两本与藤壶化石有关。达尔文在这个领域建立了持久的影响力，直到今天，研究甲壳动物亚门蔓足亚纲（也就是藤壶）的生物学家们依然会参考他的著作。

成为藤壶研究领域的权威并没有什么错，但有些人理应能做更伟大的事情。为什么达尔文拖了这么久才去承担自己的伟大使命，这是个让人深思的话题。最常见也最明显的解释是：如果一本书写出来后会冒犯你所生活的地区几乎所有人的宗教信仰，包括你的许多同行和你妻子，那么你不应该草率行事，而是谨慎推进这项工作。

　　一些人已经着手这项工作，但从来没有人会得到完全的赞美。达尔文的祖父伊拉兹马斯是一位著名的博物学家和诗人，他在1794年发表的著作《动物法则》（Zoonomia）中提出了自己的进化理论。伊拉兹马斯最初是想在自己去世后再出版这本书，但20年后他改变了主意，出版前他曾说道："我现在是个老人了，无畏无惧，不怕一点儿辱骂。"他确实遭到了辱骂。[6] 让·巴蒂斯特·拉马克在1809年，也就是达尔文出生的那年，发表了一篇关于进化方案的宏大阐述，结果被谴责为道德败坏。1844年，一部名为《创世的自然史之遗迹》（Vestiges of the Natural History of Creation）的作品问世了，这本书概述了一种进化理论，随后引发了舆论骚动。作者罗伯特·钱伯斯（Robert Chambers）是一位苏格兰出版商，他选择隐去自己的名字，这或许是个明智选择。当时的人们曾认为这本书"肮脏又污秽，它的存在会使接触它的东西都变得腐败，甚至空气也会受到污染"。[7]

　　而这些"异端"理论中，没有一个像达尔文的理论那样是彻底的无神论。钱伯斯认为有一个"神圣的统治者"在指导进化过程。伊拉兹马斯·达尔文是自然神论者，他指出是上帝为进化的时钟拉紧了发条并让它开始走动。尽管拉马克被钱伯斯斥责为"对上帝不敬"，[8] 但与达尔文的进化论相比，拉马克的进化论其实强调的只是"进化精神"。它的核心在于，主张生命体向着有机结构更复杂、意识层次更高的方向发展是不可抗拒的趋向。设想一下，如果连这些人都受到了严厉的抨击，那么达尔文将会面临什么？他的理论中没有神圣的统治者，没有为时钟拉紧发条的上帝（尽管达尔文有意保留了这种可能性），也没有内在的进步趋势，只有逐渐积累的缓慢改变。[9]

　　毫无疑问，达尔文很早就开始担心公众的反应了。甚至在他将进化思想精炼为自然选择理论之前，他就权衡了诸多能够尽量避免抨击的表达策略。在1838年春，他在笔记中写道"我想起了早期天文学家受到的迫害"。[10] 之后几年，达尔文与外界的通信充分证明了他对自己可能遭受责难的担忧。在一封1844年写给朋友约瑟夫·胡克的信中，达尔文坦诚了自己的"异端邪说"，他谨慎警惕的心态在信中暴露无遗："我几乎确信（与我一开始的观点相反）物种不是不可改变的（这好像就像承认谋杀罪一样严重）。上天不允许我认同拉马克提出的那种毫无意义的观点，即'进化趋势'来自'动物意愿的缓慢驱动'。但我的假设与他的假设并没有特别大的不同，只是我认为，进化的途径另有方式。我想我已经找到了这种方式的答案（还只是假设！），物种通过这种简单的方式就可以精准实现各种适应目的。你现在可能要叹息'我这是在浪费时间给一个多么胆怯的男人写信啊！'其实五年前我就这么想了。"[11]

病痛和疲倦

总之，有一种观点认为，当时的社会氛围阻碍了达尔文尽早将自然选择理论公之于世。这一过程涉及许多具体细节，有的离奇复杂，有的非常简单，而达尔文也因此在许多方面受到了拖累，既有生理上的也有心理上的。

这种观点还进一步认为，达尔文的疾病可谓是一种心理上的拖延手段，尽管他的疾病从未被确诊，而且至今病因依然是个谜。1837年9月，达尔文感到心悸，正是几个月前，他开始着手整理第一本进化笔记，而之后，随着自然选择理论在他笔记中反复出现，他的病情记录也越来越频繁。[12]

有人提出，艾玛作为一名虔诚的宗教信徒，一直因为自己丈夫的进化思想而感到痛苦，这进一步加剧了达尔文的科学事业与他周围社会环境间的紧张关系。而且正是由于艾玛的悉心照料，达尔文生病后反而比健康时过得更舒心。在一封婚前她写给达尔文的信中，其中一段文字提到了这种反常的影响："我亲爱的查尔斯，当你身体不好的时候，如果我能有所帮助，给你安慰，这会是最使我高兴的事情。你是否知道，当你生病的时候我是多么渴望陪伴你！……所以，亲爱的查尔斯，等我能在身边照料你的时候再生病吧……"[13] 当然，这些话也说明了艾玛对未来婚姻的热情。

并非所有将达尔文的疾病与进化思想相关联的观点都强调达尔文在潜意识里想隐瞒自己的理论。达尔文得的疾病可能只是由一定的情绪诱发的，这种疾病如今广为人知。说到底，由于担心自己被社会排斥而产生的焦虑感会在生理层面产生影响，正如达尔文一样，他为自己的焦虑付出了生理代价。[14]

一些人认为达尔文确实患有某种疾病，可能是在南美洲感染的（可能是南美锥虫病或慢性疲劳综合征），但他们也相信，达尔文下意识地让自己专注于藤壶研究，来尽量避免"清算日"的到来（即发表自然选择带来的社会舆论指责）。当然，在达尔文刚刚接触藤壶研究时，他就预见到这项事业会非常短暂，并担忧起了之后的事情。他在1846年给胡克的信中写道："我打算开始写一些关于低等海洋动物的论文，这将耽误我几个月，也许一年，之后我将开始回顾自己十年来积累的关于物种和变异的笔记。至于这方面的写作，我应该会以无限低的姿态，先考虑其他所有可靠博物学家的观点，这就是我对未来的展望。"[15] 可能正是这种态度，导致了他的藤壶研究项目长达8年。

包括达尔文同代人在内的一些观察者指出，达尔文其实在藤壶研究中受益匪浅。[16] 正是在研究藤壶的过程中，他完全沉浸于分类学细节（如果一个人认为自己手头掌握的理论可以解释所有动物分类演变是怎样产生的，这对他来说当然是有益的经历），并获得启发，想到如何通过将动物划入不同的子类来检验他的自然选择理论。

此外，除了分类学之外，他还有一些问题尚未解决，这很可能是造成他推迟发表成果最单纯的原因。事实上，不仅仅是在 1846 年、1856 年，即便到了 1859 年《物种起源》真正出版之时，达尔文还是没有完全想通自然选择的所有机制。假设一个理论很可能让你遭受诽谤和憎恨，那么首先将它尽量修饰得更完美，之后再公之于世，这是完全合乎逻辑的。

达尔文所面对的自然选择难题之一就是昆虫世界中的极端无私现象。直到 1857 年，随着他隐约窥视到亲缘选择理论，这一难题才得以解答。[17]

遗传是另一个困扰达尔文的难题，而这个问题他始终都没有解决。[18] 达尔文理论的重要优势是，它不像拉马克的理论那样要依赖后天习得性状的遗传，例如，长颈鹿伸长脖子吃树叶的行为不影响其后代脖子长度，自然选择也能正常运作。但达尔文的进化理论确实也需要遗传特征在一定范围内发生某些形式的变化，自然选择要从一个不断变化的"菜单"中"挑选"出最具适应性的特征。如今，任何一个生物成绩不错的高中生都能解释"菜单"是如何不断变化的——通过基因重组和基因突变。但在人们发现基因之前，这两种机制可并不是显而易见的。因此，当被问到"特征菜单"变化的原因时，达尔文的回答只能是"随机突变"，这就好像是在说，"相信我，就是这么发生的"。[19]

我们也可以从进化心理学的角度来分析达尔文的推迟。这种视角不会对该问题给出一个全新的解释，但它确实有助于解开一些让人疑惑之处。当我们明白了野心和恐惧感的进化根源之后，可以更清晰地理解这一切。现在，我们暂且放下1854年的故事，此时达尔文最后一本藤壶著作已经出版，他是时候调动起所有的热情来迎接一生中最伟大的工作了。达尔文在给胡克的信中写道："如果我在整理关于物种的笔记时，发现所有事情就像一个空心球滚动那么自然，那我将感到多么乏味啊。"[20]

第 12 章

社会地位

> 看看这些表达方式是多么古老，难怪它们难以被掩盖。一个遭受侮辱的男人可能会原谅他的敌人，并不希望予以回击，但他可能发现，想要平静下来可没那么容易。他也许会轻视对方，沉默不语，但如果不是依靠强力意志，他很难不让自己的嘴唇不僵硬。他也许会自我满足，虽然不愿意说出来，但他的腿会像火鸡腿一样挺直，不移动半步。
>
> ——《M 观察日记》（*M Notebook*, 1838）[1]

达尔文在火地岛的见闻让他产生了很多困扰，其中就包括当地印第安人的社会缺乏明显的社会不平等性。他在 1839 年写道，"现在，甚至一块碎布也要撕成碎片发给大家，没有人比其他人更富有"。达尔文还担心，这种"完美的平等"将会"在很长一段时间阻碍他们的文明进步"。他指出，"例如，新西兰人和塔希提人是同一民族的两个分支，塔希提居民刚刚被外界发现时奉行的是王权统治体制，这比新西兰人的发展等级要高得多。尽管后来新西兰人被迫将精力转向农耕业并因此受益，但他们在绝大多数领域遵从的还是共和制"。因此，"在火地岛同样如此，如果不出现一个拥有绝对权力的首领——他可以保护任何一点暂时取得的进步，例如驯化动物或其他珍贵的经验——这个地区的政治状态几乎不可能得以改善"。

然后达尔文还补充说："另一方面，很难理解一个首领是如何出现的，除非存在某种财产分配方式，通过这种方式他可以彰显并扩张自己的权力。"²

如果达尔文把这些事后想法再多考虑一段时间，他可能会开始怀疑火地岛人是否实际上"完全平等"。自然，对于一个由仆从照料长大的富有英国人来说，一个从未远离饥饿的社会似乎是明显的平等主义。他们中没人炫耀自己的社会地位，不存在巨大的财富差异。但是社会等级制度其实可以有多种形式，而且在每个人类社会中都能找到其中一种。

这一规律是后来才慢慢被人发现的。造成这一情况的原因是，20世纪的人类学家像达尔文一样来自高度分层的社会，他们被狩猎-采集部落的相对无阶级性所震惊，同时也因这种现象而感到振奋。该时代的人类学家背负着一种极为乐观的信念：人类心智具有几乎无限可塑性。这种信念是由弗朗兹·博厄斯①和他的两位著名学生——鲁思·本尼迪克特②以及玛格丽特·米德所带动的。从某些方面看，博厄斯对人性的偏见值得称赞，在20世纪前后，许多人粗糙地将达尔文主义延伸到政治领域，他们认为贫穷和其他各种社会弊病都是"自然现象"。博厄斯的观点是对这种理论的有力回击，然而，善意的偏见在本质上依然是偏见。博厄斯、本尼迪克特和米德漏掉了人性故事

---

① 弗朗兹·博厄斯，现代人类学的先驱之一，他主张文化人类学研究要进行实际田野观察，包括长期居住在要研究的地区，学习当地语言，与土著人形成紧密的社会联系。他对人类学研究方法以及现代人类学体系的创建有着重要贡献。——译者注

② 鲁思·本尼迪克特，美国当代著名文化人类学家，曾从事对罗马尼亚、荷兰、德国、泰国、日本等国家民族性的研究，其中对日本的研究成果出版为《菊与刀》一书，影响深远。——译者注

中非常重要的一部分内容，[3]这些内容中就包括人类对社会地位的强烈渴望以及普遍存在的社会等级秩序。

近年来，一些信奉达尔文主义的人类学家开始关注社会等级。他们在那些看起来最不可能存在社会等级的地区也发现了它存在的证据。

阿契人是生活在南美洲的狩猎-采集者，他们乍看之下似乎处于理想的平等状态。部落的肉食会放在一个公共池子中，最优秀的猎人会按照惯例帮助那些不怎么走运的邻居。但在20世纪80年代，人类学家通过更近距离的观察分析发现，虽然最优秀的猎人会将肉食慷慨相赠，但他们也会贮藏一些基本的生活资源。而且比起其他猎人，优秀猎人会有更多婚外情和更多私生子，他们的后代也会有更高的存活率，这显然是因为他们可以受到特殊照顾。[4]换句话说，被视为优秀的猎人本身就是一种非正式的社会等级，这种特殊身份在男女群体中都具有影响力。

中非的阿卡俾格米人乍看之下好像也缺乏等级制度，因为他们没有"首领"，没有负责最后做决策的政治领袖。但他们的部落中会有一个被称为"康贝堤"（kombeti）的人，此人能以一种微妙的方式影响群体重大决策（他通常凭借高超的狩猎本领赢得这一称号）。与之相对，康贝堤能获得更大份额的食物、更多的妻子和后代。[5]

就这样，随着越来越多的社会被信奉达尔文主义的人类学家以敏锐的视角重新评估，真正完全平等的人类社会是否曾经存在过也就变得越发可疑。一些社会没有专门进行社会观察的社会学家，因此可能没有特定的概念来表达地位等级，但等级是真实存在的。有的人处于较高的社会阶层，有的人处于较低的社会阶层，然而大家都各自知晓阶层身份。1945年，人类学家乔治·彼得·默多克（George Peter

Murdock）在当时盛行的博厄斯潮流中逆水行舟，发表了一篇名为《文化的共同特征》（The Common Denominator of Cultures）的文章，在文中他大胆提出，"阶层分化"是所有人类社会的共性（人类社会普遍存在的现象还有几十种，例如赠送礼物、财产权、婚姻等等）。[6] 我们越是近距离地考察不同文化，越发现他的观点是正确的。

在某种意义上，普遍存在的等级制度正是一个达尔文式的谜题。为什么失败者也有兴趣继续参与这个游戏？为什么在社会地位的金字塔中，等级较低的人去顺从等级较高的人是一种符合他们基因利益的行为？当一个社会系统分配给你的资源要少于分配给你邻居的资源时，为什么你还愿意为这个系统做出贡献？

我们可以想象一下原因。也许，等级制度能够将整个群体紧密地团结在一起，以致大多数或所有成员能从中受益，即使他们的受益是不平等的——这正是达尔文期望火地岛人有朝一日会迎接的命运。换句话说，也许等级制度服务于"群体利益"，因此受到"群体选择"的青睐。该理论得到了知名作家罗伯特·阿德里的拥护，作为群体选择论的重要支持者，他曾写道：如果人类不是天生就有服从的能力，那么"社会组织不可能实现，我们会永远处于无政府状态"。[7] 后来群体选择论的衰落标志着新达尔文主义范式的兴起。

好吧，或许如此。但是，考虑到动物世界存在大量本质上不合群的物种，自然选择似乎并没有像阿德里所认为的那样对社会秩序感兴趣，它完全不介意让有机体在混乱中追求广义适应性。此外，如果你开始仔细考虑群体选择论者设想的情景，问题就出现了。诚然，当两个部落在战斗中相遇，或者为相同的资源进行竞争时，等级制度更完善、凝聚力更强的部落可能会获胜。但一开始它是如何形成等级区分和凝聚力的？在一个日常充满基因竞争的社会，一种会导致屈服行为并因此降低个体适应性的基因是怎样获得立足之地的？在有机会展示自己对群体有利之前，它们难道不会首先就被淘汰出基因库吗？这些都是群体选择理论——比如达尔文关于道德情操的论述——经常面临、且无法克服的问题。

在达尔文主义对等级制度的解释中，最为人广泛接受的理论简单直接，并且符合已观察到的事实。只有掌握了这一理论——也就是只有在看清了人类社会等级的进化驱动力、摆脱社会等级的道德和政治色彩之后——我们才可以重新回到对道德和政治问题的讨论上。究竟在哪个意义层面上，我们可以说社会不平等是一种人类天性？不平等真的像达尔文所说的那样，是经济或政治进步的先决条件吗？是不是有些人生来就该服从他人，有些人则是天生的领导者？

等级阶层的现代理论

将一群母鸡放在一起，经过一段时间的混乱和相互殴斗后，它们的秩序会稳定下来。纷争过程往往迅速但又有决断性，一只母鸡会啄另一只母鸡，造成它在某种行为上的暂时延缓（比如说，在抢食物时，受攻击的母鸡会暂缓啄食动作）。而这些延缓最终会形成一种模式，简单的线性等级关系就此出现，每只母鸡都知道自己属于哪一等级。A 可以啄 B，但 B 不可以啄 A，B 可以啄 C，但 C 不可以啄 B，以此类推。挪威生物学家索里夫·谢尔德鲁普–埃贝（Thorleif Schjelderup-Ebbe）在 20 世纪 20 年代发现这种模式，并将该现象命名为"啄食顺序"。（谢尔德鲁普–埃贝还观察到，这种模式可以推广到政治领域，"独裁专制是世界的基本原则，任何生命都和它密不可分地联系在一起……没有什么地方是没有暴君的"。[8] 难怪人类学家在长时间内一直回避对社会等级的进化解释问题。）

母鸡之间的啄食顺序不是随意产生的。B 在过去的冲突中对 C 有明显的优势战绩，而 A 则比 B 更强大。因此，将逐渐涌现的社会等级制度仅仅解释为个人自身利益的总和，这件事构不成一个巨大挑战。如果每只母鸡都对战胜过它的母鸡俯首称臣，它自己也节约了战斗成本。

如果你曾长时间观察小鸡，你可能会质疑它们是否有能力处理像"A 反正一定会打败我，所以为什么我要和它打架"这样复杂的想法。你的质疑很准确，啄食顺序正是另一种由自然选择来负责"思考"、而有机体只负责执行就可以的行为程序。有机体必须能够区分出它的同伴，并对那些曾粗暴对待自己的同伴产生适当的恐惧，但它不需要理解恐惧背后的逻辑。如果一种基因能促进小鸡产生选择性恐惧，进而减少它们花在无谓战斗中的时间精力，它理应繁荣发展。

一旦这样的基因广泛存在于整个族群，等级制度就会成为社会结构的一部分。确实，这个社会看起来会像是由一个更重视秩序而不是自由的人所设计的，但这并不意味着事实真的如此。正如乔治·威廉斯在《适应与自然选择》中所说的："狼群、各种各样的脊椎动物以及节肢动物所表现出的支配-从属等级并不是一个功能性结构。每个个体在食物、配偶和其他资源的竞争中不断相互妥协，最终妥协的总和造就了等级结构。每一次的妥协行为都是具有适应性的，但不是说妥协行为的总和也具有适应性。"[9]

在关于社会等级的进化解释中，这并不是唯一一种可以避开群体选择论陷阱的理论。另一种理论基于约翰·梅纳德·史密斯关于进化稳定状态的概念，更具体地说，是基于他的"鹰派-鸽派"策略分析。设想支配和屈从是两种基因主导的策略，每一种策略的成功率都取决于它们的相对频率。只要周围有很多屈从者，做一个支配者才是没有什么问题的（例如，四处恐吓那些屈从者，抢走他们一半的食物）。但随着这种策略的普及，它的效果会越来越差：一方面，可供剥削的屈从者越来越少，另一方面，支配者之间的交锋越来越多，他们要将大量精力投入战斗。这就是为什么屈从策略能够兴旺发达的原因：屈从者虽然要放弃一部分食物，但避免了与支配者争斗所造成的资源损失。群体内部在理论上会保持平衡，即支配者与屈从者的比例是固定的。而且，就像所有进化稳定状态一样（回想一下第3章提到的蓝鳃太阳鱼），在这个平衡比例上，采用任何一种策略的个体都能获得繁殖成功。[10]

一些物种似乎符合这种解释。在哈里斯麻雀中，颜色较深的鸟具有更强的攻击性和统治力，颜色较浅的鸟则更加被动和顺从。梅纳德·史密斯发现了间接证据，能够证明这两种策略同样有利于适应性，这是进化稳定状态的特征。[11]但是，当我们将目光转向人类（事实上，不仅是人类，还包括其他具有社会等级的物种）时，这种解释就遇到了很大问题。其中最突出的一个问题是，在阿契人、阿卡人、许多其他人类社会以及其他物种中，较低的社会阶层只能带来较低的繁殖成功率。[12]这不是各种策略达到进化稳定状态的标志，它只能说明低等级个体在困境中尽力而为。

近几十年来，许多人类学家已经开始对社会等级制度表现出轻描淡写的态度，但心理学家和社会学家却很关注它的动态特征，他们在仔细观察人类会利用哪些机制将不同的社会成员相区分。例如，把一群孩子放在一起，不久他们就会形成等级分化。处于最高地位的孩子最受欢迎、最常被模仿，并且他们在试图施加影响力时，也最容易让其他孩子听从。[13]这种倾向的雏形在一岁大的幼儿中就能看到。[14]最早的时候，地位等同于韧性——地位高的孩子是不会轻易退缩让步的——事实上，对于男性来说，韧性在整个青春期都很重要。但在幼儿园阶段，一些孩子会通过合作的技巧提升自己的等级。[15]其他的才能，包括智力与艺术才华等等，也是能发挥影响力的因素，尤其是当我们长大之后。

许多学者在分析这些现象时并没有将达尔文主义的视角带入自己的研究，但很难相信，这种自动的行为模式不具有先天基础。此外，等级结构在家庭中同样存在，这一点在与我们血缘最近的近亲黑猩猩和倭黑猩猩身上表现得非常明显，它们的家族等级分明、结构复杂。与我们血缘稍远一点的大猩猩以及其他灵长类动物也有家族等级结构，只是形式上更简单一些。[16]如果你能从其他星球带来一个动物学家，给他看我们的进化族谱，并告诉他最接近我们进化分支的其他三个物种是有等级结构的，他可能会猜测人类也有。如果你还告诉他，只要仔细观察就会在每一个人类社会都找到等级制度，甚至在太小还不会说话的孩子中也存在等级分化，那么他很可能认为这个结论是无可争议的定论。

还有更多的证据。人们表明自身地位或者他人地位的方式，在不同文化中似乎具有很高的同质性。达尔文在询问了许多传教士和游历经验丰富的旅行者后得出结论："人类可以用许多方式来蔑视、轻视和厌恶，比如通过面部变化和各种手势，而这些方式在全世界都是一样的。"他还指出："一个骄傲的人会通过抬头挺胸来展示他的优越感。"[17]一个世纪后的研究表明，当个体在某些社会表现方面取得成功后，身体会更加挺立，比如学生考试获得高分时。[18]动物行为学家艾雷尼厄斯·艾布尔-艾贝斯费尔特（Irenäus Eibl-Eibesfeldt）发现在许多文化中，儿童打架后都会自惭形秽地低下头。[19]这些普遍化的表达方式都有内在基础。各种文化背景下，人们都会因自己在社会中的成功而感到自豪，因失败而感到尴尬甚至羞愧，同时因结果暂时不明而感到焦躁。[20]

其他灵长类动物也会释放出和人类一样的社会地位信号。占统治地位的雄性黑猩猩——以及其他灵长类动物的雄性首领，走路时都得意扬扬、昂首阔步。当两只黑猩猩为了社会地位争斗后，失败者会卑微地蜷缩起身体，之后再见到胜利者，它也会平和地重复这种动作，表达内心的顺从。

地位、自尊和生物化学

人类和其他灵长类动物行为相似性的背后存在着生物化学机制的相似性。在长尾黑颚猴的社会中，占统治地位的雄性比它们的从属者拥有更多的神经递质5-羟色胺①。一项研究发现，在大学兄弟会中，兄弟会干部的5-羟色胺水平要高于其他普通会员。[21]

人们对于基因与行为的关系一度有一种广为接受的误解，如今这种误解已经没有那么流行，但依然没有全部消亡，眼下正是彻底澄清这一误解的好机会。其实，并不是所有"由激素控制"或其他"生物因素控制"的行为都是"被基因决定的"。是的，5-羟色胺水平（同其他神经递质一样）和社会等级之间存在一定的相关性。但这并不意味着特定个体的社会地位是由基因拍板、出生时就注定的。如果你检

---

① 又名血清素，一种抑制性神经递质，广泛存在于哺乳动物组织中，其影响几乎涉及大脑活动的每一个方面，如情绪、精力和记忆力等等。研究发现，5-羟色胺水平较低的人更容易发生抑郁、冲动行为、酗酒、自杀、攻击及暴力行为。——译者注

查一下兄弟会会长在他政治地位上升前的5-羟色胺水平，或者长尾黑颚猴在成为首领前的5-羟色胺水平，会发现这些个体与其他个体没有显著区别。[22] 5-羟色胺水平虽然是一个"生物"因素，但它在很大程度上是社会环境的产物。自然选择的运作方式不是让某人成为天生的领导者，而是让它坐上领导的位子后能获得领导所需的生物指标（还有一些证据表明，生物因素的变化是为了鼓励有机体在适当的政治时机争夺领导权。）[23] 所以，如果你能当选大学兄弟会会长，你也会有较高的5-羟色胺水平。

当然，遗传差异很重要。有些人的基因使他们变得异常雄心勃勃，或者特别聪明，有运动天赋、艺术才能以及其他各种各样的特征，其中也包括有较高的5-羟色胺水平。但这些遗传特征是否能开花结果要依赖环境（有时二者是相互依赖的关系），而它们最终是否可以兑换为社会地位在很大程度上取决于机遇。没有人生来就是要领导他人，也没有人生来就是要服从他人。从某种程度上说，有些人天生就在竞争中占据优势（他们肯定是这样），这种与生俱来的优势在文化和基因上至少是对等的。无论如何，从达尔文主义角度看，我们有足够的理由相信每个人生来都有高5-羟色胺水平的能力，当个体所处的环境有利于社会等级上升时，这种潜在机制可以促使其去争取更高的地位。人类大脑最大的特点就在于其灵活性，考虑到这种灵活性，自然选择的运作方式是不会拒绝任何一个人通过较高的社会地位获得基因回报的机会的。

5-羟色胺有什么功效？神经递质的作用方式极其微妙，要依赖特定化学环境，因此，对它进行简单概括是有风险的。但通常情况下，5-羟色胺似乎能让人更放松、更合群以及更自信，就像喝一杯红酒的作用一样。事实上，酒精的确会促进5-羟色胺的释放。如果做一点轻微的简化，你可以说 5-羟色胺会提高自尊，它能让你的行为举止符合一个受人尊敬的领导者身份。5-羟色胺水平极低不仅会导致低自尊，还会引起严重抑郁，甚至可能导致自杀。抗抑郁药的机制正是促进 5-羟色胺分泌，例如百忧解。[24]

到目前为止，本书几乎没有提到过像 5-羟色胺这样的神经递质，或者其他生物化学方面的结论。这在一定程度上是因为基因、大脑和行为之间的生物化学联系有很大一部分我们目前尚未完全理解。同时也因为进化分析的逻辑很优雅，我们经常只需要知晓基因扮演的角色，而不需要考虑它们的具体作用细节。然而，所有的逻辑理所当然都是由细节支撑起来的。每当我们谈到基因（或环境）对行为、思想或情感的影响时，我们其实都在讨论生物化学的链式反应。

如今这些反应链条日渐明晰，它们可以将早期研究获得的各种零散数据资料整合在一起，并有助于我们把这些数据移植到达尔文主义框架中。心理学家在几十年前就发现，人为降低被试者的自尊（通过向被试者谎报他在测验中分数很低），会使他们在接下来的纸牌游戏中更有可能作弊。最近的一项研究发现，5-羟色胺水平较低的人有更高的概率做出冲动性犯罪。[25]这两项研究发现如果被翻译成进化术语，可能指向同一个结论："欺骗"是一种适应性反应，当人们被驱逐到社会金字塔的底层并发现很难通过正当途径获得资源时，就会触发这种反应模式。在旧城区犯罪率问题上，那些看似简单的限制预防方式①也许有一定道理。犯罪是被自卑所培育出来的，各类电视和电影节目不断提醒那些贫穷的少年，社会的最高阶层中没有他们的容身之

---

① 这里说的"限制预防方式"是第 10 章《维多利亚时代的道德良知》部分提到的，"改变激励结构，确保犯罪行为无法获得回报"。——译者注

所。我们再一次看到，虽然达尔文主义经常被讽刺为是基因决定论和右翼思想，但它其实与赞成环境决定论的左派倾向是多么契合。

我们也可以看一下另一个检验群体选择理论的方法：作为群体成功的构成要素，如果对低等级的接受已经成为一种进化上的主流心理机制，那么群体成功的收益会向下层社会渗透，低等级的个体也能得到足够好处。既然如此，理论上他们就不应该花费时间精力去破坏群体等级秩序。[26]

对于除人类外的其他灵长类动物来说，要确认它们的 5-羟色胺水平和社会地位之间的联系是异常复杂的，甚至在与人类进化关系最近的近亲黑猩猩身上目前也没有人做出测试。但许多专家认为这种联系是存在的。事实上，人类和黑猩猩对地位的追求有着惊人的相似之处。由于人类和黑猩猩的亲缘关系如此之近，二者有着共同的血统，以至于我们与黑猩猩一定有许多相似的生物化学机制，而正是这些生化机制主导了生物体的心理或情绪状态。因此，黑猩猩之间的地位斗争值得我们仔细研究。

黑猩猩会将大量精力投入与身份地位有关的琐事中，其中许多都涉及程式化的礼仪：例如向一个社会等级更高的个体谦卑地问好。黑猩猩也会对首领鞠躬，甚至亲吻首领的脚。[27]（吻脚仪式似乎是某种文化怪癖，因为并不是所有黑猩猩群落中都存在这种仪式。）至少对于雄性黑猩猩来说，只有经过斗争，才能平和地接受彼此的等级次序。如果你看到一只黑猩猩总是获得同类的敬意，它一定是许多关键战斗的胜利者。

地位斗争的赌注是非常实际的。在黑猩猩部落中，资源分配比例的基本依据就是社会等级，雄性领袖往往会得到最大的份额。特别是在雌性发情期时，雄性首领会警觉地守护着生育力旺盛的雌性。

道德动物 254

一旦等级阶梯形成，身处更高级别就能带来更多生殖回报。于是，如果某种基因可以驱使个体在可接受的代价内努力向更高阶层攀爬，这种基因就会扩散传播。它的运作方式是为人类装载某些动机，例如被我们称作"野心"或"好胜心"的东西；或者装载某些情感，例如"羞愧"（还有在失败后感到羞愧的倾向以及对"羞愧"这种感觉本身的厌恶）和"自豪"（还有在达成了重要成就后感到自豪的倾向以及对"自豪"这种感觉本身的向往）。无论个体究竟具体体验到什么，只要这些感觉能提高适应性，它们将成为物种心理的一部分。

雄性黑猩猩似乎比雌性黑猩猩更容易被这种基因的力量所奴役，他们会为地位奋命拼搏。正因为如此，雄性的等级体系是不稳定的。看起来总有一些少壮派勇于向首领发起挑战，而雄性首领要花大量时间去尽早发现这些威胁并努力让其归顺。雌性很少通过冲突决定等级次序（资历往往比较重要），一旦次序形成，她们也不太在意自己的地位。实际上，雌性的等级差异非常不明显，只有经验丰富的观察者才能区分出来。相比之下，可能一个毫无经验的小学生也能看出黑猩猩部落中的自大专横的雄性首领是谁。雌性的社会联盟是靠友谊支撑起来的，并且经常持续一生；而雄性的社会联盟会随着策略效用的变化而变化。[28]

男性、女性和社会地位

以上这些描述听起来何其熟悉。在人类社会中，男性往往也和野心勃勃、傲慢自负以及机会主义等标签联系在一起。《你误会了我》的作者、语言学家德博拉·坦嫩观察到，不同于女性，对男性来说谈话"主要是一种在社会等级秩序中保持自主、维持地位和进行谈判的手段"。²⁹在20世纪下半叶，许多人认为男女间的这种差异完全是文化造成的，坦嫩在书中接受了这一看法。但这肯定是错误的，之所以雄性黑猩猩会对社会地位开展狂热追逐，是因为进化逻辑构成了其行为背后的推动力，而人类进化也是遵循同样的逻辑在运作的。

这一逻辑也解释了雄性和雌性对待性的方式：雄性有巨大的繁殖潜力，雌性繁殖潜力受限，由此导致雄性之间的繁殖成功率会存在差异。在权力结构的最底端，那些底层雄性可能没有后代，因此通过自然选择的运作，雄性动物进化出了对低等级雄性的强烈厌恶感；在权力结构的最顶端，处于首领地位的雄性可以与多位雌性生养几十个后代，因此自然选择为雄性动物注入了对权力的无限渴求。对于雌性来说，等级角逐游戏中的生育筹码并不算高，例如当一只雌性黑猩猩处于排卵期时，无论她的社会地位如何，都不会面对没有追求者的情况。从根本上来说，她与其他雌性并不存在性资源竞争。

当然对于人类来说，女性之间也存在配偶竞赛，她们要相互竞争能提供最多亲代投资的男性。但没有证据表明，在进化过程中社会地位是她们竞争的主要手段。此外，主导男性性竞争的进化压力似乎比主导女性投资资源竞争的进化压力更大，原因还是在于，男性之间的潜在生殖成就差异要比女性之间的潜在生殖成就差异大得多。

吉尼斯世界纪录证明了这个观点。人类历史上生育子女最多的男人一共生了888个孩子，这比一个女性一生中在理论上能生育的最大子女数要多出860个——除非她每一胎都是多胞胎，但也只能让差距稍微减小一点。这个子孙繁盛的男人是绰号为"嗜血者"的摩洛哥阿拉维王朝第二任苏丹——穆莱·伊斯梅尔（Moulay Ismail）。³⁰一个名声和"嗜血"有关的人能够将基因遗传到近1000个后代，想到这一点让人不寒而栗。但这就是自然选择的运作方式：最冷酷的基因往往胜出。当然，我们不能肯定穆莱·伊斯梅尔的嗜血性是由独特的基因决定的，也许只是因为他的童年非常不幸。不过，重点很明确：有时是基因导致了男性对权力的无限追求，而权力又可以兑现为更多可存活的后代，因此这些基因会繁荣成长。[31]

在"小猎犬"号航行后不久，达尔文写信给他的堂兄威廉·福克斯（William Fox），说他的作品"受到了权威的好评。这给了我很大的信心。我希望不要太自负，虽然我承认我经常像欣赏自己尾羽的孔雀一样"。[32] 在那个时候，达尔文还没有领悟到自然选择理论，而距离他自己想到性选择机制则更加遥远。他没有意识到，自己的这个比喻是多么恰当。但后来他就会发现，男性对自我的放大与雄孔雀的尾羽都是由同一种力量所创造出的，即雄性间的性竞争。达尔文在《人类的由来》一书中曾写道："男女两性的心理倾向看起来有很大差异，女性更温柔，并且没那么自私；男性互相视为对手，他们能从竞争中汲取快乐，并且这种倾向很容易让雄心壮志演变为自私自利。这些后来附加的特质也是男人天性的一部分，但它们其实是一种不幸的产物。"[33]

达尔文还发现，这种天性并不仅仅是我们人猿时代的遗留物，也是我们成为人类之后进化历程的产物。"最强壮、最有活力的男人能够最好地保卫家庭，为家族提供狩猎食物，他们很可能成长为首领或领导者，从而占有更多的资源，例如最好的武器、狗和其他动物。与部落中那些身体羸弱、缺乏资产、阶层低下的成员相比，他们能成功养育的后代数量也更多。毫无疑问，这些人通常可以选择更有魅力的女性。目前看来，在任何一个原始部落，首领都会有不止一个妻子。"[34] 的确，对阿契人、阿卡人、阿兹特克人、印加人、古埃及人以及许多其他文化的研究都表明，在避孕技术得以普及之前，男性权力可以直接转化为后代数量。即使现代社会的避孕措施已经打破了这一联系，男性的社会地位与性行为次数依然存在正相关关系。[35]

当然，男性间的竞争兼具文化基础与基因基础。虽然在初学走路的孩子中，男孩的言行态度就比女孩要独断专横，但父母还是会给他们接触枪支的机会，并为他们报名参加少年棒球训练赛。这种对待方式可能也部分源于基因影响，基因编写的程序要求父母将子女塑造为最佳生育机器（严格来说，是塑造成进化环境中的最佳生育机器）。玛格丽特·米德曾经对原始社会有一个观察结论，这个结论在某种程度上可能适用于所有类型的社会："小女孩知道，自己是女性，只要简单的耐心等待，总有一天她会成为母亲；小男孩知道，自己是男性，只有在许多方面成功之后，他才能成长为男人，并有资格向他人展示自己的男子气概。"[36]（这个结论在不同环境下的准确程度，可能取决于从达尔文主义视角看该环境本身的"合理性"。有证据表明，在一夫多妻制社会中，社会地位较高的男性往往有更高的繁殖成就，因此父母会特别注重培养儿子的竞争力。）[37]

这并不是说野心抱负是男性的专属。对于灵长类动物来说，无论是雌性猿类还是女人，都可以从更高的地位中得到好处，比如更多的食物或对子女的优待，所以她们确实也会拿出一部分热情来追求地位。在黑猩猩的世界中，那些未完全发育成熟的雄性也是由雌性支配管理的，因此，如果雄性的权力体系中出现一部分真空结构，雌性甚至有机会占据更高的政治地位。比如，当人类圈养的黑猩猩群体中暂时没有成年雄性时，雌性黑猩猩就会登上首领的宝座，在雄性竞争对手出现后，她也会捍卫自己的地位。而倭黑猩猩——我们的另一个进化近亲——中的雌性则表现出了对权力更强烈的渴望。在一些人为圈养的倭黑猩猩家族中，雌性是无可置疑的领袖。即使是野外的倭黑猩猩部落，强大的雌性也经常能够挫败低等级的成年雄性。[38]

当我们回顾黑猩猩之间的地位之争时，这些经验是共通的，至少对于雌性都适用。鉴于此，我们将话题聚焦于雄性间的争斗，因为雄性间的纷争产生了许多新变式。然而，如果加剧这些斗争的精神力量存在于人类天性中，那这种力量对于男女来说可能都是一样的，尽管女性在这方面的驱动力要小一些。

相比小鸡，黑猩猩和人类的等级体系要复杂得多。个体之间的支配从属关系可能每天都在变化，这不仅仅是因为等级制度会重新洗牌（这确实会发生），同时也因为支配地位取决于环境；灵长类动物依靠哪种途径能走向成功，要看周围其他灵长类动物。原因是黑猩猩和人类有一些小鸡没有的东西：互惠利他主义。生活在互惠利他主义社会意味着有朋友，而朋友会在彼此卷入社会冲突时互相支持。

看起来显而易见，毕竟朋友不就是要互相帮助吗？但这真的是不可思议。使朋友互相帮助的进化过程混合了互惠利他主义和社会等级，这在生命编年史中是极为罕见的。

促成这种混合的因素是一个事实，即一旦等级制度形成，地位就成为一种资源。[39] 如果地位能够增加你获得食物或性伴侣的机会，那么追求抽象的社会地位就是有意义的。就像虽然钱不能直接拿来当食物，但我们都明白赚钱有什么作用。因此，两个动物之间为了提升地位而进行的援助交换在性质上与食物交换没什么不同：只要这种交换是非零和性质的，自然选择就会在机遇出现时鼓励这种交换。确实，如果仔细观察黑猩猩和人类社会，你可能会怀疑，从自然选择的观点来看，人们发展友谊的目的就是为了互相帮助提升地位。

等级制度和互惠利他主义的进化融合解释了人类生活中许多美好的事物。我们的情感波动，我们的重大承诺，我们对某个人、某个组织甚至某种思想的态度转变，在很大程度上都是由这种融合所形成的心理器官来控制的，它让我们的日常生活更有质感。

这种进化融合还形成了大部分的组织结构，企业、政府和学校等社会组织中的生活模式都是由同样的心理器官来控制的。不可否认，互惠利他主义和等级制度都是为了帮助个体基因延续而进化的，但它们共同支撑起了人类世界。

你可以观察黑猩猩日常生活的基础模式，总结一下它们的社会结构，然后想象它们的智力突然实现巨大飞跃，记忆、算计、长期规划、语言等等都出现了，接下来你是不是瞬间能描绘出一群衣冠楚楚的黑猩猩在各种建筑中来往穿梭的画面：商业大厦、政府大厅、教学楼，所有这些场所都会像现在的人类社会一样按其职能正常运转。

黑猩猩的政治

黑猩猩夺取社会地位的方式就像人类一样，不能仅依赖于野心和原始武力。诚然，一只黑猩猩至少要把现任首领击败，才能登上首领的宝座。新首领此后可能还会习惯性地恐吓前任首领以及其他的服从者。他会在领地跑来跑去，捶打着地面，冲着一群黑猩猩大吼，甚至拍打其中的一两只，这些黑猩猩必须低头闪避，以此表示对首领的尊重和顺从。不过，要想达到权力顶端并长时间占据，通常也需要有战略头脑。

珍妮·古道尔[①]在非洲的一只观察对象——黑猩猩迈克——很好

---

① 珍妮·古道尔，当代最著名的动物学家之一，她是第一个在野外对黑猩猩做过长期追踪研究的动物学家，她的许多观察与结论颠覆了人们对黑猩猩社群的认知。——译者注

地说明了黑猩猩是如何巧妙寻求地位的。迈克虽然不够身高体壮,但他发现,推动空的煤油桶跑向更强壮的黑猩猩并制造出很大噪声时,自己能赢得他们的尊敬。古道尔写道:"有时迈克会将他的动作重复四次,一遍又一遍地恐吓对手,直到对手开始梳毛。当他最终停下的时候(通常停下时准确地坐在对手刚刚坐过的地方),其他黑猩猩可能聚拢回来,用顺从的姿态为他梳毛……迈克会努力去搞到能加强自己威慑力的道具,例如椅子、桌子、箱子、三脚架以及任何可用的东西。最终我们只能把这些东西保护好。"[40]

迈克的特殊天赋并不是特别典型,并且可能与人类的进化过程关系不大。黑猩猩追求社会地位时最常用的智慧往往与各种神奇的道具无关,而是会涉及它们在社交关系方面的领悟力:通过操纵互惠利他式忠诚,实现个人利益。简言之,就是马基雅维利主义。

毕竟,黑猩猩和人类一样,很少完全独揽大权。如果自己的属下中有一群野心勃勃的年轻雄性,权力的王座不会稳固,因此首领倾向于安排一些常规的支持势力。支持势力可能只是一个强壮的副手,他能帮助首领打发掉挑战者,并因此获得一定回报,比如可以与排卵期的雌性发生性关系。支持势力也可能来自首领与雌性领导者的亲密关系,她可能会参与首领的防卫战,回报是自己和子女能获得优待。另外,支持势力还可以更复杂并且牵涉广泛。

灵长类动物学家弗朗斯·德瓦尔曾在自己的书中描述了黑猩猩在荷兰阿纳姆镇一座动物园里的生活,它们住在一个两英亩大的岛上,发生在它们身上的故事如肥皂剧般跌宕起伏、引人入胜。这些故事很好地诠释了黑猩猩之间的权力更迭以及它们情感和认知的复杂性。有些人觉得德瓦尔的书——特别是书名《黑猩猩的政治》——有问题。他们认为他太容易将猩猩的某些特征归结为与人类相同的天性。但没有人能否认，这本书对猿类生活的详细描述是独一无二的。我会像德瓦尔一样讲述这个故事，使用他那扣人心弦的拟人化语气，之后我们再讨论相关问题。

叶伦是这出戏剧的主角，他很清楚权力结构并不稳固。虽然叶伦占据了首领的位置，但他依赖的是许多雌性的拥护，其中最重要的是"么么"，这是一只非常有影响力的雌黑猩猩，在德瓦尔叙述的故事中她始终是雌性领导者。另一只更年轻更强壮的雄性黑猩猩路易特向叶伦的权力宝座发起了挑战，于是叶伦转而寻求雌性势力的支持。

路易特的挑战手段是循序渐进、逐层加码的。一开始，路易特在占有欲和嫉妒心极强的叶伦面前，公然与处于排卵期的雌性进行交配；随后，他开始了一系列针对叶伦的表演，这些表演具有强烈的冒犯性和威胁意味；最后就是直接的肢体冲突，路易特从树上袭击了叶伦，之后逃之夭夭。这可不是雄性首领惯于享受的礼遇，于是叶伦发出了愤怒的咆哮。

他跑向一群黑猩猩，其中大部分是雌性，叶伦依次拥抱了每只黑猩猩，巩固了与他们之间的战略合作关系，之后带着他们冲向路易特。叶伦和同伴把路易特逼到了死角，路易特大发雷霆，但他输掉了第一场战斗。

叶伦似乎已经提前意识到这次挑战的到来。德瓦尔的记录显示，在路易特第一次公然反抗之前的几个星期里，叶伦花在与成年雌性黑猩猩进行友好互动上的时间增加了一倍多。这就像政治家们在竞选期会靠亲民来笼络人心一样。

可怜的叶伦，他的胜利转瞬即逝。路易特开始暗中破坏叶伦的统治联盟。连续几周，他一直在惩罚叶伦的支持势力。当他看到一只雌黑猩猩为叶伦梳理毛发时，他会接近他们发出恐吓声，或者真的动手殴打雌黑猩猩，有时还会在她身上跳来跳去。但随后，路易特可能会帮这只被打的母猩猩梳理毛发，并和她的孩子玩耍，前提是母猩猩不再和叶伦一起。于是母猩猩理解了他想表达的意图。

也许，如果叶伦能更好地保护盟友，他就能继续留在首领的王座上。但由于路易特和一只名叫尼基的年轻雄性黑猩猩缔结了结盟，叶伦的策略选择受到了限制。当路易特骚扰雌黑猩猩的时候，尼基会陪着他，有时他自己也会狠狠地打她们一巴掌。他们的合作关系是自然形成的：刚刚度过青春期的尼基正努力在雌黑猩猩中建立起统治地位，这是年轻雄性黑猩猩惯有的行为模式。对于尼基来说，与路易特的结盟降低了这项任务的难度系数。经过一番犹豫后，路易特还给了尼基额外的奖励，那就是优先交配权。

将叶伦孤立后，路易特可以登上权力金字塔的最顶层了。经历多次对抗后，叶伦最终谦卑地向路易特表示顺从，权力更迭就这样确定下来了。

事实证明，路易特是一位智慧而成熟的领导者。在他的统治下，族群生活井然有序，公平合理。如果两只黑猩猩在打架，他会冷静介入其中，恩威并举，宽严相济，凭借自己的权威结束这场争斗。当他支持某一方时，通常都是偏袒失败者，而叶伦之前也是这么做的。我们一般将这种帮助受压迫者的策略称为平民主义。雌性黑猩猩似乎特别青睐这种做法，由于她们不像雄性那样热情地追求地位，因此更看重社会稳定。如今路易特可以指望她们的支持了。

然而从长远来看，仅仅贯彻平民主义是不够的。一方面，路易特要继续面对叶伦对权力执着的贪念（二者之间曾有过多次对决，在叶伦俯首称臣后，尽管他们之间开始出现互相梳理毛发的行为，看起来已经和解了，但也许叶伦对路易特还有一些无法抹去的恨意）；另一方面，路易特还要面对尼基不断膨胀的野心。他一定已经意识到，后者是更可怕的威胁，所以他转向叶伦寻求结盟，这样就能将尼基冻结在领导圈之外。但叶伦也似乎察觉到了自己在权力天平中的关键位置，于是他在其中翻云覆雨，不断挑拨路易特与尼基的矛盾。最后他又倒向尼基，与之结盟推翻了路易特的统治。尼基坐上了首领的位子，但叶伦继续娴熟地操弄各种权谋游戏，以至于第二年引领雄性性活动的是他而不是尼基。德瓦尔认为尼基只是个傀儡，叶伦才是王座背后的实际掌权者。

这个故事有一个恐怖的尾声。在德瓦尔的书出版后，尼基和叶伦曾经闹翻过，但由于路易特复辟成功，他们又重新达成了共同目标。一天晚上，在一场残酷的恶斗中，尼基和叶伦联手重创了路易特——他们甚至扯掉了他的睾丸，这种做法毫无疑问具有达尔文式的象征意义。对于两个罪犯中哪一个应该受到更多的指责，德瓦尔从未感到过困惑。"小十岁的尼基看起来只是叶伦权力游戏中的一枚棋子，"他后来总结道，"我要努力让自己不产生任何道德判断，但直到今天，见到叶伦时我依然不可避免地会把他视为杀人犯。"[41]

当一只黑猩猩是什么感觉？

这就是阿纳姆动物园黑猩猩的故事，在这份叙述中主角们似乎就像人类一样。德瓦尔应该因为过度拟人化而受到责难吗？具有讽刺意味的是，即使是陪审团全部由进化心理学家组成，他们也可能至少为他的一项过失投上"罪名成立"的赞成票。

德瓦尔猜想，在路易特刚刚打首领位子的算盘时，叶伦就已经开始用更多的时间与雌性相处了，他已经"察觉出路易特的态度正在发生变化，并明白自己的地位受到了威胁"。[42]或许叶伦确实"察觉"到了态度变化，这可以解释为什么他会突然向在政治局势中扮演重要角色的雌性示好。但是，我们必须要像德瓦尔那样，假定叶伦真的"知道"——也就是有意识地预见到——即将到来的挑战，并因此理智地选取策略予以阻止？为什么不能是路易特逐渐增长的魄力让叶伦感受到了巨大压迫感，从而推动他去拉近与自己朋友的距离呢？

如果一种基因可以促使个体对威胁产生无意识的合理回应，它当然会在自然选择中胜出。当黑猩猩幼崽或人类幼儿看到一个样貌可怕的动物时，他们会退向自己的母亲，这个反应是合乎逻辑的，但幼儿可能并没有意识到其中的逻辑。同样地，我之前提到过达尔文反复发作的疾病可能会周期性地加深他对艾玛的依恋，我的意思并不是说他会因为自己的状况不佳而有意识地重新评估艾玛的价值（尽管他可能会这样做）。各种各样的威胁似乎能够滋养我们对他人的感情，而对象正是那些可以帮助我们面对威胁的人，例如亲人或朋友。

重点在于，过于轻易地将策略归功于黑猩猩的智慧可能会模糊进化心理学的一个基本论断：人类日常行为常常是隐蔽内驱力的产物，这种内驱力可能是理性的、合乎逻辑的，但并不是那种"有意思考"的理性。因此，当德瓦尔谈到叶伦和路易特的"策略反转、理性决策和机会主义"这些问题时，他可能会让人们误以为理性和非理性是完全对立的，况且他还断言，"同情和反感没有在（叶伦和路易特选择的）策略中发挥作用"。[43]实际上，看似某种策略的行为可能正是同情和反感的产物，策略的终极制定者是自然选择，而自然选择会通过感觉来贯彻自己的决策。

有了这个结论，我们的进化心理学家陪审团可能会继续宣判德瓦尔的许多其他拟人论调是没问题的。因为他经常将人类的情感而非思考过程赋予黑猩猩。在挑战的早期，路易特和叶伦还未分出胜负，他们经常发生周期性的争斗。每次争斗结束，和解仪式会紧随其后（黑猩猩、人类和许多灵长类动物彼此之间发生矛盾后都会这样）。德瓦尔发现，双方都很不情愿地与对方和好，他将这种踌躇不定的态度归因于"荣誉感"。[44]

他小心翼翼地给这个单词加上了引号，但可能并不需要。在黑猩猩的社会中，就像人类社会一样，率先奉上一份和平的提案可能就意味着屈服，而在一场首领位子的漫长争夺战中，屈服会付出真正的代价，因为它可能意味着要屈居次席或者更低的社会地位。因此，对这种象征着屈服的协议产生厌恶感在进化上是说得通的，它植根于基因深处。在人类中，我们把这种厌恶称为荣誉感或骄傲。当我们谈论黑猩猩时，为什么不能使用同样的术语呢？正如德瓦尔所指出的那样，考虑到这两个物种之间的亲缘关系，假定他们的某些深层心理机制具有共性，这符合科学解释的简约化原则：用一个结论就可以解释两种不同现象。

众所周知，妻子们经常这样评论自己的丈夫，"他从不承认自己的错"，或者"他从不先道歉"，"他讨厌向别人问路"。男性似乎不愿意承认另一个人的优势，甚至在辨别方向这种无关紧要的琐事上也是如此。原因可能是，在人类进化过程中，那些在一场争斗后太容易寻求和解的人或者在其他不必要妥协场合率先屈从的人，会发现自己的社会地位下降了，随之而来的后果还有广义适应性的降低。可能女性也是如此，女人和男人一样，不喜欢道歉或承认自己的错误。但是如果民间智慧是可信的，那么平均来说，在妥协这件事上女性没有男性那么不情愿。这并不让我们感到惊讶，因为从适应性的角度来看，勉强和解这种行为对女性祖先的影响不如对男性祖先的影响那么大。

德瓦尔还谈到了"尊敬"。当路易特的统治地位最终尘埃落定时,叶伦释放出一些不太明显的友善信号,但路易特一直忽视他,直到他听到叶伦发出"尊敬的低吼声"——这明确代表了服从的意思。[45]屈居次席的黑猩猩对首领的感受,很可能就像一个打输了的职业拳击手对获胜者的感受一样,而这个人正是他口口声声说要"尊敬"的人。当首领高高在上主宰一切,而被征服的失败者只能低声下气地蜷缩在一边时,也许"敬畏"是更适合形容这种场景的词语。

和德瓦尔一样,珍妮·古道尔也从她了解的猿类身上看到了"尊敬",尽管她使用这个词的场合有些不同。她回忆一只年轻黑猩猩哥布林在雄性首领菲甘身边当跟班的经历时曾写道:"哥布林非常尊敬他的'英雄',他跟在他周围,观察他的行为,并常常给他梳理毛发。"[46]每个经历过青春期并有自己偶像的人都能体会到哥布林的感受。事实上,有些人可能认为"虔诚"比"尊敬"更精确地描绘了这种感觉。

所有这些结论听起来可能很轻率,从我们和猿类表面上的相似之处到灵长类动物心灵深处的共性,这是一个巨大飞跃。也许它会被证明是有些轻率,也许黑猩猩和人类生活之间不可思议的相似之处并不建立在共同的进化起源或共同的生物化学基础之上。然而,如果我们不这样理解,即我们不将上述那些心理机制视作自然选择为让我们适应社会等级生活而在我们身上装载的装置,包括尊敬、虔诚、敬畏、荣誉、固执、骄傲、蔑视以及野心等等,那么我们该如何解释它们呢?为什么它们在文化中普遍存在?还有其他备选理论吗?如果有的话,那个理论是否也能解释为什么男性的骄傲和野心要甚于女性?现代达尔文主义为此提供的解释简单明了:这是在等级社会背景下自然选择发挥作用的结果。

能力与权利

如果说1971年特里弗斯发表的论文只是关于互惠利他主义的猜想，那么德瓦尔拟人化的故事则为这一猜想增添了鲜活的论据。德瓦尔认为，黑猩猩之间的行为可能"同人类一样，受道德公平和正义感的引导"。这一想法是由一只名叫普斯特的雌性黑猩猩引起的，"她曾经帮助路易特追击尼基。后来当尼基恐吓普斯特时，普斯特向路易特伸出手表示寻求帮助，但路易特却袖手旁观，并没有保护她免受尼基的攻击。于是普斯特立刻转向路易特，狂哮不止，跃过围栏去追赶他，甚至还动手打他"。[47]你的朋友在你需要帮助的时候对你弃之不顾，于是你在愤慨中想要对其施以惩罚，理解这样的场景并不需要多少想象力。

正如特里弗斯所指出的，这种"公平感"最深层的来源就是互惠利他主义，无关乎地位等级。事实上，德瓦尔称黑猩猩的行为有两条基本规则："礼尚往来"和"睚眦必报"，这完全等同于对"以牙还牙"策略的描述。我们在之前的章节中已经看到，这种策略的进化并不需要涉及社会等级。

然而，正是对社会地位的竞争，以及随之而来的社会联盟和群体敌意现象，为这种根植于我们心灵深处的道德直觉（即公平感）施加了新的影响。当人们为了追求社会地位而形成联盟时，常常会展现出一种道德权利意识模糊化的特征，他们会觉得其他联盟活该失败。人类是在互惠利他主义和社会等级制度中进化而来的，它们不仅会导致个体间的怨恨和报复，还是种族冲突以及世界大战的心理基础。

当然，认为战争是人类的"本性"并不意味着战争就是好事，更不是说它是不可避免的。社会等级制度也同样如此，自然选择为人类赋予了社会不平等，但这并不等同于认定不平等就是对的。我们承认，一定限度内的不平等确实不可避免。当一群人——尤其是男性——花费很多时间待在一起时，某种形式的等级分化一定会出现，即便可能很微妙且不易察觉。不管我们自己是否能明确意识到，我们都会很自然地对人进行等级排序，我们通过关注、同意和顺从等形式表明我们的排序结果，比如我们更关注谁、更同意谁、更容易因谁讲的笑话而发笑以及更听从谁的建议等。[48] 但与此同时，更大意义上的社会不平等——整个国家在财富和权力方面的严重不平等——则是另一回事，这是政府政策失误的产物。

当然，公共政策说到底也必须符合人性。如果人们大体上是自私的——他们确实是这样——那么假使既要他们努力工作，又要他们的收入并不多于那些无所事事的邻居，这就会超出他们愿意付出的极限。我们已经知道，平均主义注定失败。我们还知道，对税收的适度再分配并不会扼杀人们的工作热情。在这两个极端间有大量可供选择的政策，每种政策都有成本，但这种成本不是源于人类对自身社会地位的渴望，而是人类自私性的产物，这不算什么新奇的结论。

事实上，对社会地位的渴求可能会降低再分配的成本。人们似乎倾向于将自己和那些与自己处于同一社会阶层的人进行比较，尤其是同一阶层中地位又恰好在自己之上的人。[49] 从进化视角看，这其实是一种等级攀升策略。但重点不在这儿，重点在于，如果政府从你的每个中产阶级邻居那里多拿走1000美元，你和邻居的相对地位仍处于同样的位置。所以，如果你的奋斗动力来自与邻居的互相攀比，那么像这样在同一阶层中拿走一部分绝对收入其实并不会抑制你的工作积极性。

关于社会等级的现代达尔文主义解释，也沉重打击了那些为不平等进行辩护的粗鄙哲学。正如我试图强调的，我们没有理由从自然选择的"价值"中得出人类的价值标准，也没有理由将自然选择"认定"的权宜之计视为良善之道。尽管如此，还是有一些人会这样做。他们声称等级分化是维持群体强大的天然方式，因此只要能换来更多好处，不平等就是合理的。然而现在看来，似乎大自然创造社会等级的目的并不是为了群体利益，因此上述为不平等进行辩护的逻辑就犯了双重错误。

在德瓦尔的那本书中，最能体现其拟人化倾向的就是书的标题——《黑猩猩的政治》。如果政治就像政治学家所说的那样是资源分配的过程，那么在德瓦尔看来，黑猩猩证明了人类政治的起源早于人类。事实上，作为观察者，他不仅在阿纳姆动物园的黑猩猩社会中看到了一种政治过程，还看到一种正在运行的"民主结构"。[50] 没有被领导者的支持，首领的统治很难维持。

例如，尼基缺乏路易特平易近人的作风，他也从来没有像路易特或叶伦担任首领时那么受欢迎。尤其是雌黑猩猩，她们很少会恭敬地向他行问候礼。当尼基表现出不必要的暴力行为时，她们会成群结队地追赶他。有一次，他甚至被整个部落追得跑到了树上。尼基孤独地坐在那里，承受着周围的咆哮，这个占统治地位的首领被自己的臣民所控制。也许这不是现代的代议制民主，但独断专权也没那么顺利进行。（德瓦尔没有说尼基在树上面待了多长时间，但最后是雌性领袖"么么"充当了调解员的角色，她爬上树给了他一个亲吻，然后把他带下来。之后，尼基谦卑地向大众寻求宽恕。）[51]

这里有一个有趣的练习：当你在电视上看到政治家演讲时，把音量调低，观察他的手势。请注意，世界各地的政治家都会用同样的手势来表示相同的意愿，比如劝导或者愤慨等等。之后你调大声音，听听他在说什么。这里做个大胆的猜测：他（也有可能是她，虽然这种情况比较少见）说的话主要为了吸引特定的选民群体，正是这些人有助于他获取权力或维持现在的地位。被统治者的兴趣所在——或者被统治者某部分重要兴趣——决定了政治家的言论内容，就像黑猩猩群体成员的利益会决定黑猩猩政治家的行为一样。在这两种情况下，政治家的最终目的（不管他是否意识到）都是社会地位。同时，我们也可以看到，无论是人类还是黑猩猩的政治领袖，他们为了获得或维持社会地位可以在言行上表现出很大的灵活性。即使在最激动人心的演讲里你也能找到这一逻辑联系。在放大音量的同时，你已经掌握了几百万年进化史的精华。

祖尼人的方法

尽管猿类和人类的奋斗方式有许多相似之处，但二者间的差异仍然巨大。人类的社会地位通常与原始力量关系不大。确实，明显的体格优势是男孩在同龄人中获取更高等级的关键因素。但是对于成人来说，与社会阶层有关的故事要复杂得多，而且在一些文化中，过于直白的政治野心反而会受到抑制。一位学者曾这样描述纳瓦霍人的生活："任何热情追求权力的人都不值得信任。领导者是在示范和效仿中产生的，如果有人种植玉米很成功，他的做法会被模仿，在这方面他就是一个领导者。如果一个人知道许多歌曲，他可以通过吟唱安抚人心，那么他会因为'歌者'的身份和成就而受人尊重。拉选票，和民众握手……这些活动在纳瓦霍社会没有立足之地。"[52]

这并不是说纳瓦霍人不追求权力，只是他们使用的方式巧妙且隐蔽。这也不是说在纳瓦霍人那里，社会地位与生殖优势是相分离的，实际上，种植玉米的专家和歌唱家可能都是具有吸引力的男性伴侣。原因很容易猜测：这两种身份都显露出了聪明智慧，而且前者还有提供物质资源的本领。这两个纳瓦霍人没有通过威吓或控制人民的手段来获取繁殖优势，他们只是发现了大众的需求并在这些方面表现出色。

在不同的文化和亚文化中，人民获取地位的途径多到让人吃惊：制造串珠、创作歌曲、布道、接生、发明药物、编故事、收集硬币、收集骨头等等。然而，驱动这些不同活动的心理机制在本质上是相同的。对社会环境进行评估是人类的天性，他们会发现打动人心的事物，然后努力达成，同时发现他人不喜欢的事情，并尽量回避。但具体这些事情是什么，他们对此持开放态度。最重要的是要获得成功，世界各地的人都想感觉自豪而不是羞愧，都希望自己受人尊重，而不是被人蔑视。

人类形形色色的行为背后或许有统一的精神动力，但正是这种观点，导致信奉博厄斯主义的人类学家试图尽量否认天性的作用。鲁思·本尼迪克特在1934年写道："我们必须接受人类遗产的所有含义，其中最重要的就是，由生物遗传传递下来的行为很少，而文化过程对传统规则以及行为模式的传播起到了巨大作用。"[53] 严格地说，她的话是对的。一旦你度过了发育早期阶段，掌握了行走、吃饭和吸吮这些千篇一律的刻板行为后，其他"行为"就不会通过生物途径传递了。但心理器官可以传递行为，而且它们通常足够灵活，可以根据环境产生许多不同的行为。

不难看出，本尼迪克特并没有强调追求社会地位的心理机制。她研究了祖尼人，他们就像邻近的纳瓦霍人一样，会有意识地贬低竞争和公开的政治对抗。她写道："一个理想的祖尼人是一个有尊严的、和蔼可亲的人，而且他从来不试图去领导别人……他会反对任何冲突，哪怕自己完全占理……最高的赞美是：'他是个有教养的人。'"[54] 注意潜台词，存在一个"理想的模范"，任何言行接近理想模范都会得到"赞扬"，而达不到目标的人则会"受到谴责"。换句话说：祖尼人会将社会地位授予那些不太热切追求地位的人，而拒绝那些过于热切追求地位的人。正是这种独特的地位获得方式，导致祖尼人的阶层结构非常隐蔽。（此外，正如我们所看到的，在所有文化中，来自互惠利他主义的进化压力都会将人推向友好、慷慨和诚实。祖尼人的文化以异乎寻常的方式充分利用了这种压力，他们强化了友善和社会地位之间的自然联系。）

你可以将祖尼人的生活看作是对文化力量或者心理适应能力的证明。这两点都没有问题，但我们现在主要考虑一下后者：看起来心理器官是如此灵活，以至于它们似乎可以"反叛"其背后的达尔文主义逻辑。尽管追求地位的心理程序长久以来一直会激化权力斗争和政治作秀，但该程序也可以抑制这种情况。比如，平和与禁欲主义在修道院中反而可以成为获取地位的途径。在维多利亚时代英国的某些阶层中，过分烦琐的教养和谦逊也有助于人们赢得地位（也许就像祖尼人那样）。

换句话说，我们所谓的文化"价值观"其实正是通往社会地位的捷径。[55] 人们接受这些价值观是因为其他人会对这些价值观表示赞同。通过控制一个儿童成长的社会环境，对不同行为有选择地表示尊重或蔑视，我们就可以像给机器人编程那样"编制"他的价值观。有些人觉得这听起来很让人不安，这正说明一个结论不可能取悦所有的人。在20世纪70年代关于社会生物学的争论中，许多人担心，如果社会生物学家是对的，那么人类就无法像斯金纳或其他行为主义者所宣称的那样，可以被任意编程。

新达尔文主义范式没有给斯金纳的操作性条件反射理论及其正负反馈概念留下发挥的空间。诚然，一些内驱力和情绪，例如贪欲和嫉妒，是永远无法被完全擦除的。尽管如此，不同文化之间巨大的道德多样性——也就是说，可允许表达行为的多样性，例如贪欲和嫉妒能够以哪种方式表达出来，这在不同文化下是有差异的——表明价值观仍有很大的可塑空间，社会许可或反对也就因此能够发挥作用。

最大的问题是，社会许可或反对本身能在多大程度上塑造行为模式？换言之，社会所期许的行为能有多大灵活度？

毫无疑问，许多倾向是根深蒂固的。一些社会评价在进化过程中曾持续扮演关键角色，它们在未来仍会占据重要位置。身高体壮的男人和美丽的女人在地位竞争中依然能抢得先机。愚蠢永远不会引发广泛的认同，而掌控资源尤其是金钱则永远有吸引力。尽管如此，一定的抵抗依然是可能的。许多文化和亚文化都试图削弱物质的重要性并强调精神的意义，这些社会的成功之处常常令人印象深刻。此外，我们有理由相信这些社会全都没有达到生物潜能的极限。

甚至是我们自己的文化，虽然它有物质主义泛滥的问题，但当你看看其他选择时，也会觉得我们的某些价值观是值得钦佩的。在南美洲的雅诺马马人中，年轻男子获得社会地位的一种手段是杀死几个邻近村庄的男人。[56] 如果在这个过程中，他还能从那个村庄绑架并强奸妇女，那就更好了。如果他的妻子试图离开他去找另一个男人，他可以毫无负担地切掉妻子的耳朵。虽然这样说会有道德绝对论的风险，但我依然认为，相比雅诺马马人，我们已经取得了很大的进步。

但在一些现代城市的街区，人们的价值观越来越接近雅诺马马人。杀人的年轻人受尊重，至少在他们自己所在乎的年轻人圈子里是这样的。这表明，人性中最糟糕的部分潜藏得并不太深，一旦文化的约束力减弱，它们就会浮出水面。人类不是像一些行为主义者设想的那样天生是一张白板。我们是一种有机体，我们可以努力压抑自己那些丑陋的倾向。如果这方面尚且算是值得乐观的地方，那它的主要成因也在于我们追求社会地位的方式可以非常灵活。为了得到他人尊重，我们几乎会做任何事情，包括隐藏自己的原始冲动。

第 13 章

欺骗和自欺

> 卑鄙行为源于对名望的狂热追求,对真理的热爱则永远不会诱导一个人去恶毒地攻击他人。
>
> ——给约瑟夫·胡克的信(1948)[1]

很多证据表明,自然选择并不重视宣传手段的真实性。女巫萤属的有些雌萤火虫是肉食性的,它们会模拟福提努斯属雌萤火虫交配的发光频率,诱使福提努斯属雄萤火虫靠近,进而吃掉雄虫。有些兰花长得很像雌黄蜂,它们能借此更好地引诱雄黄蜂,让雄黄蜂在不知情的情况下传播自己花粉。有些无毒的蛇也进化出毒蛇那种色彩斑斓的皮肤,借此虚张声势、狐假虎威。有些蝴蝶的蛹看起来与蛇头异常相似,拥有假鳞片和假眼睛,如果它们遭到骚扰,还会咯咯作响进行威胁。[2] 简而言之:有机体可能会伪装成符合其基因利益的任何样子。

人类似乎也不例外。在 20 世纪 50 年代末和 60 年代初,非达尔文主义社会科学家欧文·戈夫曼所著的《日常生活中的自我呈现》引发了一时轰动。这本书强调了我们都会在表演舞台上花费很多时间,在一个又一个观众面前伪装自己,尽量达到最佳效果。但我们和动物王国里的其他表演者有所区别。女巫萤属雌萤火虫大概对自己的真实身份没有任何错觉,人类有时却会沉浸于自己的表演,蒙蔽自己。戈夫曼曾惊叹,有时候一个人"会真心相信他在舞台上表演出的事实就是真相"。[3]

现代达尔文主义为戈夫曼的观察找到了解释，回答了自欺的功能，那就是，我们欺骗自己，是为了更好地欺骗他人。这一假设最初是理查德·亚历山大和罗伯特·特里弗斯在20世纪70年代中期提出的。在为理查德·道金斯的《自私的基因》撰写的序言中，特里弗斯提到了道金斯所强调的欺骗行为在动物世界中的作用，并补充了一段后来被人们屡屡引用的评论："如果欺骗确实是动物间交往的基本形式之一，那么强大的欺骗识别机制应该会被选择出来，而这应该又会导致动物进化出一定程度的自我欺骗。自我欺骗可以使一些行为和动机处于无意识状态，这样可以避免自己暴露某些蛛丝马迹，从而保证正在实施的骗局不会露馅。"因此，特里弗斯大胆地提出，"传统观点认为，自然选择会青睐能更准确清晰地认识世界的神经系统，这是一种对心智进化非常幼稚的看法"。[4]

有关自欺的研究在科学性上有些暧昧不明，这并不令人惊讶。[5]"意识"本身就是一种无法准确定义和划定边界的现象。事实或者事实的某些方面，可能就在意识层面上下漂浮，在意识边缘左右徘徊，偶尔显露真容，但并不明显。即使假设我们可以确认，某人完全不知道他的一些言行表现或其他情况背后的信息，这是否就构成自欺又是另外一个问题。是否这些信息其实就存在于大脑的某个地方，只是被某种专门执行自欺功能的审查器给暂时从意识中屏蔽了？或者这个人只是起初没有注意到这些信息？如果是这样的话，这种选择性知觉本身是否就是为了达成自我欺骗而出现的进化设计？或者选择性知觉源于大脑只能存储一定量信息这一基本事实（而能进入意识层面的信息则更少）？要分析解答这些问题极为困难，特里弗斯在70年代就预想，对于自我欺骗的严谨研究最终会描摹出无意识心智的清晰图景，正是研究上的困难重重，导致特里弗斯的预言还没有完全实现。

尽管如此，这期间的研究成果依然偏向于支持道金斯、特里弗斯和亚历山大所描述的那种世界观：我们对现实的准确描述——对他人的，有时也是对自己的——在自然选择的事项列表上并不处于优先条目。新的范式能帮助我们绘制出人类欺骗和自我欺骗的"导览图"，尽管"分辨率"可能还达不到很高的水平。

之前，我们已经讨论了一个涉及欺骗的领域，那就是性。在承诺的持久性或自我忠诚度方面，男人和女人可能都会去有意无意地误导对方，在这一过程中他们甚至也会误导自己。自我呈现和感知他人在另外两大领域中也具有重要的达尔文式进化意义，它们是互惠利他主义和社会等级制度。在这两个领域，就像在性领域一样，诚实不见得是好事。事实上，也许正是互惠利他主义和社会等级制度共同导致了人类社会的大部分欺骗行为，同时也可以解释动物王国的大部分欺骗行为。人类并不是唯一不诚实的物种，但肯定是最不诚实的，不为别的，就因为我们是说话最多的动物。

留下好印象

人们寻求的并不是地位本身。人们不会明确计划出自己想要达到的社会阶层，然后像战场上的将军执行战役部署那样，有条不紊地实现自己的升迁目标。好吧，有的人确实会这样。也许我们每个人都有这样的时候。但对地位的追求还以一种更细微的方式根植于我们的灵魂深处。在所有文化中，人们都想博得周围人的称赞，都希望获得更多的尊重，不管他们自己是否能完全意识到这一点。

对赞美的渴望在个体小时候就会出现。达尔文清楚地记得自己爬树的本领给人们留下了深刻印象："当时最赞赏我的是老工匠彼得·黑尔斯，我爬的那棵花楸树就在草坪上。"[6] 相反，人们对轻视和嘲笑也会由衷地厌恶，这种厌恶感也出现在人生早期并且会一直持续下去。达尔文曾写道，他的大儿子在两岁半的时候，就已经"对嘲笑变得非常敏感，他非常多疑，经常认为那些一起说笑的人都在嘲笑他"。[7]

达尔文的儿子可能在这方面有些异于常人，但这无关紧要。（值得注意的是，包括偏执狂在内的许多病态心理，只是把某些根深蒂固的进化心理倾向提升到了一个较高的水平而已。）[8] 重点在于，即使他有些异于常人，也只是表现程度上的异常，而不是性质上的异常。对所有人来说，从很小的时候起，我们都会患上一种想尽量避免被嘲笑的轻微强迫症。回想一下达尔文的评论："即使相隔多年，当回忆起一些我们曾违反礼仪规则的片段时，即使那是个微不足道的偶然事件，我们大多数人也会感到强烈的羞耻感。"[9] 这一触发机制其实是一种高风险赌注。确实，正如较高的公众尊重可以带来巨大的基因回报一样，非常低的公众尊重也会对遗传繁殖造成巨大打击。在许多人类社群以及其他灵长类动物的族群中，极度不受欢迎的个体会被排挤到社会边缘，他们的生存和繁衍形势会变得异常严峻。[10] 从这个意义上看，在社会等级阶梯任意一层发生的地位下降都要付出代价。无论你在社会中的地位如何，如果你能给人留下一个自己企图奋发向上的印象，这种做法总是值得的（按照达尔文的说法），即便可能并不会有太大影响。

这种印象本身是否准确无关紧要。当黑猩猩要威胁竞争对手或者对来自竞争对手（或掠食者）的威胁做出回应时，它的毛发会竖起来，使它看起来身形比平常更巨大。这一进化痕迹在人类身上也有所体现，许多人受到惊吓时会"汗毛直立"。但语言才是我们能使自己看起来更强大更有威慑力的途径。达尔文推测，在进化过程中，公众舆论变得越来越重要，以至于"粗鲁的野蛮人"要通过"保留能体现他们英勇战绩的战利品"和"习惯性地自我吹捧"来炫耀自己的实力。[11]

在维多利亚时代的英国，自吹自擂会引人不快，而达尔文从不会将自己置于这一境地，在这方面他是专家。许多现代文化也有这种品位偏好，在这些文化中，"过度自夸"只是儿童经历的一个发展阶段。[12]但下一个阶段是什么呢？是更加有的放矢的自夸，达尔文自己就精于此道。在他的自传中，他提到"我的书已经被翻译成多种语言，在国外出版了多个版本。我曾听说，检验一部作品是否具有持久价值，最好的方法就是看它在国外是否成功。我怀疑这种说法是否真实，但如果根据这个标准来判断，可能我的名声还能维持几年吧"。[13] 啧啧，如果他真的怀疑这个标准，干吗要提到它并据此判断呢？

你公开自我吹嘘的程度，往往取决于自己所处的社会环境中有多少可靠的宣传手段（而这可能是根据在生命早期时亲戚与同伴的反馈而进行调整的）。但是，如果你没有传播自己成功消息的冲动（无论多么微妙），也从来不对讨论自己的失败感到反感，那么看起来你并不符合进化设计的运作模式。

自我宣传总是伴随着欺骗吗？并不总是那么糟糕。撒一些关于我们自己的弥天大谎并信以为真，这是很危险的事情。谎言可能会被揭穿，这迫使我们花费时间和精力去记住自己对谁说了哪些谎言。塞缪尔·巴特勒是一位维多利亚时代的进化论者（他曾指出母鸡不过是一只蛋制造另一只蛋的方式），他曾观察到："最厉害的说谎者，是那

道德动物　　280

些能用最少的谎言获得最大成功的人。"[14] 有些谎言轻微且难以戳穿，反而很难让人上当，因为这些是我们预料人们会说出的那种谎言。在渔民中，"那条逃掉的大鱼"是广为流传、心照不宣的谎言，已经成了一种幽默。

这种扭曲最初可能是有意识的，或者至少是略有意识的。但是如果它没有受到质疑，随着一遍遍的复述，个体对自己的夸大其词的模糊察觉会逐渐消退。认知心理学家的研究已经表明，即使故事完全虚假，但在重复多遍之后，我们也可以把故事细节嵌入原始记忆中。[15]

"那条大鱼逃掉了"，责任完全不在渔夫，这是理所当然的。我们很难对过失和功劳的归属进行完全客观准确的界定，这就为自我标榜提供了很大空间。人们倾向于把成功归功于自己的能力，把失败归因于各种环境因素，比如运气不佳、对手太强或者有魔鬼在捣乱，这些结论已经在实验室得到了证明，而且在日常生活中是显而易见的。[16] 在一场运气占主导地位的游戏中，我们往往把失利归咎为运气不佳，把胜利归咎于自己的聪明智慧。

我们并不会说：我相信就是自己实力不行。达尔文痴迷于西洋双陆棋，毫不奇怪，他与自己的孩子们下棋时常常获胜。他的一个女儿回忆说："我们记录下各自扔出的两个骰子的点数，因为我确信他在这方面的运气要比我好很多。"[17] 许多玩西洋双陆棋输掉的玩家对这个说法都很熟悉，它有助于保持我们对自己能力的信心，让我们相信自己的能力可以面对其他领域的挑战。也正是因为人们会产生这样的信念，双陆棋赛事发起人才能获得稳定的收入来源。

自我夸大总是要以牺牲他人为代价。当你说自己因为运气不好输掉了一场比赛时，其实也就等于说你的对手是靠好运获胜的。吹响自己的喇叭相当于压制了别人的喇叭，因为地位总是相对的，你的收益就是别人的损失。

　　反之亦然：别人的损失就是你的收益。这正是对地位的无意识追求令人讨厌的地方。在一个小群体中（比如说，一个以狩猎-采集为主要生活方式的小村庄），一个人可以通过贬低他人的名声获得利益，尤其是那些同性别同年龄层的人，因为他与这些人存在天然的竞争关系。我们再次强调，如果你想说服人们相信一些事情，比如他们的邻居有什么缺点，最好的方法就是自己先坚信自己所说的话。因此，我们可以想见，作为同时拥有等级体系和语言的物种，人类会倾向于夸大自己的成就和贬低其他个体的功劳，并且他们在做这两件事时，会对自己的说法深信不疑。事实上，社会心理学研究发现，个体不仅常常将自己的成功归因于能力，将失败归因于环境；在评价他人时他们还会颠倒这一模式。[18] 运气是总让你失败但让别人成功的东西，能力则恰恰相反，正是因为能力差异导致了你的成功和别人的失败。

　　通常，人们对他人的贬低倾向只会在一个较低的水平徘徊，如果涉及亲属或朋友，这种倾向甚至可能完全消失。但是当两个人作为竞争对手，争夺某个只能属于一个人的事物时，比如某个特定的男人、特定的女人或特定的职业岗位，这种贬低倾向就会升至很高的水平。[19] 理查德·欧文①是一位杰出的动物学家和古生物学家，他对物种演变有一套自己的理论，因此猛烈抨击了《物种起源》。在他的评论发表之后，达尔文指出，"伦敦人说他嫉妒得发狂，因为有人谈论我的书"。[20] 欧文是否已经说服自己相信（进而再说服他人），达尔文的作品不值一提？还是达尔文已经让自己相信，作为一个会威

---

① 理查德·欧文，19世纪英国科学家，对古生物学研究做出了重要贡献。他是最早采集和研究恐龙化石的学者之一，"恐龙"（dinosaur）一词正是他创造的。他晚年任职于大英博物馆，力主博物馆应向公众开放。——译者注

胁到自己地位的人，欧文的行为完全是出于自私动机？可能事实是其中之一，也可能这两种情况同时存在。

人们可以敏锐地发现对手的缺陷，这堪称大自然的奇迹之一。想要有意识地控制这一倾向需要付出巨大努力，而且这种努力还必须周期性地重复。有些人可以动用足够的意志力，克制自己不去谈论对手的不足之处，他们甚至会说出一些维多利亚时代的陈词滥调，来形容自己的对手多么"值得尊敬"。但要想真的做到从感知上完全消除这种倾向，不再时刻下意识地评估对手的弱点，这恐怕是佛教徒才能实现的修炼目标。诚实的评价是大多数普通人无法企及的。

自我贬低

如果说自我夸大是深植于人类心智深处的心理倾向，那么为什么还存在自我贬低者呢？一种解释是，当每个人都较好地了解真实情况时，自我贬低不但没有坏处反而可能带来一些好处，谦逊的名声可以提高隐蔽自夸的可信度（想想达尔文）。另一种解释是，影响心智发展的遗传程序非常复杂，它是在一个充满不确定性的世界中展开的（而且这个世界与祖先环境完全不同），我们不应当期望人类所有的行为都能服务于基因利益。第三种解释是最有趣的：通过自然选择，社会等级对人类思维产生了一些具有讽刺意味的影响。有时候，诚实地对自己做出负面评价并将这个评价与他人分享，也是一种具有良好进化意义的行为。

别忘了社会等级到底是怎么来的。就像鸡群中自然形成的啄食顺序一样，等级源于个体周围社会伙伴的能力差异，其中一些能力太强，挑战他们完全无利可图。因此如果某种构建大脑的基因会告诉动物哪些邻居值得挑战，哪些不值得挑战，这种基因就会走向繁荣。然而，大脑具体是如何传达这些信息的呢？它不会直接向眼球上发送"可挑战"或"不可挑战"的指示标签。很可能，这些信息是通过感觉来传递的，动物会感觉到哪些对象可以挑战，哪些不可以。而处于等级体系最底层的动物个体，也就是被同类所支配压榨的那些个体，会长期感受到深深的无力感。你可以称之为低自尊。事实上，低自尊能够使低等级的人顺从于他们当前的社会地位，避免挑战高等级带来的伤害。对他们来说，这恰恰是符合他们基因利益的一种进化方式。

低自尊的人没有必要隐藏自己的这一特质，之所以这种感受可以让他们获益，不仅在于低自尊能使个体安于接受自己的社会地位，还在于低自尊（至少在某些情况下）能传达出个体安于接受自己的社会地位的心态，这样他就不会被其他人视为威胁，更不会被作为威胁来对待。[21]

在低自尊状态下，人们没有自我欺骗的必要。的确，从理论上讲，如果一种心理感受的主要功能在于阻止人们追求超出自身能力的东西，那么它的产生过程应该是基于现实的，而不会过分夸张。但事实并非总是如此，如果低自尊的另一个功能是让处于更高地位的人对你顺从的态度感到满意，那么严格地说，它的水平应该取决于为了达到这一目标你需要有多恭顺。例如，你可能会在一个有权有势的人面前对自己的智力感到更自卑，但在一个中立的观察者眼中，你的智力其实并不差。人类学家约翰·哈通（John Hartung）在1988年提出了自欺式欺骗降低自尊的可能性，他称之为"下行欺骗"（deceiving down）。哈通举了另一类例子，他指出，女性有时会假装自己不如男性。比如说，如果家庭收入部分取决于丈夫在工作中是否有很强的自尊心，那么女性可能会在不知不觉中"表现得自己能力很差，通过提供一个较低的比较标准,为丈夫树立自信"。[22]

一项设计精巧的实验已经表明,我们关于自身真相的了解是多么容易受到误导。当人们听到一段录音时,他们的皮电反应会上升,如果这是他们自己的声音,那么皮电反应的上升幅度会更大。令人惊讶的是,在实验中,当人们被问及播放的声音是不是他们的时,平均来说,他们的主观判断的正确率竟然比不上皮电反应的正确率。而且有趣的是错误模式,在自尊降低之后(通过人为设置,让被试者在一些任务中表现"失败"),即使他们的皮电反应表明在某种程度上他们"明白"录音中的声音就是自己的声音,他们也倾向于否认这一事实;相反,在自尊提升之后(通过人为设置,让被试者在一些任务中表现"成功"),他们会倾向于认为录音中的声音就是自己的,尽管他们的皮电反应表明他们"明白"那是其他人的声音。罗伯特·特里弗斯在回顾了这个实验后评论道:"这就好像我们成功时会自我膨胀,失败时会自卑并压抑自己的表现欲,虽然我们可能自己意识不到这个过程。"[23]

自我感觉不好对某些事情是有好处的。首先,我们之前提到过羞耻感的作用:它是对社交错误的一种惩罚纠正机制,某些错误行为会导致个体社会等级下降,而羞耻感则可以防止个体再犯同样的错误。此外,正如进化精神病学家伦道夫·尼斯(Randolph Nesse)所强调的,情绪可以有效地集中精力。[24] 当一个人在社会交往、性追求或职业发展方面前景黯淡时,无论他是什么身份,他都会变得无精打采、郁郁寡欢,而当机会出现时,他又会变得乐观而精力充沛,就好像他已经为了一场重大比赛而充分休息过了。如果没有转机出现,无精打采便发展成中度抑郁,这种情绪可能会促使他做出富有成效的转变,比如改变职业,不再理睬忘恩负义的朋友,放弃追求难以捉摸的配偶。

达尔文为这种糟糕自贬情绪的多重功能提供了一个很好的例子。1857年7月,也就是《物种起源》出版前两年,他写信给朋友约瑟夫·胡克说:"我一直在做一些有关多样性问题的计算。昨天我与约翰·卢伯克谈话,他指出我犯了严重的原则性错误,我两三周的工作全部白费了。"这件事情让达尔文变得更谦卑、更不愿谈论自己的价值。他写道:"我是全英格兰最悲惨最愚蠢的家伙,我要为我盲目的自以为是而懊恼哭泣。"[25]

仔细想想,这种抑郁的心情可能是有价值的。第一,降低自尊。达尔文受到了社会羞辱,在面对面的接触中,他对一个本应是自己专业范围内的问题产生了严重困惑。也许长期的自尊降低是恰当的,也许他应该降低自己在学术上的抱负,这样他就不会被视为是对英格兰那些伟大的学术明星的威胁,这些人最终会超越他。

第二,负面强化。这一事件留下的痛苦挥之不去,可能阻止达尔文再犯同样的错误(也就是再做出让人困惑的分析),再次遭受羞辱。也许下次他会再谨慎一些。

第三,改变发展路径。如果这种悲观情绪持续下去,甚至接近抑郁,它可能会从根本上改变达尔文的行为,导致他将精力转移到全新的领域。"这个错误足以使我撕掉我所有的手稿,让我在绝望中放弃。"他在同一天给卢伯克写信,感谢他的纠正,并为自己的"愚蠢"道歉。[26]就我们所了解的,达尔文后来并没有撕毁手稿。但如果他遇到了一连串同样严重的挫折,他很可能真的会放弃这个项目。假如他真的一直如此"愚蠢"下去,就不可能写出像《物种起源》这样影响深远的杰作,因此,这件事从长远看对他的社会地位是有益的。

这三种对达尔文沮丧情绪的解释并不相互排斥。自然选择是一个崇尚节俭和效率的机制，它会充分利用已存在的化学物质和这些化学物质所承载的感觉。这就是为什么我们很难对任何一种神经递质（如5-羟色胺）或任意一类情绪（如抑郁）的功能进行简单描述的原因。也正是由于同一原因，对一个达尔文主义者来说，假如低自尊（或高自尊）会同时实现几种目的，这并没有什么问题，它们可能都是符合事实的。

在自尊来回闪耀的光谱中，是否有所谓的"真实"存在？如果在一个月前，在职业和社会地位上取得了一连串的成功后，你体内充满了5-羟色胺，这时的你觉得自己无所不能、讨人喜欢、魅力四射；而后一个月，你又经历了一连串的打击，于是5-羟色胺水平下降，你觉得自己一无是处。这两次不同时间的感觉不可能都是对的，那么哪一次错了呢？5-羟色胺到底是一种让人认清自我的醒脑药，还是让大脑麻痹的麻醉剂？

也许二者都不是。当你自我感觉很好或者很糟时，很有可能意味着大量事实被掩盖了。最真实的时刻处在这两个极端之间。

总之，也许"真实"这个词最好不要放在这里使用。你是一个"有价值"的人还是一个"没价值"的人，这个问题的客观意义本身就难以捉摸。即使我们可以清楚地定义"真实"到底是什么，从自然选择的角度看，它也是一个无关紧要的概念。可以肯定的是，如果对"真实"的精确描述，无论是关于自己还是他人，能够有助于传播基因，那么感知或沟通的准确性在进化中就会得以提升。在很多背景下这确实没错（比如，当你记得食物储存的位置，并将这一信息准确地与后代或兄弟姐妹分享时）。但这些"准确描述某类信息能够提高基因利益"的情况其实只是美好的巧合。自然选择并不青睐"诚实"和

"真实"本身，或者说，自然选择根本不关心这些，面对诚实和欺骗，它没有什么"偏好"。[27]

强大而敏感

互惠利他主义将其功能逻辑施加到了自我呈现上，自我欺骗也因此受到了互惠利他主义机制的影响。地位等级仰仗的是竞争力、吸引力、强壮和智慧，而互惠利他主义强调的则是友善、正直、公正，这些品质会让我们看起来更像是值得信赖的互惠利他主义者，也会让其他人更愿意与我们建立关系。把自己的名声打造上"正派"和"慷慨"的标签不会有坏处，而且往往会让我们有所收获。

理查德·亚历山大特别强调了道德自我宣传在进化中的重要意义。在《道德系统的生物学》（The Biology of Moral Systems）一书中他写道，"现代社会充斥着人类各种善良的神话"，"科学家是谦卑而坚定的真理探索者，医生致力于减轻他人的痛苦，教师将一生奉献给学生，基本上我们每个人都拥有安分、善良、无私的灵魂，我们把每个人的利益放在自己的利益之前"。[28]

道德上的自我标榜似乎没有理由涉及自我欺骗，但毫无疑问，这种情况是存在的。在互惠利他主义理论被提出之前，实验研究就已经证明，我们会无意识地自我说服，让自己相信自己有多善良。在一些实验中，被试者被要求对某人做出残忍的行为，包括刻薄地辱骂对方，甚至对他施以电击。研究发现，在这之后被试者会倾向于贬损受害者，似乎他们要让自己相信，受害者活该受到虐待。虽然被试者其实知道，受害者受到惩罚的原因根本不是因为他做了什么错事，只是由于主试者想观察受害者遭受惩罚后的行为反应。但是，如果告之被试者，受害者还会在接下来的实验部分对他们施以电击作为报复，被试者就不会贬损受害者了。[29] 这就好像大脑被编入了一条规则简单的程序：只要"账目结清"，就没有必要将行为合理化，平等交换（在这个实验中是平等的伤害）为行为提供了足够的辩护。但如果你欺骗或虐待了一个没有欺骗或虐待你的人，你就应该编造出理由，解释他为什么会受到惩罚。无论怎样，你都要准备好为自己受到质疑的行为进行辩护，与那些斥责你道德卑劣、居心不良的指控相抗争。

我们有很多道德借口。心理学家发现，人们会通过很多方式为自己无法帮助他人进行辩解，他们会弱化他人的困境（例如"这不是打架，这只是情侣间的争吵"），减轻自己对困境的责任，否认自己有帮忙的能力。[30]

很难确定人们真相信这样的借口，但一系列著名的实验表明（在许多不同文化背景下），我们的意识对于真实动机是多么无知，同时，意识多么热衷于为真实动机的结果进行辩解。

该系列实验是以"裂脑"病人作为被试者进行的，所谓裂脑病人，是指为了防止癫痫发作，左脑和右脑之间的联系被切除了的病人。令人惊讶的是，这种手术对病人日常行为的影响微乎其微，但在人为创设的实验条件下，会发生一些奇怪的事情。例如，如果"螺母"这个词从被试者的左视野一闪而过（左视野接收的信息由大脑右半球加工处理），但没有进入右视野（右视野接收的信息由大脑左半球加工处理），被试者会说意识不到这个词是什么，因为信息没有进入左脑，而左脑正是控制人类语言和意识的脑半球。但与此同时，被试者的左手（右脑半球负责控制左手）却能从装满各类物品的箱子里拿出一个螺母。被试者会说，他根本意识不到自己在做什么，除非让他看到自己左手上抓着的螺母。[31]

当被试者要解释自己行为的原因时，由于左脑毫不知情，它会在无意中撒谎。例如，将"走"这个指令发送到被试者的右脑，被试者会遵从指令。如果问他要去哪里，负责意识的左脑明明不知道原因，但会编造出一个理由。于是他可能说自己要去拿一杯苏打水，并且言之凿凿。在另一个例子中，向一位女被试者的左视野（对应右脑）闪过一幅裸体图片，她会尴尬地笑起来。如果问她是什么有趣的事让她发笑，她只能给出一个和事实无关的答案。[32]

迈克尔·加扎尼加曾进行过一些裂脑实验，他认为语言只是大脑其他部分的"新闻发言人"，无论大脑命令个体做出什么行为，语言系统都要为这些行为进行辩护，使外界相信行动者是一个讲逻辑、有理性且品德正直的人。[33] 可能在很大程度上，意识本身就是这样一个新闻发言人，它将无意识写就的新闻稿发布出来，并为其赋予一种理性的力量，意识要以各种无辜的伪装来掩盖基因的冷酷自私逻辑。达尔文主义人类学家杰尔姆·巴尔科（Jerome Barkow）曾写道："很可能自我的主要进化功能是成为印象管理器官（而不是像我们的大众心理学所理解的那样，是一个决策者）。"[34]

我们可以更进一步地认为，大众心理学的观点本身就根植于我们的基因。换句话说，我们"有意识"控制自己的行为的感觉不仅是一种错觉（其他神经学实验也表明了这一点），而且这是一种有目的性的错觉，它是由自然选择设计出来的，目的是为了让我们更确信自己主张的合理性。几个世纪以来，哲学领域一直就自由意志问题争论不休，我们有强烈的直觉相信，自由意志是存在的，我们可以掌控自己的行为。毫不夸张地说，这段不平凡的思想史可以直接归因于自然选择，而在哲学立场上无比神圣的自由意志，本质上只是一种适应机制。

可疑的计算

互惠利他主义所产生的扭曲效应超出了人们对正直范畴的普遍理解，这在我们扭曲的社会核算体系中也有所体现。互惠利他主义的核心是记录交易，记录你欠了谁、谁欠了你以及欠了多少。从基因的角度来看，以同样的精力对交易双方进行监控记录是很愚蠢的。如果你最终的收益比付出多一点，那再好不过了。但如果你的收益比不上付出，即使差别很小，那也是在累积损失。

相比自己欠了别人什么，人们会更密切关注别人欠了自己什么，这在行为科学研究前沿已经算不上什么新闻。一个半世纪以前，这一现象似乎就为人所熟知，达尔文给姐姐卡罗琳讲的一个笑话正体现了这一点。在一封从"小猎犬"号上发出的信中，他写道："拜伦勋爵来信说，有个男人生了一场大病，然后模样都变了，以至于连他欠债时间最长的债主都认不出他来了。"[35] 达尔文自己在大学时也欠了一些债，一位传记作家说，他"对这些债务感到非常烦恼，可是几年后当他提到自己挥霍的生活时，给人的感觉就像这些债务凭空减少了一半一样"。[36]

在"知识债务"问题上，达尔文也大致表现出了相同的态度。在很小的时候，他就读过祖父伊拉兹马斯关于进化论的著作。其中一部分内容甚至惊人地预见到了性选择理论的观点，即自然选择为什么会使得雄性更好斗："雄性之间存在竞争的根本原因似乎是，让最强壮和最精力充沛的动物繁殖后代，从而改善物种。"然而，当达尔文在《物种起源》第 3 版中加入了一些关于知识先驱的概述时，他在脚注中把祖父归为前拉马克时代的先驱，并认为他犯了拉马克主义的错误。在自传中，达尔文也用一种颇为轻蔑的态度提到了伊拉兹马斯的

《动物法则》。从引述看，很可能这本书不但在达尔文的头脑中埋下了进化论的种子，而且还埋下了自然选择理论的种子。既然达尔文始终保持着敏感而谦卑的良知，可以肯定，他不会有意对自己的祖父如此不屑一顾。[37]

达尔文并不是习惯性地疏忽知识债务，他只是有选择性地疏忽其中一部分。正如一位传记作家所写的，"对于那些他认为做出了有价值实证观察的人，达尔文一向非常慷慨，但他几乎不会认可那些在思想上影响了他的人"。[38] 多实用的模式啊，达尔文把大量荣誉授予次要的研究者，但削弱了几位科学前辈的重要影响力，这些人恰恰是可能与他竞争相同荣誉的人。因此，达尔文在知识债务问题上的做法是，重视对正在崛起的年轻科学家的债务，同时甘冒风险去忽视对老人和死者的债务。总的来说，这是一个获取高地位的有效准则。（当然，准则本身，也就是"不要将荣誉授予那些启发了你的理论的人"并没有被写入基因。但很可能我们存在一种天生倾向——尽量不让那些会威胁到自己地位的人获得提升地位的机会。）

计算得失损益的账单时，自我中心偏误可能从极小到极大摇摆不定。战争双方都会对己方伤亡感到更强烈的委屈，并认为敌方更加罪孽深重。隔壁邻居甚至好友间也可能会将相似的信念贯彻到日常互动中。这一情况也许在现代社会的某些阶层中消失了，真诚热情的相处方式填满了他们的生活。但是我们有充分的理由相信，至少在历史上，互惠利他主义始终伴随着人际关系的紧张感，人们总是直接或隐蔽地对互惠债务进行比较。马林诺夫斯基注意到，特罗布里恩群岛的居民似乎热衷于赠送礼物，而且"倾向于夸耀自己送出的礼物，对这些礼物感到完全满意，同时又会怀疑自己收到的礼物的价值，甚至为此发生争吵"。[39]

道德动物　　292

是否存在这样一种文化，人们不会经常为市场上的商品、工作薪水、城市区域划分以及谁家孩子欺负了谁家孩子这类问题产生分歧？由这些问题产生的争论可能会造成实际后果。虽然它们很少事关生死，但却会影响生活福祉。而在人类进化过程中，有时正是一部分事关生活福祉的小事，会决定个体生与死、有配偶还是打光棍、能养活两个孩子还是三个孩子等重要人生成就。因此，我们有理由怀疑，社会债务的计算偏误具有先天基础。这种偏误似乎是普遍存在的，直观上看，好像是互惠利他主义发展的必然结果。

不过，一旦你抛开直觉，事情好像又变得不那么清晰了。在阿克塞尔罗德的电脑游戏中，"以牙还牙"策略成功的关键在于它没有试图从临近的互动者那里获得更多回报，它总是愿意接受完全平等的交换。那些不那么容易满足的程序，那些试图通过"欺骗"让回报多于付出的程序会走向灭绝。如此看来，既然进化会惩罚贪婪，为什么人类还会在无意识中索取更多的回报呢？

得到答案的第一步是要明白，回报多于付出并不等于"欺骗"。[40]阿克塞尔罗德的电脑游戏将生活两极分化，所以给二者画上了等号：你要么合作，要么不合作；要么是好人，要么是骗子。但现实生活其实有更精细的类别。非零和博弈的好处是如此之多，以至于轻微的不均衡交换对双方来说都是有意义的。如果你帮助了朋友49次，而他反过来帮助了你51次，你们还是都能从这段友谊中获益。你并没有真正"欺骗"他。是的，你从他那里得到的回报要多一些，但还不至于让他觉得宁愿这些交换不发生。

因此，从理论上讲，即便我们表现得比纯粹的"以牙还牙"更吝啬一些，也算不上真正的欺骗，更不至于引起让人不快的报复。自然选择将这种"吝啬"设定为我们的天性，因此我们的得失损益计算才会有一点不光彩的阴暗面，总的来说，这可以算是一种略微偏向自我的正义观。

为什么这一偏误需要是无意识的？经济学家、博弈论者托马斯·谢林所著的《冲突的战略》一书可能为解释这一问题提供了一个线索。其中"论谈判"一章虽然与进化无关，但蕴含的观念却适用于进化分析。谢林注意到一件讽刺的事情，在一场非零和博弈中，"限制对手的力量可能取决于约束自己的力量"。一个经典例子是某种被称为"胆小鬼游戏"的非零和博弈：两辆车迎面驶向对方，第一个转方向盘的司机会输掉比赛，而他在同龄人中的地位也会随之下降。另一方面，如果任何一方都选择不转向，双方都要承受更大的损失。怎么办？谢林建议，如果你参与这个游戏，就干脆把方向盘扔出窗外，让另一个司机看到这一切。一旦他确信你不可能改变路线了，如果他还有理智，就会自己转向。

同样的逻辑也适用于更常见的情况。比如买车时，只要最终成交价格在一定的价格区间内，买卖双方都会认为交易是合理的。不过在这个范围内，双方利益还是存在差异变化，买家希望价格更低一些，卖家则希望价格更高一些。谢林说，成功的诀窍本质上和"胆小鬼游戏"中的方法一样：看谁先让对方相信自己的强硬态度。如果销售员认为你要离开去别处看看更好的选择，他就会率先屈服。但是，如果销售员先发制人，说"我绝对不能接受少于 X 钱"，并且表现出他的自尊心决不允许他言而无信的架势，那么他就赢了。谢林说，关键在于"要首先自发消灭自己的选择自由，并且绝不悔改"。

为了我们的解释目的，请把"自发"这个词先拿掉。也就是说，在类似的"胆小鬼游戏"中，消灭自己选择权的行为逻辑可以被排除在意识之外，从而使结果看起来真正"不可逆转"。当我们在二手车市场时，汽车销售人员也许会像博弈论者一样，仔细考虑讨价还价的利益博弈，精明的购车者也会这样做。但在日常生活的很多场景中，比如因为车祸、薪水或争议领土引发纠纷时，双方往往不会考虑什么利益博弈的内容，人们的坚持都源于一个实际信念——"那是我应得的"。这种信念会促使我们像谢林所说的那样先发制人，出自本能的强硬态度是最能说服竞争者让步的。

然而，这里依然有一些问题。百分之百的强硬态度也可能弄巧成拙。随着引导"不光彩算计"的基因在人群中传播，越来越多的人打着自己的小算盘，于是冲突愈发频繁。由于每个人都坚持对自己更有利的条件，交易双方将无法达成任何协议。此外，在现实生活中，人们往往不知道该将强硬的底线设定在哪里，因为你很难知道对方到底能接受什么样的交易。汽车买家不知道车的成本是多少，也不知道其他买家的出价是多少。而在一些没有量化标准的场合，比如和某人交换好处，类似的利益计量会更加模糊。这一情况贯穿整个演变史，我们很难准确地弄清楚符合对方利益的交易区间。因此在一场交易中，如果一开始你就将底线不可逆转地设定在对方能接受的区间之外，那你只能被踢出局。

也许最理想的策略是让强硬态度具有不确定性和灵活性。谈判开始时，你先强调自己应得的东西，但也准备好做出退让，至少在发现对方立场非常坚定的证据后，可以做出相应的妥协。什么样的证据可以算这种证据呢？如果对方能够解释他们立场坚定的原因，并且这些理由看上去（或听上去）是可信的，那么你率先退让就是合理选择。假定他们说已经为你付出了多少，并且这些都是真的，那你必须承认这一点。当然，如果你收集到了反面证据，那你就应该坚持自己的立场。就是这样的。

以上描述的是人类谈话的动态逻辑，人们确实是按照这样的方式进行争论的。（事实上，这正是争论的意义所在，即让对方相信自己坚持的一个合理观点。）然而，他们往往不知道自己在做什么，也不知道自己为什么要这样做。他们只是会不断搜集所有支持自己立场的证据，同时经常不得不注意所有反对自己立场的证据。达尔文在自传中提到了一个被他称为"黄金法则"的习惯：立即写下与他的理论不一致的发现。"因为我的经验发现，这些事实和思想更容易从记忆中消失，而那些有利的观察结果则不那么容易被遗忘。"[41]

之所以人类很容易发生日常争论，是因为在争论开始前，所有准备工作已经就绪了。罗伯特·特里弗斯曾探讨过周期性的争吵，他认为这种现象类似于"重新谈判合同"，通常是亲密关系的一部分，无论是友谊还是婚姻。特里弗斯指出，争论"看起来像是自然而然爆发出来的，没有任何预兆，但随着它的发展，两幅完整的信息图景似乎早就已经组织好了，只等着愤怒的闪电显现出来"。[42]

我们的结论是，人脑在很大程度上是一台要赢得争吵的机器，它既要说服别人，证明自己的主人是正确的，还要说服主人自己，让他自己相信自己是正确的。大脑就像一个好律师，只要需要捍卫某些利益，它就会开始着手让全世界相信这些利益的道德和逻辑价值，而不管这些利益是否真的有任何合理性。像律师一样，人类大脑想要的是胜利，而不是真理；而且更像律师的是，对于大脑来说，有时技巧比美德更值得钦佩。

早在特里弗斯动手分析自欺对于自我的功效之前，社会科学家就已经收集到了支持他的理论的证据。在一项实验中，实验者向一个对某个社会问题持有坚定立场的人呈现了四条论证信息，两条是赞成的，两条是反对的。每一方的论证又分为两类，一类非常合理可信，一类非常荒谬胡扯。结果发现，被试者倾向于记住那些支持他们观点的合理论据和反对他们观点的荒谬论据。最终结论是，人们想证明自己立场的正确性，以及另一方的观点是多么愚蠢。[43]

有人可能会认为，作为理性的生物，我们最终会怀疑自己是否真的那么正直，也会怀疑自己在名誉、金钱、礼仪或其他任何事情的争论中，是否真的总是站在正确的一方。然而，同样的事情周而复始，无论是争论的是排队位置、晋升机会还是撞车责任，当对方"胆敢"认为我们的愤怒是无理取闹时，我们都会因为他们"睁眼瞎"的态度而感到震惊。

友情和集体谎言

如上文所述，早在现代达尔文主义关于欺骗的理论出现之前，就已经有许多心理学文献能够支持相关假设。有一个词因其简洁明了显得尤为突出：效益（beneffectance）。它是由心理学家安东尼·格林沃尔德在1980年发明的，用来描述人们倾向于把自己表现为一个对他人有益且能发挥实际效用的人，这个新复合词的两部分分别体现了互惠利他主义和地位等级制度。[44]

这一区分有点过于简单化。在现实生活中，对互惠利他和地位的要求——让自己看上去有益而有效——可以融合在一起。在一个实验中，当被试者被问及他们在团队中所扮演的角色时，如果告诉他们团队在实验任务中获得了成功，他们会倾向夸大自己的作用；如果告诉他们团队在实验任务中失败了，他们会将失败的理由更多归结到队友身上。[45]这种为自己积累声望和推卸责任的行为具有进化意义，它使得一个人看起来对团队有益，能够帮助团队的其他人获得成功，因此他理应在未来收到回报；同时，它也会使得这个人看起来很有用，所以还应该占据更高的地位。

达尔文主义阵营取得的最著名的一场胜利，是1860年托马斯·赫胥黎（他自称为达尔文的斗犬）与塞缪尔·威尔伯福斯主教之间就《物种起源》展开的辩论。威尔伯福斯以讽刺的语气问赫胥黎他的哪一支祖先是猿猴，而赫胥黎的回应是，他宁愿有一个猿猴祖先，也不愿自己的祖先是"一个拥有高高在上的地位和巨大影响力，却只能凭借自己的这些特权和影响力为一场严肃的科学讨论带来笑柄的人"。至少赫胥黎是这样向达尔文描述这个故事的，而这也是被载入史册、经久流传的说法。但达尔文的挚友约瑟夫·胡克也在场，根据他的回忆，情况有些不同。他告诉达尔文，赫胥黎"无法在众多听众面前做有力的回击，他没有说服观众相信自己，没有指出威尔伯福斯主教的漏洞，也没有以一种能吸引观众的方式解决主教提出的问题"。

胡克说，幸运的是，他自己扑灭了威尔伯福斯的嚣张气焰："我在一阵热烈的掌声中打了他一巴掌"，并证明"他不可能读过你的书"，而且他对生物学"一无所知"。威尔伯福斯"哑口无言，无话可说。四个小时后，这场争论偃旗息鼓。你依然是这个领域的权威"。[①] 胡克还说，那次会议结束后，"我在牛津得到了牧师和大众的祝贺与感谢。之后整整一天，我都是牛津最受欢迎的人"。[46] 赫胥黎和胡克讲的故事都为了两件事：一是提高了他们在达尔文心目中的地位，二是让达尔文对他们心存感激。

---

① 事实上，很可能赫胥黎和胡克都没有能够对威尔伯福斯主教的质疑构成有力回击。威尔伯福斯还有另外一个身份，他是英国科学促进会的副会长，是一个对自然科学有所涉猎的科学家。在一篇论文中，他曾从科学的角度提出了对《物种起源》的十处质疑，这些大部分是连达尔文也解决不了的问题。——译者注

互惠利他主义和地位等级还会以另一种方式交织在一起。虽然人们倾向于贬低他人的贡献，但有一个例外情况，那就是当当事人的地位比较高的时候。比如说，我们有一个稍有名气的朋友，即使他送了一份微不足道的礼物，我们可能也会非常珍惜，并且我们会很容易原谅他的小过错，并尽量不让他失望。从某种意义上说，这是对自我中心主义偏误的修正。相对于其他人，当面对地位更高的人时，我们的收支债务会更加诚实可靠。但事物总有两面性，那些地位高的人会更加扭曲地看待我们，我们在他那里的债务清单被打了大幅折扣，这反映了我们的地位卑微。

即使这样，我们还是认为这种关系是值得的。在必要的时候，一位地位高的朋友可以不费吹灰之力就发挥关键性作用。猿类雄性领袖要保护同伴，可能仅仅需要斜视着瞅一眼潜在攻击者；地位显赫的赞助商只要花两分钟打个电话，一位演艺新星的事业前景就会发生翻天覆地的变化。

就这一点来看，社会等级和互惠利他主义不仅会相互交织，更会合并为同一个维度。地位是人们带到谈判桌上的另一种资产。或者，更准确地说，地位是一种能撬动其他资产的资产，它意味着一个人用很小的代价就能帮很大的忙。

地位也可以是一种恩惠。当我们向朋友寻求帮助时，我们其实经常要求的不仅是他们利用他们的地位，也可能要求他们帮助我们自己提升地位。在阿纳姆的黑猩猩中，地位交换有时很简单，黑猩猩A帮助黑猩猩B抵御挑战，维持B的地位；黑猩猩B后来也对A做同样的事。在人类中，地位支持没有那么具体明确，它们往往是由语言而不是武力构成的，当然，酒吧、中学校园和其他睾丸激素水平高的场所除外。支持朋友意味着当他遭遇利益纠纷时，要在言语上捍卫他的利益。而更普遍的情况是，人们要经常说一些能提高朋友地位的好话，至于内容是否属实并不重要。朋友之间就是要通过互相吹捧来彼此支持，这正是朋友该说的话，做一个人真正的朋友意味着要去支持他最严重的谎言。

个体对朋友利益的偏袒是否来自深层的无意识倾向，这个问题目前还没有被仔细研究过。如果答案是"肯定的"，它与事实似乎不相符，因为众所周知，朋友间的背叛也是一种常见现象。尽管如此，牢固长久的友谊总是与根深蒂固的互相偏袒联系在一起，最好的朋友往往是看不清彼此的。不管是出于有意还是无意，友谊的作用之一就是将为个体利益服务的谎言连入一个集体谎言网络，把自恋变成互相欣赏。

也正因为友谊的存在，个体间的敌意会变成网络化的互相憎恶。如果你的朋友有一个真实的敌人，你应该会把那个人看作自己的敌人，这就是你支持朋友的方式。出于同样的原因，你的敌人以及敌人的朋友，不仅会讨厌你，还要讨厌你的朋友。这不是必然规律，但整体趋势却是如此。试图与两个已经公开宣战的人同时保持亲密的友情，相当于把自己摆在一个必然会尴尬的位置上。

因互惠利他主义和地位等级"共谋"而产生的"恶意"倾向还可以存在于更深的层次上，敌意本身就是这二者共同创造的。一方面，敌意源于人们追逐社会地位时产生的对抗；另一方面，敌意也是与互惠利他主义相辅相成的。像特里弗斯所说的那样，做一个成功的互惠利他主义者意味着要成为一个"执法者"，你要时刻注意那些得到你的帮助却不知回报的人，要么以后再也不对他们施以恩惠，要么主动惩罚他们。

再说一次，这些敌意可能都不是像黑猩猩那样通过肢体进行表达，而是用语言来表达的。如果一个人成为我们的敌人，或者支持我们的敌人，或者在获得我们的支持后却不予以对等回报，我们的标准反应模式是用斩钉截铁的口吻去说他的坏话。要想令人信服地说出这些话，最好的方法就是首先自己相信这个人无能、愚蠢、有道德缺陷或会危害社会。在《人类和动物的表情》一书中，达尔文敏锐地抓住了敌意的道德和情感本质："几乎没有人在想到一个自己长久以来很痛恨的人时，会感觉不到愤怒，或没有愤怒的迹象。"[47]

达尔文对他人的评价有时也会带有报复的意味。在剑桥大学时，他遇到了一位名叫伦纳德·杰宁斯（Leonard Jenyns）的昆虫学家。此人颇有绅士教养，并且像达尔文一样爱收集昆虫。尽管他们之间存在天然的竞争关系，但两人似乎也有可能成为朋友和盟友。实际上，达尔文曾试图谱写出友谊的前奏曲，他向杰宁斯赠送了"许多昆虫"，杰宁斯看起来对此"非常感激"。但到了该杰宁斯回报时，他"拒绝分享一个食尸类昆虫标本……尽管他有七八个同样的标本"。达尔文把这件事情告诉自己的表弟，他评价杰宁斯既自私又"弱智"。可是过了 18 个月，达尔文又认为杰宁斯是"一个出色的博物学家"。之所以发生这一转变，很可能是因为在此期间杰宁斯送给了他一个"珍稀的双翅目昆虫标本"。[48]

当怨恨扩展到人际网络中时，由于朋友们会结成联盟来支持彼此的立场，其结果是他们会构成一个巨大的"自欺欺人"之网，而这也是潜在的暴力之网。《纽约时报》上曾出现过一句话："在一周的时间里，双方都编织了饱含深情的故事来说明他们所扮演的角色，他们从自己的立场出发进行单边解释，慷慨激昂且言之凿凿，不过仔细检查后会发现，双方的解释在很多方面都站不住脚。"[49]这句话指的是发生在以色列军队和巴勒斯坦平民之间的冲突事件，双方都认为是对方先挑起了争端。但它可以同样准确地适用于几个世纪以来发生的那些大大小小的各类冲突,人类的大部分历史一向如此。

驱动现代战争的心理机制——爱国热情、民众的自以为是、传染性的群体愤怒——经常被进化学者追溯到部落或帮派间的永恒冲突。毫无疑问,在人类历史上,这种大规模的攻击行为已经上演过无数了。而且可以确定,战争中的勇士们经常通过强奸或绑架女性来获得遗传奖励。[50] 然而,即使战争心理确实是由战争本身所塑造的,它们也可能只居于次要位置。[51] 敌意、怨恨和愤怒以及由此衍生出的集体敌意、集体怨恨和集体愤怒早已深深扎根于人类祖先的群体冲突中,特别是男性同盟之间为了争夺社会地位而发生的冲突。

利益集团

反感朋友的敌人,这种心理倾向并不仅仅源自朋友间互相支持的需要,这几乎是一件必然会发生的事情。对于两个朋友来说,一个共同的敌人是他们能拥有的最牢固的情感纽带,而这也可以充当友谊的启动开关和助燃剂。(研究发现,当两名被试者参与囚徒困境博弈时,如果出现了他们都不喜欢的人,他们会更加合作。)[52]

这一联合策略在现代社会中往往被遮蔽了。友谊可能并不建立在共同敌人的基础上,而是依赖共同的兴趣,例如电影品位或运动爱好。亲密关系源自对单纯事物的共同热情,但我们要强调,这种心理模式是在共同热情没那么单纯的背景下进化而来的:比如在一个可以坦诚交流政治观点的环境中,大家讨论由谁领导部族或者如何分配食物。换句话说,因共同兴趣而催生亲密感,这种心理机制是作为一种巩固政治联盟的手段而得以进化的,只是在后来才依附到像运动爱好此类无关紧要的事情上。不管怎样，这有助于解释为什么人们会因为一些看起来很琐碎的观点不合而发生严重争吵。一场本来很和谐的晚宴怎么会因为对约翰·休斯顿电影的价值产生分歧而突然气氛尴尬呢？

此外，那些"无关紧要的事情"如果经过仔细分析，很可能会变成涉及真正利害关系的大事。以两个秉持达尔文主义思想的社会科学家为例。他们的共同兴趣是一种"纯粹脑力活动"——对人类行为的进化根源的着迷。但这也是一种共同的政治利益。两位学者都厌倦了被学术机构忽视或攻击，厌倦了文化决定论的教条，厌倦了这一思想在人类学和社会学诸多领域顽疾般的盛行。他们想在最受尊重的学术期刊上发表文章，他们希望获得最好大学的终身教职，他们想要权力和地位，想要推翻陈旧的学术专制。

当然，即使他们确实推翻了学术专制，功成名就，写出了畅销书，他们可能依然不会获得遗传回报。他们也许不会将社会地位转化为性机遇，假定他们这么做了，可能他们也会在性活动中采取避孕措施。但在我们祖先进化的环境中，甚至直到几百年前，社会地位都可以直接兑换为生殖货币。这一事实似乎深深地影响了知识分子对话语权的偏好，尤其是在男性之间。

在下一章探讨助长达尔文声名远播的精英话语权时，我们会分析这种影响的一个典型事例。现在，让我们简要地提一下当1846年达尔文与约瑟夫·胡克谈论共同的科学兴趣时他的喜悦之情。十几年后，胡克与达尔文一起加入了关于进化论的世纪大论战，他为提高达尔文的社会地位付出了巨大精力。达尔文在给胡克的信中写道："兴趣相投是多么美好的事情啊，我感觉自己好像与你认识半个世纪了……"[53]

第13章 欺骗和自欺

第 14 章

达尔文的胜利

> 我深深沉迷于自己的研究课题,虽然我希望自己能够不那么看重名声这种不起眼的小玩意儿,不管是当下的名声还是死后的荣誉,而是更看重工作内容。可是,我了解自己,如果知道我的书要永远匿名出版,我依然会努力工作,但不会再满怀热情。
>
> ——给 W. D. 福克斯的信(1857)[1]

达尔文是人类最杰出的样本之一。他出色地完成了人类这种生物应该实现的目标:利用个人特长改变群体知识积累。这些知识涉及的问题是人类和其他有机体从何而来,达尔文以另一种方式再造了该问题的答案,这从根本上改变了他的社会地位。1882 年达尔文去世时,世界各地的报纸都在缅怀他的伟大事迹,他被安葬在威斯敏斯特教堂,离艾萨克·牛顿的墓碑不远。[2] 那是专门纪念伟人的区域。

最重要的是:他是好人。伦敦的《泰晤士报》曾评论道:"尽管他是如此伟大,他的智慧如此广博,可真正使他受许多朋友喜爱,让所有与他有过短暂接触的人都为之吸引的是他美好的人格。"[3] 终其一生,达尔文都在贯彻低调朴素的行事原则,直到他撒手人寰,无法再决定一些选择。当地的棺材制造商回忆说:"我按照他希望的方式制作了一副非常粗糙的棺木,就像刚从工作台上拿下来一样,没有任何工艺,甚至连抛光打磨都没有。"但后来,人们要求将达尔文葬在威斯敏斯特教堂，"他们把我原来做的棺木送了回来，那副新棺木亮到你都可以对着它刮胡子"。[4]

这是查尔斯·达尔文身上最明显也最为人所知的矛盾之处。他举世闻名，但似乎缺乏那些能使得一个人声名卓著的性格特质，看起来他也不具备能让自己的社会地位急速上升的政治手腕。正如一位传记作家所言，他表现得"不像一个能脱颖而出建立不朽功绩的人，他拥有很多正派品格，这会妨碍他用残酷无情的手段去争名夺利"。[5]

我们不能仅仅指出达尔文创作了关于人类从何而来的正确理论，就认为这个矛盾可以迎刃而解，因为他并不是唯一一个这么做的人。如上文所述（第11章开始部分），阿尔弗雷德·拉塞尔·华莱士也独立地提出了自然选择理论，他在达尔文公开发表理论前就撰写了一份关于自然选择理论的论文。事实上，他们二人各自的理论是在同一天同一个会议上正式公之于世的。但今天，达尔文是我们所知道的那个达尔文，而华莱士却只是一个注释中的人物。为什么达尔文会成功？

在第10章中我们指出，在达尔文生活的年代，善行是成功的先决条件，这在部分上调和了达尔文克制朴素的作风与他的名望的关系。道德声誉意味着很多，几乎你所做的一切、你的所有成就都与你的声誉挂钩。

但故事远没有这么简单。仔细审视达尔文漫长而曲折的成名之路，我们就会对关于他的一些常见说法产生怀疑，例如他没有什么野心，没有一丝马基雅维利主义的行事原则，他对真理的追求完全没有受到对名望的追逐的影响。从新的角度来看，达尔文不太像一个圣人，而更像一个正常的雄性灵长类动物。

跻身名流

从很早的时候开始，达尔文就展示出他具备在社会中获得成功的一个必备要素：雄心壮志。他与对手为了地位进行竞争，并渴望由此带来的尊重。"在水生甲虫领域，我已经取得了成功，"他给一位在剑桥的堂兄写信说道，"我认为我用龙虱可以击败杰宁斯。"当他的昆虫收藏被《英国昆虫图鉴》收录时，他写道："你会在最后一卷上看到我的名字。如果这能惹恼杰宁斯先生，我倒会非常高兴。"[6]

将达尔文看成一个醉心于征服的典型年轻男性，这一观点与主流评价似乎相去甚远。约翰·鲍尔比是这样描述达尔文的："像个挑剔鬼一样自我轻视"，"总是贬低自己的贡献"，"永远害怕批评，既怕他人指责，也怕自己发现自己的问题"，"对权威过度尊重，太重视其他人的意见"，这听起来可不像一位正在冉冉升起的领袖人物。[7]但是别忘了，无论是在黑猩猩社会中还是在人类社会中，通常的情况是，个体无法在孤立的情形下提升社会地位，实现等级跃升的第一步是与地位较高的同类建立纽带关系，这就涉及服从和谦卑。一位传记作家用特别具有暗示性的措辞描述了达尔文传说中的反常之处："由于他不那么自信，经常摇摆不定，这使得他在与权威打交道时总强调自己的缺点。"[8]

在自传中，达尔文曾回忆过一起他少年时"备感荣光"的事情。他听说一位著名学者和他聊天后表示："那个年轻人身上有某种东西很吸引我。"达尔文说，这种称赞"一定是因为他感觉到我对他说的每一句话都很感兴趣，因为我对他涉足的历史、政治和道德哲学领域都一无所知"。[9]像往常一样，达尔文表现得过于谦逊了，但他认为他谦虚的态度本身发挥了作用，这应该是对的。（达尔文继续写道："获得名人的赞扬，虽然有可能会引发虚荣心，但我认为对一个年轻人是有好处的，因为这有助于让他走在正确的道路上。"[10] 是的，这条正确的道路就是迈向更高地位的道路。）

将达尔文的谦卑态度看作一种合理策略并不是说达尔文虚伪狡诈。当人们完全被社会阶梯所束缚，又不知道它的目的时，他们就会倾向于以尊崇的眼光看待更高层级的人，这是一种有效策略：我们由衷地敬畏某些人，与此同时，我们也会从卑躬屈膝中获得好处。托马斯·卡莱尔是达尔文同一时代的人（也是熟人），他曾说过，英雄崇拜是人类天性的重要组成部分，他的结论或许是对的。当人们开始认真地进行社会竞争时，英雄崇拜情结会变得更显著，这可能不是巧合。"青春期，"据一位精神病学家观察，"是一个重新追求理想的时期……青少年在寻找一个榜样，一个可以仿效的完人。这很像他们在婴儿期的表现，那时他们还没有意识到自己的父母也是有缺陷的。"[11]

是的，我们对榜样敬畏的感觉很像生命早期时对父母的敬畏，而且这两种现象源于同样的神经化学基础。但对榜样的敬畏不仅可以鼓励个体做出有益的模仿行为，它的另一种作用在于，可以充当一个联盟中"高级合伙人"与"新手"所签订的隐性合约。后者的社会地位还不足以让他们能与前者进行对等的互惠利他交换，因此，他们会通过顺从前者来弥补这一缺陷。

当达尔文还在剑桥时，他对约翰·亨斯洛教授（兼牧师）表示了最大的敬意。达尔文曾从他的哥哥那里听说，亨斯洛是"一个对科学各个分支都很熟悉的人，我因此极为崇拜尊敬他"。[12] 在与亨斯洛偶然结识后，达尔文评价道："他是我见过的最完美的人。"[13]

达尔文在剑桥期间，最为人所知的一个标签就是"与亨斯洛走在一起的人"。他们的关系就像我们人类历史上数以百万计的其他同类关系一样。达尔文从亨斯洛的示范和建议中获益，还融入了他的社交网络。达尔文也会对亨斯洛予以报答，例如提前来到他的讲座现场，帮他安装好设备。[14] 这让人想起了在珍妮·古道尔的记述中，黑猩猩哥布林是如何提升社会地位的："哥布林很尊重他的导师菲甘，总是跟着他，看他会做什么，并经常为他整理毛发。"[15]

在获得菲甘的认可并吸收他的智慧后，哥布林转而攻击菲甘，取代他成为新的雄性领袖。但在此之前，哥布林可能一直真诚地尊敬菲甘，直到建立新秩序格局的那一刻。人类也一样：我们对个体价值的衡量——他的专业水平，他的道德品质，以及其他维度——部分反映了他在我们当时的社会中占据的地位。我们有选择地忽视那些不便承认的品性。

达尔文对亨斯洛的崇拜并不是这种选择性忽视的最好例子，因为亨斯洛本身就是一个广受尊敬的人。但是想想"小猎犬"号的船长罗伯特·菲茨罗伊。当达尔文与菲茨罗伊就他是否可以参与"小猎犬"号的远洋航行这一问题进行会面时，情况很简单：达尔文面前是一个地位较高的人，菲茨罗伊的认可也许最终能显著提升达尔文的地位。因此不出意外，达尔文似乎已经准备好"尊敬"菲茨罗伊。会面后，他给姐姐苏珊写信说："用任何夸张的语言赞美他也不为过，你可能不会相信我说的……"他在日记中还写道，菲茨罗伊是"大自然所能塑造的最完美的人"。后来，他还写信给亨斯洛（他是让达尔文参加"小猎犬"号航行的中间介绍人）说"菲茨罗伊船长的一切都令人愉快……"[16]

多年以后，达尔文将菲茨罗伊描述为"以异常挑剔的眼光观察所有人和所有事物，在这方面他已经掌握了最娴熟的技巧"。但是当时他似乎认为菲茨罗伊完全没问题。对于达尔文来说，初次会面时可不是仔细分析菲茨罗伊的缺点的好时机，他也不应该在那个时候探究人们那普遍彬彬有礼的外表之下到底会隐藏着什么。展现恭顺和友好才是达尔文最该做的，事实证明他的策略部署非常成功。在当天晚上，菲茨罗伊给一位海军军官写的信中提到"我非常喜欢他的见识和谈吐"，并要求将达尔文任命为随船博物学家。达尔文在给苏珊的信中有一段较为平静的叙述，他写道："我希望我的判断是合理的，并且没有对菲茨罗伊船长产生偏见。"[17]这两件事他都做了：他在短期偏见的帮助下，合理地追求着长期自我利益。

在"小猎犬"号环球航行快结束时，达尔文强烈体会到了专业声望带给人的感受。他在阿森松岛上收到了苏珊的来信，信中转述，伦敦地质学会宣读了达尔文的部分科学考察成果，人们对此怀有极大的兴趣。最引人注目的是，剑桥大学著名地质学家亚当·塞奇威克认为达尔文早晚会"在欧洲博物学领域中享有盛名"。目前还不清楚当个体听到这种关于自己社会地位提升的消息时，具体会释放哪些神经递质（根据之前的描述，5-羟色胺应该会是备选项），但达尔文清楚地描述了有关神经递质的作用："读完这封信后，我跳着登上了阿森松山，用地质锤不停敲打火山石，享受着它们的回响！"在回信中，达尔文告诉苏珊他坚定了今后的人生信念："人敢于浪费时间，是因为还没有发现自己生命的价值。"[18]

地位的提高可能使人重新评价自己的社会坐标，他在坐标系中的相对位置已经发生了改变。曾经处于中心的人现在到了边缘，而过去在荒僻角落的人则成了引人注目的新焦点。达尔文不是那种会鲁莽地表现出这一策略的人，他从来没有忘记过那些小人物。不过有迹象表明，他在"小猎犬"号上时某些社会关系还是发生了变化。达尔文的堂兄威廉·福克斯向他讲解过昆虫学（还将亨斯洛介绍给了他）。在剑桥大学期间，他们不断互相分享昆虫方面的知识和交换昆虫标本，达尔文因此获益良多。从那时的通信看，达尔文向福克斯寻求指导和信息时表现出了他一贯的谦卑恭顺姿态。"我不应该寄这封愚蠢到让我自觉可耻的信，"他写道，"我只是急于得到一些关于你和昆虫的信息。"他有时提醒福克斯"我盼望收到导师的信已经很久了"，并嘱咐他"记住我是你的小学生……"[19]

六年之后，当达尔文在"小猎犬"号上的研究导致他的社会地位有所上升时，福克斯感受到他们之间的友谊出现了一种新的不对等性，这听起来让人觉得有些心酸。突然间，福克斯成了那个在地位天平下端的人，他要在信中为自己的"迟钝"而道歉，要强调"你无时无刻不在我的脑海中"，要乞求达尔文的回信。"我已经很久没有看到你的笔迹了，我无法描述它能给我带来的快乐。然而，我觉得你的时间很宝贵，我的时间一文不值，这有天壤之别。"[20]当友谊双方的相对地位发生陡然改变时，情感平衡常常会发生调转，而互惠利他契约的内容也会随之默默改写。不过，这种重新协商在祖先环境中可能比较少见，从现存的狩猎-采集社会作为判断依据来看，在原始环境下，个体成年之后的地位等级流动性不像在现代社会那么大。[21]

敬爱赖尔

在"小猎犬"号航行期间，达尔文的导师亨斯洛一直充当着达尔文与英国科学界保持联系的主要纽带。那份给塞奇威克留下深刻印象的地质学报告就来自亨斯洛的信，并由他负责发表。在航行接近尾声时，达尔文写信给亨斯洛，请求他先为自己的地质学会会员资格做好铺垫。从始至终，达尔文在信中都坚定地表达了他愿持久拥戴"我的导师和主席"。当"小猎犬"号靠岸后，一回到什鲁斯伯里，达尔文就写信说："亲爱的亨斯洛，我有多久没有见到你了。你是我最好的朋友，任何人都想拥有像你这样的朋友。"[22]

但是亨斯洛能继续充当达尔文精神导师的时间也不多了。在"小猎犬"号上，达尔文（在亨斯洛的建议下）阅读了查尔斯·赖尔的《地质学原理》。赖尔于书中支持了最早由詹姆斯·赫顿提出的一个备受争议的理论，即地质构造是渐变的产物，源于持续不断的腐蚀、冲击和撕裂，而不是源于像大洪水这样的灾变性事件。（自然历史的灾变论版本更受神职人员的青睐，因为它似乎暗示了上帝的干预。）达尔文在"小猎犬"号上的研究成果倾向于支持渐变论的观点，例如他有证据表明，自1822年以来，智利海岸一直在不知不觉地上升。于是，他很快就会称自己是赖尔的"狂热信徒"。[23]

正如约翰·鲍尔比所说的，赖尔会成为达尔文的首席顾问和行为榜样，这不足为奇。"他们倡导同样的地质学理论，因此有共同的目标，而这正是达尔文和亨斯洛的关系所缺乏的。"[24]正如我们所见，从达尔文主义角度看，共同的目标常常可以作为一段友谊的开端。一旦达尔文支持赖尔的地质学观点，二人的社会地位起落就会与这一观点的命运共同摇摆。

当然，赖尔和达尔文之间的互惠利他纽带不仅仅只有"共同目标"那么简单，二人都把自己的宝贵资产投注到了这一合作项目中。达尔文为赖尔的理论带来了大量新鲜出炉的证据，而赖尔的声望与他的理论的可信度密不可分。赖尔则为达尔文提供了一个坚实的理论框架，使他可以在此基础上开展研究，除此之外，他还为达尔文带来了足够的指导和社会资助，众所周知，这正是一个优秀导师会做的事情。在"小猎犬"号归来的几周内，赖尔一直邀请达尔文共进晚餐，为他如何合理利用时间给出建议，并向达尔文保证，一旦雅典娜俱乐部有空余名额，就会立刻将达尔文招入。[25] 赖尔告诉一位同事，达尔文将会"为我的地质学学会带来无限荣耀……"[26]

虽然达尔文在研究人类动机时可以成为一个超然物外甚至对人类行为冷嘲热讽的学者，但他看起来完全没有意识到赖尔对自己的关心具有怎样的实际意义。"在众多伟大的科学家中，没有人比赖尔对人更友好亲切，"他在回国一个月后给福克斯写信说，"你无法想象，他在与我讨论计划时是多么善意和蔼。"[27] 嗯，好吧，他真是一个好人！

现在是时候再强调一下，为自我利益服务的行为不需要涉及有意识的计算。在20世纪50年代，社会心理学家就表明，个体倾向于喜欢那些他能够影响的人，如果被影响者的社会地位比较高，个体会对他有更多好感。[28] 不过，我们没有必要在脑海中一直想着："如果我能影响他，他可能会有用，所以我应该好好培养这段友谊"，或者"如果他地位高，他的顺从会特别有价值"。再一次，自然选择似乎已经代替我们做出了这种"思考"。

当然，人们也可以用自己的思考来补充自然选择"做出的思考"。赖尔和达尔文一定都多少意识到了对方的"功能"。但与此同时，他们肯定也感受到了一种坚实而单纯的友好关系。正如达尔文给赖尔的信中所描述的，"与你写信或当面讨论地质学是我最大的乐趣"。毫无疑问，达尔文发自内心地被赖尔"以最善意的方式主动给予指导"的行为所打动。[29]

几十年后达尔文对赖尔的抱怨可能也是发自内心的，他认为赖尔"对社交活动情有独钟，尤其喜欢和名人以及上流社会的人交往。看起来，他的主要缺点就是总高估一个人地位的意义"。[30] 但这时的达尔文早已享有世界级声誉，当然，他的洞察力也今非昔比。早年间，达尔文被赖尔的社会地位迷惑得眼花缭乱，以至于没有注意到他的瑕疵。

重新审视达尔文的推迟

在前文中我们已经了解到达尔文如何度过了他回到英国后的前二十几年：发现自然选择理论，但没有公开发表，而是将精力放在其他工作上。我们也分析了一些解释他拖延的观点。从达尔文主义的视角看，关于这一问题还可以有一些补充。进化心理学大致勾勒出了两股束缚达尔文的力量，一股力量吸引他离出版越来越近，另一股力量却在阻拦他。

首先是我们天性中带来的那种希望自己受人尊敬的偏好，达尔文也有这种偏好。实现这一目的方法之一就是创立一个革命性的理论。

但假如这一理论没有产生革命性的影响怎么办？如果它因为对现有社会结构产生危害，而被彻底摈弃，那怎么办？在这种情况下（达尔文面对的正是这种情况），进化理论本身非常不利于出版发表。在各个时代，高声拥护不受欢迎的观点总是很难获得回报的，特别是当这一观点还与当权者的利益相冲突时。

早在相应的进化解释出现之前，人们就已经很清楚，个体喜欢说取悦别人的话。20世纪50年代曾有过一个著名实验，在实验中，被试者看到两条实际长度不一样的线段，如果房间中其他人都认为这两条线段一样长，尽管这是个明显的错误，但相当一部分被试者愿意认可这一错误结论。[31] 心理学家几十年前还发现，他们可以通过调整听众的赞同率来加强或削弱一个人发表自己观点的意愿。[32] 另外一项50年代的实验表明，一个人的回忆内容会随着听众群体的变化而改变：给被试者看一份关于提高教师工资利弊的列表，哪些条目会给被试者留下更持久的印象取决于他预期会对教师群体还是纳税人群体发表讲话。实验主持人总结道："似乎一个人大量的心理活动都是由与想象中的观众进行对话组成的，这些观众可能出自幻想，也可能是真实存在的，而这可能会影响到他在一个特定的时间点记得什么以及相信什么。"[33] 这与达尔文主义关于人类思想的观点相一致。语言成了一种为了自己利益而操纵他人的方式（在这种情况下，你的利益其实就是你在一群观点坚定的听众中受欢迎的程度）。既然如此，认知作为语言之源，当然也会随之发生扭曲。

考虑到这一切，达尔文的推迟也就不再是一个大问题了。达尔文在面对不同意见（据说，特别是来自权威人士的不同意见）时会自我怀疑，这是一种人类的典型特征，人人身上都有这一面，只是每个人在程度上会有所差异。达尔文回国后花了许多年的时间去研究藤壶，而不是将精力用于揭示一个被大众认为是"异端邪说"的理论，这毫不奇怪。在当今时代，我们其实很难理解"异端邪说"的涵义，这个词几乎只被用于讽刺，但在当年，一种理论如果被打上了异端邪说的标签，往往代表了可怕的后果。鉴于此，达尔文在酝酿《物种起源》的那些年里，经常感到焦虑甚至抑郁也就不足以为奇了；当我们考虑做出某些行为，而这些行为可能导致我们丧失来自公众的尊重时，自然选择"想要"我们感到不安。

令人称奇的是，尽管人们普遍敌视进化论，但达尔文仍坚信他关于进化的想法。罗伯特·钱伯斯在1844年出版的进化论著作《创世的自然史之遗迹》让剑桥大学地质学家兼牧师亚当·塞奇威克震怒不已，身在阿森松岛的达尔文也受到了间接影响，他感到非常紧张。塞奇威克对钱伯斯这本书的评论直白坦率地展现了他的立场："世界不能承受上下颠倒，倘若有人胆敢违反我们庄重的原则和社会风尚，我们已准备好与他们进行一场两败俱伤的战争。"[34] 这种态度可不会鼓励达尔文沉浸于自己的进化理论。

达尔文会怎么做呢？很多人认为，此时他动摇不定，就像实验室里的小白鼠注视着食物，但又担心会带来电击。但也有少数人认为，虽然达尔文将时间用在了研究藤壶上，他没有发表进化理论，但他正在为这一理论能被世人接受扫除障碍，这一策略可谓是三管齐下的好办法。

首先，达尔文巩固了他的论据。在醉心于藤壶研究的同时，他继续为自己的理论收集证据，他能通过书信从其他地方的动植物专家那里获取资料。《物种起源》一书最终获得成功的一大原因是，达尔文预见了各种指责和批评，并先发制人，针对这些潜在反对意见做出了严谨回应。在《物种起源》出版前两年，他正确地写道："我认为任何人都会发现，想反对我的学说非常困难。"[35]

这种没有十足把握不出手的行事风格源于达尔文出奇的谦逊和对批评的极端恐惧。弗兰克·萨洛韦（Frank Sulloway）是一位研究弗洛伊德和达尔文的权威人物，他通过对这二人进行比较总结出了这一观点："尽管弗洛伊德和达尔文都是改写科学史的革命性角色，但达尔文却异乎寻常地在乎个人错误，面对错误时他非常谦逊。正因为如此，他创立了一个可以久经考验的理论体系。相反，弗洛伊德野心勃勃且充满自信。他自称是科学的'征服者'。弗洛伊德也发展了一套研究人类'天性'的方法，可这些内容实际只是将19世纪精神生物学的各种幻想集合在一起后伪装成真正的科学。"[36]

在回顾约翰·鲍尔比为达尔文撰写的传记时，萨洛韦指出了鲍尔比未能说明的一点。"我们有合理的理由认为，除了谦逊、不会自视甚高外，达尔文还有顽强坚持和不懈努力的精神，在科学研究领域，这些都是能真正发挥价值的人格特质，它们可以帮助一个人不高估自己的理论。因此，不断地自我怀疑符合优秀的科学方法论，虽然它对心理健康有害。"[37]

由此会自然而然地产生一个问题，是否这种有益的自我怀疑可能也是人类心智系统的一部分，虽然它会带来一定的痛苦，但在某些情况下也可以推动个体社会地位上升，因此被自然选择保留下来。考虑到达尔文在形成自我怀疑性格的过程中，其父亲扮演的角色，这个问题变得更加有趣了。鲍尔比问道："查尔斯是像他父亲在愤怒之下所说的那样成了家庭的耻辱，还是成功了？……在他的整个科学生涯中，尽管拥有超乎寻常的丰硕成果和卓尔不群的功绩，但查尔斯始终对他人的批评感到恐惧，也会为自我批评所困扰，他似乎永远都在渴望可以打消疑虑、带来安慰的事物。这种倾向已经渗透进他的内心深处。"鲍尔比还注意到，"对父亲的恭顺和怀柔态度是查尔斯的第二大性格特点"，他认为达尔文之所以会成为一个对权威"过分夸张"地尊重和"倾向于贬低自己贡献"的人，至少要部分归咎于老达尔文。[38]

这种推测是无法反驳的，也许老达尔文之所以会在达尔文身上植入这种使达尔文终生困扰的不安感，只是因为他在按照自然选择设计的那样履行职责。父母可能被安装了某些程序——不管他们知不知道——这些程序促使他们调整子女的心理状态，以保证子女可以获得更高的社会地位，即使这会非常痛苦。就此而言，年轻的达尔文可能正是在贯彻这一运作模式，他品尝到父亲给予的痛苦，然后调整心理状态，不懈努力，最终获得成功。我们被塑造成高效的动物，而不是幸福的动物。[39]（当然，我们也被设计成将幸福作为追求目标，并且那些符合遗传利益的事物，例如性活动和地位也会带给人幸福感，至少是一段时间的幸福感。然而，正是因为幸福感是不稳定的，我们经常缺乏幸福感，这是促使我们追求幸福的原因，在这一过程中，我们能得到其他繁殖收益。同样地，达尔文对批评的极端恐惧导致他几乎长期无法获得平静，但正因为如此，他才尽力通过获取更高的科学成就来得到他人的肯定，进而实现内心的平静。）

因此，关于父亲对达尔文性格的痛苦影响，鲍尔比可能是对的，但如果把它描述得如此病态，那就错了。当然，即使这件事在严格意义上没有那么病态，它可能依然让人遗憾，并成为心理干预的目标。但假如治疗师能够明白哪些痛苦是"自然的"，哪些又不是，他们的干预措施也可以更为有效。

达尔文三管齐下策略的第二招是强化他的社会信誉。社会心理学有一个广为接受的结论：信誉会随声望的提高而得以加强。对于一个特定的生物学问题，如果大学教授和小学老师提供了两个不同答案，而我们必须相信其中一个，那我们通常会选择教授。从某种意义上说，这是一个可靠的选择，因为教授更有可能是正确的。从另一种意义上说，这只是进化的副产品——人们对社会地位本能的尊重。

不管怎样，当你试图改变大众的想法时，由于自身精通某领域而产生的奇妙"气场"会让整个事情变得更简单。因此达尔文才会沉浸于藤壶，即使不提达尔文从藤壶研究中学到的知识，他也知道，自己那四大卷关于蔓足纲亚纲著作的分量，足以为他日后发表自然选择理论提供足够的威望。

至少，这是传记作家彼得·布伦特（Peter Brent）的看法："或许……达尔文并不是在用藤壶训练自己的研究能力，他是在为自己获得一份证书。"[41] 布伦特引用了达尔文和约瑟夫·胡克之间的一段交流。

1845年，胡克毫不客气地对一位法国博物学家发表的宏大论断提出了质疑，说这位博物学家"根本不知道博物学家到底是干什么的"。达尔文注意到了这一评价并把这句话看作对自己的反思："我在积累关于变异的证据和推测变异的机制方面有些妄自尊大了，到现在我还没弄清自己该弄清的那些物种。"[42] 一年之后，达尔文开始了他对藤壶的研究。

布伦特可能是对的。在《物种起源》出版几年后，达尔文曾向一位年轻的植物学家建议："让理论来指导你的观察，但在你建立起足够的声望前，不要发表自己的理论。它会使人质疑你的观察。"[43]

达尔文的第三个策略是调动强大的社会力量，和有声望有影响力的人在一起结成联盟。将达尔文关于自然选择理论的论文带到伦敦林奈学会①的人是赖尔，他把自己的权威加持到这一理论上[44]（虽然对于自然选择问题，赖尔的立场是一个不可知论者）；在牛津关于进化论的大辩论中，托马斯·赫胥黎与威尔伯福斯主教针锋相对；胡克也参与了同威尔伯福斯的辩论，他和赖尔一起宣读了达尔文的论文；哈佛大学的植物学家阿萨·格雷（Asa Gray）通过在《大西洋月刊》上发表论文，成了达尔文主义在美国的主要推手。一个接一个，达尔文让这些人都成了他的理论的支持者。

集结阵营是达尔文蓄意计划的吗？在《物种起源》出版时，达尔文已经确切地意识到，为真理而战的是人而不仅仅是思想。《物种起源》出版几天后，他向一位支持者承诺说："我们现在靠一群真正优秀的人组成了队伍，而且大部分都不是老人。从长远来看，我们一

---

① "林奈学会"的名字来自瑞典博物学家卡尔·林奈，这是一个生物分类学协会。——译者注

定会胜利的。"三周后,他的朋友约翰·卢伯克写信询问:"你看完我寄给你的样书了吗?如果看完了,请告诉我在大方向上你是支持还是反对我。"他在附言中向卢伯克保证:"我——我希望我可以说我们——已经获得了相当数量的杰出人士的支持。"[45] 翻译过来的潜台词是:如果你卢伯克现在行动起来支持《物种起源》,那么你能成为雄性联盟的一员,这个联盟今后会是胜利的一方。

达尔文恳求查尔斯·赖尔的全力支持也是出于相似的务实理念。达尔文认为,影响舆论的不仅仅是盟友的人数,还有盟友的声望。1859年9月11日,他给赖尔写信说道:"请记住,你的裁定可能会比我的书更有影响力,你的意见会决定我的观点现在是被世人接受还是拒绝……"9月20日,他又写道:"在我眼中,你的论断要关键的多,而且我相信在大众眼中,他们也同样会更在乎你的看法,认为你比其他几十个人更重要,对此,我真的感到非常焦虑。"[46]

赖尔迟迟不肯给予明确的支持,这会让达尔文陷入痛苦的境地。1863年,他在给胡克的信中写道:"他的胆怯阻碍他给出任何评价,对此我深感失望(我不是针对他个人)。最有意思的是,他认为自己已经像一个充满勇气的古老殉道者一样在行动了。"[47] 但从互惠利他的角度看,达尔文要求得太多了。赖尔当时65岁了,他的知识遗产足够丰富,而支持另一个人的理论并不会给他带来多大好处。况且,如果这一理论日后被证明是错误的,他可能还会被贴上激进主义的标签,从而损害自身利益。此外,赖尔曾经针对拉马克式的进化论提出过反对意见,如果此时他公开支持达尔文,可能会被人看作前后不一。所以达尔文的理论对这两人来说并不是"共同目标",这与20年前的情况不一样,当时赖尔的理论需要得到更多的证据,而达尔文则需要赖尔的理论来容纳和展示自己刚刚收集到的资料。况且赖尔已经通过各种方式给予了达尔文足够的支持,他已经不欠达尔文什么了。在这个问题上,达尔文之所以会感到受折磨,是因为他对友谊概念的理解还不够"达尔文主义",或者,他在计算二人的债务账单时,受到了自我中心偏误的影响。

当然,达尔文从1859年开始急切地招募盟友,这并不能证明他多年来一直在谋划这一策略。他和胡克结盟的起源似乎很单纯,他们的友谊在19世纪40年代走向成熟,并发展成为一种经典的友谊类型:基于共同利益、共同价值观和神圣的感情。[48] 如果在这些共同利益中也包括了"对进化论保持开放态度",达尔文对胡克的感情会更深厚。但我们没必要就此假设达尔文有意识地将胡克看作自己理论的狂热捍卫者。自然选择的运作方式是,如果一个朋友在未来是有价值的,那么我们会与他基于共同利益而产生感情。

达尔文对胡克正直品性的欣赏也大致遵循这一逻辑。(达尔文曾评价胡克:"一眼就可以看出他骨子里是正直的。")[49] 是的,事实证明胡克确实是一个值得信赖的人,早在自然选择被公众所了解前,达尔文就在私下与胡克分享了自己的理论。但这并不意味着达尔文从一开始就在衡量胡克的可信度,自然选择为那些能成为互惠互利的可靠伙伴的人赋予了一种相互间的亲和感。在所有文化中,共同利益和相互信任都是友谊的必要条件。

达尔文非常迫切地需要拉拢知己,尤其是随着自然选择理论即将公之于众,他需要与赖尔、格雷、赫胥黎和其他人形成更紧密的联盟,这一策略是进化的产物,而不仅仅出自他有意识的谋划。在《物种起源》出版几天后,达尔文写道:"我不认为自己有足够的勇气面对那种被众人厌恶却孤立无援的局面。"[50] 试问有谁能做到这一点呢?如果一个人没有事先寻求支持就对当前社会秩序发起大规模挑战,那么他已经不具备人的特征了。事实上，我们几乎可以说，这种做法就是"反人类"的。

想象一下，自猿类时代以来，在多少次社会挑战中，挑战者的成功都离不开他们打造的稳固联盟。想象一下，有多少挑战者因为行动草率或太早暴露野心而承受失败的痛苦。再想象一下，为了繁殖收益，一个人到底要赌上什么。在所有文化中，各种各样的叛变都始于背叛者之间的窃窃私语，这有什么好奇怪的吗？甚至一个没受过训练的6岁小男生也会凭直觉认为，挑战校园恶霸前应该先小心翼翼地试探其他人对恶霸的看法。当达尔文怀着标志性的戒备心，（例如，他对格雷说："我知道这会让你鄙视我。"）[51] 只向少数人吐露自己理论的时候，驱使他做出行动的因素既有情感也有理智。

华莱士的问题

达尔文职业生涯中最大的危机出现于1858年。在艰难地编撰自己的史诗级巨著时，他发现自己将这一工作推迟得太久了。阿尔弗雷德·拉塞尔·华莱士此时已经发现了自然选择理论，这比达尔文想到自然选择理论要晚20年，但眼下华莱士却要抢先发表了。针对此事，达尔文的做法是坚决保护自我利益，但他的策略非常圆滑，并将其笼罩在道德焦虑的外衣之下。甚至此后，许多观察者将这件事看作反映他具有超人般正派品性的又一例子。

华莱士是一位英国青年博物学家，他与年少时的达尔文一样，远渡重洋在国外从事考察研究工作。达尔文早就知道华莱士对物种的起源和分布话题非常感兴趣。事实上，这两人曾就此事进行过通信交流。达尔文提到，华莱士已经对这个问题有了"独特明确的想法"，达尔文还声称,"无法用一封信来完整解释我的观点"。但他依然抑制住冲动,绝不愿通过发表一篇论文来概述自己的理论。"我非常痛恨为了抢先获得自然选择理论的发明权而去写作的想法,"他在给赖尔的信中说,因为赖尔曾敦促他尽快把观点公开,"但是,如果有人要在我之前发表我的学说,我肯定会感到恼火的。"[52]

最恼火的一刻爆发于1858年6月18日,那天邮差送来了华莱士的信。达尔文打开后发现,华莱士对进化草图的描绘与他自己的理论惊人地相似。他说道:"甚至连他使用的术语都与我书中的章节标题一致。"[53]

达尔文那天体验到的恐慌感正是自然选择伟大智慧的体现。恐慌的生物学本质可以追溯到我们的爬行动物祖先,对于早期动物来说,触发恐慌的是一些原始因素,例如对生命或肢体的威胁;而达尔文恐慌感的触发因素则是对地位的威胁,这是我们祖先进入灵长类阶段后所发展出的典型特征。更重要的是,在人类世界,这种威胁并不像我们的灵长类亲属那样用身体动作表现出来。它们可以以极为抽象的形式存在,有时只是几个词、几句话,对这些抽象符号的理解依赖于我们过去几百万年才进化出的特定大脑区域。因此,进化利用了古老的"原材料",并不断修改以使其适应现代需求。

达尔文大概并没有时间停下来,先反思一下他的恐慌感中蕴含的自然选择智慧。他把华莱士的论文寄给赖尔,向赖尔寻求建议。其实"寻求"一词的使用并不准确,达尔文提出了一个无比正派的举措,所以赖尔只能再提一个不那么正派的举措。他在信中说道:"请把华莱士的稿件还给我吧,他没说希望我推荐发表,但我应该立刻写一封推荐信并连同他的论文一起寄给某个期刊。之后,我所有思想的原创价值都会被碾成粉末,虽然我的书可能还有点意义,可是书中的论据终究是为理论服务的,而这个理论已经不属于我了。"[54]

赖尔回信的内容似乎完全符合达尔文的内心真实期待,奇怪的是,这封信没有得以保存,而达尔文一向习惯于将所有通信都留存下来。达尔文回信写道:"我在 1844 年曾将自己想法的概要写下来寄给胡克读过,华莱士论文中没有什么内容超出我十几年前写下的那份概要。大约一年前,我给阿萨·格雷寄了一份简短的梗概,我手头有一份复制本,这些都能证明,我没有从华莱士那里获得任何启发。"

之后,达尔文与他的良知展开了一场史诗级的较量,而赖尔见证了全过程。我将达尔文回信中的潜台词写入括号内,可能看起来有些嘲讽,但我想冒险一试,以下是我的理解:"现在我非常乐意把我的主要观点概述成一篇十几页的论文发表出来,但我无法说服自己怎么能体面地这样做。(也许你能劝服我。)华莱士对论文发表一事只字未提,随信附上他的原信,他好像没有打算发表自己的概要,我能毫无负担地替他这么做吗?毕竟华莱士已经将他学说的概要发给我了。(请说可以,请说可以。)……难道你不认为他寄给我的这封信束缚了我,导致我不应该再发表自己的理论吗?(请说是的,请说是的。)……我会给华莱士寄一份我写给阿萨·格雷的信,向他表明我没有窃取他的学说,但我不知道现在发表自己的理论是否会太卑鄙太恶劣?(请说不卑鄙,不恶劣。)"在第二天补充的附言中,达尔文选择置身事外,他指定赖尔成为仲裁者:"我一直认为你能够成为一流的大法官,现在我敬奉你为尊敬的法官,希望你做出裁决。"[55]

此时家中的状况加重了达尔文的痛苦。他的女儿艾蒂患上了白喉,而他智力有缺陷的小儿子查尔斯·韦林感染了猩红热,命在旦夕。

赖尔咨询了胡克,达尔文也将这一危急事件告知于胡克,两人决定平等对待达尔文和华莱士的理论。他们将在林奈学会下一次会议上介绍华莱士的论文，同时也介绍达尔文发给阿萨·格雷的概要以及他在1844年让艾玛保存的一份手稿中的内容，所有这些在会后会一起发表。（就在几个月前，达尔文还写信告诉华莱士，"不可能"通过一封信清楚地描述自己的理论，可短短几个月后，他就给格雷寄去了一份1200个单词的概要。是否在感觉到华莱士即将接近自然选择的答案后，达尔文想预留一份无懈可击的证据，来证明自己的优先权，这就不得而知了。）由于华莱士当时在马来群岛，而林奈学会马上就要召开会议了，赖尔和胡克决定不征求他的意见就开展行动。达尔文也同意了。

当华莱士知道发生了什么后，他的反应就像达尔文当年在"小猎犬"号上收到塞奇威克对他的鼓励时那般激动。华莱士是一位年轻的博物学家，渴望成名，但他没有得到来自专业领域足够的反馈，不确定自己能为科学界做出什么贡献。突然间，他发现自己的工作成果在一场科学盛会上被伟大的科学前辈们宣读了。他自豪地给他的母亲写信说道："我给达尔文先生寄了一篇文章，文章主题和达尔文先生正在撰写的一部专著相吻合。他把论文拿给胡克博士和查尔斯·赖尔爵士看了，他们对我的论文给予了很高的评价，并直接在林奈学会上介绍了我的理论。我回国后，肯定可以结识这些大人物并获得他们的帮助。"[56]

达尔文最大的道德污点？

在科学史上，这可以算最令人心酸的一页。华莱士输了个精光，虽然他的名字和达尔文的名字被平等地放置在一起，他们被认为是自然选择理论的共同发现者,但达尔文的名望注定要盖过华莱士。毕竟,当一位刚刚踏入科学界的新人宣称自己是进化论者并提出进化解释机制时,可能不会引人瞩目;可声名卓著、受人尊敬的查尔斯·达尔文做了同样的事,这就是一个大新闻了。如果人们对自然选择理论的归属权问题还有一些疑问,那么达尔文的著作会彻底消除这些怀疑,他现在终于要尽全力让自己的作品早日问世了。为了不让任何人忽视达尔文和华莱士之间的地位差异,胡克与赖尔在林奈学会上介绍他们的论文时有意指出:"科学界正在等待达尔文先生完整著作的出版,在此之前,他的一些主要成果,以及他那个能干的笔友所领悟到的理论,应该一起被公之于众。"[57]当人们由衷地想宣扬一个人的成就时,大概不会使用"能干的笔友"这种称谓。

一方面,达尔文在很多年前确实已经把那些碎片资料拼凑在一起形成了完整的进化图景,另一方面,华莱士自身的选择也是造成他相对默默无名的一个主要原因。[58]事实上,不同于达尔文的拖延态度,在1858年6月,华莱士已经完成了一篇关于自然选择的论文并准备发表。如果华莱士把论文寄给了一家期刊而不是达尔文,或者说,只要他不把论文寄到达尔文家,很可能他会成为那个如今被人们所铭记的自然选择理论创始人。[59]与此同时,达尔文的伟大著作,只能算是对一位伟大科学家某个观念的扩充和普及。届时,这个理论将以谁的名字命名,是华莱士主义还是达尔文主义,可就不好说了。

尽管达尔文举世闻名,但是我们很难说他出色地通过了自己人生中最严峻的道德考验。想想摆在他、赖尔和胡克面前的选项吧。他们可以只发表华莱士版本的理论。他们可以像达尔文最初提出的那样,写信给华莱士向他提供发表论文的机会,而完全不提达尔文的理论。他们也可以先向华莱士写信解释个中原委,之后建议合著出版。但他

第 14 章　达尔文的胜利

们没有这么做，也许他们都认为华莱士可能会拒绝合著出版，所以他们最终采取的方案，是唯一一个能确保自然选择将作为"达尔文的理论"被载入史册的方案。在这个方案中，他们没有经过华莱士的同意就发表了他的论文，而像达尔文那种具有严苛道德观的人按理说会质疑这一做法的正当性。

让人感到惊讶的是，许多观察者一次又一次地将这种策略看作是人类道德的正面案例。托马斯·赫胥黎的孙子朱利安·赫胥黎把最终结果称为"记述了两位伟大生物学家慷慨性格的丰碑"。[60] 洛伦·艾斯利认为这是"科学史上共同表现出高贵正直品质的典范"。[61] 他们都说对了一半，一向为人高尚亲和的华莱士确实长期以来坚持认为，是达尔文对进化论的深入思考为他赢得了首席进化学家的头衔。华莱士甚至为自己的一部著作起名为《达尔文主义》(Darwinism)。

终其一生，华莱士都在捍卫自然选择理论，但他后来严重缩小了自然选择理论的适用范围。他开始怀疑这个理论能否完全解释人类心智的起源，因为看起来人类的智力水平比他们实际生存所需的智力水平要更高。华莱士的结论是，尽管人类身体的设计师是自然选择，但他们的心智能力是被一种更神性的力量所植入的。这么说可能有点太过讽刺，但恰恰是华莱士的这种修正观念，导致了自然选择理论更不太可能被人们称为"华莱士主义"。达尔文因华莱士信念的改变感到忧伤，他在信中写道："自然选择是我的孩子，也是你自己的孩子，我希望你还没有完全杀死它。"[62]（不过另一方面，达尔文虽然在《物种起源》的引言中提到了华莱士，但他在随后的章节都将自然选择称为"我的理论"。）

之所以人们普遍认为达尔文在华莱士事件中表现得像个完美的绅士，部分原因是达尔文除了上面提到的那些方案外其实还有选择，他可以迅速发表自己的理论而完全不提及华莱士。但除非华莱士比他已经表现出的性格还要更加高尚隐忍，否则这将造成一场丑闻，不但让达尔文名声受损，甚至还会让人们怀疑自然选择理论到底是不是达尔文独立想到的。换句话说，这个选择根本就不是一个选择。一位传记作家满怀敬意地评论说，达尔文"痛恨失去（在自然选择理论上的）优先地位，但他更痛恨自己被怀疑有小人行为或作风不正"，[63] 他没有看出二者之间的根本联系。对达尔文来说，如果他被认为作风不正，才会真的威胁到他的优先地位。达尔文在收到华莱士论文的当天写信给赖尔说："我宁愿烧掉我的整本书，也不愿让华莱士或其他任何人认为我是一个行为卑鄙的人。"针对这一反应，我们与其说达尔文为人正直，不如说他为人精明。[64] 或者更确切地说，他是正直的，而在他所处的社会环境下，正直就等于精明。道德良知的功能就是引导个体做出"精明的选择"。

另一个让人们认为达尔文纯真率直的原因是，他聪明地决定将事情交给赖尔和胡克。"绝望之下，他退让了，"一位传记作家煽情地这样描述。[65] 但实际上，达尔文总是用这种"退让"作为道德伪装。在华莱士表示同意他们的做法后，达尔文给他写信说："虽然我绝对没有任何能力去影响赖尔和胡克，他们采取了自认为公正的方案，不过我依然本能地想急于知道你的看法……"[66] 好吧，如果他拿不准华莱士是否会同意，那他为什么不先征求华莱士的意见呢？达尔文已经把自己理论发表的时间推迟了20年，难道他还不能再等几个月吗？华莱士可能请求他将论文拿给赖尔过目，可没有要求让赖尔决定自己论文的命运。

至于达尔文说的"他没有对胡克和赖尔施加任何影响"是否与事实相符，其实无关紧要，毕竟他们本身就是达尔文最亲密的两个朋友

（所以他们当然会偏袒他）。当然，达尔文不会认为他可以任命哥哥伊拉兹马斯做一个公正的裁决者。然而，我们有充分的理由相信，自然选择在将友谊这一机制植入人类的过程中，充分利用了那些最初用来维系亲属关系的心理成分，例如喜爱、关照和忠诚等等。

达尔文此时当然还意识不到友谊的进化意义，但他肯定知道朋友倾向于互相偏袒，朋友的完整概念正包括能够在一定程度上认同你的自我服务偏见。所以，达尔文把赖尔称作"公正的法官"是件让人颇为惊讶的事情。尤其考虑到达尔文日后还凭借友谊关系，请求赖尔公开支持自然选择理论。他竟然声称赖尔会"公正裁决"，真是有意思。

赛后分析

在这里展现的道德批判已经足够多了。我有什么资格指责达尔文呢？我做过比达尔文的这个最大罪过还要更糟糕的事情。事实上，我之所以这么义愤填膺，并露出一种道德优越感，正是因为进化赋予了我们一种特征，让我们每个人面对自己的过失时都可以做到选择性失明。现在我将试图跨过生物学，超然而轻松地评价华莱士事件中显露出的那些人类进化特质。

首先要注意的是，达尔文的价值观具有的微妙弹性。通常，他对霸占学术领域的行为深恶痛绝，他认为，如果科学家防范竞争对手抢了自己的风头，那么他们"不配算是追求真理的研究者"。[67]尽管达尔文太敏锐太诚实，以至于他不会否认自己渴望名望，但他一般认为名望的诱人效应很小。他声称，即使无法获得名望，他还是会同样努力地完成《物种起源》。[68]但当他的研究领地受到威胁时，他还是采取了行动，包括加快出版《物种起源》，目的当然是让自己的名字能成为进化论的代名词。达尔文意识到了此时的选择与他一贯信念间的矛盾之处。华莱士事件发生几周后他写信给胡克说，在关于自然选择优先归属权问题上，"我一直幻想自己有一个足够强大的心灵，完全不在意这件事，但是我发现我自己错了，并因此受到了惩罚"。[69]

然而，随着危机度过，达尔文的虔诚又重新浮上表面。他在自传中声称，他"并不在乎人们认为做出最重要独创性工作的到底是我还是华莱士"。[70] 任何一个人，如果看过达尔文此前在给赖尔和胡克的信中写下的那些心烦意乱的言辞，一定会对达尔文自我欺骗的能力感到惊讶。

华莱士的故事突出了两种不同道德良知的分界线，即亲缘选择和互惠利他主义之间的边界。当我们因为伤害或欺骗了兄弟姐妹而感到内疚时，通常是因为自然选择"希望"我们善待兄弟姐妹，因为他们和我们有很多相同的基因。当我们因为伤害或欺骗了一位朋友（或某个关系一般的熟人）而怀有负罪感时，那是因为自然选择"希望"我们看起来很友善。真正能导致互惠发生的，是他人对你利他天性的觉察，而不是你做出的利他行为本身。因此在我们与非亲属打交道时，道德良知感的主要职责是让我们注重树立起慷慨正派的名声，而不管实际到底如何。[71] 当然，要想获得和维护这样的声誉，通常需要一个人真正做到慷慨正派，但有时也并不必须如此。

从这个意义上说，我们可以看到达尔文的道德良知充分发挥了它本该承担的作用。在道德良知的驱使下，他基本贯彻了慷慨正派的行事作风，而在一个人际关系密切的社会环境中，真正的慷慨正派对于维持良好的道德声望是至关重要的。但与此同时，他的美德也不会绝对不变。达尔文对自己的道德良知颇为自负，似乎它就像一座可以抵御一切腐败侵蚀的堡垒。可当达尔文为了毕生追求的社会地位需要犯下一点道德过失时，这座堡垒调暗了警戒灯，允许那个小小的不公正偷偷溜进来。在这个短暂的瞬间，达尔文微妙甚至无意识地运用了他丰富的社会关系，对一位年轻且缺乏名望的竞争对手造成了损害。

一些达尔文主义者认为，道德良知可以被看作一个储蓄账户的管理者，这个账户里储存着个体的道德声誉。[72]达尔文花了几十年时间煞费苦心积累资本，有大量明显的证据证明他在道德方面的谨慎与顾虑。当发生华莱士事件时，是时候让自己积累的资本冒点风险了。即使他真的有点损失——即使真的有人质疑，他没有经过华莱士同意就发表其论文的做法是否恰当——从达尔文最终的获利（地位提升）来看，这依然是一次非常划算的冒险。道德良知存在的目的就是对资源分配方案做出判断，而在华莱士事件中，达尔文的道德良知很好地履行了其职责。

正如我们所看到的事实，达尔文的资本完全没有遭受损失。事件结束后，他就像一个浑身散发着花香的圣人。在林奈学会正式召开之前，胡克和赖尔向众人介绍了达尔文的情况："达尔文先生非常欣赏这些观点的价值，因此他在给查尔斯·赖尔爵士的一封信中提议，请求华莱士先生同意尽快发表这篇论文。鉴于达尔文先生没有向公众隐瞒这件事，并且他很支持华莱士先生，我们非常赞同他的方案。达尔文先生多年来也一直从事对同一主题的研究，正如我们刚刚提到的，我们中的一位（胡克）在1844年已经仔细阅读过他的研究报告，多年来我们一直了解这一情况……"[73]

一个多世纪后，这个从赖尔和胡克嘴中说出的经过美化的版本，仍然作为对华莱士事件的标准描述版本——谨慎负责的达尔文几乎是被迫接受自己的名字与华莱士的名字一起出现。一位传记作家写道："赖尔和胡克要求达尔文必须发表自己理论，面对来自他们的压力，达尔文很难做出自由选择。"[74]

我们没有理由认为达尔文有意识地遮蔽了华莱士的光芒。他任命赖尔为"大法官"是明智之举，在危机时刻，寻求朋友帮助是一种天然的冲动，这不算什么罪过。我们不一定会认为："我要打电话给朋友而不是陌生人，是因为朋友会认同我的想法，哪怕是我对自己和竞争对手应该分别得到什么的扭曲想法。"达尔文在道德上的痛苦感也遵循同样的逻辑：它之所以能够起作用，是因为达尔文完全不知道它的存在，换句话说，它之所以能起作用，是因为达尔文真的感受到了道德痛苦。

而且这不是第一次了。达尔文为寻求更高的社会地位而争夺自然选择理论的优先归属权，因此产生了强烈的内疚感，他的人生中曾经多次体验过类似的痛苦。（回想一下约翰·鲍尔比的论断："达尔文承受着蔑视虚荣而带来的痛苦。""在他的一生中，他反复渴望名声，渴望得到人们的关注，但与此同时，他又因为隐藏这些动机而感到深深的羞耻。"）[75] 事实上，正是达尔文表现出的真实痛苦让胡克和赖尔相信，达尔文确实对荣耀有强烈的抵触，而他们也让全世界都相信了这一点。达尔文多年来积累的道德资本是以巨大的心理成本为代价的，但最终这些投资得到了巨额回报。

所有这一切都不意味着达尔文的行为在遵循完美适应模式，或在满足基因扩散的任务，他付出的每一点艰辛和努力最终都证明了这一点。考虑到19世纪英国与人类祖先进化环境的不同，人类心理机能的完美适应性是我们最不应该期待的事情。事实上，正如我们在几章之前提到的，达尔文的道德感要明显超过通常意义上的自私性，他的道德账户中储存了大量资本，所以他没有必要因为未及时回复邮件而失眠，也不需要为了死去的羊挺身而出。我们的分析只是想强调，达尔文身上那些被人们纷纷议论的奇怪思想和性格，如果从进化心理学的角度来看，其中许多特质其实是有一定道理的。

事实上，他的整个职业生涯在某种程度上是连贯一致的，达尔文的职业声望在谦逊、谨慎和顾虑的掩盖下不断上升，从没有被自我怀疑和对他人的过分顺从所阻碍。在达尔文痛苦的道德良知之下，隐藏的是由良知主导的资源配置。在他对杰出人士恭顺的态度之下，隐藏的是他对更高社会地位的渴望。在他的反复自我怀疑之下，隐藏的是对狂热社会指责的防御。在他对朋友的同情之下，隐藏的是精密的政治联盟。啊，他到底是一种什么动物啊！

第四部分
道德的启示

第 15 章

达尔文和弗洛伊德的讽刺

当一个人无意识地按照一个更有活力的自我在行动时,大脑可能具有不同于平时心理状态的想法、感受和直觉,这也许类似于我们习惯所说的双重人格。

——《M 观察日记》(1838)[1]

到目前为止,我们所描绘的人性图景并不是都会讨人喜欢的。

我们穷尽一生,拼命追求地位;我们沉迷于通常所谓的社会认同无法自拔——这一过程取决于我们给他人留下深刻印象时所产生的神经递质。我们中的许多人声称自己能够独立自主,拥有固定的道德罗盘,无论发生什么都能坚守我们的价值观。但那些真正按照自我原则行事、无视同伴认可的人,却会被贴上反社会者的标签。与此同时,我们会给另一种极端的人——那些热切寻求他人认同与尊重的人——冠之以"自吹自擂"或"攀龙附凤"的称号。这一切都说明了我们对他人和自我的认知是多么盲目,因为我们每个人都会自吹自擂,都想攀龙附凤。而那些会被我们这么称呼的人,要么是靠这些策略取得的成功让人心生嫉妒,要么是运用这些策略时太简单粗暴,或者两种情况兼而有之。

我们对他人的慷慨和喜爱背后潜藏着狭隘的目的。受益者要么是与我们有共同基因的亲属,要么是能帮助我们将基因传递到下一代的非亲属异性，要么是能对我们的恩惠予以回报的非亲属。更重要的是，我们对他们的帮助中经常暗含着虚伪和恶意，我们会支持朋友忽视他们的缺点，找出（甚至放大）敌人的缺点。这样看来，喜爱其实是一种敌对的工具，我们在与某些人结成情感纽带的同时，其实也加深了与另一些人之间的裂痕。[2]

我们的友谊，就像其他事情一样，也具有极端不平等性。我们尤其重视具有较高社会地位的人对我们的喜爱之情，并愿意为之付出更多代价，同时我们对他们的期望较少，且相对宽容。如果朋友的社会地位下降了，或者我们的社会地位超过了他们，我们对他们的喜爱就会减少。为了更快地使这段关系冷却，我们会找出理由证明自己的做法是合理的。例如，"我和他没有以前那么多的共同点了"。嗯，没有的共同点是对等的社会地位吧。

这种对人类行为的看法颇有些愤世嫉俗。有什么新鲜的呢？冷嘲热讽可没什么革命性。确实，有些人会把这种价值观称为我们这个时代的主题故事，它是对维多利亚时代那种一本正经的价值观的另类继承。[3]

从19世纪的一本正经到20世纪的愤世嫉俗，这一价值观转变在部分上可以追溯到西格蒙德·弗洛伊德。就像新达尔文主义一样，弗洛伊德主义理论也认为，即使在我们最天真单纯的行为中，也隐藏着狡猾的无意识目的。同新达尔文主义一样的还有，弗洛伊德主义将生物本能视为我们无意识的核心。

这些并不是弗洛伊德和达尔文思想唯一的共同点。尽管近几十年来弗洛伊德主义受到了很多批评，但它仍然是我们这个时代的学术、道德和精神领域极具影响力的思想范式。这也是新达尔文主义范式所追求的效果和地位。

仅从这种两种学术思想相互竞争的角度看，我们也有必要将弗洛伊德心理学和进化心理学进行区分。但还存在着更重要的理由：虽然这两个学派对人性的看法似乎都有些愤世嫉俗，但涉及的具体方向和形式是不同的，而这一不同点恰恰非常关键。

与通常的愤世嫉俗相比，达尔文式的愤世嫉俗与弗洛伊德式的愤世嫉俗都少了几分怨恨的意味。因为他们对一个人动机的怀疑在很大程度上是对无意识动机的怀疑，他们将个体——至少是有意识的个体——看作是无辜的帮凶。在某种程度上，个体可能会因无意识的目的而感到痛苦，但这也正是为了实现无意识目的所需要付出的代价，因此，体验到这种痛苦的人既值得怀疑又值得同情。我们每个人生来都是无意识动机的受害者。两个学派的分歧在于，为什么个体会受到无意识动机的伤害，以及这种伤害是如何发生的。

弗洛伊德也认为自己是一个达尔文主义者。他试图将人类心理看作进化的产物，而这一事实——至少就其本身而言——应该会让他永远为进化心理学家所偏爱。视人类为受性冲动和其他原始冲动所驱使的动物，这一立场本身并不一定构成问题。但弗洛伊德却在最基础和本质的水平上曲解了进化。[4] 例如，他着重强调了拉马克式的进化观，即个体通过经验获得的特征会通过生物遗传传递到下一代。弗洛伊德对进化的某些误解在他那个时代很常见，甚至部分错误是达尔文自己所持有的，或者至少是由于达尔文的模棱两可造成的，这或许是一个很好的借口。但事实上，那些误解导致弗洛伊德发表了许多在今天的达尔文主义者听来极为荒谬的言论。

为什么人类本能地渴望死亡（即"死亡本能"）？为什么女孩想要男性生殖器（即"阴茎嫉妒"）？为什么男孩想要和母亲发生性关系并杀死父亲（即"俄狄浦斯情结"）？想象一下那些专门鼓励这些

冲动的基因所遵循的逻辑，这些基因不可能忽然在整个狩猎-采集社会中传播。

无可否认，弗洛伊德对精神紧张有着敏锐的察觉。一些类似父子间俄狄浦斯冲突的现象可能确实存在。但这些冲突的真正根源是什么？马丁·戴利和马戈·威尔逊认为，弗洛伊德在整个问题上吸收了几个截然不同的进化动力学观点，其中一部分归根结底等同于罗伯特·特里弗斯所提出的亲子冲突。[5]例如，当男孩进入青春期后，他们可能会发现自己与父亲争夺同一位女性，这种现象在一夫多妻制社会（比如我们祖先的生活环境）中尤为明显。但他们争夺的女性不是男孩的母亲。乱伦通常会生出有缺陷的后代，对一个男孩来说，让自己的母亲承受怀孕所带来的风险和压力，生出没有生殖价值的兄弟姐妹，这完全不符合他的遗传利益。（因此，很少有男孩试图引诱自己的母亲。）在年龄更小的时候，男孩可能会因为母亲而与父亲发生冲突（或者相反的情况，女孩因父亲与母亲发生冲突），但冲突的本源并不是因为性。相反，儿子和父亲是在争夺母亲的宝贵时间和注意力。如果这种竞争有任何性成分的话，那也只是因为父亲的遗传利益可能要求母亲继续怀孕，而儿子的遗传利益可能要求推迟兄弟姐妹的出生时间（例如，一些女性在哺乳期时停止排卵，因此，对于婴儿来说，要求更长时间的母乳喂养，可以在一定程度上阻止弟弟妹妹的出生）。

这类达尔文理论通常是带有推测性的，而且在进化心理学发展的早期阶段很少得到实验验证。但与弗洛伊德理论不同的是，达尔文主义的立足点非常坚定：从自然选择的塑造过程理解人类大脑的设计机制。因此，进化心理学的前方是一片坦途，它的行进方向清晰明确，同时，在科学方法论的引导下，它也会不断修正微调，这正是进化心理学研究领域现阶段正在发生的事情。

达尔文的旋钮和调频

对于进化心理学家来说，前进的第一步在于明确人类天性中存在的"旋钮"，例如，我们在达尔文身上所看到的那些全人类共享的天性。达尔文会关心自己的亲属，虽然是有限制的；他追求更高的社会地位，追求性；他力图给同伴留下深刻的印象，并积极取悦他们；他努力让自己看起来像个好人；他与其他人结成联盟，并尽量维持下去；他试图压制竞争对手。为了实现上述目标，他欺骗了自己。同时，他也体验到了各种情感——爱、欲望、同情、尊敬、野心、愤怒、恐惧、痛苦、内疚、责任感与羞耻心等等——正是这些情感驱使他追求上述目标。

在达尔文或其他人的身上找到了人类本性的基本旋钮之后，达尔文主义者的下一个问题是，这些旋钮的不同调频有什么特别意义？众所周知，达尔文有着过度敏感的道德良知，他比一般人更加关心对联盟关系的培养，他也异乎寻常地在乎其他人的意见。诸如此类的情况，还有很多。

这些异于他人的调频从何而来？这是个好问题。几乎没有发展心理学家吸收了新达尔文主义的理论观点，所以这个问题暂时无法解答。但至少从广义上讲，找到答案的途径是明确的。人类年幼个体的头脑具有可塑性，塑造者则是进化环境中的线索，这些线索暗示着哪些行为策略更有利于其基因传播。这些线索大致可以反映两个维度：你自己所处的社会环境，以及你为这个环境带来的资产和负债种类。

有些线索会受到亲属行为的调节。弗洛伊德正确地意识到，亲属——尤其是父母——会对婴儿心灵的塑造起着重要作用；弗洛伊德还正确地意识到，父母不会有百分之百的善意，父母与子女之间存在深层利益矛盾。特里弗斯的亲子冲突理论认为，父母对子女某些心理的微妙塑造可能不是出于子女的遗传利益，而是出于父母的遗传利益。父母的教导到底是在传授子女经验技能，还是在利用子女，使其形成有益于父母利益的心理特质？要把这两种类型的亲属影响区分开，从来都不容易。在达尔文的例子中，这种困难更加突出，因为他的一些典型特征——比如极度尊崇权威、行事顾虑重重——除了对他适应社会环境有帮助外，还可能促使他为了家庭利益做出自我牺牲。

如果行为主义科学家要使用新达尔文主义范式来追溯心理和情绪的发展，他们将不得不放弃一个经常隐含在弗洛伊德思想中并被精神病学家甚至普通人所信奉的假设：痛苦是一种异常反应，它说明某些事情偏离常态了，出了问题。正如进化心理学家伦道夫·尼斯所强调的，疼痛是自然选择所设定内容的一部分（当然，这并不是说痛苦是好的）。[6] 大量会引发痛苦感的特质帮助达尔文成了一个成功个体：包括他过于活跃的道德良知，他无休止的自我批评，他渴望得到认可，他对权威夸张的尊崇。如果达尔文的父亲确实如外界所宣称的那样，助长了这种痛苦，那么我们不应该去追问是什么恶魔驱使他父亲做出那样的事情（或许，你可以回答，基因就像一个上好了发条的瑞士手表一样，在自动运行）。更重要的是，我们也不能认为年轻的达尔文自身没有助长这些痛苦的影响。人们也许愿意接受这种痛苦的指引，只要他们的基因能因此更好地传递下去（至少在祖先环境中会是如此）。很多看起来像是说明父母非常残酷的事情，可能并不是特里弗斯所说的亲子冲突。

不安全感是我们长久以来一直难以理解的一种状态，以至于心理学家也认为那是不自然的,而达尔文就曾遭受不安全感的折磨。也许千百年来,正是这种感受在驱使那些无法通过传统手段(暴力、美貌、魅力)登上更高社会阶层的人去寻求其他提升等级的途径。其中一种途径是强化对互惠利他主义的承诺,寻求这种路径的人会有极其敏感的道德良知,甚至因此感到痛苦,他们还会习惯性地害怕他人不喜欢自己。身体强健的体育生往往性格傲慢、不顾及他人感受,而瘦弱的人则向来曲意逢迎、对他人过于恭顺。这种刻板印象无疑有些夸张,但它们确实能反映出统计上的相关性,并且看起来符合达尔文主义的观点。无论如何,达尔文的经历似乎完全符合这一情况。达尔文身材尚可,但笨拙内向,在上小学时,他写道,"我无法鼓起勇气去打架"。[7]虽然很多孩子把他的缄默误解为蔑视,但人们都认为他很和善。一个同学回忆说:"他愿意做任何小事来让同伴感到高兴。"[8]菲茨罗伊船长后来会惊叹于达尔文"如何能做到让每个人都成为他的朋友"。[9]

同样,性格中敏锐理性的自我反省以及其他类似成分可能源于早期的社交挫折。那些不是天生就有一定地位的孩子可能会更努力地收集关于自己的各类信息,尤其是如果他们看起来天生就有这种能力的话。达尔文把理智的自我怀疑运用到精细的科研工作中,这些工作成果提高了他的社会地位,同时也让他成了一个有价值的互惠利他主义者。

如果这些推测成立,那么达尔文的两类基本自我怀疑——分别来自道德层面和科学层面——其实就是一枚硬币的两面,二者都体现了他在社交上的不安全感,也正是在二者的驱使下,达尔文走上了一条能使自己成为社会宝贵财富的道路,而其他途径似乎都无法成功。正如托马斯·赫胥黎所说,达尔文"对赞扬和责备都有着强烈的敏感性",这可以解释他在道德和科学领域的一丝不苟,而这一切也许都根源于心理发展的单一因素。[10] 达尔文的父亲在达尔文形成这种敏感性格的过程中发挥了重要作用，这当然是在达尔文的默许下的。

当我们说一个人"缺乏安全感"时，我们通常是指他会担心太多事情：他担心别人不喜欢他，担心会失去现有的朋友，担心自己冒犯了别人，担心自己给了别人不好的信息，等等。人们很容易将不安全感的形成归因于童年经历：在小学操场上玩游戏时被同学所排斥，青春期时失败的爱情，家庭环境的不稳定，家庭成员的意外去世，频繁搬家以至于无法结交长期朋友，等等。有一种含糊其词但又好像通常不言自明的假设是，童年时遭遇的失败或动荡会导致成年后的不安全感。

我们可以想出一些原因（比如我刚刚抛出的那些观点）来说明为什么自然选择可能会让一个人的早期经历和他后来的性格之间形成特定联系。（达尔文母亲的早逝为我们的推测也提供了论据，在祖先环境中，失去母亲的孩子很难养成骄傲自负的性格。）我们还可以从社会心理学研究数据中找到一些证据（至少是间接的证据）来支持这种相关性。观点的碰撞可以让我们得到更清晰的结论：心理学家可以考虑，从达尔文主义角度看哪些关于个体发展的理论是更合理的，并设计相应的实验来验证这些理论。

通过相同的方法，我们也将开始理解其他各种心理倾向是如何形成的：性保守还是性滥交，宽容还是狭隘，自尊还是自卑，残忍还是温柔，等等。在一定程度上，这些事情确实与那些经常被提及的因素（如父母关爱的程度和形式，是否单亲，早期的爱情经历，以及和兄弟姐妹、朋友及敌人之间的互动关系）有一致的联系，原因也许是这种联系在进化上是有一定意义的。如果心理学家想要了解人类心理的形成过程，他们必须了解人类这一物种的形成过程。[11] 一旦这样做了，他们很可能就会取得重要进展。有别于20世纪的弗洛伊德主义，21世纪的达尔文主义会收获越来越多精细的理论假设，以及更加明确客观的证据。

当我们把话题转向无意识心理时，弗洛伊德主义和达尔文主义之间的思想差异依然存在，而其中一些区别再一次与痛苦这种感受的功能有关。回想一下达尔文的"黄金法则"：立即记录下任何与他的理论相抵触的观察结果，"因为我的经验发现，这些事实和思想更容易从记忆中消失，而那些有利的观察结果则不那么容易被遗忘"。[12] 弗洛伊德引用了这句话，以此证明他所主张的人们具有"规避不愉快记忆"的行为倾向。[13] 对弗洛伊德来说，这种倾向广泛而普遍，无论是精神健康的人还是患有精神疾病的人都有这种倾向，而且这种倾向在无意识心理活动中扮演核心角色。可弗洛伊德的假设与一个事实存在明显冲突：有时候痛苦的记忆是最难忘记的。事实上，在引用达尔文的黄金法则之后没隔几句话，弗洛伊德就写到，人们对他提到过，那些"委屈和羞耻的回忆"会一直令人痛苦地持续下去。

这是否意味着忘记不愉快事件这种倾向其实并不是普遍存在的？弗洛伊德给出了否定答案，并选择了另一种解释：他认为，只是有时候人们可以成功遗弃痛苦的记忆，有时候却做不到。心理是一个"各种势力相互碰撞的竞技场"，很难说哪种倾向会最终获胜。[14]

进化心理学家能更巧妙地处理这个问题，因为与弗洛伊德不同，他们对人类心理的看法并不遵循那种简单的框架。他们认为，大脑是经过千万年不断锤炼而形成的产物，从而能够帮助我们完成许多不同的任务。达尔文主义者并没有试图将令人委屈、耻辱和困扰的记忆归入同一框架进行解释，因此他们不必为不符合这一框架的特例再寻求特殊理由。面对关于铭记和遗忘的三个问题——（1）为什么我们会遗忘那些与我们信念不一致的事实；（2）为什么我们会记住自己的委屈经历；（3）为什么我们会记住感到耻辱的事——达尔文主义者可以放松下来，对每种倾向给出相应的解释。

  对这三种情况，我们在本书中已经谈到了其可能的形成原因。遗忘那些令自己困扰的事实，可以让我们坚定信念，因为过于犹豫不决在进化环境中会产生很大的遗传风险。记住委屈经历是在强化我们的"议价"能力，提醒我们那些亏欠我们的人应该给予我们补偿，同时，将委屈一直铭记于心可以确保利用我们的人受到惩罚。至于关于耻辱的记忆，它们会让我们体验到持续的不适感，而这种不适感能够使我们避免重复去做那些可能会降低自己社会地位的行为。此外，如果经受的耻辱非常严重，与之相关的记忆会适应性地降低个体自尊（至少在某种程度上降低个体的自尊，使个体可以更适应其生存环境）。

  因此，不管你相信与否，弗洛伊德提出的人类心理模型可能算不上错综复杂。人类心理中存在着更多他未曾想象的阴暗角落和充满欺骗性的小花招。

弗洛伊德理论的最精彩之处

  弗洛伊德理论的最精彩之处在于，他觉察到了在人类这种高度社会化的动物身上存在的悖论：我们内心深处潜藏的是性欲、贪婪和自私，但我们又不得不以文明的方式与他人相处，必须通过合作、妥协和克制欲望这种曲折的途径来实现我们动物本性的需求。这一洞见展示出了弗洛伊德关于人类心理最核心的观点：人类心理是原始的动物冲动和社会现实发生冲突的场所。

  关于这类冲突的一种生物学观点来自保罗·D. 麦克莱恩（Paul D.

MacLean）。他把人类的大脑看成由三个基本部分组成的三合体，它们分别代表了我们不同的进化阶段：最内层的是"爬行动物脑"（包含我们最基本的生物驱力）；中间层的是"古哺乳动物脑"（这个结构赋予了我们祖先许多情感能力，包括对后代的感情）；最外层的是"新哺乳动物脑"，这部分大脑皮层为我们带来了抽象推理、语言，或许还有对非亲属的（选择性）喜爱。麦克莱恩写道："新哺乳动物脑像一个侍从那样，将爬行动物脑和古哺乳动物脑的诉求以理性正当的形式通过语言表达出来……"[15] 同其他简洁的模型一样，这一理论可能简单到会让人产生误解，但它很好地把握住了人类进化轨迹的一个关键特征：随着从孤立个体到群居生活，人类对食物和性的追求会产生越来越多复杂微妙的行为变化。

弗洛伊德所说的"本我"——最深层的野兽——也许就是在爬行动物脑这个时期形成的，它是前社会进化历史的产物；而"超我"，宽泛地说即良知，是在进化晚期才出现的，它是压抑欲望的行为以及负罪感的来源，这些压抑行为和负罪感能够约束"本我"以换取更高的遗传利益。例如，"超我"可以防止我们伤害兄弟姐妹或忽视朋友。而"自我"是处于"本我"和"超我"的中间部分，它的最终目的（即便是无意识的）是实现"本我"的欲望，但它是通过长期的深思熟虑来追求这些目标的，并会注意到超我发出的警告和谴责。

伦道夫·尼斯和精神病学家艾伦·T. 劳埃德（Alan T. Lloyd）强调弗洛伊德学说和达尔文学说在心理冲突方面存在一致性。二者都把冲突看作具有相互竞争关系的心理倾向之间的冲撞，这种冲撞是由进化设计的，目的在于为个体提供行为引导，这就像有时政府不同分支部门之间的紧张对立是为了实现良好治理一样。基本的冲突存在于"自私动机和利他动机之间，寻求享乐的行为和规范行为之间，个体利益和群体利益之间"。"本我"的功能与这几对冲突中前半部分相符合，而"自我"和"超我"的功能与这几对冲突中的后半部分相符合。后半部分的这些因素，如利他动机、规范行为和群体利益，都在遵循一个基本原理："从社交关系中获得延迟性利益满足"。[16]

在描述短期利己主义和长期利己主义之间的紧张关系时，达尔文主义者有时会使用"压抑"这一概念。心理分析学家马尔科姆·斯莱文（Malcolm Slavin）认为，孩子们可能会压抑自私的动机以此来求得父母的欢心，而当他们不再需要取悦父母时，自私倾向又重新得以恢复。[17]另一些人则强调人们会压抑针对朋友的自私冲动。我们有时甚至会压抑关于朋友背叛行为的记忆，如果我们的朋友位高权重或者有其他价值，这种压抑策略就是一种极其聪明的伎俩。[18]当我们察觉到这个朋友的社会地位直线下降时，或者有其他原因需要我们更坦率地评价他时，这些记忆又会重新浮现。当然，两性战场上也充满了可以运用这种压抑策略的时机。如果一个男人能通过压抑自己的性冲动从而让一个女人相信，自己与她在一起并不是只为了上床，这个女人当然会更相信他关于未来的承诺。至于被压抑的性冲动，完全可以在征服了"土地"后重新释放。

正如尼斯和劳埃德所指出的，压抑只是众多"自我防御机制"中的一种，而这些"自我防御机制"已经成为弗洛伊德理论的一部分（这一工作主要是由弗洛伊德的女儿安娜完成的，她写了一本关于自我防御机制的书）。而且他们补充说，其他几种自我防御手段与达尔文主义的术语也非常相似。例如，"认同"和"投射"，即吸收他人（包括有权势的人）的价值观和特征，可能是一种讨好高地位者的方式，后者"将地位和奖励分给那些支持自己观点的人"。[19]还有"合理化"，即一种用伪善的解释来掩盖我们真实动机的方式，这就不用我详细解释了吧?

综上所述,弗洛伊德理论的成绩分值还不错:他(和他的追随者)已经发现了许多可能有深刻进化根源的心理动力因素。他正确地看到了心理是发生冲突的场所,而这些冲突大部分是发生在意识层面之下的。而且从一般意义上讲,他还看到了这些冲突的来源:我们作为冷酷无情的生物,却必须要生活在一个复杂而无法逃脱的社会网络中。

但当他的观点涉及更具体的内容时,弗洛伊德的论断就会经常让人产生误解。他常常将人类生活的核心冲突描述为本质上是自我与文明的冲突,而不是自我和社会的冲突。在《文明及其不满》一书中,他是这样描述的:人们被迫与其他人一起生活在社会中,被社会要求抑制他们的性冲动,从而进入一种"博爱"状态;社会要求个体不但要以合作的方式与周围人和谐相处,甚至要"像爱自己一样爱周围的人"。但是,弗洛伊德观察发现,人类根本不是温柔的动物。"对于一个人来说,周围的人不仅仅是潜在的帮手,也是潜在的骗子,他们会诱导他(她),在他(她)身上实现自己的侵略性。他们会利用他(她)而不给予报酬,不经他(她)的同意就利用他(她)满足自己的性需求,掠夺他(她)的财产,羞辱他(她),给他(她)带来痛苦,折磨他(她),甚至杀害他(她)。人和人之间就像狼一样。"人们会如此残忍并不奇怪。"事实上,原始人不知道本能的限制,反而生活得更好。"[20]

上述最后一句话蕴含了一个谜思,对这一迷思的修正为进化心理学奠定了大量基础。在很久很久之前,我们祖先的这些本能就不再毫无限制了。即使是黑猩猩想要劫掠另一只黑猩猩时,也必须权衡它可能是"潜在帮手"这一事实,因此正如弗洛伊德所说的那样,黑猩猩会克制自己的本能冲动，通过这种方式获得利益。雄性黑猩猩（和雄性倭黑猩猩）还会发现自己的性冲动受到雌性的抑制，因为雌性要求用性来换取食物和其他好处。在人类谱系中，女性的这一要求会随着男性亲代投资的提高而日益增长。因此，早在现代文化规范开始抑制人的本能冲动、让人感到沮丧之前，男性的性冲动就早已受到其他因素的压抑了。

重点在于，压抑和无意识心理是数百万年进化的产物，早在人类的精神生活被文明变得更加复杂化之前，这些机能就已经发展得很好了。新达尔文主义范式能够让我们清楚地思考它们是如何在数百万年的时间中被设计出来的。亲缘选择、亲子冲突、亲代投资、互惠利他主义和地位等级等理论告诉我们，进化会青睐哪些自我欺骗而不青睐哪些自我欺骗。如果今天弗洛伊德理论的支持者开始接受这些假设，并据此改变他们的观点，也许他们可以挽救弗洛伊德的名誉，使之免于消逝。如果他们把这个任务留给达尔文主义者的话，弗洛伊德的思想在未来可能就要逐渐式微了。

后现代主义心理

正如以上所说，相比于弗洛伊德主义，达尔文主义的无意识概念要更激进，自我欺骗的数量更庞大，来源更多样，所在层次更根深蒂固，而意识和无意识之间的界限也并不清晰。弗洛伊德将弗洛伊德主义描述为"试图向我们每个人的'自我'证明，即使他（自我）不是内心世界的主人，他也必须对头脑中无意识发生的事情甚至最琐碎的信息感到满意"。[21]从达尔文视角来看，这种措辞有些过于信任"自我"了。它似乎在暗示，"自我"原本是一个可以被一眼看透的心理实体，只是种种欺骗遮挡了其本来面貌。但对于一个进化心理学家来说，欺骗无处不在，以至于任何一种认为我们存在一个"诚实"内核的观点都值得怀疑。

的确如此，对于思维、感受以及目标追求之间的关系，我们通常的思考方式不仅是错误的，甚至可能背道而驰。我们倾向于认为自己先做出决策，之后根据决策行事："我们"判断谁是好人，然后和他们成为朋友；"我们"认为谁品德正直，然后为他们鼓掌；"我们"发现谁做错了，然后反对他们；"我们"找出什么是真理，然后努力遵守。对于这一图景，弗洛伊德可能会补充说，我们经常有自己完全意识不到的目标，这些目标可能要通过极其隐晦甚至看起来会适得其反的途径才能实现，而我们对于世界的认知可能会在这一过程中被扭曲。

但如果进化心理学是在正确的轨道上，那么整个图景就需要被彻底颠覆。我们相信一些东西，比如道德、个人价值甚至客观真理，这些东西会引导行为，从而让我们将基因遗传给下一代。（或者说，至少我们相信这些东西能帮助我们在进化环境中将基因遗传给下一代。）人类行为的基本目标是保持不变的，包括社会地位、性、有效的结盟、亲代投资等等，为了适应这种目标的恒常性，我们会调整对现实的看法，使之与行为目标相一致。对我们基因遗传有利的东西正是看起来"正确"的东西，我们会认为它们是正当的、合理的或符合道德的。

简而言之：如果弗洛伊德强调人们很难看到真实的自我，那么新达尔文主义者则强调人们很难看到真相，就是如此。事实上，达尔文主义几乎对真相这个词的真实意义提出了质疑。对于达尔文主义来说，那些被认为是通向真理的社会话语，无论是道德话语，还是政治话语，甚至包括学术话语，都是原始的权力斗争。在这些斗争结束后，胜利者会出现，但我们没有理由期望胜利者就代表真理。曾经人们难以想象有什么思想能比弗洛伊德主义更加愤世嫉俗，但新达尔文主义正是如此。

这种看似玩世不恭的达尔文主义分支并不能完全填补文化空白。各种先锋派学者，例如"解构主义"文学理论家、文化人类学家以及"批判性法律研究"的支持者，都已经将人类交流视为"对权力话语的讨论"。很多人已经相信新达尔文主义所强调的：所有（或至少大部分）人类的行为、思维、表现及选择都是诡计，目标是满足自我利益。这种信念还助长了一种后现代主义思想的核心要素：强烈的无力感，无法认真对待某些事物。[22]

自我讽刺意识是这个时代的主流。引领风潮的脱口秀往往具有自反性，提词卡上会出现关于提词卡的笑话，摄像机的镜头会对准另一台摄像机，对"形式"的破坏成了一种普遍趋势。建筑现在成了"建筑学"的建筑，建筑师们会玩世不恭地将不同时代不同风格的建筑元素融合在一起，这类作品会让我们和建筑师一起发笑。在后现代时代，人们要不惜一切代价避免真诚，似乎天真质朴是最让人尴尬的。

面对人类是否有能力去实现值得称赞的理想这一问题，现代犬儒主义绝望地给出了否定的答案，而后现代犬儒主义则不同，但这不是因为后现代犬儒主义更乐观，而是因为它从一开始就无法严肃认真地对待理想。荒谬是后现代的主旋律，一本后现代杂志可能对人缺乏敬意，但不会是那种态度恶劣的不敬，因为它不是故意表示无礼。它只是想表达一视同仁的态度，因为每个人都同样的荒谬可笑。不管怎样，这场戏剧无关于我们的道德基础，所以我们就坐下来好好欣赏表演吧。

道德动物　　350

可以想象，新达尔文主义在一定程度上也滋长了后现代主义这种玩世不恭的态度。尽管社会生物学被学术界接受的过程有些坎坷，但它在 20 年前就开始渗入流行文化了。不管怎样，达尔文主义未来的发展可能会进一步强化后现代的基本氛围。当然，在学术界，解构主义者和批判法律学者可以于新范式中找到很多他们喜欢的东西。而在学术界之外，人们对进化心理学的一种合理反应是认识到人类极端的利己主义，玩世不恭的超然态度或许是唯一能让我们得以解脱的方式。

因此，关于人类是否能够成为道德动物这个艰难的问题，似乎变得越来越新奇有趣。这个问题可能会被另一个问题所取代：当新达尔文主义完全立足后，"道德"这个词会不会不再具有任何意义，而只是一个笑话？

第 16 章

进化的道德观

> 我们的祖先正是邪恶的源头！披着狒狒外衣的恶魔就是我们的祖父。
>
> ——《M 观察日记》（1838）

> 所有的人都同意应该学点实用的东西，至于具体学什么，那是另一个问题。
>
> ——《陈旧而无用的笔记》（*Old and Useless Notes*，未标注日期）[1]

1871 年，《物种起源》问世 12 年之后，达尔文出版了《人类的由来》，在书中他提出了自己的"道德情操"理论。达尔文没有宣扬该理论中那些会让人不安的推论，也没有强调我们对正确与错误的感知——这种能力仿佛是与生俱来的，并主要通过感受发挥作用——是进化历程的产物。但这本书在某些地方确实表现出了道德相对主义的腔调。达尔文写道，如果人类社会像蜜蜂社会那样进行组织，那么"毫无疑问，母亲会竭尽所能杀死那些有生育能力的女儿，而且没有人会想要出手阻止"。[2]

一些人看到的正是这一图景。《爱丁堡评论》杂志评述道，如果达尔文的理论是正确的，那么"所有真诚的人，都要无可奈何地放弃他们想要过一种高尚正直生活的意愿。因为所谓的道德感，在根本上不过是本能的变体……如果这些观点是正确的，那么一场思想界的革命已然迫近，它将摧毁良知和宗教感的神圣性，动摇整个社会的根基"。[3]

无论这个预测听起来多么令人窒息，它并非完全没有依据。宗教感确实已经开始式微，尤其是在知识分子中，他们正是这个时代会阅读《爱丁堡评论》的人。道德良知在今天也不像在维多利亚时代那样那么具有分量。道德哲学家对于基本价值的源头无法形成共识，而且大概以后也不会再形成共识了。如果有人认为许多大学哲学系中最盛行的道德哲学是虚无主义，这可能算不上特别过分的夸张论断。尽管许多人不了解，但这一切在很大程度上可以归结于达尔文的组合拳：《物种起源》重创了基督教的上帝创世论，之后《人类的由来》动摇了道德感的地位。

如果朴素的旧达尔文主义确实削弱了西方文明的道德力量，那么当新版本的达尔文主义被人们完全接受时会发生什么呢？达尔文对"社会本能"的广泛推测已经让位于以逻辑和事实为基础的理论，即互惠利他理论和亲缘选择理论。这些理论不再像过去那样把我们的道德情操视为天神赠予人类的礼物。同情、共情、怜悯、良知、内疚、悔恨，甚至是正义感，也就是我们对奖励好人及惩罚坏人的信念，所有这一切如今都可以被看作有机体在这个星球上进化的产物。

更为悲观的是，我们不能像达尔文那样，误认为这些东西的进化是为了更大的利益即"群体利益"，从而获得慰藉。我们关于对错的直觉本质上是为了个体竞争而设计的"武器"，这样的竞争每天都在上演。

现在受到怀疑的不仅是道德感，而且是所有与道德有关的话语。根据新达尔文主义范式，一项道德准则不过是一种政治妥协，它是由相互竞争的利益集团所塑造的,每个利益集团都会将自身的影响带入其中。只有通过这种方式,道德价值自上而下的传播才可以理解,社会中的各种力量以不同比例捏造了道德。

那么我们又被置于何处呢?难道我们就这样孤独地生活在冰冷的宇宙中,没有道德罗盘,也没有机会再找到一个道德罗盘,彻底没有希望?难道在后达尔文时代,对于有思想的人来说,道德已经没有意义了吗?这是一个既深刻又暧昧不明的问题。(看到这你会不会松一口气?)本书不会深入讨论该问题,但我们至少可以花点时间看看达尔文是如何理解道德意义的。虽然他活着的时候还没有这个让人沮丧又绝望的新达尔文主义范式,但他一定察觉到了达尔文主义可能会给人带来道德迷失感。然而,他依旧极其庄重地使用"善恶"、"对错"这些词。他是如何做到继续严肃地对待道德的呢?

注定的对手

随着达尔文主义的日渐流行以及《爱丁堡评论》所宣扬的担忧慢慢深入人心,一些思想家争相提出见解,避免道德基础的崩溃。他们中有许多人用一个简单的策略避开了进化论对宗教和道德传统的威胁:他们将对宗教的敬畏转向进化论本身,把它变成了检验对错的试金石。他们认为,要理解道德的绝对性,我们只需要回顾创造我们的过程。"正确"的行事方式就是与进化的基本方向保持一致,我们所有人都应该顺其"自然"。

但"自然"到底是什么?人们就此产生了分歧。社会达尔文主义学派强调,自然选择正是因为具有冷酷无情的一面,才能创造性地筛选掉那些不合格的个体。这一观点背后暗含的道德寓意似乎是:苦难是进步的婢女，无论在人类历史中还是生命进化史中，都是如此。《巴特利特引语词典》(The Bartlett's Familiar Quotations)中收录了社会达尔文主义之父赫伯特·斯宾塞关于该理论的论述："无能者的贫穷，轻率者的不幸，游手好闲者的饥饿，以及强者对弱者的漠不关心，在这些现象中许多人受困于苦难，但它们都来自一个更宏大、更有远见的善意。"

事实上，斯宾塞写下上面那段话的时间是1851年，比《物种起源》的出版时间还早了8年。此外，很多人一直以来都觉得，经历痛苦后才有收获，这本就是非常自然的事情。正是依赖于这种自由市场信念，英国取得了急速的物质进步。而在许多资本家看来，自然选择理论在更普世的层面上确认了这一信念。约翰·D. 洛克菲勒曾说过，在自由放任的市场经济中，弱小公司的衰落是"自然法则和上帝意志的体现"。[4]

达尔文认为对他理论粗鲁的道德指责是非常可笑的。他在给赖尔的信中写道："我在曼彻斯特的一份报纸上看到过一篇相当不错的讽刺文章，说我已经证明'能力即正义'，因此拿破仑是正义的，所有骗人的商人也是正义的。"[5]就这一点而言，斯宾塞自己也不会同意那样的嘲讽。虽然他对"社会达尔文主义"的描述听起来非常冷酷无情，但他本人并不是那样的人。他强调利他主义和同情是重要美德，并且他是一个和平主义者。

斯宾塞得出这种更友善温和的价值观的过程，恰好说明了另一条理清何谓"自然"进化的方法。我们应该将进化的方向而不是进化的动态过程作为指导来源。要知道人类应该如何行事，我们必须先问进化的目标到底是什么。

有很多方法可以回答这个问题。如今生物学家会给出的一个标准答案是，进化没有明确的方向。但无论如何，斯宾塞相信，进化之路的方向是让物种享有更长久、更舒适的生活，以及能够更安全地抚养后代。因此，我们的任务就是培育与该方向一致的价值观。而实现该目标的方法就是相互合作，做一个好人，生活在"永远和平的社会"中。[6]

所有这些现在都被扔进了思想史的垃圾箱。1903年，哲学家G. E. 摩尔明确抨击了那种从进化或者自然界任何其他现象中推导出某种价值标准的观点，他把这种错误称为"自然主义谬误"。[7]从那以后，哲学家们就竭尽全力不去犯这种错误。

面对从"是"得出"应该"这种推论，摩尔并不是第一个提出质疑的人。约翰·斯图尔特·密尔在几十年前就做过了。[8]密尔对自然主义谬误的驳斥虽然不像摩尔那样充满技术性和学术性，但却更简单且令人信服。它的关键之处在于清楚地阐明了"企图把自然当成正确行为指南"这一行为逻辑背后隐含的假设：自然是上帝创造的，因此一定体现了上帝的价值观。密尔还认为，如果上帝并不仁慈，我们为什么要遵从他的价值观？如果上帝是仁慈的，但并不全能，我们为什么要认为他已经将自己的价值观嵌入自然之中了？因此，我们可以将"是否应该盲目效仿自然"的问题归结为"自然是否看起来像是出自一位仁慈且全能的上帝之手"的问题。

密尔的回答是：开什么玩笑？在一篇名为《自然》（Nature）的文章中，他写道："自然让人类感到绝望，他们就像被绑在轮子上一样被碾压，他们被丢弃给野兽啃食，他们被烈火焚烧而死，他们就像最早的基督教殉道者那样被石头砸死。自然用严寒和饥饿去折磨他们，用急速或慢性毒液杀死他们，除此之外，它还有成百上千种能将人置于死地的可怕做法。"而自然在做这一切时"异常傲慢，无视任何仁慈和正义，它会毫无道理地让人产生痛苦，不管对方是高贵还是卑劣，是善良还是邪恶……"密尔还指出："如果说创世过程中生物有什么特殊设计痕迹的话，那最明显的一件事就是，大部分生物都要在折磨和吞食其他动物中度过一生。"任何人，无论他使用何种宗教话语，都必须承认，"如果自然和人类都是一个全善的存在所创造的，那么这个存在一定是把自然当作让人类去完善的对象，而不是让人类效仿的对象"。[9]密尔相信，我们也不应该在一个"崇尚偏见与伤害"的系统中去寻求道德价值的指引。[10]

密尔在《物种起源》出版之前就写了《自然》（尽管他在《物种起源》出版之后才发表的这篇文章），他没有考虑到痛苦是一种必要的代价，目标是驱动有机体实现某些利益。然而即使这样，问题仍然存在：如果上帝是仁慈的且全能的，为什么他不能创造一种让人没有痛苦就能获益的机制？无论如何，达尔文认为世界上普遍存在的大量痛苦与宗教信仰不相符合。1860年，也就是《物种起源》问世后的一年（但在密尔的《自然》发表之前），他在给阿萨·格雷的一封信中写道："我没有办法像其他人那样以及人们希望的那样，在我们周围看到什么仁慈设计的证据。对我来说，这个世界上的苦难似乎太多了。我无法说服自己，一个仁慈和全能的上帝会故意创造寄生蜂这种生物，让它在毛虫体内寄生幼虫，并以毛虫体内的组织作为幼虫食物；或者故意为猫设计出一种兴趣，让它喜欢玩弄和折磨老鼠。"[11]

达尔文和密尔的伦理学

达尔文和密尔不仅看问题的方式极为相似，而且给出的解答也非常相似。他们都相信，在一个就我们所知并不存在上帝的宇宙中，可以为道德寻求合理指引的方式是转向功利主义。当然，密尔不仅赞同功利主义，他还是功利主义的首席宣传家。1861年，也就是《论自由》和《物种起源》出版两年后，他在《弗雷泽杂志》(Fraser's Magazine)上发表了一系列文章，这些文章组成了对功利主义的经典辩护词。

功利主义的理念很简单：道德话语的基本准则是快乐和痛苦。一种事物在多大程度上可以被称之为善，要看它为世界增加了多少快乐，一种事物在多大程度上可以被称之为恶，要看它为世界增加了多少痛苦。道德规范的目的是使世界幸福总和最大化。达尔文并不完全同意这一说法。他区分了"社会共同体的普遍福祉"和"普遍的快乐"，并更支持前者，但他随后也承认，既然"个体快乐是社会共同体福祉的重要组成部分，那么将最大幸福原则作为评判道德是非的间接标准，应该没有太大问题"。[12] 从实际看，他是一个功利主义者。[13] 达尔文非常欣赏密尔的道德哲学和政治自由主义。

在后达尔文时代，密尔功利主义观念的一个优点是其简约性。如果我们现在很难找到道德价值判断标准的理论基础，那么，对于一种判断标准来说，大概其理论基础相关的论断越少越简单就越好。功利主义的理论基础大部分由一个简单的论断组成：在所有其他条件相同的情况下，幸福比不幸福好。谁能反驳这种说法呢？

可能会让你感到吃惊的是，有些人认为，即使是这个看似不具有任何争议的道德主张，其实也犯了从"是"推论出"应该"的逻辑错误。也就是说，从人们在现实世界中确实"追求幸福"这一事实，推导出"我们应该追求幸福"这一结论。摩尔就提出过类似的反驳（尽管后来的哲学家发现，摩尔的抱怨源于他对密尔理论的误解）。[14]

的确，密尔的论点有时会招致类似的批评。[15] 但他其实从未宣称自己"证明"了快乐之善和痛苦之恶，他相信任何根本原理都是无法被证明的。密尔的论点遵循了一条更为谦逊务实的路线，其中一个观点大致等于说：让我们面对现实吧，我们至少都在一定程度上被功利主义所控制，只是有人不愿意使用这个词罢了。

首先，我们所有人在管理生活时都把幸福作为追求目标。（即使那些严格克制自我欲望的人，他们其实也是在追求未来的幸福，只是对于有些人来说，未来是今后一段时期，对于有些人来说，未来是死后的世界。）一旦我们每个人都承认，追求幸福在根本意义上是善行，是一种不能被无缘无故践踏的诉求，那么我们就不能否认其他人也有相同诉求。

事实上，这一点得到了广泛的承认：我们每个人都同意，自己的行为如何影响他人幸福是道德评价的一个重要维度，大概只有那些反社会者除外。你可以相信任意多的绝对权利（如自由）或义务（如永不欺骗），你可以认为这些事情都是神的旨意，或者绝对不会出错的直觉。你可能会相信它们总是凌驾于单纯的功利主义观点之上，正如一些哲学家所认为的那样。但你并不会认为功利主义的论点是无关紧要的：你暗自同意，在你手中没有其他更有力的道德王牌时，功利主义会胜出。

更重要的是，当你在道德问题上被步步紧逼时，你很可能求助于功利主义为你的道德王牌辩护。比如，在你的道德信仰中，你坚信人应该诚信，当被问及这一道德原则的缘由时，你可能会说，即使偶然的、孤立的欺骗行为能带来短期利益，但习惯性的欺骗会侵蚀诚信，进而导致混乱无序的局面，每个人都会因此受到损害。或者类似地，当被问及为什么要保护个人自由时，你可能会说，一旦某些小群体的自由得不到保障，那么没有人会感到安全，整个社会秩序会受到影响。当人们去分析梳理某些基本"权利"背后的逻辑时，功利主义经常会浮现出来，它构成了这些基本权利背后的隐秘逻辑基础。密尔写道："许多人会对功利主义表现出轻蔑排斥的态度，但最大幸福原则在他们道德理论的创建中发挥了重要作用。没有哪个思想学派不会承认：当评判一种行为的道德属性时，该行为对幸福的影响是一个最实质性、最占主导地位的考虑因素。然而，他们却不愿意承认幸福是道德的根本原则，是道德义务之源。"[16]

以上关于"王牌"的讨论揭示了一个人们很少承认的事实：功利主义可以成为绝对权利和绝对义务的理论基础。功利主义者可以激烈地为"不可侵犯的价值观"进行辩护，只要对这些价值观的违背在长期看会导致大问题。这样的功利主义者是以"规则"为焦点的功利主义者，就像密尔那样，而不是以"行为"为焦点的功利主义者。[17]这样的人不会问：我今天做这件事或那件事对整个人类的幸福有什么影响？他们会问，如果在特定情境下采取某种行动成为一个固定规则，那对人类的幸福将会有什么影响？

相信幸福是善的，痛苦是恶的，这不仅仅是我们都认同的道德话语的基本部分，它似乎越来越成为我们唯一认同的道德话语基本部分。随着不同的人追求不同的道德真理，有的来自宗教旨意，有的看起来不证自明，分歧必然产生。因此，如果有一条道德准则确实要作为整个社会的道德准则，那么功利主义的律令——将幸福视之为善，痛苦视之为恶——似乎就是最实用的，甚至是唯一实用的道德话语基础。它是道德讨论的共同标准，是每个人所坚持的唯一前提。我们其实只有这个前提。

当然，你可以找到一些并不同意这一说法的人。他们可能以自然主义谬误为依据，坚持认为幸福没什么善的成分。（我个人的观点是，将幸福与善画等号是一种与自然主义谬误无关的道德价值。碍于篇幅，我无法以论文的详细性与严谨性对自然主义谬误的说法进行反驳。）另一些人虽然承认幸福是一件好事，但他们并不认为应该存在一个所有人都接受的道德准则。这是他们的权利，他们可以自由选择否定某些道德话语，并因此免除与之相关的道德义务及利益。但如果你相信一个被公众普遍认同的道德准则是有存在意义的，并且你希望这个道德准则被人们接受，那么功利主义看起来是一个合理的起点。

还有一个非常好的问题：我们为什么要有道德准则？即使接受功利主义的基础——幸福等于善——你可能依然会问：我们为什么要考虑别人的幸福？为什么不让每个人都只关心自己的幸福呢？难道这不才是一个人最有可能去做的事情？

或许这个问题的最佳答案是一个非常务实的答案，这要多谢我们的老朋友非零和博弈。理论上，如果人人善待他人，那么我们每个人的幸福感都会上升。你不欺骗或伤害我，我也不欺骗或伤害你，在互相善待对方的世界中我们都会过得更好。当一个世界没有道德秩序时，虽然伤害他人可能会为个体带来短期利益，但从长期看，所有的利益所得都会在相互伤害中被抵消（假设我们当中没有人比其他人邪恶得多）。与此同时，每个人还要为恐惧和警惕付出额外的代价。

换一种更形象简单的表述方式，生活中有很多这样的例子：某个人一点点额外付出，就会使另一个人节省一大笔开支。就像当你走出大门时，为你身后的人扶一下大门，不让它即刻关闭。在一个每个人都为自己身后的人扶一下门的社会，我们每个人都会省下重新开门的时间成本，因而都会过得更好（假定没有人有那种在别人身后却想要提前跨过大门的古怪倾向）。如果你能创造出一个人人互相关心的道德系统，那么从每个人的角度看，为之付出都是值得的。

就此而言，功利主义道德的论点可以简单地表述为：广泛实践的功利主义可以让每个人都生活得更好。据我们所知，每个人都期望生活得更好。

密尔正是靠着非零和博弈的逻辑得出了他的结论（但他没有使用这个术语，甚至没有明确表述过这个思想）。他想使整体幸福最大化，而最大化的实现方式是让每个人都彻底自我牺牲。你不应该只在自己可以轻而易举地免去别人很多麻烦时才为他们扶住门，只要你花费的代价小于为别人免去的麻烦，无论差距多么微小，你都应该这么做。简而言之，你应该终其一生都把别人的幸福看得与自己的幸福同样重要。

这是一个激进的主张，就我们所知，某个曾经宣扬这一主张的人已经被钉死在了十字架上。密尔写道："在耶稣教导的黄金法则①中，我们领会到了这一道德伦理的实用价值。己所不欲，勿施于人，爱人如己，爱己及人，这构成了功利主义道德的完美典范。"[18]

达尔文与兄弟情谊

像"兄弟情谊"②这样一个充满温情的观念会从"功利主义"这个冰冷甚至病态的概念中生发出来，这无疑令人惊讶。但其实也没什么好惊讶的，兄弟情谊隐含的逻辑正符合功利主义的标准公式——整体幸福最大化，即最大多数人的最大利益。换句话说，每个人的幸福同等重要。你不享有什么特权，你也不应该表现得好像你享有什么特

---

① 指"你们愿意人怎样待你们，你们也要怎样待人"，这句话出自《马太福音》7章12节。——译者注
② 这里及后面提到的"兄弟情谊"指的是没有亲缘关系的人之间的互惠互利。——译者注

权。这是密尔论点中的第二个基本假设，也是一个不太引人注目的假设。从一开始密尔就断言，不仅幸福是善的，而且，没有哪个人的幸福具有特殊性。

很难想象还有什么论断能比密尔的这一观点更直接地攻击我们与生俱来的价值理念。如果说自然选择"想要"我们相信一件事，那就是我们个人的幸福是特殊的。这是内嵌在我们体内的一个基本罗盘，它指引我们去追求那些能为自己带来快乐的目标，从而促进基因传播的最大化（至少在祖先环境中这一机制可以这样成功发挥作用）。眼下我们先把几个问题放在一边，比如我们在短期内追求的快乐目标，从长远来看经常并不会让我们快乐；再比如自然选择在根本上并不关心我们的快乐，如果我们遭受痛苦有利于将基因遗传下去，自然选择会毫不犹豫地让我们去承担痛苦。现在要阐明的重点是，我们体内有一种根深蒂固但同时人们又很少提及（甚至不会想过）的基因控制机制，那就是每个人都感到自己的幸福是特殊的。从自然选择设计的角度看，我们天生不会在乎别人的幸福，除非对他人的关怀有利于我们自身的基因传播。

不仅仅我们是这样。专注于自我是这个星球上的生物的根本特征，所有有机体都会表现得似乎自身的福祉要比其他有机体的福祉更重要（除非其他有机体可能帮助自己传播基因）。密尔指出，只有当不损害其他个体的幸福时，你对幸福的追求才是合法的，这听起来毫无问题，但其实走在了进化的对立面。你对幸福的追求注定会损害他人的幸福，幸福感存在的原因正是激发个体去自私地追求幸福。[19]

早在达尔文想到自然选择理论之前，以及早在他考虑自然选择的"价值观"之前，达尔文就形成了另一套价值观。达尔文家族一直在践行密尔宣扬的伦理观。达尔文祖父伊拉兹马斯曾写过关于"最大幸福原则"的文章。此外,其家族的两系都表现出堪称典范的同情心。1788年,达尔文的外祖父乔赛亚·韦奇伍德制作了数百枚反奴隶制纪念章,上面刻着一个被镣铐束缚的黑人,下面配有文字"难道我不是人吗?难道我不是同类吗?"[20] 达尔文继承了祖辈的传统,他对黑人的苦难怀有深刻同情心,并且他痛苦地看到,"在英格兰那些'文明的野蛮人'眼中,黑人根本算不上同类"。[21]

这种简单而深刻的同情心正是达尔文功利主义的出发点。可以肯定的是,他像密尔一样,从理性上论证了自己伦理观的理论基础(奇怪的是,这个理论基础比密尔的更接近自然主义谬误)。[22] 但说到底,达尔文只是一个具有广博同情心的人,而广博的同情心就是功利主义。

一旦达尔文深入了解自然选择机制,他肯定就能发现自己的伦理观与自然选择所暗含的价值观是多么不一致。寄生蜂的冷酷,猫玩弄老鼠的残忍,其实只是冰山一角。当我们仔细考量自然选择时,会被其无情暴虐所震撼:在有机体设计的每一点点微小改进背后,都是数量惊人的死亡与痛苦。此外,我们还会错愕地发现,这种"改进"的目的往往是伤害或剥夺其他动物的生命,比如雄性黑猩猩锋利坚硬的犬齿。有机设计源于痛苦,痛苦源于有机设计。

达尔文似乎并没有花太多时间来处理自然选择"道德"和他自己"道德"之间的冲突。如果寄生蜂和猫折磨老鼠体现了自然的价值观,好吧,那么自然的价值观就很糟糕。值得注意的是,一个始终贯彻利己自私主义的创造过程造就了一种奇特的生物(也就是我们人类),这种生物揭示了自身的创造过程,并对该过程蕴含的价值观进行了反思。更值得注意的是,这一切都发生得非常迅速。第一个发现了创造过程的人是达尔文,尽管他的道德情操从根本上来看也是利己主义工具,可当他意识到自然选择中蕴含了自私自利的价值后,还是公然对这一价值观表示了反对。[23]

达尔文主义与兄弟情谊

我们可以想象一件颇具讽刺意味的事：在对自然选择的思考中，达尔文进一步巩固了自己的价值观。想想看，无数的生物在世间游走，每一个都像被催眠了一样信奉一个真理，一个所有生物都信奉、但逻辑不相容的真理："我的遗传物质是地球上最重要的物质，只要它能生存，哪怕以你的沮丧、痛苦甚至死亡为代价都无所谓。"而我们正是这些生物的成员，我们在一条荒谬逻辑的奴役下生活着。这足以让你产生疏离之感，即便还不至于想要彻底奋起反抗。

达尔文式的反思在另一个层面上也挑战了利己主义，这是一个达尔文自己都没有完全意识到的层面。在这个层面上，新达尔文主义范式可以引导人们朝着密尔、达尔文和耶稣所秉持的价值观方向前进。

这么说并不正式。我并不是在宣扬能从达尔文主义中推导出任何绝对的道德法则。事实上，正如我们所看到的，道德绝对主义在达尔文手中遭到了不小的破坏。但我相信，大多数清楚理解并认真思考新达尔文范式的人，将会对人类同胞产生更大的同情和关心。或者至少承认在某些时刻，更大的同情与关心是必要的。

新的范式剥去了自我专注的高贵外衣。记住，自私很少以赤裸裸的形式出现在我们面前。人类天生会为自己的行为进行道德辩护，在自然选择的塑造下，我们通常认为自己是善良的，自己的行为是事出有因的，即使这些理由客观上非常可疑。新达尔文主义范式揭露了这种错觉背后的生物学机制，对于理解其中逻辑的人，就很难再被这种错觉蛊惑了。

例如，几乎我们所有人都声称并相信自己不会无缘无故地讨厌一个人。如果我们对某个人感到愤怒，或者对他很冷漠，或者对他的痛苦幸灾乐祸，我们会说那是因为他做了某些事，他活该受到冷落。

现在我们第一次清楚地看到，人类感情创造的道德结果可能是正义的，但它的源头并不会激发巨大的道德信心。

这种感情的源头是"报复（报答）"的冲动，它是互惠利他主义的基本掌控因素之一。报复（报答）机制的进化不是为了物种利益、国家利益乃至部落利益，而是为了个人利益。事实上，连这种说法也存在误导性，进化策略的最终目的并不是个人利益，而是为了复制个体的遗传信息。

这并不一定意味着报复（报答）冲动是坏事。但这确实意味着，那些曾经一度让我们认为它是好事的理由，现在看来有些存疑。特别是，许多人认为报复（报答）体现了某种更高的道德真理，仿佛它被笼罩了一层神圣的光环。而一旦我们知道，这个光环传递出的是基因中的利己主义信息，而不是天堂的行善信息，人们对报复（报答）机制的敬畏感也会消失。报复（报答）机制的起源并不比饥饿、仇恨、欲望或其他任何机制的起源更神圣，所有这些机制之所以能够存在，都是因为它们过去曾成功地将基因进行代际传递。

实际上，我们当然可以用道德术语来论证报复（报答）机制的意义，无论是沿用功利主义视角还是任何一种教导人善待他人的理论。报复（报答）机制有助于解决社会道德系统所面临的"欺骗者"难题；那些被人们发现其索取大于付出的人会受到惩罚，防止他们变得一味索取，而从不付出。尽管报复（报答）冲动不是为群体利益设计的，但就像密尔的道德系统那样，它可以（并经常确实能够）提升社会幸福的总和。报复（报答）机制能让人们顾及他人的利益，无论其起源多么卑微不堪，但它最终在实现一个崇高的目标。这正是让我们心存感激的地方。

我们有足够的理由去赦免报复（报答）机制中涉及的那些隐秘的罪恶，除了一件事：通过报复（报答）来实现的公平与密尔描述的神圣客观性并不相符。我们不会只惩罚那些真正欺骗或虐待我们的人。人类的道德账单体系是极端主观的，被根深蒂固的自我偏见所支配。

这种在得失损益计算中的自我偏见，只是我们常出现的道德判断偏差之一。我们倾向于认为对手有道德缺陷，盟友值得同情。我们会将同理心的强弱与同理心对象的社会地位联系起来，我们经常忽略社会边缘人。谁能够看着这些，然后理直气壮地宣称，我们在兄弟情谊中所表现出来的那些偏差就像我们所描述得那样单纯？

我们声称自己从不无缘无故地讨厌别人，这是对的。我们不喜欢某些人，当然自有原因，而原因往往是：他们不符合我们的利益，比如他们不会提高我们的社会地位，不会帮助我们获得物质资源或性资源，不会让我们的亲属得到好处，也不会做其他能够扩增基因繁殖率的事情。伴随着"厌恶"而产生的"公正感"只是在自圆其说地装点门面，一旦你认识到了这些，情感的力量就会大打折扣。①

---

① 这里的论证与本书关于道德的其他论证截然不同。我在这里要说的是，新达尔文主义范式不仅可以帮助我们理解我们所选择的道德价值观，实际上还可以合理地影响我们最初对道德价值观的选择。一些达尔文主义者坚持认为，这种影响永远不可能是合理的。他们脑子里想的是自然主义谬误，自然主义谬误在过去导致达尔文主义沾染了道德污点。但我们在这里所做的并没有犯自然主义谬误。相反，通过研究天性，通过观察报复（报答）冲动的起源，我们恰恰可以看到自己是怎么在不知不觉中陷入自然主义谬误的。我们发现，围绕着报复（报答）的神圣光环只不过是一种工具，自然选择让我们不加批判地接受了这一机制的"价值"。一旦理解了这一点，我们就不太可能向这一光环臣服，从而避免犯这个谬误。——原书注

第 16 章　进化的道德观

但是等一下。难道同情、怜悯和爱所伴随的公正感不会打折扣吗？毕竟，从本质上看，爱与恨之所以存在，只是因为它们过去曾对基因增殖做出过贡献。在基因的层面上，爱兄弟姐妹、子女或配偶就像恨敌人一样，都是利己行为。如果报复（报答）机制不堪的出身是它遭到质疑的原因，那么为什么爱不被质疑呢？

答案是爱应该受到质疑，但它能在质疑中安然无恙地留存下来。至少，在功利主义者看来，或者在其他任何认为幸福即善的人看来，它并未受到很大影响。毕竟，爱使我们想要增进他人的幸福，它让我们以自己的一点牺牲，换取他人（所爱的人）得到更多的回报。更重要的是，当人们因为爱而做出牺牲时，会感觉相当良好，所以爱增加了总体幸福感。当然，爱有时也会伤人，比如得克萨斯州的一位母亲谋杀了另一位母亲，只是因为这位母亲的女儿与她女儿竞争啦啦队队长。不可否认，她的母爱很强烈，但没有形成一种积极的道德力量。但不管怎样，不管最终结果是好是坏，对爱的道德评判与对报复（报答）的道德评判是一样的：我们首先必须清除那些装点门面的直观"公正感"，然后再冷静地评判它们对总体幸福感的影响。

因此，严格来说新范式的作用并不在于揭示我们道德情感那不堪的来源，无论来源如何，都不应构成我们支持或反对道德情感的理由。一种情感冲动背后所隐藏的基因自私性在道德上是中性的，我们不应该因为基因自私性就去拥抱或谴责这种情感冲动。新范式的真正意义在于，它能帮助我们看到，环绕在我们许多行为周围的"正当性光环"可能只是我们自身的妄想，即使某些行动感觉是好的，它们依然可能造成伤害。当然，在感觉没有出错的情况下，恨比爱更容易造成伤害。这就是为什么我主张新范式将倾向于引导人们走向爱而远离恨。它帮助我们根据每一种情感的绩效对其进行评判，而根据绩效进行评判时，爱常常会胜出。

当然，如果你不是功利主义者，想理清这些问题可能会更复杂。针对现代科学引发的道德挑战，达尔文和密尔给出了功利主义这一解决方案，但它并不是所有人的解决方案。本章的目的也不是想要将它变成每个人的解决方案（尽管我承认，它是我支持的解决方案），我想要重点表明的是，达尔文主义的世界不一定是一个是非不明的世界。如果你接受这个简单的观点，即快乐比不快乐好（假设其他事情都是一致的），你就可以用纯粹的法律、权利等等去构建一个成熟的道德体系。你会发现，在这个世界中我们会继续称赞那些过去所称赞的东西，比如爱、牺牲和诚实。只有最顽固的虚无主义者，那些坚持主张人类的幸福和善没有任何关系的人，才会认为"道德"这个词在后达尔文时代已经失去了意义。

直面敌人

达尔文并不是维多利亚时代唯一一个对进化的"价值"持悲观看法的进化论者。另一位是他的朋友、进化论推广者托马斯·赫胥黎。赫胥黎1893年在牛津大学做了一场名为《进化与伦理》的演讲，他将矛头指向了社会达尔文主义的整个前提，即从进化中推论出某种价值观的理念。与密尔在《自然》中的逻辑相呼应，他说道："宇宙进化可以让我们了解人类的善恶倾向是如何产生的。但就其本身而言，进化不足以提供更好的理由，来解释为什么我们所谓的善比恶更可取。"事实上，在仔细分析了进化历程后，赫胥黎发现进化带来的是大量死亡和痛苦，这与人们通常所说的善完全背道而驰。他指出："我们要彻底明白，社会的道德进步不是靠模仿宇宙的进化进程，更不是要逃避进化进程，而是与之抗争。"[24]

彼得·辛格是最早对新达尔文主义的道德启示进行严肃思考的哲学家之一，他指出，在这一语境下，"你对对手了解得越多，获胜的机会就越大"。[25] 曾为定义新范式做了重要贡献的乔治·威廉斯也同意赫胥黎和辛格的观点，他对自然选择价值观的厌恶甚至比赫胥黎还要强烈，"新达尔文主义的基本假设更为极端，它认为自然选择是一种将利己主义最大化的过程，我们对手（指进化历程）的罪恶清单比以前更厚了"。如果对手确实"比赫胥黎所想的还要更坏，那么生物学角度的理解就成为一种迫切需要了"。[26]

到目前为止，生物学上的理解提出了一些与"对手"抗衡的基本规则。（我对它们的说明与列举，并不意味着我自己成功遵从了这些规则。）一个很好的出发点是，将道德义愤的程度普遍降低50%左右，注意到它固有的偏见，并同样警惕对苦难的冷漠。在某些情况下，我们应该特别小心。例如，当某个群体与我们所在的群体存在利益冲突时，我们似乎对对立群体的行为更容易感到愤慨。我们还倾向于不去体谅社会地位较低的人，而对地位高的人却极其宽容。实际上，以后者的部分利益为代价，使前者的生活更容易一些似乎才是正当的，至少从功利主义的角度（以及其他宣扬平等主义的道德理论）看是这样的。

这并不是说功利主义会盲目地追求平等。一个有权有势的人如果能富有人道地合理利用自己的地位，那他就是一种极有价值的社会资源，因此可以得到特殊待遇，只要这种待遇能促进他的人道行为。在功利主义著作中，一个著名的例子是，如果大主教或女服务员被困在着火的大楼里，你会先救哪一个？标准的答案是应该先救大主教，即使那个女服务员是你母亲，因为他在未来能创造更多的善行。[27]

道德动物　　370

嗯，也许是这样，如果这个地位高的人是大主教，我们似乎确实应该这样选择（即便如此，这也可能要看大主教的情况），但大多数地位高的人不会像大主教那样创造更多的善行。几乎没有证据表明，地位高的人有任何特殊的良心或牺牲精神。事实上，新范式强调，他们获得地位不是为了"群体利益"而是为了他们自己，所以我们也可以预期，他们会利用地位优先满足自己的利益。[28] 上层社会的人得到的宽容已经远高于他们应该得到的。对特蕾莎修女和唐纳德·特朗普表示尊重是人类的本性，但在第二种情况下，人性的这一部分也许并不可取。

当然，这种指导预设了一个功利主义的前提：他人的幸福是一个道德体系的目标。但虚无主义者又怎么办呢？那些坚持认为幸福并不等于善的人，或者认为只有自己的幸福才是善、不应该关心他人福祉的人该如何？好吧，他们可能确实会按照自己所相信的去行动。为自私的行为寻找借口本身也是人性的一部分。我们以美妙的道德语言装饰自己，否认卑劣的动机，强调我们对更大的利益至少有一些关切，并激烈又自以为是地谴责他人的自私。既然如此，要求那些不相信功利主义和兄弟情谊的人根据新达尔文主义做一点微小调整，这看起来并不过分。重要的是统一标准：要么对所有道德姿态都审慎地检验，要么不要摆出任何道德姿态。

对于选择第一种做法的人，最简单的指导是牢记，道德"公正感"是自然选择创造出来，它是一种利己主义的工具。我们几乎可以这么说，道德天生就是要让人误用的，这是自然选择的设计初衷。我们已经在人类近亲黑猩猩身上看到了利己主义道德的进化雏形，黑猩猩会满怀义愤地追求自己的目标，仿佛那是自己应得的。与黑猩猩不同，我们可以与自身的这种心理倾向保持一定距离，以便认清它。我们有能力构建一套完整的道德哲学，去反抗自身的弱点。

基于这些理由，达尔文相信人类是一种道德动物，事实上，我们是唯一的道德动物。他写道："一个有道德意识的人，能够比较自己过去和未来的行为与动机，并对它们表示认可或否定，我们没有理由相信较为低等的动物也有这种能力。"[29]

在这个意义上，是的，我们是道德动物，我们至少能够审视自己的生活，我们有自我意识、记忆、预见和判断。过去几十年的进化思想导致人们总是强调我们拥有某种"能力"，但别忘了，尽管人类有自我审视的能力，但将自己长期置于真正严格的道德审视之下，并据此对行为做出相应调整，这其实并不符合我们的天性。所以，尽管人类是道德动物——我们比任何其他动物都更有资格这么说——但我们只是有潜质成为道德动物，而不是天生如此。要成为真正的道德动物，我们必须认识到，自己距离这一目标到底还有多远。

第 17 章

指责受害者

> 既然每个人都追求自己的幸福，他们的行为和动机会依据其后果受到称赞和谴责。
>
> ——《人类的由来》（1871）

> 我们会无意识地接受很多观念，而根本不从理性上对其进行思考分析，例如"正义"这一观念。
>
> ——《N 观察日记》（N Notebook, 1838）[1]

20 世纪 70 年代中期，《社会生物学》一书为新达尔文范式提供了在公众前首秀的舞台，也让其作者威尔逊成了谩骂的靶心。他被人们称为种族主义者、性别歧视者和帝国主义者。他的书被描述为右翼阴谋，批评者指责该书为继续压迫被压迫者描绘了蓝图。

奇怪的是，这种恐惧竟然能持续存在几十年，毕竟我们这个时代已经揭露了自然主义谬误，也推翻了社会达尔文主义的理论基础。但是自然这个词为道德问题提供了不止一个选项。如果一个男人欺骗了自己的妻子或欺负弱者，然后为自己辩解说这"只是天性使然"，他并不是将一切都归咎于神的旨意。他也许只是想表明，那些冲动太过于根深蒂固，以至于他根本无法自我克制。他做的并不对，只是他没办法管住自己。

多年来，"社会生物学争论"主要围绕这一问题展开。达尔文主义者经常被控诉为支持"遗传决定论"或"生物决定论"，在这些立场中，"自由意志"没有任何生存空间。但达尔文主义者又反过来指责控诉自己的人，认为他们混淆了概念：只要人们能够正确理解达尔文主义，就会发现它并没有对崇高的政治理念与道德信仰造成威胁。

确实，针对达尔文主义的指控经常是概念混淆的结果（针对威尔逊的指责也是毫无根据的）。但同样存在的情况是，即使在混淆被消除之后，左派人士的一些担忧仍有坚实基础。进化心理学视角下的道德责任是一个重要且同时具有很大风险性的话题，它的风险足以让左派和右派同时保持警觉。除此之外，还有许多深刻的关键问题摆在那里，目前基本上悬而未决。[2]

正如实际所发生的那样，一个多世纪前，查尔斯·达尔文以极其尖锐和人性的方式解决了其中最深刻的那个问题，但他没有告诉世人。就像任何一个现代达尔文主义者一样，达尔文也清楚地知道，对道德责任感进行真正诚实的分析会引发多么爆炸性的争议，正是意识到了这一点，达尔文才没有公布他的想法。这些思想一直默默无名地隐匿在他私人作品最幽暗的角落中，那是一大包论文，达尔文以自己典型的谦虚口吻，将之标记为"陈旧而无用的笔记，关于道德感和一些形而上学观点"。现在，随着人类行为的生物学基础迅速为人所知，这正是我们挖掘达尔文宝藏的好时机。

现实扬起它丑陋的头颅

理想和现实之间的冲突构成了达尔文分析产生的背景。兄弟情谊在理论上是伟大的，然而在现实中它会带来很多问题。即使你能说服许多人去践行兄弟情谊——这能否实现本身就是一大现实问题——你还会遇到另一个现实问题：兄弟情谊会让社会分崩离析。

毕竟，真正的兄弟情谊是无条件的同情，也就是说，当一个人对另一个人产生真正的兄弟情谊后，无论后者对其他人做出什么伤害的举动，无论这种举动多么令人厌恶，前者都会对后者的正确性深信不疑。在一个社会中，如果一个人做出让人反感的恶性行为后不会受到惩罚，就会助长不正之风，导致恶性行为日趋盛行。

这种悖论潜藏在功利主义的幕后，尤其是潜藏在密尔对功利主义的解读的幕后。密尔可能会说，一个好的功利主义者会无条件地去爱他人，但在这一天到来之前，即每个人都确实无条件地爱别人之前，功利主义目标的实现——幸福最大化——却需要依靠有条件的爱。我们必须鼓励那些没有看到光明前景的人表现得更好一点。因此，谋杀应该受到惩罚，利他主义值得称赞，总之，行为奖惩是必须的。[3]

显而易见，在《功利主义》关于该主题的基本论述中，密尔没有因这个悖论感到困惑。在该书中，他欣然接受了耶稣所教导的普世博爱，但仅仅十几页后，他又对"让每个人得其应得"的原则表示支持，即"善有善报，恶有恶报"。[4]因此，一方面是"要像你希望别人如何对待你那样对待别人"，另一方面是"别人如何对待你，你也如何对待别人"；一方面是"爱你的敌人，别人打你左脸，你把右脸也送给他打"，另一方面是"以牙还牙，以眼还眼"。[5]二者之间显然存在无法调和的差异。

总之，密尔对正义制裁持一种接纳态度，我们或许应该理解密尔的态度，因为"制裁"是互惠利他主义的调度器。[6]正如我们已经指出的，互惠利他主义对于功利主义者来说可是真正的天赐之福，在

第17章 指责受害者

"以牙还牙"策略的持续作用下，人们形成"胡萝卜加大棒"策略，能够时刻关注他人的需求。考虑到提高社会整体福利并非人类天性的目标，"以牙还牙"策略的表现已经非常不错了，正是由于它的存在，我们才能够收获那么多"非零和博弈"的果实。

然而，我们感谢报复冲动带来的美好结果并不等于认为它指引了人类社会的未来。无论其具有怎样的实际价值，我们都没有理由相信这种与生俱来的正义感——把恶有恶报、恶人遭受惩罚和痛苦看作好事——体现了更高的道德真理。事实上，新达尔文主义揭示出，伴随着惩戒而产生的正义感仅仅是一种基因策略，而且它很容易被扭曲。正是在这一洞见的基础上，我在上一章才提出，新范式会将人类往更富有同情心的方向引导。

之所以说报复性惩罚的观点并不符合现代达尔文主义，还有第二个原因。进化心理学声称能够解释人类的行为，不管这些行为是好是坏，同时也能够解释各种心理状态，例如爱、恨与贪婪等等。一旦你看到是哪些力量在控制行为，就很难责怪行为本身了。

这与被认为是右翼思想的"遗传决定论"没有任何关系。首先，道德责任感的问题从来就不是一种单一意识形态就能决定的。尽管一些极右翼人士听到商人天生要剥削劳动者时可能会兴奋不已，但他们听到罪犯天生要犯罪时就不会那么高兴了。无论是"道德多数派"[①]中的《圣经》鼓吹者，还是女权主义者，都不想听到花花公子说她们是荷尔蒙的奴隶。

说得更直白一点："遗传决定论"一词流露出的是对新达尔文主义的无知。正如我们所阐述的，每一个人（包括达尔文）都不是基因

---

① 成立于20世纪70年代末的美国基督教右翼组织。——译者注

的受害者,他们受到的是基因和环境的共同作用:也就是那些"旋钮"和"调频"。(见本书第15章《达尔文的旋钮和调频》部分)

不过话说回来,受害者就是受害者。一台音响无法控制它的调频,就像无法控制它自身携带的旋钮一样,无论你觉得这两个因素有多么重要,我们都没有理由认为一台音响要因为它播放出的音乐而受责难。换句话说:虽然20世纪70年代流行的"遗传决定论"恐惧症其实毫无事实根据,但对"决定论"的恐惧并非如此。然而,这也是一个好消息,让我们更有理由去质疑责难和惩戒背后的驱动力,并将我们的同情心扩展到家庭和朋友的界限之外。不过,它依然可能造成坏结果:哲学思辨上行之有效的行动逻辑在现实世界却产生恶性影响。简而言之,情况非常复杂。

当然,你还能从根本上反驳上述立场,认为我们不仅仅是旋钮和调频(即基因和环境)的产物。你可以坚信还存在更多东西在控制人类。但如果你试图将这些东西具象化,或清晰地表达出来,你会发现自己根本做不到这一点。因为任何一种既不从属于基因也不从属于环境的影响力量,即使它真的存在,也已经超越了我们所能理解的物质现实。显然,这不在科学讨论的范围内。

再强调一遍,我们并不否认"超现实"的东西是存在的。科学也许并不能说明一切。但在20世纪70年代的社会生物学辩论中,几乎所有人,无论是支持者还是反对者,都声称自己具有科学头脑,这就是那些抱怨社会生物学具有"遗传决定论"倾向的人类学家和心理学家的讽刺之处。当时在社会科学界占统治地位的哲学思想是"文化决定论"(这是人类学家的概念)或"环境决定论"(这是心理学家的概念)。当涉及自由意志问题时,决定论就是决定论,任何决定论都是决定论。正如理查德·道金斯所指出的:"无论一个人持哪一种决论立场，只要他不反对决定论本身，是否涉及遗传或基因因素根本不会有任何差别。"[7]①

达尔文的诊断

达尔文看到了这一切。他不知道基因，但他肯定知道遗传的概念，而且他是一个科学唯物主义者，他认为我们不需要借助任何超现实的力量来解释人类行为或者自然界的其他事物。[8]在达尔文看来，所有行为都可以归结为遗传和环境因素。"没有人怀疑自由意志的存在"，他在日记中写道，因为"个体的每一个行动都是由遗传结构、示范性行为或他人教导共同决定的"。[9]

更重要的是，达尔文看到了这些力量是如何共同起作用的：它们通过影响一个人的"肉身组织"，进而决定他的思想、感觉和行为。达尔文在笔记本上自问道："我想改善自己的脾气，我想不到除了肉身组织外，还有什么因素能引发我这一愿望。那种组织可能受到了环境、教育和选择的共同影响，进而让我产生了改变自我的心愿。"[10]

达尔文在这里提出了一个观点，一个即使在今天人们也常常无法完全准确理解的观点：所有影响人类行为的环境和遗传因素都要以生物学的方式发挥作用。无论这些事物的组合是什么（这些事物包括你的基因，你的环境，以及你对这句话前半部分的理解），它们都赋予

---

① 文化决定论、环境决定论与遗传决定论在本质上都是决定论，无论认为个体是受文化因素、环境因素控制还是受遗传因素控制，都否认了自由意志的存在，因为与遗传因素一样，文化因素、环境因素也是个体自身无法掌控的。所以在道德立场上，文化决定论、环境决定论并不比遗传决定论更有优势。——译者注

了你大脑此刻一个确定的生物状态，而正是这个生物状态决定了你如何理解这句话的后半部分。所以，尽管"遗传决定论"这个术语常常令人混淆，但"生物决定论"这个术语却不应该让人混淆，或者，至少在人们意识到它不是"遗传决定论"的同义词后，不应该再对这一术语有什么误解。然后，如果人们真的能理解这一术语，他们就会意识到把"生物"这个前缀去掉不会造成任何区别。说威尔逊是生物决定论者等于说斯金纳是生物决定论者，或者更直接一点，等于说他是决定论者。[11] 而认为进化心理学家是生物决定论者，等于认为所有的心理学家都是生物决定论者。

如果所有的行为都是被决定的，为什么我们"感觉"自己好像在做自由选择，达尔文对此问题的解释显然符合20世纪的思想学说：我们的意识并不构成所有的行为驱动力量。"人们对于自由意志有一种普遍的错觉，因为人的行动都是自己做出的，所以他们很少会分析自己行为的动机（这些动机大都源于本能，我们要用理性去揭示它们，这是很重要的解释），并且他们可能认为自己没有这些动机。"[12]

达尔文看起来不会质疑新达尔文主义的观点，这些观点的核心思想是：我们的一些行为动机之所以被隐匿起来，并不是偶然因素造成的，而是进化设计有意为之。这样，我们在做出相应行为时，就可以自信地"装作"背后没有这些动机在作祟。更普遍地说，"关于自由意志的错觉"可能是一种适应机制。达尔文掌握了这一基本观念：自由意志是一种幻觉，是由进化带给我们的。那些导致我们受到指责或赞扬的事情，从谋杀、偷窃到维多利亚时代的礼仪仪式，都不是某种无形的、类似于灵魂的"我"做出的选择，而是由肉身的"我"决定的。达尔文在他的笔记中写道："这一观点应该教会一个人深沉地谦卑，无论我们做了什么，其实都不值得被赞扬。同样，我们也不应该去责备别人。"[13] 在这里，达尔文发掘出了科学知识中最具人性的见解，但这同时也可能是最危险的见解。

达尔文看到了一些危险蕴藏在由理解所带来的宽恕中，他明白决定论可能会通过削弱谴责的力量从而侵蚀道德根基。但他没有对这种学说的扩散感到过分担忧，原因很简单：无论在一个深思熟虑的科学唯物论者看来，决定论的逻辑是多么令人信服，可大多数人都不是会对科学意义进行沉思的科学家或哲学家。"这种观点不会带来害处，因为除了对此有真正深入思考的人之外，没有人会完全相信它的真实性。人们还是会认为，只有行善和变得完美才能获得幸福，因此他们不会受到引诱形成那种观念，即自己所造成的伤害行为完全与己无关。"[14] 换句话说，只要这种知识只局限于少数上流社会的绅士，不影响感染大众，一切都会相安无事。

但大众现在正在受到感染。达尔文没有意识到的是，科学技术的发展最终会使决定论在大众面前变得栩栩如生。达尔文认为"思想，无论多么难以理解，都是器官职能的体现，就像肝脏会分泌胆汁一样"。但他可能没有想到，有一天我们竟然能精确地找到器官和思维之间的联系。[15]

如今，这些联系经常成为头条新闻。科学家将犯罪与低 5-羟色胺水平联系起来。分子生物学家试图寻找出容易诱发精神疾病的基因，虽然目前成果微弱，但进展迅速。人们发现一种叫做催产素的人体自然分泌物是爱情的基础。而化学合成的迷幻药则会诱发慈爱之心，凭借这种药物，我们每个人都能在短时间内成为甘地。人们不断从遗传学、分子生物学、药理学、神经病学和内分泌学的新闻中得到暗示：我们都是机器，被我们无法察觉的力量所控制，而科学可以帮助我们看到那些力量。

这虽然是一幅纯粹的生物学图景，但与进化生物学并无特殊联系。基因、神经递质和其他控制人类精神与心理状态的因素正在被科学家仔细地研究，但这些研究大体上并没有受到达尔文主义的特别启发。

但达尔文主义将越来越详细地勾勒出这幅图景，并赋予它叙事力量。例如，我们不仅明白低 5-羟色胺会诱导犯罪，还会看到其中具体的原因：它似乎反映了当一个人通向物质成功的大门被关闭时，他对这一前景的感知与选择，自然选择可能"想要"他采取另一条路线。5-羟色胺和达尔文主义结合在一起，将有力澄清那些原本含糊不清的抱怨，例如为什么说罪犯是"社会的受害者"。一个老城区中的青年暴徒要通过阻力最小的方式谋求社会地位，他对地位的渴求不比你少。他被一种强大而微妙的力量所驱使，而同样的力量也造就了现在的你。当他踢你的狗或抢你的钱包时，你可能不会意识到这一点，但仔细沉思后你就会理解，如果你在他所在的环境中成长生活，你也会变成像他一样的人。

有关行为生物学的大量学科新闻才刚刚开始涌现，总的来说，人类目前并没有屈从地自认为我们都是机器。因此自由意志的概念仍然存在，但也呈现出萎缩的迹象。每当科学家发现一种特定的行为依赖于某些化学反应时，就会有人试图将该行为从自由意志的范畴中移除。

这样做的代表人物经常是辩护律师。最著名的例子就是"蛋糕辩护案"，一名律师说服了加利福尼亚的陪审团，让他们相信，一顿"垃圾食品"大餐让他的当事人"丧失了清晰思考的能力"，因此当事人没有能力实施"预谋"的杀害行为。其他的例子比比皆是，在英国和美国的法庭上，妇女都曾利用"经前综合征"使自己免于部分刑事责任。正如马丁·戴利和马戈·威尔逊在他们的著作《杀人》（*Homicide*）中反问的那样，男性杀人犯以"高睾酮"为理由开脱自己的犯罪行为的那天还会远吗？[16]

当然，远在生物学开始帮忙为犯罪进行辩护前，心理学就已经在做同样的事情了。"创伤后应激障碍"是辩护律师最喜欢利用的疾病，它包含了许多亚类，从"受虐妇女综合征"到"抑郁-自杀综合征"（据称抑郁-自杀综合征不仅会导致人们犯罪，还会让他们在犯罪过程中笨手笨脚，因为他们无意识的目标就是被抓住）。这种疾病最初只是纯粹的心理学术语，几乎不涉及生物学。但是将它与生物化学联系起来的工作一直在进行，因为可见的科学证据才是真正会吸引陪审团注意的东西。一位专家证人已经在兜售创伤后应激障碍的另一种亚类——"行动成瘾综合征"（对危险行为引发的快感形成依赖），并将该问题归结为内啡肽。犯罪分子渴望内啡肽，而他们会通过犯罪行为得到这一切。[17] 事实证明，对于一些深度成瘾的赌徒，当他们赌博时血液中的内啡肽水平会高得出奇。这样看来，赌博也是一种疾病。

嗯，我们都喜欢内啡肽，我们都会做一些事情来获得内啡肽，比如跑步或做爱。当我们做这些事情时，体内内啡肽水平就会提高。毫无疑问，强奸犯在犯罪时或犯罪之后的某段时期内会感觉很好，这种快感是有生物化学基础的，它们会逐渐被人类所揭晓。如果辩护律师们继续沿着这条路前进，像他们所做的那样，我们不断把由生物化学所调节的行为从自由意志王国移除，那么几十年之内，这个王国的疆域就会所剩无几。确实，至少其思想疆域的土地会所剩无几。

生物化学掌握着一切。面对这方面日益增长的证据，我们至少有两种回应方式。一种是倔强地使用数据作为意志的证明。这一论点如下：显然所有罪犯都有自由意志，不管他们的内啡肽、血糖水平或其他任何生物化学因素是什么状态。如果因为生物化学就否定了自由意志，那么我们都不会有自由意志了！我们知道事实并非如此。对吧？

这类在黑暗中鸣响的警笛时常出现于那些哀叹"罪责"概念已摇摇欲坠的书籍和文章中。它也隐含在加利福尼亚州一次全民公投中，公投议题是将"丧失行为能力"（即，无法为自己的行为负责）相关条款从州法律中移除。似乎投票者也意识到了，如果像"糖分"这样的自然物能将你变成行为不受控制的机器人，那意味着每个人都是机器人，没有人应该受到惩罚。

第二种应对生物化学研究"抹杀"人性的方法是达尔文式的方法——彻底投降。放弃对自由意志的坚持，没有人真的应该为任何事情受到责备或赞扬，我们都是生物元素的奴隶。达尔文在他的笔记中写道，我们必须把一个邪恶的人看作"一个病人"。"同情是比憎恨更恰当的反应。"[18]

总而言之，兄弟情谊是正确的。仇恨和厌恶会把人送进监狱，送上绞刑架，在其他情况下，还会导致争吵、打架和战争，但这些都并非以人类的理性为基础。当然，它们可能具有现实的基础。而这正是问题所在：指责和惩罚在实际中是必要的，但它们从理性上看并没有什么意义。这就是为什么达尔文能够心安理得地相信，自己的见解永远不会变成普遍观点的原因。

达尔文的处方

我们能做些什么呢？如果达尔文知道秘密已经泄露，行为的物质基础已经展示在大众面前，那么他会给出什么建议？如果人们越来越相信人类像机器一样运作，社会应该如何应对？我们可以在达尔文的笔记中找到一些线索。首先，我们应该将惩戒行为与驱动这种行为的邪恶冲动分开。这有时意味着我们要限制惩戒的使用范围，将动用它的条件限制在能产生良善结果的情况下。达尔文曾写道："惩罚罪犯是正确的，但正确的原因仅仅是因为这种做法可以震慑其他人。"

这在很大程度上符合历史悠久的功利主义精神。只有在能提高整体幸福感的情况下，我们才去惩罚别人。惩罚本身并不是什么好事，被惩罚者遭受的痛苦与其他人遭受的痛苦一样，都是令人悲伤的事情，它们在功利主义的计算中占有同样的权重。只有当惩罚能通过预防犯罪从而给他人带来更多福祉时，它才是正当的。[19]

在许多人看来，这个想法是合理的，并不极端激进，但认真看待它将意味着彻底改革法律原则。在美国法律中，刑罚有几个明确的功能，其中大多数都严格出于实际需求：让罪犯远离街头，防止他们在获释后继续犯罪，警惕目睹了犯罪者命运的人不要重蹈覆辙，让他变得更适应社会——所有这些都会获得功利主义者的赞同。但惩罚还有一个非常严格的道德功能：伸张正义，纯粹而简单地伸张正义。即使惩罚没有明确的利他目的，我们也会认为它是好的。如果在某个荒岛上你碰巧遇到了一个95岁的逃犯，并且世人早已遗忘了他的存在，你将以正义的名义使他遭受折磨。即使你不喜欢滥用惩罚，即使大陆上的人不会听说这件事，你也可以大胆保证，在天堂的某个地方，正义之神正在微笑。

报应信念不再像以前那样在法庭上起着突出作用。但在最近，尤其是在保守派中间，又出现了一些关于该问题的新讨论。这也是为什么直到今日法庭要花大量时间来判断犯罪者是否"有意"犯罪，与之相对的是因"精神错乱"、"暂时精神失常"或"自控能力减退"而导致的犯罪。如果由功利主义者来统治世界，像"有意"这样混乱晦涩的词就永远不会出现了。法庭会问两个问题：第一，被告是否犯了罪？第二，惩罚的实际效果是什么？包括对罪犯自己未来行为的影响，以及对其他潜在犯罪者未来行为的影响。

因此，当被丈夫殴打或强奸的妇女杀死自己的丈夫时，问题就不是她是否患有一种"受虐妇女综合征"的"疾病"；当一个男人杀了他妻子的情人，问题也不是他的嫉妒是否算"暂时精神失常"。在这两种情况下真正的问题是，惩罚是否能防止这些人以及处于同样背景的人在未来继续犯罪。这个问题不可能精确地回答，但它比所谓的"有意"还是"无意"问题更容易解决，而且它的好处是没有根植于过时的世界观。

当然，这两个问题有一定的共同点。法院倾向于认可"自由意志"的存在，因为只有将"责难"正当化，才能实施惩罚，从而阻止未来的犯罪行为。因此，无论是功利主义者还是守旧的法官都不会把一个彻头彻尾的精神病患者送进监狱（如果他看起来可能重复犯罪，他们也许会把他送进精神病院）。正如戴利和威尔逊所写的那样："宗教思想会用一些晦涩难懂的语言去描述赎罪、苦行、神圣正义以及其他类似行为，这相当于把世俗而实用的事物归结给更高的超然力量。实际的逻辑很简单，通过惩罚来降低自私竞争行为的获益比例，就可以对这种行为实施有效打击。"[20]

总的来说，"自由意志"一直是一个相当有用的虚构事物，它可以粗略充当功利主义正义的代理人。但是现在正在进行的各种浪费时间的辩论（例如酗酒是一种病吗？性犯罪能算是成瘾症吗？经前综合征会让女人失去自主意志吗？）表明它开始失去作用。再过一二十年，随着生物学研究进展的累积，自由意志这一概念带来的麻烦可能会超过它的价值；与此同时，自由意志的范围也会大幅缩小。届时我们将面临（至少）两个选择：要么重新定义自由意志，人为地让自由意志这一概念具有稳固根基（比如我们可以坚称，个体在做出某些行为时是否有意为之，与这种行为是否具有生物化学基础没有任何关系）；或者彻底抛弃自由意志，采用明确的功利主义惩罚标准。这两种选择其实大致说了同一件事：随着行为背后的生物学（即环境与遗传的共同影响）机制进入视野，我们必须习惯这种想法——让"机器人"为自己的"故障"负责，至少到目前为止，这是对人类最有益的做法。

放弃自由意志的概念可能会剥夺法律体系的一些情感支持。陪审员之所以可以轻易地决定实施惩罚，部分原因是他们模糊地认为这是一件天然的好事。尽管如此，这种模糊的感觉却根深蒂固，不太可能因法律原则的改变而消失。而且，即使这种感觉变弱了，惩罚所具有的实用价值也很清晰，这足以让陪审员去行使好他们的职责。

彻头彻尾的后现代道德观

科学启蒙带来的真正可怕威胁存在于道德领域而不是法律领域。这里的问题不是作为互惠利他主义主宰的正义感会完全崩溃，即使是极度超然和富有人道主义精神的人，如果他们觉得遭到了欺骗、背叛或虐待，也会因为功利主义的目的而迸发出足够的愤怒感。达尔文相信每个人在根本上都是无可指责的，但当他被压迫时也会产生怒火。在看到理查德·欧文对自己著作给出的尖刻评论后，达尔文发现自己"怒不可遏"，他在给赫胥黎的信中写道，"我相信我比你更恨他"。[21]

通常来说，如果我们都朝着普遍同情和宽恕的理想努力，汲取现代科学所提供的启蒙，我们所取得的微弱进步几乎不会让文明在我们身边倒下。我们中很少有人在兄弟情谊方面会达到过犹不及的博爱程度，而现代生物学所有正在揭开的逻辑也不太可能让我们变成那个样子。"以牙还牙"这个坚硬的生物内核不会遭受真理的蹂躏。

真正的道德危险并不那么直接。道德体系不仅能从"以牙还牙"策略中汲取力量，即受害方对侵犯者实施惩罚，而且能从整个社会中汲取力量，即社会会对侵犯者实施集体惩罚。查尔斯·狄更斯之所以不敢与情妇公开交往，不是因为害怕妻子会惩罚他（他已经离开了妻子，而且她又哪来的能力报复他呢？），他更害怕的是自己的社会名誉受损。

每当一种强烈的动物冲动被道德规范所挫败时，情况都是如此：违反道德规范会损害名声，而规避名声受损本身也是另一种强烈的动物冲动。有效的道德规范正是这样，以彼之道，还施彼身。

确实，道德规范会用精密的"引火器"来灭火。罗伯特·阿克塞尔罗德不仅用电脑游戏很好地支持了互惠利他主义理论，他还研究了道德规范的兴衰起伏。他发现健全的道德规范不仅建立在准则之上，而且建立在"元准则"（metanorms）之上：也就是说，社会不仅反对违反规范的人，还会反对那些容忍违规者的人。[22] 如果狄更斯公开了他与情妇的关系，他的朋友们很可能不得不与他断绝关系，否则他们自己就会因为没有惩罚狄更斯而受到惩罚。

正是在这个充满准则和元准则的世界里，现代科学对道德体系造成了不良影响。我们不必担心日渐蔓延的决定论会削弱受害者的愤怒，但观众的愤怒可能会被减弱，因为他们开始相信诸如"男性的轻薄源于天生的生物化学冲动"或"妻子的报复性愤怒是进化产物"这类观点。生活，至少是除了我们自己与亲朋好友之外其他人的生活，变成了一部电影，我们像荒诞主义者那样，带着迷茫和超然的心态观看这部影片。这便是后现代道德的幽灵。达尔文主义并不是它的唯一来源，生物学自身的影响也并没有那么广泛，但二者的结合则为这个幽灵提供了足够的养料。

很少有人热切地认同关于"指责"的基本悖论，即从理性角度看，指责是站不住脚的，但从现实角度看，指责又是必须的。一位人类学家曾就离婚问题做了以下两种陈述：第一，"我不想鼓励人们说，'好吧，这是程序设定好的，我没办法'，事实上我们可以控制自己，虽然某些倾向的力量可能很强大，但很多人成功地抗拒了这些倾向"。第二，"现今走在街上的男男女女会对自己说，'我是个失败者！我有过两段婚姻，没有一段能坚持下去'。好吧，这可能是一种自然的人类行为模式，当他们听到我这么说时可能会感觉好一些。我认为人们没必要在离婚后感到挫败"。[23]

这两条陈述单独拿出来都站得住脚，但你不能二者兼得。一方面我们可以说，任何已经发生的离婚确实是无法避免的，没错，因为这背后的驱动因素是一连串的遗传和环境因素，它们通过生物化学机制调节个体的行为选择。尽管如此，对这种必然性的强调会影响舆论，而舆论正是环境因素的一部分，它会通过生物化学机制，让未来那些本不该发生的离婚事件变成必然事件。因此，如果我们把过去的事情当作不可避免的事情，这就会导致未来有更多不可避免的事件发生。如果我们告诉人们，他们不会因为过去犯的错误受到指责，这就会导致未来有更多人犯错。真理很难确保我们获得自由。

或许，我们可以用另一种更乐观的方式来表达这个观点：真理取决于我们说的真理是什么。如果男人被告知，拈花惹草是一种从根本上无法抑制的自然冲动，那么这种冲动，至少对那些男人来说可能确实如此。然而，在达尔文时代，男人被告知的是另一种说法：动物冲动是可怕的敌人，但只要不断付出艰苦的努力，我们就能将其击败。当时对许多人来说，这种说法成了真理。在某种意义上，我们对自由意志的信仰创造了自由意志本身。

同样地，有人可能会说，他们能够"成功地"信仰自由意志，这证明了我们关于自由意志的信念是合理的，但这种自由意志并非那种形而上学意义上的自由意志。在维多利亚时代那些自律者的行为中，并不存在什么能推翻决定论学说的东西。这些自律者以及他们的行为只是特定环境的产物，在那个时代的英国，人们相信有可能实现自控，整个社会氛围都弥漫着这一信念，就像我们之前所介绍的，无法自控的人会受到严厉的道德谴责。不过，从某种意义上，信仰自由意志的人至少证明了我们可以对环境施加影响。从纯粹实用主义角度看，他们有理由认为自由意志学说是"正确的"。[24]但这种实用主义是否能够胜过真正的真理——对自由意志自我实现的信念能够经受得住怀疑自由意志属于形而上学学说的考验——完全是另一个问题。

无论如何，即使这种诡计是成功的，"指责"依然有存在的合理性。我们还是要退回到那个具有挑战性的问题，将"指责"限定在一定范围内：只有指责会带来更大好处时才这么做，而不是让自以为是的伪善大行其道（人们天性会倾向于这么做）。与此同时，我们仍将面临更深刻的挑战：在必要的道德制裁与同情心——无论多么博大也不为过的同情心——之间做出权衡。

作为清教徒的密尔

发动一场反对离婚的战争，用更严厉的举措制裁玩弄女人的人，对他们声称玩弄女人是"自然行为"的说辞采取零容忍态度，这些做法也许有意义，也许没意义。针对这些选择，一个理性的人可能不同意这么做。这些都不算问题，真正的问题是，在任何情况下，日益增长的决定论论调都会带来麻烦，因为某些道德规范一定是值得拥有的。毕竟，除了亲缘选择和互惠利他主义外，道德是收获各种非零和果实的主要途径。道德使我们关心除了自己的亲朋好友外的其他人的利益，因而提高了社会整体福祉。无论你是不是一个功利主义者，都会认为这是一件好事。

事实上，道德并不是收获这些果实的唯一途径，但是是性价比最高、也最不让人感到恐惧的方式。如果没有人在酒后驾车，社会就会变得更好。我们大多数人愿意看到的是人们自觉去遵守内化的道德规范，而不是靠无处不在的警察部队来维护秩序。如果有人非要质疑为什么我们要认真对待道德准则和价值观之类的概念，这会是一个缜密的答案：并非因为传统本身是一件好事，但强大的道德规范能提供一些独一无二的东西，让我们无需警察就能获得更多的非零和利益。

密尔认为道德准则可能像无处不在的警察一样令人窒息和沮丧。在《论自由》一书中，他抱怨自己生活在"充满敌意的监视和可怕的审查之下"。[25] 可密尔还认为我们应该对功利主义大唱颂歌，让功利主义道德哲学无处不在，这看起来颇为讽刺。

但密尔真正抱怨的不是严厉的道德规范，而是既严厉又愚蠢的道德规范。具体来说，这类愚蠢的道德规范会"禁止那些本不会给任何人带来伤害的行为"，从功利主义角度看，这些道德规范完全不合理。在那个年代，各种有违主流的异常生活方式都会被认为是有悖人性的严重犯罪，尽管我们在这些"犯罪"中很难找到受害者。比如同性恋会被看作罪恶行为，再比如离婚会被视为可耻的事情，即使夫妻没有子女，且双方就离婚已达成共识。

不是所有规范在密尔看来都如此荒谬。事实上，他不接受人们拥有直接结束婚姻的权利。[26]密尔对婚姻责任的看法涵盖了很多人们极难辨认的抽象概念，他写道："当一个人通过承诺或行为助长了另一个人特定的心理倾向（这些心理倾向包括对对方形成期待，将自己人生规划的所有内容都和对方牵扯在一起）后，对于这个人来说，他就对后者负有一系列的道德义务。这些义务可能被驳回，但不容忽视。"至于有了孩子以后的离婚行为："如果一段婚姻中，除了契约双方外还涉及第三方，那么原先签订契约的双方必须履行对第三方的义务。一旦契约中断，这种义务的履行以及履行方式势必会受到影响。"[27]换句话说，抛弃家庭绝对是不对的。

密尔在《论自由》中抨击的是维多利亚式的道德压力，而非道德压力本身。他写道，在遥远的过去，曾经有一段时间，"人们身上的个体性与利己性因素泛滥成灾，社会原则与之进行了艰难的斗争……"那时候，难题主要在于"如何让身体强壮或心智健全的人服从那些要求他们控制自己冲动的规则"。但是，"社会中的个体已经比以前更好，威胁人类本性的危险不是个人冲动和偏好的过度，而是人们缺乏冲动和偏好"。[28]我们不清楚如果密尔如今依然在世，他是否还会做出同样的判断。

密尔肯定会攻击维多利亚时代那些道德教条的残余势力，比如对同性恋的憎恶。但他很可能不赞成新时代的享乐主义，20世纪60年代，享乐主义者自居为左派（推崇迷幻药和性放任），而在80年代，享乐主义者又自居为右派（推崇非迷幻药和宝马）。

事实上，密尔认为将享乐主义置于道德判断之下是公平的，虽然享乐主义者确实没有伤害除了自己外的其他人。密尔的观点是，我们不应该因为一些人选择放弃长期福利而屈从体内的动物冲动就去惩罚他们。但我们只能这么做，原因是他们做了危险的示范，我们可以选择不与他们交往，同时警告朋友也不要这么做。"一个表现得莽撞、顽固且以自我为中心的人往往无法以合适的方式生活，无法让自己从有害的放纵中摆脱出来，也无法为了情感与理智而放弃追求动物快感，这样的人一定会被其他人所蔑视，并且很少与他人分享自己的愉快体验。"[29]

在这里，自由主义者约翰·斯图亚特·密尔遇到了清教徒塞缪尔·斯迈尔斯。尽管密尔对那种认为"人性已彻底腐败，必须为了精神进步而加以自我束缚"的观点嗤之以鼻，但他也怀疑是否更高的道德情操无需教化就能开花结果。密尔写道："真相是，在人类的那些优秀品质中，几乎没有哪一点与人类天性中未受教化的原始冲动是不相互排斥的。"[30] 斯迈尔斯自己恐怕也不能将这一想法表达得更好了，在《自己拯救自己》一书中，他以一种对人类本性并不乐观的基调强调了艰苦自我克制的重要性。

事实上，尽管斯迈尔斯的书和密尔在1859年出版的书有着看似截然相反的观点，但两人的确心有灵犀。他们（连同达尔文）都支持当时中立偏左的政治改革以及左翼的思想框架。斯迈尔斯对功利主义怀有极大热情，而功利主义在当时被称为"哲学激进主义"。

密尔对人性的看法与现代达尔文主义非常吻合。认为我们天生都是恶魔的想法当然有些夸张，正如密尔对加尔文主义的讽刺：如果我们不是人类，我们根本不可能有良善之心。的确，道德的各种成分，从同情到内疚，都在人类本性中有着深刻的基础。与此同时，这些成分不会自发地与一个真正善良的心灵相融合，它们的设计初衷不是去创造更美好的东西，它们也不会稳定地增进我们的幸福。在自然选择的优先序列中，我们的幸福从来不会占据太靠前的位置。即使这样的情况曾经有过，在与我们进化环境相距甚远的现代社会，幸福也不会自然而然地出现。

达尔文主义与意识形态

在某种意义上，新范式有一些道德上保守的用途。它说明人类不会生来就自然装配好了道德情操，因此，如果人们要对更大的善怀有敬意，就需要更强有力的道德规范来约束行为。尽管对自身利益的追求往往会导致两个人或更多的人找到共同利益，但如果我们不认真对待道德，就无法获得共同利益。

这种道德保守主义与政治保守主义有很深的联系吗？事实并非如此。没错，相比起竞争对手，政治保守派会花更多时间去塑造严厉的道德氛围。但他们还倾向于认为，我们所应该恪守的那些道德规范是宗教权威规范，或者，至少是与"传统"相一致的规范。相比之下，达尔文主义者在审视那些历史悠久的道德规范时，则常怀有深深的矛盾心理。

另一方面，长期存在的道德规范必定与人类本性相兼容，而且可能至少为某些人的利益服务。但到底是哪些人呢？道德规范的塑造是一种权力斗争的结果，而人类社会中的权力分配通常很复杂且很不公平，弄清楚真正的受益者确实是一项很棘手的工作。

对道德规范的剖析——决定谁为其买单、谁从中受益，以及其他备选规范的成本收益——最好使用新范式作为工具来完成，并且最好谨慎完成。最终，我们应该摒弃那些不具有实际意义的规范，但与此同时也应该认识到规范通常都是有实际意义的，它们是在一些非正式的意见交换和互相迁就中形成的，这虽然算不上最纯粹的民主，但也能大致符合各方的利益。更重要的是，这种隐蔽的协商谈判可能包含了一些关于人类天性的真相（也许是残忍的真相），一些最初并不明显的真相。我们应该像勘探者看闪闪发光的岩石一样，以一种健康的矛盾心态，同时带着极大的尊重和质疑来审视道德公理。

这种审视的结果会具有太多样化的特征，以至于我们无法用一个简单的标签加以概括。它可以被认为持保守派立场，只要保守派立场是指对某些传统试探性地尊重，而非永远信奉。或者，审视的结果也可以被认为持自由主义立场，只要自由主义不等同于享乐主义或道德放任主义。如果自由主义的道德哲学像密尔在《论自由》中阐述的那么"激进"（在那个时代），那么审视的结果既包含了对人类本性中黑暗面的认同，也强调了自我克制甚至道德谴责的必要性。

至于渐渐蔓延的生物决定论，也就是决定论的声音，它们同样无法在意识形态方面进行简单归类。许多决定论会强调无论如何惩罚都是道德悲剧，从实践层面考虑，真正需要做的是消除导致犯罪行为的社会因素，例如贫困。达尔文就想到了这一点，在他的笔记中，他坦诚了自己的决定论思想，并认为惩罚不具有任何哲学意义。他写道："相信这些观点的人会重视教育……就像动物会攻击弱者一样，我们会攻击邪恶的人，对待这样的人，我们其实应该同情他们，教化他们，激发他们做善事的动机。"[31]

然而，达尔文还写道，如果邪恶的人"已经坏到无药可救，那就没有办法教化他"。的确，尽管新范式支持自由主义者长期以来一直强调的心理可塑性，但它也认为，正如我们常看到的那样，这种可塑性并非是无限的，同时也不会永远存在，许多心智发展机制看起来在生命前二三十年里产生了重要的影响。现在还不清楚各种性格特征在未来会产生什么具体影响。（一个男人会不可救药地成为强奸犯吗？

或者至少在他人到中年睾酮水平降低前，始终存在成为强奸犯的可能吗？）但右派政治势力偶尔会喜欢追寻这些问题，他们会支持将有过错的人关起来，永不释放。

在未来几十年里，进化心理学的进步将明显且正当地影响道德和政治舆论。但这种影响并不能用简单的意识形态标签加以概括。一旦每个人都理解了这一点，达尔文主义者就无须再去回应那些将其斥责为左派或右派的批评了。扫除障碍之后，文明启蒙便可以迅速推进。

第 18 章

达尔文的皈依

我在日记中写道,当我站在壮观的巴西丛林中时,"除了'神奇、钦佩和热爱'外,无法找到更合适的表达来形容自己的感受,这些美好的感觉充盈着我的心灵"。我清楚记得自己的信念,人不仅仅是呼吸的肉体。但是如今,即使最宏伟的场面也不会在我的脑海里产生任何这样的信念和感情了。可以说,现在的我就像一个色盲。

——《达尔文自传》(1876)[1]

当"小猎犬"号离开英格兰时,达尔文还是一位正统虔诚的基督徒。他后来回忆,自己曾被几个军官嘲笑,原因是他引用《圣经》中的观点作为对道德问题的评判权威(尽管这些军官也是正统的基督徒)。但从那时起他已经开始对宗教产生怀疑,他对《旧约》中"关于世界历史明显错误的描述"以及上帝是一个"复仇暴君"的形象刻画感到困扰。他也对《新约》感到疑惑,虽然他认为耶稣的道德教义是美好的,但他发现这些教义"其完美程度部分上取决于我们对道德隐喻和寓言的解释"。

达尔文渴望重获信仰上的确定性。他幻想存在一些尚未被挖掘出的古代手稿,它们能够证实福音书的内容。然而,这并没有起到什么作用,"质疑以缓慢的速度渐渐滋生"。[2]

失去了基督教信仰后,达尔文在很多年里一直信奉一种模糊的有神论。他相信世界存在"第一推动力",那是一种神性的智慧,它带着某种目的设定了自然选择的运转。但接着他又开始思考:"我完全相信,人类的心灵是从最低级动物的心灵发展而来的,如果我接受这样的结论,还能相信存在更高的智慧吗?"[3]达尔文最终大致成了一个不可知论者。在乐观的时候,他可能会接纳对神的想象。但在他生命中的很长一段时间里,这种乐观的时刻并不常见。

然而从某种意义上说,达尔文始终是一名基督徒。像他所处时代和地域的其他人一样,他的思想中浸透了福音主义的道德严肃性。达尔文的生活理念与英国教会所宣扬的理念一致,他发现塞缪尔·斯迈尔斯的《自己拯救自己》一书中以世俗化的方式表达了这一理念:"一个人通过行动和自我克制的力量,可以强化自己的心灵,抵御放纵的低级诱惑。"正如我们所见,对达尔文来说,这是"道德文化的最高阶段"——认识到"我们应该控制自己的思想,甚至不要在内心深处再去回想过去那些让我们曾感到愉悦的罪恶"。[4]

但是,如果仅仅因为这一点,我们就能把达尔文归为基督教徒的话,那他也可以被称为印度教徒、佛教徒或穆斯林。因为严格自律和控制自身的原始欲望是世界各大宗教的一贯教义,达尔文所崇尚的兄弟情谊也在宗教思想中广为流传。早在耶稣降生前五六百年,中国道家思想创始人老子就说过,"报怨以德……道之道"[5]。佛教教义主张"大爱万物……苦海无边,回头是岸;放下屠刀,立地成佛"[6]。印度教则有"不伤"的教义,即不要产生任何伤害他人的意图。

达尔文主义者如何看待这种惊人的教义重复性呢?难道不同时代不同的人都受到了神灵的启示,因而对几条普世真理产生了认同?并不是这样的。

达尔文主义关于精神话语的学说与达尔文主义关于道德话语的学

说极为相似。人们倾向于谈论和相信符合他们根本进化利益的事情，只是他们有时意识不到而已。当然，这并不意味着将这些想法隐藏起来总是会更有利于基因传播，一些宗教教条，例如禁欲主义，显然无论从表面上看起来还是实际上都不会提高遗传概率。更简单地说，我们所能期望的是，人们所秉持的精神教条与自然选择所设计的心理器官之间具有某种和谐性。不得不承认，和谐是一个宽泛的概念。一方面，这些教条可以满足人们内心深处的一些欲望（例如，关于来生的信念满足了人们继续生存的愿望）；另一方面，它们也可能抑制一些难以满足的欲望，将这些欲望变成沉重的负担（例如禁欲主义会抑制对性的欲望）。但不管怎样，人们所认同的教条应该能够从人类心智的进化中得到解释。因此，当不同宗教的圣贤们推崇相同的教条时，这些教条的核心主题都或多或少涉及人类的天性及心智框架。

这是否意味着那些共同的宗教教义具有某种永恒的价值，可以作为人们生活的指导准则？唐纳德·T. 坎贝尔是最早对现代达尔文主义产生热情的心理学家之一，他提出了相似的观点。在面向美国心理学会发表的演讲中，他谈道："这些教义的有效性经过了数百代人的社会历史的进化、测试和筛选。从纯科学的角度看，它们才是人类生活的秘诀原则，其可靠性要超过最好的心理学家或精神病学家对人类应如何生活给出的建议。"[7]

坎贝尔是在1975年说出这番话的，当时威尔逊的《社会生物学》刚刚出版，达尔文式的犬儒主义哲学还没有完全成形。如今许多达尔文主义者不会那么乐观了，一些人指出，虽然在严格意义上，某种观念和接受这种观念的大脑之间一定具有和谐性，但从长远看这种观念并不一定会为大脑带来什么好处。正如理查德·道金斯所言，许多观念会像病毒一样寄生在大脑中。[8] "注射海洛因会很有趣"这种观念在不停地传染人，它会让感染者接近毒品，而这些人最终无法获得进化收益。

此外，即使某个观念可以服务于个体的长期利益，受益方也可能是这一观念的售卖者，而非接受者。宗教领袖往往身居高位，如果把他们的布道看成是一种剥削行为，旨在将听者意愿微妙地扭转为演讲者的目标，这也不难理解。可以确定，耶稣、佛陀和老子所倡导的教义都达到了扩大他们的势力、提高他们的声望并增加追随者数量的效果。

不过，宗教教义并非总是强加于人。诚然，"十诫"具有一定的极权主义权威，它们由政治领袖传达，并挂上了上帝的署名。耶稣也一样，虽然他没有政治职务，却自称获得了上帝的背书。但佛祖并没有强调这种超自然的权威。而且，尽管释迦牟尼出生在一个皇族家庭，可他已经抛弃了身份的束缚，四处游荡传教，显然，他并没有借助其他力量，他的行动是从零开始的。

事实是，在不同时期，许多人都在没有外界强烈胁迫的情况下接受了各种宗教教义。因此，他们一定获得了某种心理慰藉。伟大的宗教在意识形态水平上都具有自助功能，正如坎贝尔所建议的那样，没有仔细考察就将宗教传统抛弃确实会造成巨大浪费。古代圣贤们也许和我们一样自私，但这并不意味着他们不是圣贤，不代表他们的思想不是圣贤思想。

恶魔

伟大宗教的一大主题就是恶魔的诱惑。我们时常能在宗教故事中看到恶魔的存在，他们用无辜单纯的面具作为伪装，试图引诱人们犯错。这些错误看似微不足道，但最终却酿成大祸。《圣经》和《古兰经》里都有恶魔撒旦。在佛教经文中也有一个喜欢蛊惑人的恶魔，即魔罗，他总是暗中指使自己的女儿"欲望"和"快乐"去诱导人们走上歧路。

恶魔的诱惑听起来可能不像是一种特别符合科学原理的宗教学说，但它其实很好地契合了习惯所具有的特征：缓慢形成，步步为营。例如，自然选择"想要"男人和无数的女人发生性关系，它通过一系列精巧的诱惑来实现这一目标，这些诱惑可能从对婚外性行为的向往开始，然后逐渐强大，最终成为不可抗拒的欲望。唐纳德·西蒙斯曾提到："耶稣说过，'无论是谁，当看到一个女人并产生想与其通奸的欲望后，那么他在心里其实已经与她通奸了'。耶稣明白，心理的功能就是引发行为。"[9]

恶魔和毒品贩子会经常使用同样的开场白（"试一下，这感觉会很好"），这并非巧合，宗教人士也会将毒品视为恶魔。因为对任何目标的习惯化过程都是一个逐渐上瘾的过程，例如对性或权力的上瘾，在这一过程中，当事人会越来越依赖因这些东西而产生的生物化学反应。你所拥有的权力越大，对权力的需求就越大，此时任何一点权力的减少都会让你感觉糟糕，即使你现在掌握的权力依然很大，并且你在过去曾因为掌握了这一水平的权力而感到狂喜。（"吸毒成瘾"本身并不是自然选择"有意"鼓励的结果，这种现象源自现代生物化学技术对人类身体奖励系统的颠覆性干预。奖励系统的本来作用是让我们从那些"老式"的适应性行为中得到愉悦刺激，例如每天辛劳工作、吃饭、交配以及诽谤竞争对手等等。）

恶魔的诱惑与邪恶这个基本概念几乎可以天衣无缝地关联在一起。前者是有害的事物，后者是有害的因素，它们都让原始的情感力量控制了心灵。当佛陀告诉我们要"要铲除欲望之根,这样魔才不会用诱惑将你一次次碾压"时,这是在警示我们,我们应该用坚强的意志去抵御欲望的诱惑。[10]把毒品、性或好战的独裁者看作恶魔,其实也会起到相同的警示作用。

"邪恶"这一概念虽然不像"恶魔"概念那样原始,但它也没有那么容易就适应现代科学的世界观。尽管如此,人们似乎还是认为这是一个实用的概念,原因是它能提供恰当的比喻。的确,许多为遗传利益服务的力量会吸引我们去获得各种欢愉,但从长期来看,这些力量并不会为我们送来幸福,同时还可能给其他人带去巨大伤害。你可以将其称之为自然选择的幽灵,也可以称呼它们更常见的名称——"基因"(至少是我们体内的一部分基因)。如果邪恶这一概念有助于我们理解基因、欲望与痛苦的关系,那我们没理由不去用它。

当佛陀敦促人们去"铲除欲望之根"时,他并不一定是在劝告人们完全禁欲。当然,在许多宗教中都有关于禁欲的说辞,而禁欲无疑是避免恶习成瘾的一种方式。但佛陀强调的不是一长串的具体戒律,而是一种普遍化的苦行心态,一种经过修炼后培养出的对物质回馈与感官享受的漠然:"砍掉欲望的森林,而不仅仅是一棵欲望之树!"[11]

其他宗教也通过各种方式鼓励这种对人性的抗争。在《登山宝训》中,耶稣说:"不要在地上为自己积攒财宝……不要为生命忧虑吃什么喝什么,不要为身体忧虑穿什么。"[12]像佛教一样,印度教经文也详细明确地论述了放弃享乐的问题。"精神成熟的人会放弃欲望、放弃对享乐的渴望,正如乌龟缩回四肢一样,他们也不再留恋感官刺激。"[13]因此,《薄伽梵歌》中所描绘的人类理想形象是:一个有纪律的人,他无须担心自己的所作所为会引发什么不良后果,他也不会因为外界的赞扬或批评而有所触动。正是这一形象激励着甘地坚持不懈，使他"不盼成功，不惧失败"。

印度教和佛教听起来如此相似并不是一件令人值得震惊的事，佛陀出生时是一名印度教徒，但他将漠视感官愉悦这一主题进一步深化，将其延伸为一条严苛的准则——生命就是要承受苦难——并把这一准则摆到了他的哲学思想的核心位置。如果遵循佛陀的教导，相信生命与生俱来要承受苦难，那么说来也怪，你反而能得到幸福。

在所有这些对感官愉悦的抨击中，都蕴藏着一个共同的伟大智慧，它们不仅指出了愉悦具有令人成瘾的一面，还指出了愉悦感会转瞬即逝的一面。毕竟，上瘾的本质就是当愉悦感消散后，大脑焦躁不安，然后渴望得到更多愉悦。"再多赚点钱，多几次情事，社会地位多提高一级，我就心满意足了。"这种想法完全误解了人性，而且它是与生俱来的，我们生来就会觉得，下一个伟大目标的实现会带来幸福，但当我们真的实现那个目标后，幸福很快烟消云散。自然选择具有一种恶意的幽默感，它引导我们不断对自己做出承诺，然后不停地对自己说"只是开个玩笑罢了"。正如《圣经》所言："人的劳碌都为口腹，心里却不知足。"[14]我们终其一生都没无法参透生活的真谛。

圣贤们为我们提供的建议——让我们拒绝参与享乐的游戏——无异于让我们发起一场针对造物主的叛变。感官快乐是自然选择用来控制我们的皮鞭，确保我们能够服从其歪曲的价值体系。而对感官快乐采取漠然的态度，确实是我们解放自身的一条可行方案。虽然很少有人自称能在这条路上坚持长远的距离，但宗教教义的普及可以说明，至少有人做到过并取得了一定成功。

对于宗教教义的普及，还有一种更具冷嘲热讽色彩的解释。如果你想让穷困者不再纠缠自己的处境，方法之一是让他们坚信物质享乐并不有趣。对人们放弃欲望的规劝可能是一种社会控制和压迫的工具。所以耶稣在向人们做出关于来世的保证时才说,"有许多在前的,将要在后;在后的,将要在前"[15],这听起来像是对低社会阶层的人发起的招募,让他们加入他不断扩大的追随队伍。入伙代价则需要这些人自己买单,因为他们要放弃为世俗功名利禄进行奋斗。从这个角度看,宗教一直是精神毒品。

也许是这样的。但快乐的确是短暂的,对幸福的不断追求并不是幸福的可靠来源(除了斯迈尔斯,密尔也指出过这一点)。要理解这一事实,对我们来说并不容易,至于其中的原因,新达尔文主义范式已经阐述得很清楚了。

人类对快乐、财富和地位的追逐是一种自欺行为,古代经文有许多零散的论述指向这一结论。《薄伽梵歌》告诫人们:"沉醉于享乐和权力的人会丧失洞察力。追求实际结果就是生活在幻想的丛林中。"[16] 佛陀说:"波澜不惊是最好的美德,只欣赏而不索取的人是最优秀的人。"[17]《传道书》中则写道:"眼睛所看的比心里妄想的倒好。"[18]

这些话语的含义具有一定的暧昧性,会依赖具体语境。但毫无疑问,圣人们清楚地意识到了一种人类特定的错觉:个体对自我的基本道德偏误。这一观点在耶稣的教导中曾反复出现:"你们中间谁是没有罪的,谁就可以先拿石头打她";"你这假冒为善的人,先去掉自己眼中的梁木,然后才能看得清楚,去掉你弟兄眼中的刺"。[19] 佛陀的表达则更容易理解:"辨他人错易,识自己错难。"[20]

佛陀尤其看出,人类许多妄想的根源在于自认为高人一等。在劝告信徒们不要武断地批评他人时,他说:"感官的觉知激发了人们对他者的蔑视,让人们自鸣得意地相信自己是对的,但对手都会将其看作无脑的愚人。"[21]

这一关于人性的偏误与对兄弟情谊的规劝有密切联系。之所以要劝告每个人去善待他人，就是因为当我们评价他人时，通常不会像对待自己或亲朋好友那么宽容。事实上，如果我们没有如此深刻的偏见，且没有用道德和理智信念来支持这种偏见，我们就没必要靠宗教来纠正这一失衡。

对感官快乐的放弃同样与兄弟情谊有关。要对他人做出慷慨和体贴的举动是很困难的，除非你以某种方式，忽视对自我满足的关注。总的来说，许多宗教思想都可以被看作能最大化非零和成果的程序。

兄弟情谊的理论

问题是，这些思想是如何形成的？为什么关于兄弟情谊的教义会盛行？根据达尔文主义的理论，所有关于兄弟情谊的观点似乎都是自相矛盾的，除了仅仅将"兄弟情谊"作为一种修辞手段的情况，而单凭这一点并不足以使该想法得以推广。

对于这一谜题，人们提出了各种各样的解决方案，有的具有嘲讽色彩，有的则比较鼓舞人心。哲学家彼得·辛格提出的理论就颇为鼓舞人心，他在《扩大的圈子》（The Expanding Circle）一书中解释了人类的同情心是如何超越原始界限，即家庭或群体的。辛格指出，在人类本性和人类社会生活结构的影响下，在很久以前人们就习惯了用客观术语公开为自己的行为进行辩护。当我们呼吁尊重我们的利益时，我们说话的口气好像我们所要求的并不多于我们给予别人的。辛格认为，一旦这种习惯形成（通过互惠利他主义的进化），"推理自主性"会掌控行为。也就是说，最初为了保护自身利益，人类形成了"对个人行为进行公正辩护"的心理倾向，"但这种倾向它会存在于我们的思维中，并突破群体界限，导致其在评判对象不涉及自己或群体时也发挥作用"。

这一思维的扩展令人印象深刻。辛格讲述了一个柏拉图劝说希腊同胞的例子:"他认为,希腊人不应该在战争中奴役其他希腊人,使希腊人的土地荒废,或将希腊人的房屋夷为平地,他们只应该对非希腊人做这样的事情。"[22] 在我们看来,柏拉图的这种道德观可能非常狭隘,但在当时这已经是重大的道德进步了。如今,跨越国家民族界限的道德关怀在与日俱增,这已成为一种新的规范。辛格相信,个体人道关怀对象的范围可能最终扩展至全世界:对于美国人来说,如果还有非洲人在忍受饥饿,这与美国人在忍受饥饿一样可耻。纯粹的思维倾向将使我们真正碰触到各个时代伟大宗教所共同提倡的教义——每个人都享有基本的道德平等权。我们的同情心将均匀地散播在全人类中,这是同情心应有的形态。达尔文也有同样的愿景,他在《人类的由来》中写道:"随着人类文明的进步,小部落会合并成更大的团体,基于这一最简单的理由,每个人都应该把他的社交本能和慈悲心扩展到同一国家的所有成员,尽管他并不认识这些人。一旦到达这一时刻,只有人为障碍能阻止他将慈悲心施予所有国家所有种族的人。"[23]

从某种意义上来说,辛格是在说人类的基因太过于聪明。长久以来,基因一直用高尚的道德语言来掩饰其原始的自私性,同时也利用道德语言来为自然选择创造的各种冲动赋予道德含义。作为逻辑工具的这套语言,如今正迫使大脑做出无私行为。自然选择为狭隘的自利主义设计了两个帮手——冷静的理性和热情的道德冲动——不知何故,当两者结合在一起时,它们就有了自己的行事原则。

这种说法足够鼓舞人心了,不妨再考虑一种观点。针对为什么这么多圣贤都在劝诫人们扩展道德界限这一问题,最具讽刺意味的解释是，道德界限的扩展巩固了圣贤的权力。"十诫"禁止说谎、偷窃和谋杀，这让摩西的追随者更易于管理。佛陀警示教徒不要武断批评他人，这防止了他的权力基础的分裂。

我们也可以找到证据来支持这种具有嘲讽色彩的解释，如果你仔细审视，会发现许多经文中所信奉的普世之爱并非真的普世之爱。《薄伽梵歌》中对无私的颂歌是在某种讽刺背景下出现的：克利须那神鼓励战士阿朱那自我克制，这样他就能更高效地消灭敌军——敌军中有不少他自己的亲属。[24] 使徒保罗在《加拉太书》中赞扬了慈爱、和平、温和与善良之后说，"我们应当向众人行善，尤其是向信徒的家人行善"。[25] 甚至耶稣也没有宣扬真正的普世之爱，他警示人们要"爱自己的敌人"，但仔细分析后，会发现他是在劝诫自己的敌人这么做。[26]

从这个角度来看，辛格所谓的"扩大的圈子"与其说是道德逻辑的延伸，不如说是政治影响力的延伸。随着社会组织超越了狩猎-采集者的水平，逐渐成为部落、城邦和民族国家，宗教组织也具有了进一步扩大规模的潜在可能。因此，圣贤们抓住机会拓展他们的权力范围，这意味着他们在宣教时要强调包容。因此，宗教领袖对兄弟情谊的呼吁就好比自私的政治家对爱国主义的呼吁。事实上，从某种角度看，呼吁爱国主义就是在全国范围内呼吁兄弟情谊。[27]

还有第三种解释，这种理论没有那么鼓舞人心，但也没有那么嘲讽。确实，"十诫"可能使摩西的追随者更易于管理，但很多追随者也可能从中受益，因为相互约束和相互关怀会带来非零和收益。换句话说，不管宗教领袖们有多么自私，他们都没有简单地用民众利益来换取自身利益，他们会寻找自身利益与民众利益重合的部分，并努力扩大共同利益。随着社会和经济组织范围的扩大，以及随之而来的非零和收益的增长，人们为了自身利益，也至少应该在面对越来越多的人时表现出最起码的礼貌。宗教领袖非常乐意看到自己的地位在这一过程中得到相应提升。

社会组织不仅范围扩大了，而且其性质也发生了变化。道德情操是为某种特定环境而设计的，或者，更准确地说，是为一系列特定环境而设计的，包括狩猎-采集群体所在的村庄环境以及已消失于历史长河中的其他史前社会环境。可以肯定地说，这些社会统统没有完备的司法系统和庞大的警察队伍。事实上，人类报复冲动的力量证明存在一个时期，在那时除了你自己外，其他任何人都不会去捍卫你的利益。

在历史的某一节点，事情开始发生变化，这些冲动的价值减弱了。今天，我们大多数人在发泄愤怒这件事上浪费了太多时间和精力，我们徒劳地抱怨粗心大意的司机；我们花一天的时间和警察一起追查偷走自己钱包的人，尽管钱包里的钱只是我们3小时的工作收入，且是否抓到小偷并不影响我们今后再次被盗窃的可能性；我们会诅咒职场竞争对手，虽然我们不可能真的为其带来不幸，而且如果我们以礼待人，反而能获得收益。

某些道德情操在人类历史上究竟是从什么时候开始过时的，还很难说。但唐纳德·坎贝尔的洞见很值得我们深思，那就是古代城市文明的宗教——"在中国、印度、美索不达米亚、埃及、墨西哥和秘鲁各自独立发展出的信仰体系"——都具有现代宗教的常见特征，即主张对人性中的许多冲动进行克制，包括"自私、骄傲、贪婪、嫉妒、色欲和愤怒等"。

坎贝尔认为这种克制是社会协调达到最优水平的必要因素。[28]他没有说明"最优"是相对于统治者还是被统治者来说的。但可以令我们感到鼓舞的是，尽管二者有时会有矛盾，但并不互相排斥。

此外，我们目前所讨论的"社会协调"可能会超出单一国家范围。如今世界各国人民比以往任何时期都更加相互依赖，这是个老生常谈的事实。物质文明的进步大大加深了经济一体化，与此同时，科技进步也带来了各种新威胁，例如生态恶化和核扩散，人类只有共同努力才能应对这些危机。也许历史上曾经有一段时间，政治领导人为了自身利益，会煽动民众狭隘的民族主义情绪，从而引发国际冲突。但这一时期如今已经过去了。

印度教经文认为，在每个人身上都寄居着一个共同的灵魂，智者"能通过所有人看到自己，也能通过自己看到所有人"。[29] 作为一个蕴含着伟大哲理的隐喻，这个教导意义深远，它强调每个人的道德良知都具有平等的神圣性（也就是功利主义价值）。作为一个实际生活法则的基础，这个教导具有先见之明，它指出智者会通过避免伤害别人来防止自己受到伤害。[30] 古代圣贤的这一劝诫虽然含义模棱两可且可能出于自私目的，但它无疑具有可操作性，有实际价值，而这一切会随着时代的进步而愈发凸显。

今日的启示

在阐明维多利亚时代英国"清教徒的良心"时，沃尔特·霍顿是这样描述的："一个人将自己的所有罪恶和错误记录下来，不遗余力地反省自己的日常自私举动。"[31] 这一看法至少可以追溯到马丁·路德，他曾说过圣徒的标准是能意识到自己所作所为皆为利己。

这个圣徒的定义在达尔文身上得到了体现。看看达尔文在信件中的典型表达方式："但我写的这封信多么自私多么让人讨厌啊，我太疲倦了，以至于只能写写自己，激发那一点虚荣心，令自己愉悦。"[32]（毋庸置疑，今天很少会有人会将他这句话之后所写的内容看作与自私有关，之后他说的是担心自己在"小猎犬"号上的工作是否能得到他人认可。）

按照路德的标准，不管达尔文是否有百分之百的资格成为圣徒，达尔文主义都确实可以帮助人们成为圣徒。没有任何一种学说能比新达尔文主义更强调隐藏在人类行为背后的利己主义意识，如果你理解、接受并应用了新范式学说，那么在之后的人生中你会始终对自己的动机产生怀疑。

恭喜你！这是纠正由自然选择造成的道德偏见的第一步。第二步是防止让这种具有冷嘲热讽色彩的学说影响你对他人的看法：严以律己的同时，还要宽以待人，在一定程度上放弃对他人的道德评判，这种评判往往使我们对他人的幸福漠不关心，甚至产生敌意。慷慨地运用进化所馈赠给我们的同情心。如果一个人成功地做到了这些事，那么他至少可以把他人的幸福看作与自己的幸福同样重要。

达尔文在这方面做得不错。虽然他对别人的虚荣心有些不屑一顾，但他整体上是一个道德严谨的人，他的蔑视对象主要是自己而不是他人。即使当他忍不住讨厌别人的时候，他也会努力让自己的厌恶感不偏离方向。在关于其宿敌理查德·欧文的问题上，达尔文曾写信给朋友胡克说："我像被恶魔附体了一般地反感欧文……我想让自己的感受更和善一些。"[33]关键之处不在于达尔文是否成功了（他失败了），而在于他半开玩笑地用"恶魔"一词来形容自己对另一个人的厌恶，这显示出了达尔文对自我的道德质疑，而我们大多数人通常比这自负得多。（达尔文能做到这一点让人着实钦佩，因为他的感受并不反常：一方面，欧文不相信自然选择，他对达尔文的地位构成了威

第18章 达尔文的皈依 409

胁；另一方面，欧文确实是一个性格有些恶毒、经常被人厌恶的人。）[34]达尔文在道德境界上达到了令人难以企及的高度，他像典型的维多利亚绅士那样，真挚待人，同时又具有现代精神（或后现代精神），可以以超然的客观视角审视自我。

马丁·路德提到过另一件事，他说长期的道德折磨是上帝的恩典。如果是这样的话，达尔文就是一个行走的"恩典仓库"。他可以整夜躺在床上内疚地睡不着，原因只是因为他没有及时回复一些崇拜者的来信。[35]

我们可能会问，让一个人充满道德折磨算什么恩典。一个答案是，其他人可以从中受益。也许路德应该说，受到道德折磨的人是上帝恩典的媒介。达尔文有时就是这样：他是一个功利主义的放大镜（至少可以做这样的比喻），通过非零和博弈的魔力，他将自己的小牺牲变换成了别人的大收获。只要花几分钟写一封回信，他就能让某个默默无名的人在愉快兴奋中度过一天甚至一周。这并不是自然选择关于良知的设计初衷，因为这些默默无名的人通常不能给予达尔文回报，他们距离达尔文的生活圈太遥远，因此也无法提升达尔文的道德声誉。正如我们所看到的，标准最高、最具道德感的良知不是自然选择"有意"设计的产物。

有些人担心新达尔文范式会剥夺他们生命中所有看似高贵的东西。如果对孩子的爱只是为了维护基因，如果对朋友的帮助只是为了回报他过去提供的服务，如果对受压迫者的同情只是为了日后获得更高收益，那么还有什么是值得我们骄傲的？一个答案是：类似达尔文做出的那些行为，即要超越良知的召唤，去帮助那些不太可能回报你的人，并且在缺乏他人关注时依然这么做。这是成为真正道德动物的一种方法，而根据新范式，我们知道它有多么难以实现。斯迈尔斯关于"美好生活是一场与道德无知、自私和恶习相抗争"的说法是多么正确，它们都是我们的敌人，而且是造物主有意设计的顽固敌人。

当你对人类行为背后的利己主义动机感到绝望，另一种消除绝望的方法是心存感激，这可能听起来有点奇怪。如果你不为人类有些扭曲的道德基础心存感激，不妨设想一下另一种选择。考虑到自然选择的运作方式，在进化之初只有两种前景：第一，最终会有一个物种进化出良知、同情心甚至爱，但所有这些都以基因遗传利益为基础；第二，具有这些特质的物种永远不会存在。而事实是，第一种前景兑现了。我们确实有形成种种美德的基础，像达尔文这样的动物会花很多时间担心其他动物，不仅包括他的妻子、孩子和地位较高的朋友，还有远方的奴隶、默默无闻的仰慕者，甚至还有马和羊。考虑到自身遗传利益是设计人类的根本原则，如果你仔细思考过进化的冷酷逻辑，你可能就会开始认识到，人类的道德感确实是值得我们心存感激的奇迹。

达尔文的死亡

达尔文本人或许是最不愿承认存在"上帝恩典"的人。据他自己说，他在生命的最后一段时期是一个典型的不可知论者。在去世之前一天，达尔文还说"我一点也不惧怕死亡"，可以确定，那时的他希望从尘世的痛苦中解脱出来，并不期盼死后会去到什么更美好的世界。[36]

达尔文曾思考过"一个不信上帝（或者说人格化的神）也不相信存在来世的人"其生命的意义。他相信"这样的人与所有最聪明的人一样，会发现最大的满足源于某些社会本能冲动。如果他对别人施以善举，会得到同伴的赞许以及身边人的喜爱，这些无疑会带来世界上最令人沉醉的愉悦"。然而，"他的理智有时会驱使他做一些与别人意见相左的事，在这种情况下他不会得到别人的赞许，但他依然有一种强烈的满足感，因为他知道自己遵循了自己内心深处良知的引导"。[37]

也许最后一句话是达尔文对自己说的，他花费毕生精力创立了一个无法得到同代人认同的理论，这个理论反映了真理，但却无法迎合"他人的利益"。当然，如今我们已经可以和这一理论和睦共处。

达尔文精心制作了一根道德标尺，他给自己的人生打了及格分。"我相信自己做的是正确的，我将生命的全部奉献给了科学。"不过，"尽管我没有犯下任何重大过错……我常常后悔没能为人类同胞做更多有益之举。我唯一拙劣的借口就是自己身体和精神状态不佳，这导致我很难将精力转向其他工作领域。我曾设想将全部时间投身于慈善事业，而不是只为慈善花一部分时间，这应该会是一条更好的行动准绳"。[38]

的确，达尔文没有按照"最优功利主义"的方式度过一生，任何人都没有。然而，当他即将离世之际，他仍然可以回顾自己曾如何正派而富有同情心地生活于人世间，他如何忠实地履行人生责任，如何与体内的利己主义洪流进行坚决的局部抗争。况且，他是第一个知道这些利己洪流源头的人。这种人生不一定完美，但别忘了，人类有可能把生活过得更糟。

附录

常常被提及的几个问题

1859年，达尔文寄给哥哥伊拉兹马斯一份《物种起源》的复印本，伊拉兹马斯回信予以称赞。据他所言，自然选择理论在逻辑上如此令人信服，以至于即使现有的化石记录无法证明渐进式进化的存在，也不会让他感到太困扰。"事实上，我对演绎推理的结果非常满意，就算事实与推理结果不相符，我也会认为是事实太糟糕了，而不是推理结果有问题。"

这种观点在进化论者中得到了广泛的认同，尽管他们中的一些人不愿承认。自然选择理论是如此的优雅和强大，以至于人们对它产生了一种信仰——当然不是盲目的信仰，这种信仰的基础是，该理论被证明能够为关于生命的诸多问题提供解答。但信仰就是信仰，信仰一旦建立，人们可能就会罔顾那些使整个理论受到质疑的事实。

我必须承认自己已然如此。现在，自然选择已经被证明可以合理地解释许多生命问题，特别是人类心智方面的问题，因此，我也毫不怀疑它能解释剩余的问题。不过，"剩余的问题"可不是一个微不足道的角落。很多关于人类思想、情感和行为的问题仍然困扰并质疑着达尔文主义者，另外还有很多问题，在达尔文主义者看来已然解决，但会让门外汉倍感迷惑。如果在本书中不提出几个尚未解决的问题，会有违我"达尔文追随者"的身份。因为达尔文对其理论的真实性与缺陷一视同仁，他从不避讳那些不足之处，反而坚持要正视自然选择假设的种种问题，这是让《物种起源》更具说服力的原因之一。伊拉兹马斯提到的化石难题就来自被达尔文称为"理论的困难"那一章。在后来的版本中，达尔文又增加了一章，名为《对自然选择理论的各种异议》。

以下内容主要涉及用新达尔文主义范式解释人类心智时遇到的一些难题，这算不上一份详尽的难题清单。但它们传达出了这些难题的性质以及解决方案。此外，我还介绍了一些进化心理学研究中最常见的问题，希望可以消除一些人们常常会产生的误解。

1. 同性恋是怎么回事？

自然选择不会创造出不愿将基因传递给下一代的人。在社会生物学诞生之初，一些进化论者认为亲缘选择理论可能会解决这个悖论。同性恋者也许就像不育的蚂蚁一样：他们不是努力将自身基因直接传递给下一代，而是使用了间接策略。他们不将资源投资给自己的孩子，而是投资于兄弟姐妹、侄子和侄女。

理论上来说这种解释是可行的，但现实似乎并不支持。首先，有多少同性恋者花很多时间帮助兄弟姐妹、侄子和侄女？其次，看看他们中的许多人把时间花在哪儿了？同性恋者追求同性伴侣的热情不亚于异性恋者追求异性伴侣的热情，其中蕴含了什么进化逻辑？要知道不育的蚂蚁可不会花时间去爱抚其他不育的蚂蚁，当然，如果它们真的这么做，这也算一个进化谜题。

值得注意的是，我们的近亲倭黑猩猩会表现出双性恋特征（尽管它们不是完全的同性恋)。例如，它们会互相摩擦生殖器以示友好，将其作为缓解紧张的方式。这体现了一个普遍原理：一旦自然选择创造了一种满足形式（在这个例子中是生殖器刺激），这种形式就可以发挥其他功能，它可以通过基因进化来适应其他功能，也可以通过纯粹的文化变异来为其他功能服务。例如，古希腊有一种文化传统，男孩有时通过性刺激来取悦成年男人。（而且从纯达尔文主义角度看，在这一过程中究竟谁利用了谁，其实是个很值得商榷的问题：男孩的地位得到了提升，而按照纯达尔文主义的说法，成年男人则在浪费时间。）

由此看来，某些偏离"典型方式"的性冲动也许源于人类心智的可塑性。在特定环境的影响下，性追求多样化成为可能。（监狱就是一个环境影响性方式的极端例子，当性欲无法得到满足时，性冲动，特别是强大且不分青红皂白的男性性冲动，可能会去寻找最易得的替代品。）

是否有同性恋基因的存在呢？有证据显示一些基因确实比另一些基因更可能导致同性恋，但这并不意味着某些基因会让人完全脱离环境影响，百分之百成为同性恋。同时，也不意味着这些基因之所以会被自然选择所青睐，就是因为它们能引发同性恋。（毫无疑问，一些基因会让人更容易进入某些职业领域，比如银行业或者职业足球，但并不存在"银行经理基因"或"足球基因"，没有一种基因会因为能提升个体在银行业或足球比赛中的表现而被自然选择所青睐，真正受到自然选择青睐的，是那些让个体对数字更敏感、身体更强壮的基因。）实际上，一旦排除了亲缘选择理论的解释，我们很难想象为什么会有一种引导同性性行为的基因被选择出来。如果真有所谓的"同性恋基因"存在，那么只可能是，该基因传播过程中产生了一些除同性恋倾向之外的其他影响，而这些影响会提高该基因携带者的遗传收益。

人们之所以关心同性恋基因，其中一个原因是他们想知道同性恋是不是"自然"的，这是一个——至少某些人眼中——涉及道德评判的问题。他们非常想知道以下情况哪一种是对的：（1）有一种会引发同性恋的基因（或基因组合），它被进化过程选择出来，是因为它能导致同性恋这一结果；（2）有一种会引发同性恋的基因（或基因组合），它被进化过程选择出来，是因为它能导致其他对遗传有利的结果，但这种基因在某些环境下会鼓励同性性取向；（3）有一种会引发同性恋的基因（或基因组合）是最近才出现在人类基因光谱中的，这种基因目前为止并没有因为某些特质而受到进化过程的青睐；（4）不存在同性恋基因。

但是为什么要在乎这些问题呢？为什么同性恋现象是否"自然"要影响我们的道德评判？它是"自然"的、被自然选择所"准许"的又怎么样？发现妻子通奸的丈夫去把奸夫杀死也是"自然"的，强奸可能是"自然"的，而为你的孩子提供衣食保障也是"自然"的，但这些事情的性质显然不一样，大多数人是通过结果而不是起因去做道德评判的。关于同性恋，以下总结显然符合事实：首先，在基因和环境组合的共同作用下，一些人生来就倾向选择同性恋的生活方式；其次，同性恋的生活方式与他人福祉之间不存在必然矛盾。出于道德原因，我想这个话题可以到此为止了。

2. 为什么兄弟姐妹之间存在那么多不同之处？

如果基因如此重要，那为什么那么多具有共同基因的人却截然不同？在某种意义上，这个问题并不是进化心理学家应该回答的问题。毕竟，主流的进化心理学家并不研究不同基因如何产生不同行为，而是研究人类的共同基因如何产生各类行为。换句话说，进化心理学家典型的分析对象是人类的普遍行为，而不是个人特殊的基因组成。尽管如此，对兄弟姐妹差异性这一问题的回答正揭示了进化心理学中的一个核心谜题：如果影响人类行为的主要基因来自全人类共有的基因，为什么不同的人的普遍行为方式会有巨大差异？本书已从各个角度回答了该问题，在这里我们将用同样的逻辑来分析兄弟姐妹的情况。

考虑一下达尔文。他在六个孩子中排行倒数第二，因此，他符合近来颇为流行的一种观点：引发科学革命的人基本不可能是长子长女。弗兰克·萨洛韦通过大量数据证明了这一模式，同时还发现那些领导政治革命的人也不太可能是家里第一个出生的孩子。

如何解释这种情况？萨洛韦指出，很可能这与年幼的孩子发现自己要与哥哥姐姐竞争资源有关。的确，他们会感受到，自己不但与这些"特殊的权威"有冲突，甚至与整个家庭环境有冲突。由于长子或长女的遗传价值比弟弟妹妹要高（本书第 7 章），因此年龄大的孩子更容易成为父母的宠儿。父母和年长的孩子之间往往有着因天然共同利益而结成的同盟，而年幼的孩子则要与这个同盟进行抗争，他们会挑战家庭环境中已经建立起的规则。因此，对于年幼的子女来说，擅长质疑规则会成为他们的适应趋势。这正是：物种典型的发育程序会引导有哥哥姐姐的孩子发展出更激进的思想。

这里需要着重强调的是"非共享环境"，遗传学家也是在过去十几年才开始意识到这一概念的重要性（参见普洛闵和丹尼尔斯 1987 年的论文）。质疑环境决定论的人喜欢拿双胞胎举例，他们会问为什么在一起长大的双胞胎，一个成了罪犯，另一个却成了律师？如果环境如此重要，为什么这些人会走向不同的结局？这类问题误解了"环境"的含义。尽管双胞胎兄弟的成长环境有相同之处（相同的父母，相同的学校），但他们大部分环境其实是"非共享"的（比如上学后可能在不同的班级，老师不同，朋友也不同，等等）。

矛盾的是，正如萨洛韦指出的，兄弟姐妹虽然具有共同血缘，但各自有着不同的"非共享环境"。例如，你和你的邻居都是各自家庭最大的孩子，你们共享这一环境影响，但这种情况绝不会发生在你与弟弟妹妹之间。另外，萨洛韦认为一个孩子会通过占据家族生态环境中的一些"战略路线"，推动兄弟姐妹选择其他追求资源的战略路线。因此，如果一个年幼的子女发现自己的哥哥或姐姐因为奉献精神而得到父母的宠爱，他可能就会选择另一条战略路线，例如在学校表现优秀，而不是挤进角逐激烈的"奉献精神"竞争市场。

3. 为什么有人选择少生或者不生孩子？

这一问题也时常被人们视为进化谜题。学术界一直对工业社会不断下降的出生率感到困惑，许多人试图从达尔文主义视角来解释这一现象。例如一些理论认为，在现代社会，拥有一个在过去被认为是正常规模的家庭可能并不有利于你的基因遗传。如果你只有两个孩子，也许你能支付起他们在昂贵的私立学校接受教育的费用，但如果你有五个孩子，他们就只能就读于廉价的公立学校，而且他们很可能在未来没能力养活自己的孩子。因此，少生孩子反而提高了个体的适应性。

还有一个更简单的解释方案：自然选择"想要"人类繁育后代，但实现方式不是向我们灌输一种"必须有子女"的欲望，而是让我们渴望性愉悦。我们被设计为热爱性活动，同时还喜欢性活动9个月之后的"成果"，事实上，热爱成果都不是必然选择。（想想特罗布里恩群岛的居民，根据马林诺夫斯基的说法，他们并不理解性和生育之间的关系，可他们依然不断繁育。）但现代避孕技术出现后，这种设计失效了。

家庭规模的选择是能证明我们比自然选择"更精明"的众多例子之一，通过有意识的反思，例如，认识到虽然小孩很可爱，但数量多了会是相当沉重的负担，我们可以选择走一条实现自然选择最终目标的捷径。

4. 为什么有人会自杀？

针对这一问题，我们同样可以构想一些能让自杀行为具有适应性的情景。也许在祖先环境中，一个已经成为家庭负担的人，会通过自我了结来提升整个家族的狭义适应性。例如，当食物紧缺时，如果他继续进食，会剥夺其他亲属的宝贵食物，而这些亲属可能具有更高的繁殖价值。

这种解释并非完全不合情理，但也存在一些问题。其一是，至少在现代环境中自杀的人很少来自濒临饥饿的家庭。而且从达尔文主义角度看，饥饿可能是唯一让自杀行为具有进化意义的场景。只要有足够充足的食物，几乎所有人，除了有严重残疾或极其老弱的人，都可以为他们的亲属的生殖收益做出贡献：比如去采集水果、照看孩子或教育孩子等。（无论如何，即使你已经成为家庭的一个负担，决绝地自杀会是遗传层面的最佳方案吗？比如说，一个沮丧的男人离开村子，在其他地方碰碰运气，也许他会遇到一些自己能够勾引上手的女人，这难道不是更好的方法吗？）

自杀悖论的一个可能解决办法是，我们要想到自然选择设计的适应行为并不是通过行为本身而是通过潜在心理器官来执行的。而那些在某种环境中由于具有足够适应性而成为人性一部分的心理器官，在另一个环境中则可能会引发不适应行为。例如我们已经看到，为什么自我感觉不良可能是具有适应性的（第13章）。但是，让你产生自我感觉不良的心理器官可能会擦枪走火，长时间感受很糟糕又得不到缓解时，就可能导致自杀。

现代环境比祖先环境更有可能导致这类"心理器官故障"，例如，现代社会产生的社会疏离感会导致个体常常感觉很压抑，而我们祖先恐怕不会面对这一问题。

5. 为什么有人会杀死自己的孩子？

杀婴行为不是现代环境的产物，它在狩猎-采集文化和农业文化中也大量存在。那么，这种行为是适应性导致的结果吗？是否一种心理器官会在暗中计算出何时杀死一个新生儿可以让遗传收益最大化？很有可能。不仅不健康的残疾婴儿有可能被杀害，在其他各种不利情况下出生的婴儿也会遭遇这种命运——比如，母亲已经有了年幼的孩子，但没有丈夫。

当然，在现代环境中，我们很难把杀死后代解释视为一种合理的遗传策略。但正如我们所见（第4章），许多杀子案件的受害人其实是继子，而在剩余的那些案件中，我猜想那些杀死孩子的父亲虽然是孩子的亲生父亲，但却可能会（下意识或无意识地）怀疑孩子与自己的血缘关系。而在那些相对较少的母亲杀子案件中，我们通常可以看到一些环境线索，例如贫困、缺乏父亲的亲代投资等，在祖先环境中，如果母亲遇到这些情况，杀婴反而有利于遗传收益。

6. 为什么士兵可以为国牺牲？

勇敢地扑向手榴弹，或者在祖先环境中冲向舞枪弄棒的入侵者，当你做出这些自杀式举动时，如果有亲属在身边，从达尔文主义角度看这一切还说得通。但人们为什么有时要为一群朋友而赴死呢？牺牲者永远看不到自己的恩惠能得到回报。

首先需要注意的是，在祖先环境中，一个狩猎-采集村庄里，战友之间可能并非毫无血缘关系，而且实际上，由于特定的婚姻模式，他们的亲缘系数可能会相当高（见 Chagnon，1988）。在第 7 章对亲缘选择理论的阐述中，我们重点讨论了能够引导个体识别亲属并给予亲属特殊关怀的心理器官；同时我们还相信，在进化过程中，那些导致个体对亲属和非亲属区别对待的基因，会胜过导致个体对所有人表现出无差别利他主义的基因。但也有一些情况不允许如此细致的洞察力，其中之一便是集体威胁。例如，整个狩猎-采集村庄都遭到了可怕的攻击，你的很多近亲都处于危难之中，此时过度勇猛就具有了遗传价值，虽然很多与你不具有血缘关系的人也会从中受益。在现代战争中，士兵无差别的利他行为可能也是源自相同的心理倾向。

现代战争和古代战争的另一个不同之处在于，如今打胜仗所带来的遗传回报相对较低。通过对原始社会的观察，我们有理由怀疑，强奸或绑架妇女曾经是战争中的常见现象。用达尔文主义概念来描述的话，我们可以认为古代战争的遗传回报足够大，大到让重大风险行为也具有了存在的合理性。那些在战争中表现最英勇的人很可能会得到丰厚奖赏。

总而言之，关于战争中英勇行为最合适的猜想是，它也是心理器官的产物。这种特征一度可以提高个体的广义适应性，只是如今无法发挥同样作用了，但这种心理器官依然存在，因此它会被那些能够从战争中获利的政治领导人所利用（见 Johnson，1987）。

很多人类行为从达尔文主义角度看都能算得上谜题，例如幽默和笑有什么功能？为什么人们要在临终前忏悔？为什么人们要发出贫穷和节欲的誓言，甚至有时会坚守这些誓言？悲恸有什么作用？（当然，正如我们在第 7 章中所假定的那样，悲恸可以表示出个体对死者的情感投入程度，以及对于当事人来说，死者活着时的遗传价值。可是既然这个人已经死了，悲恸本身能产生什么遗传收益？）

这些谜团是当代科学面临的巨大挑战，对它们的解答通常会涉及以下思路：（1）区分行为和引导行为的心理器官；（2）记住自然选择的设计对象是心理器官而不是行为；（3）记住，尽管这些心理器官在其所诞生的环境中必然会产生适应性行为（因为这是自然选择设计心理器官的唯一原因），但它们如今可能无法再发挥同样作用了；（4）记住，人类心智是极其复杂的，心理器官会产生什么样的行为取决于各种微妙的环境，因此在现代社会，环境多样性与心理器官的结合极大地扩展了人类行为模式。

注释

前言　达尔文和我们

1. *Origin*, p. 458.
2. Greene (1963), pp. 114-15.
3. Tooby and Cosmides (1992), pp. 22-25, 43.
4. 参阅 Tooby and Cosmides (1992)。
5. 一些避免被贴上这种标签的人坚称，他们这样做是因为威尔逊对该领域的阐述与他们的理论存在深刻差异。这种差异的确存在，而且自 1975 年以来，该领域的概念复杂性一直在增加。但这些差异不足以影响到人们使用"社会生物学"这个词，它被弃用的主要原因是这个词语本身遭遇了政治污名化。
6. 参阅 Brown（1991），以及 Pinker（1994）的最后一章。
7. Smiles (1859), pp. 16, 332-33.
8. Mill (1859), pp. 50, 62.
9. *Autobiography*, p. 21.
10. LLCD, vol. 3, p. 200; *Autobiography*, pp. 73-74.
11. Clark (1984), p. 168.
12. Bowlby (1991), pp. 74-75; Smiles (1859), p. 17.

第 1 章　日渐成熟的达尔文

1. CCD, vol. 1, p. 460.
2. Marcus (1974), pp. 16-17.4
3. 参阅 Stone (1977), p. 422; Himmelfarb (1968), p. 278; Young (1936), pp. 1-5; Houghton (1957).
4. Young (1936), pp. 1-2.

5. Houghton (1957), pp. 233-34.
6. Houghton (1957), pp. 62, 238; Young (1936), pp. 1-4.
7. *Descent*, vol. 1, p. 101.
8. *Autobiography*, pp. 46-56.
9. 参阅 Gruber (1981), pp. 52-59; 对佩利假设的现代回应版本, 可参阅 Dawkins (1986)。
10. *Autobiography*, pp. 56-57, 59.
11. *Autobiography*, p. 85. 关于达尔文如何转变为进化主义者以及如何建立自然选择学说的, 可参阅 Sulloway (1982) and Sulloway (1984)。
12. Clark (1984), p. 6.
13. *Autobiography*, pp. 27-28, 58, 67.
14. Clark (1984), p. 3.
15. Himmelfarb (1959), p. 8.
16. Clark (1984), p. 137.
17. *Origin*, p. 263.
18. 关于进化心理学基础概念与框架的讨论, 可参阅 Cosmides and Tooby (1987). Tooby and Cosmides (1992), Symons (1989), and Symons (1990)。
19. 参阅 Humphrey (1976), Alexander (1974), p. 335, and Ridley (1994)。
20. 一些达尔文主义者现在对"随机"一词的使用提出了质疑。他们认为, 与随机过程相比, 生殖过程对特性进化的影响更强烈。还有一些人认为, 虽然生殖对遗传和特性进化产生了巨大影响, 但这一机制本身就是通过自然选择进化而来的——控制这一过程的基因受到了自然选择的青睐, 例如可以参阅 Wills (1989)。这是一个还有争议的重要辩题, 但它与本书无关; 虽然争论的结果阐明进化发生的速度, 但它不会影响我们对于"进化过程会产生哪类特质"的认识。
21. ED, vol. 1, pp. 226-27.
22. Desmond and Moore (1991), pp. 51, 54, 89.
23. 婚前性行为非常受环境影响的更多证据, 参阅 Brent (1983), pp. 319-20。
24. Marcus (1974), p. 31.

第 2 章 雄性与雌性

1. *Descent*, vol. 2, pp. 396-97.
2. *Descent*, vol. 1, p. 273.
3. *Descent*, vol. 1, p. 342, vol. 2, pp. 240-41; Wilson (1975), pp. 318-24.

4. *Descent*, vol. 2, p. 32-37, 97, 252-55.

5. 有一种理论认为，进化最初赋予了女性某些偏好，让她们欣赏能表明男性身体健壮的迹象——例如更有光泽的肤色——因为这些迹象预示着自己的后代也能遗传强健的体魄。可这种女性偏好一旦根深蒂固，就意味着皮肤更有光泽的男性会具有更多繁殖优势，不管他的肤色是否真的能指示其健康状况，于是与男性肤色相关的基因开始走向繁荣。雄性肤色的繁殖优势又会反过来通过自然选择进一步放大雌性的肤色偏好，因为那些偏爱男性光泽肤色的女人往往会生出有光泽肤色且在繁殖方面成功的雄性后代。这就形成了一个循环：女性越具有肤色偏好，男性就会越表现出肤色进化倾向，反之亦然。这个理论近年来已经受到许多挑战（尽管备选理论与原假设并非总是不兼容）。关于这个悬而未决的问题的概述，请参阅 Ridley (1994) and Cronin (1991)。

6. 参阅 *Descent*, vol. 1, p. 274。从某种意义上说，达尔文是正确的。他确实将男性的性热情成因追溯到女性性细胞的相对体积。达尔文推断，由于细胞体型的缘故，将雄性生殖细胞运送到雌性生殖细胞相对容易。因此，举例来说，在移动能力较弱的海洋动物中，更有可能是精子漂向卵子，而不是相反。但漂浮是一个相当随机的过程，达尔文推断，从进化的角度来看，雄性会通过"探求卵子和储存精子"的倾向获益。而这种雄性探求雌性的倾向在高等陆生动物中也会以"强烈性激情"的形式存在。该理论的问题之一是，它未能解释在亲代投资失衡的物种中，雄性性渴望的减弱和雌性性渴望的加强现象，本章后面会讨论这一问题。

7. 引用自 Hrdy (1981), p. 132。

8. 这个词语是由约翰·鲍尔比发明的，他是一名杰出的精神病学家，也是 1991 年版达尔文传记的作者。

9. 关于进化适应环境的重要性以及这些特征如何适应现代或晚近的环境，一直有很激烈的争论。（关于如何定义进化适应环境，也一直有争论。）《动物行为学和社会生物学》（*Ethology and Sociobiology*）曾专门出版了一整期（vol. 11, no. 4/5, 1990）来讨论进化适应环境的意义。

10. 参阅 Tooby and Cosmides (1990b)。

11. Bateman (1948), p. 365.

12. 道金斯的著作《自私的基因》观点更大胆、更易于理解也更为人所知，它整合了乔治·威廉斯的世界观，道金斯在书中的第一章就强调了他"受到了威廉斯著作的重要影响"。

13. Williams (1966), pp. 183-84.

14. Williams (1966), p. 184.

15. Trivers (1972), p. 139.
16. 特里弗斯是否给出了这一理论扩展的最终形式还有待商榷。1991年，蒂莫西·克拉顿-布洛克（Timothy Clutton-Brock）和 A. C. J. 文森特（A. C. J. Vincent）表示，与其关注难以量化的亲代投资，不如把重点放在两性的潜在繁殖率上。通过对不同物种的观察，他们发现两性中哪一方有更高的潜在繁殖率，可以显著预测哪一方会在性活动中更激烈地争夺另一方。我注意到，很多人发现潜在繁殖率可以比亲代投资更直观地解释女性的矜持特质。事实上，在本章开头介绍这个主题时，我关注的就是相对潜在繁殖率，与克拉顿-布洛克和文森特的观点非常一致。参阅 Clutton-Brock and Vincent (1991)。
17. 引自 Buss and Schmitt (1993), p. 227。当然，可能很多女人会担心自己的人身安全，因为她们不认识这些男人。
18. Cavalli-Storza et al. (1988).
19. Malinowski (1929), pp. 193-94.
20. 参阅 Symons (1979), p. 24，本处讨论了特罗布里恩人的嫉妒问题。
21. Malinowski (1929), pp. 313-14, 319.
22. Malinowski (1929), p. 488.
23. 关于心理适应机制普遍性的证据，参阅 Tooby and Cosmides (1989)。
24. Trivers (1985), p. 214.
25. *Descent*, vol. 2, p. 30.
26. Trivers (1985). p. 214.
27. *Notebooks*, p. 370.（达尔文后来在"论证路线"后添加了"通常"一词。）
28. Willams (1966), pp. 185-86. Gronell（1984）关于尖嘴鱼的研究只是在一定程度上证明了雌性尖嘴鱼求偶时更主动，关于雌性和雄性尖嘴鱼的后续研究则来自 Clutton-Brock and Vincent（1991），它更清楚地证明了这一点。
29. V. C. Wynne-Edwards，引自 West-Eberhard (1991), p. 162。
30. Trivers (1985), pp. 216-18; Daly and Wilson (1983), p. 156; Wilson (1975), p. 326. Clutton-Brock and Vincent（1991）研究了16种由于雄性亲代投资高导致雌性比雄性繁殖率高的物种。正如预测的那样，有14个物种的雌性在性资源竞争方面会比雄性更激烈。研究者认为另外两个例外（美洲鸵，尖嘴鱼的近亲海马）雌性理论上较高的繁殖率实际上可能是受到了特殊生态环境的影响。
31. De Waal (1989), p. 173.
32. 直立人是我们的直系祖先，这一说法尚无定论。
33. 参阅 Wrangham (1987)，所重构的猿类原型只依据非洲猿，而不包括猩猩。
34. Rodman and Mitani (1987).

35. Stewart and Harcourt (1987).
36. De Waal (1982); Nishida and Hiraiwa-Hasegawa (1987).
37. Badrian and Badrian (1984), Susman (1987), de Waal (1989), Nishida and Hiraiwa-Hasegawa (1987), and Kano (1990).
38. Wolfe (1991), pp. 136-37; Stewart and Harcourt (1987).
39. De Waal (1982), p. 168.
40. Goodall (1986), pp. 453-66.
41. Wolfe (1991), p. 130.
42. Leighton (1987).

第 3 章　男人和女人

1. *Descent*, vol. 2, p. 362.
2. Morris (1967), p. 64.
3. Murdock (1949), pp. 1-3. 在一些社会中，舅舅在抚养孩子方面比父亲扮演着更重要的角色。理查德·亚历山大认为，这种情况往往发生在那些由于性习俗导致丈夫很难确定孩子与自己是否具有血缘关系的社会。亲缘选择理论（我们将在第 7 章讨论）会表明，在这样的环境下，当男性将投资用于他姐妹的孩子而不是妻子的孩子时，会获得更高的遗传收益。参阅 Alexander (1979), pp. 169-75.
4. Trivers (1972), p. 153.
5. Benshoof and Thornhill (1979), Tooby and DeVore (1987).
6. 例如，波利尼西亚的芒艾亚人长期以来就因缺乏浪漫爱情而闻名。Symons (1979), p. 110，验证了这一传统观点，但他现在认为这是错误结论（出自私人交流）。他指导的一名研究生（加州大学圣塔芭芭拉分校的 Yonie Harris）对芒艾亚人又进行了细致的研究，她认为浪漫爱情是普遍的人类情感元素（出自私人交流）。更多内容，参阅 Jankowiak and Fisher (1992)。
7. 这并不是说雌性的计算方法很简单。参阅 Cronin (1991) and Ridley (1994)，两人回顾了雌性在雄性身上"寻找"的各种特征的相对重要性："好基因"可以提高雄性或雌性后代的适应性；没有病原体（这降低了在性交过程中感染疾病的风险，同时意味着交配对象具有抗病原体的基因）；某种形式的投资（如本段所描述的蝎蛉）；等等。
8. Thornhill (1976).
9. Buss (1989) and Buss (1994), chapter 2.
10. 在男女两性拥有显著差异的 29 种文化中，女性对抱负和勤奋更重视的文化有

28 种。参阅 Tooby and Cosmides (1989)，他们讨论了当一种特定的行为或偏好不那么普遍时，仍意味着其背后存在深层的特殊心理器官。

11. Trivers (1972), p. 145.

12. Tooke and Camire (1990). 研究者推测女性对非语言线索的敏感可能源于这场军备竞赛。

13. 第 13 章《欺骗和自欺》会涉及特里弗斯 1976 年的观察。第一个将此逻辑应用于求偶领域的是 Joan Lockard (1980)。Tooke and Camire (1990) 提供了证明男性自我欺骗的证据。

14. 我曾听那些承认欺骗过女人的男人说，欺骗的关键不在于他们说了什么（比如，"我将永远和你在一起"），而在于他们没有说什么（比如，"我很确定我不会说我将永远和你在一起"）。这就好像他们走在一条钢丝线上，实施了各种欺骗，除了那种过于明显、在日后被报复时可以作为证据的谎言。在这种情况下，甚至欺骗者自己也不一定能清楚认识到自己是如何有意欺骗的。

15. Kenrick et al. (1990); 参阅 Buss and Schmitt (1993), 关于男性对于短期性伴侣的选择相对没那么挑剔的证据。

16. Trivers (1972), pp. 145-46.

17. Malinowski (1929), p. 524.

18. 参阅 Buss (1989) and *New York Times*, June 13, 1989, p. C1。

19. 参阅 Buss (1994), p. 59。当然，男性在选择一个女性作为投资对象时，会担忧其生育能力，例如未来能生育的后代数量，但这种担忧程度并不会超过女性对男性亲代投资的关心程度。

20. Trivers (1972), p 149.

21. Symons (1979) 注意到男人比女人更担心配偶的通奸行为，但没有注意到，女人之所以会对配偶的情感不忠特别在意，是因为这种行为会导致投资转移。

22. 参阅 Daly, Wilson, and Weghorst (1982) 对一些相关研究的总结。在 Teismann and Mosher (1978) 的研究中，男人的嫉妒更多与性有关，而女人的嫉妒则更多与时间和关注损失有关。另外，所有妻子都更容易原谅丈夫的不忠行为，而丈夫则不那么容易原谅妻子的不忠行为，参阅 Symons (1979), p. 241。

23. Buss et al. (1992).

24. Symons, (1979), pp. 138-41; 也参阅 Badcock (1990), pp. 142-60。

25. Shostak (1981), p. 271.

26. 大猩猩的研究，参阅 Stewart and Harcourt (1987), pp. 158-59。叶猴的研究，参阅 Hrdy (1981)。

27. Daly and Wilson (1988), p. 47.

道德动物　　428

28. Hill and Kaplan (1988), p. 298; Hill（私人交流）。

29. Hrdy (1981), pp. 153-54, 189.

30. Symons (1979), pp. 138-41. Benshoof and Thornhill (1979) 同样推动了同一理论的发展。

31. 参阅，例如 Hill (1988) and Daly and Wilson (1983), p. 318。该问题目前依然没有定论。

32. Hill and Wenzl (1981); Grammer, Dittami, and Fischmann (1993).

33. Baker and Bellis (1993). 女人可能会以其他"无意"的方式排斥其日常伴侣。根据 Baker 和 Bellis 的研究，女性只要在男性射精前达到性高潮，就会增加精子的体内存留量，从而提高受孕机会。因此，那种能让女人在性关系中极度兴奋的男人，可能就是自然选择"想要"他成为她孩子父亲的男人。Baker 和 Bellis 确实发现，不忠的女性与情人发生关系时，确实比与日常伴侣发生关系时更容易达到性高潮。（当然在这个问题上，无法直接验证，证据只是间接性的。）从理论上讲，两种控制受孕的策略——交媾的时机和性高潮——都可以作为女性对性伴侣的"区分"对待的手段。当一个交配对象足够"性感"时——这往往意味着这个男人有更好的基因——女性高潮更容易提前到来。研究者还发现，女性的"劈腿"现象——在五天内与两个不同的男性发生性关系——在排卵期前后更常见。Baker 和 Bellis 将该发现视为"精子竞争"理论的证据：也许出轨的一个目的是让不同男性的精子在子宫内一对一竞争，然后卵子可能会被更具活力的精子所占领，如果生下的后代是男孩，那么这个男孩也会更有活力、更具竞争性。

34. 参阅 Betzig (1993a)。

35. Daly and Wilson (1983), p. 320.

36. Harcourt et al. (1981). 也参阅 Wilson and Daly (1992)。

37. Baker and Bellis (1989). 许多长期以来被认为是一夫一妻制的非人类物种，尤其是鸟类，现在发现它们中许多雌性都会出轨，分子生物学可以确定它们的后代与伴侣的血缘关系。参阅 Montgomerie (1991)。

38. Wilson and Daly (1992), pp. 289-90.

39. Symons (1979), p. 241.

40. Buss 对 37 种文化进行了研究，其中在 23 种文化中发现，男性比女性表现出更强烈的童贞偏好，差异达到了统计学意义；而 14 种文化没有这种差异。在大多数现代欧洲文化中，男女都很难找到还保持童贞的伴侣。尽管如此，我们知道至少在其中一些文化中，比如瑞典，有极端滥交名声的女性往往并不被视为是理想妻子。参阅 Buss (1994), chapter 4。

41. Mead (1928), p. 105.
42. Mead (1928), pp. 98, 100.
43. Freeman (1983), pp. 232-36, 245. 我所说的"Whore"这个词，被弗里曼翻译成"Prostitute"，但他指出这个词比他翻译的词表达的羞耻感更强。
44. Mead (1928), p. 98; Freeman (1983), p. 237.
45. Mead (1928), p. 107.
46. Yonie Harris（私人交流）说，在芒艾亚，乱交的女人被称为"荡妇"（Sluts），这个英文词汇的使用让她并不确定这个概念是否在受西方影响前就出现了。关于阿契人，参阅 Hill and Kaplan (1988), p. 299.
47. William Jankowiak（私人交流）。
48. Buss and Schmitt (1993), table on p. 213.
49. 参阅 Tooby and Cosmides (1990a)。
50. Maynard Smith (1982), pp. 89-90.
51. 英国生物学家罗纳德·费希尔曾在1930年对频率制约选择进行了不算完整的阐述，他用此概念来分析为什么男女新生儿的比例总是1∶1。原因并不像人们想象的，男女比例1∶1是对整个种族最有利的，而是如果某一种性别一旦占据了更高的比例，另一种性别的生殖价值就会提高，因此该性别比例又会回升，逐渐达到平衡。参阅 Maynard Smith (1982), pp. 11-19 and Fisher (1930), p. 141-43。
52. Dawkins (1976), pp. 162-65.
53. 多伦多大学 Mart Gross 未发表的作品（私人交流）。
54. Dugatkin (1992).
55. "性感儿子"假说是由 Gangestad and Simpson (1990) 提出的。研究者用数据间接表明，在性关系上相对不受约束的女人会生育更多男性后代——如果她们的策略是为了生"性感的儿子"，这完全说得通。（虽然决定孩子性别的是精细胞，而不是卵细胞，但母亲能通过是否终止妊娠来决定后代的男女比例。）当然，性别比例也可能因环境而改变。有证据表明，在不利的环境中，一些哺乳动物倾向于多生雌性后代。（类似的解释见第7章《家庭》。）
56. Tooby and Cosmides（1990a）强调"噪声"解释。他们认为基因变异可能是一种挫败病原体共同进化的途径，只是对人格产生了"附带影响"。也有进化学者对基因与人格的关系持更开放的态度，参阅 Buss（1991）。
57. Trivers (1972), p. 146.
58. Walsh (1993) 发现，女性对自身吸引力的评估与性伴侣数量呈负相关性。但Steve Gangestad（私人交流）收集的数据则没有发现二者间的相关性，不过在他的研究中,对女性吸引力的评分不是由女性自己完成的,而是由观察者完成的。

59. 例如参阅 Chagnon (1968)。

60. Cashdan (1993). 当然,这种因果关系可能是双向的:那些穿着性感衣服、愿意频繁做爱的女人,可能会因为这些习惯,发现自己总是与那些不愿付出亲代投资的男人在一起,相反的因果关系也可能存在。

61. Gangestad(私人交流)。参阅 Simpson et al. (1993)。

62. Buss and Schmitt (1993), esp. pp. 214, 229.

63. 引自 Thornhill and Thornhill (1983), p. 154。这是第一篇从新达尔文主义视角分析强奸现象的论文,也可参阅 Palmer (1989)。

64. 参阅 Barret-Ducrocq (1989)。

65. 人类学家帕特里夏·德雷珀(Patricia Draper)和亨利·哈彭丁(Henry Harpending)认为,青春期女孩(或男孩)的性行为方式在很大程度上取决于家里是否有父亲。他们认为,父亲的存在或缺失与男性通常采取的各种策略有关,这为女孩了解当前性环境提供了线索,根据这些线索,女孩会找到最适宜的策略。结果就是,在没有父亲的家庭中长大的孩子,更可能寻求短期性策略。(对这一理论的一个批评是,女孩可以直接观察自己生活环境中的男性性习惯,而家庭中是否有父亲似乎是一种不太可靠的线索。)参阅 Draper and Harpending (1982) 和 Draper and Harpending (1988)。

66. Buehlman, Gottman, and Katz (1992). 这项研究实际上发现了两个同样强大的离婚预测因素:丈夫在自我陈述中对婚姻的失望程度,以及他在讨论婚姻问题时的退缩表现。例如,当被问及他们是如何认识时,他没有做出详尽的回答。在某种程度上,这种回避是对婚姻不满的第二种表现(事实上,这两个指数高度相关)。而丈夫的情绪和态度明显比妻子的更能显著预测离婚的可能性。

67. Charmie and Nsuly (1981), esp. pp. 336-40.

68. Symons (1979) 首次对配对假说以及对人类与长臂猿之间的比较提出了质疑;同时参阅 Daly and Wilson (1983)。关于长臂猿行为,参阅 Leighton (1987)。

69. Alexander et al. (1979).

70. 许多人推测,人类的性别二态性反映的不一定是男性间的竞争,而是狩猎在人类进化过程中的重要性。

71. 这些数字来自一个计算机数据库,该数据库来源于 G. P. 默多克(G. P. Murdock)的《人种志图集》(*Ethnographic Atlas*),由史蒂文森·J. C. 戈兰(Steven J. C. Gaulin)收集。在1154个社会中,有6个允许一妻多夫,比例接近0.5%,但这6个社会也允许一夫多妻,所以准确来说这6个社会实行的是

注释　431

两性多配偶制。而实际上，大多数一妻多夫的婚姻也都不是严格意义的一妻多夫，并不是一个家庭有多于一个丈夫，而是不同家庭共享一个妻子。参阅 Daly and wilson (1983), pp. 286-88, 关于一妻多夫制的讨论。

72. Morris (1967), pp. 10, 51, 83.

第4章　婚姻市场

1. *Descent*, vol. 1, p. 182.
2. Gaulin and Boster (1990).
3. Alexander (1975), Alexander et al. (1979).
4. Orians (1969) 发展了鸟类一夫多妻制的阈值模型。同样参阅 Daly and Wilson (1983), pp. 118-23, and Wilson (1975), p. 328。Gaulin and Boster (1990) 阐述了阈值模型与亚历山大术语之间的联系。
5. Gaulin and Boster (1990). 我使用"非一夫多妻"这个词是因为作者并没有将数据分解为一夫多妻制与一夫妻制的对比，而是将数据分解为一夫多妻制与非一夫多妻制的对比，其中非一夫多妻制包含了已知的为数极少的一妻多夫制社会。
6. 如果这位律师的未婚妻不愿意与其他女人分享他，他可以找另一个愿意分享的女人。而且，随着更高等级的男性确实能找到两三个愿意嫁给他的妻子，更高等级的女性想要做到不牺牲选择性同时坚持一夫一妻制，将非常困难。另外，如果你想知道为什么我们不假设男性愿意通过分享一个地位更高的妻子而实现社会阶层跃升，其中一个如今已经很清晰的原因是，男性通常比女性更厌恶与同性分享配偶，真正的一妻多夫制只出现在少数几种文化中，而且总是伴随着一夫多妻制。参阅 Daly and Wilson (1983) pp. 286-88。
7. 我同意，一个女人愿意嫁给一个男人的条件是他不能再娶第二个妻子，但是男人可以在这种情况下拒绝结婚，这就是为什么有些女人不会坚持这种条件的原因。
8. 这一论述——在相对平等的社会中，制度化的一夫一妻制是男性之间隐含的妥协——出自许多学者的研究。Richard Alexander (1975), p. 95 指出了这个方向，尤其是由 Betzig (1982), p. 217 转述。我第一次了解这一观点来自 1990 年与凯文·麦克唐纳（Kevin MacDonald）的交流，据我所知他并没有在其作品中提到相关成果，参阅 MacDonald (1990)。同时参阅 Tucker (1993), 他强调了一夫一妻制与民主观之间的关系。
9. 祖鲁：Betzig (1972)；印加：Betzig (1986)。
10. Stone (1985), p. 32.

道德动物　　432

11. 参阅 MacDonald (1990)。
12. 参阅 Daly and Wilson (1988), Daly and Wilson (1990)。
13. Daly and Wilson (1990a)。这种差异在 35 岁以上男性身上依然存在。但奇怪的是，24 岁以下男性并没有明显差异。戴利和威尔逊提出了一种解释：身体早熟的男性更有可能有不良行为和性行为（也因此更可能结婚）。数据来自 Detroit (1972) and Canada (1974-83)。
14. 关于风险、犯罪等的研究，参阅 Daly and Wilson (1988). esp. pp. 178-79; Thornhill and Thornhill (1983); Buss (1994); and Pedersen (1991)。巴斯（Buss）和佩德森（Pedersen）认为这些东西是高性别比率的产物，即适龄男性与适龄女性的比率。但是一夫多妻制，包括事实上的一夫多妻制（即序列一夫一妻制）会导致实际的高性别比率。
15. 这一观点由 Tucker (1993) 等提出。Tucker 还提出，序列一夫一妻制会助长男性暴力。
16. Saluter (1990), p. 2. 从 1960 年到 1990 年，男性和女性的未婚人口比例实际上都有所下降。这看起来似乎说明，序列一夫一妻制并不会导致弱势男性无法得到配偶，但事实并非如此。随着离婚率的增长，有过婚姻历史的人总数应该趋于上升（因为有人有多次婚姻）；但人们花在婚姻上的平均时间可能会减少，对于弱势男性来说，这种减少应该尤其明显。而诸如此类的人口普查数据并不能看到这个问题。这里的要点是，数据确实表明，女性资源在男性间的"分配"确实不像之前那么平等了，1960 年，在超过 40 岁的人中，7.5% 的女性和 7.6% 的男性未婚。1990 年，这一数字出现了差异：女性为 5.3%，男性为 6.4%。有趣的是，对于 39 岁到 45 岁之间的女性和男性来说，从未结婚的比例在 1960 年到 1990 年之间实际上有所增长，现在这两个数字分别为 8.0% 和 10.5%。30 岁到 34 岁的人群也是如此：对于女性来说，这个数字从 6.9% 增长到了 16.4%，对于男性来说，这个数字从 11.9% 增长到了 27.0%。所有这些数字都有一定的模糊性，许多没结婚的人，他们其实本可以结婚，却花了很长时间与一个非婚伴侣生活在一起，或者说许多情侣长期生活在一起，但没有属于法律上的婚姻关系。如果没有非常详细的数据，包括同居关系以及对伴侣（包括同居对象、配偶或情妇）是否忠诚，很难得出明确的分析结论。
17. 参阅 Symons (1982)。
18. Daly and Wilson (1988), p. 83.
19. Daly and Wilson (1988), pp. 89-91. 这种简单分析的结果可能产生一定的误导性，因为有继子女的再婚家庭可能本身存在其他问题。但是，如 Daly and Wilson 指出的 (p. 87)，再婚家庭起码不像单亲家庭那样贫困问题特别突出。

20. Laura Betzig（私人交流）。
21. 参阅 12 章《社会地位》。
22. Wiederman and Allgeier (1992).
23. Tooby and Cosmides (1992), p. 54.
24. Tooby and Cosmides (1992), p. 54.

第 5 章　达尔文的婚姻

1. CCD, vol. 2, pp 117-18; *Notebooks*, p. 574.
2. 参阅 Stone (1990), pp. 18, 20, 325, 385, 424，以及第 7、10、11 章。除了私下协商的分居，还有"司法分居"，但这一种几乎从未被使用。参阅 Stone (1990), p.184。
3. 参阅 Whitehead (1993)。
4. ED，vol. 2，p. 45.
5. LLCD, vol. 1, p. 132.
6. CCD, vol. 1, pp. 40, 209.
7. CCD, vol. 1, pp. 425, 429, 439. 甚至更小的年龄差距也是引起评论的原因。艾玛在结婚前曾写信给她母亲，谈论起一场婚约，"让我们大为吃惊的是，她 24 岁"，而新郎是 21 岁。参阅 ED, vol. 1, p. 194。
8. CCD, vol. 1, p. 72.
9. 在 19 世纪的英格兰，表亲间的婚姻算不上不同寻常。近亲间的结合，例如兄弟姐妹，会为后代带来巨大的遗传疾病风险。正因为如此，全世界的人都厌恶乱伦关系。人们对乱伦的厌恶似乎取决于一种天生内在机制，这种机制会让个体对从小与自己一起长大的伙伴无法产生性欲望，即便他们只是在一个家庭下长大，但没有任何血缘关系。以色列集体社区中同龄伙伴间极低的婚姻率可以说明这一点。参阅 Brown (1991), chapter 5。
10. CCD, vol. 1, p. 190.
11. CCD, vol. 1, pp. 196-97.
12. CCD, vol. 1, p. 211.
13. CCD, vol. 1, p. 220.
14. CCD, vol. 1, p. 254.
15. CCD, vol. 1, p. 229.
16. ED, vol. 1, p. 255; Desmond and Moore (1991), p. 235; Wedgwood (1980), p. 219-21. 关于艾玛的兴趣，参阅 CCD, vol. 1, p. 318。
17. ED, vol. 1, p. 272.

18. CCD, vol. 2, pp. 67, 79, 86.
19. *Papers*, vol. 1, pp. 49-53.
20. CCD, vol. 2, pp. 443-45.
21. CCD, vol. 2. pp. 443-44.
22. 参阅 *Notebooks*, pp. 157, 237。
23. 参阅 Sulloway (1979b), p. 27, and Sulloway (1984), p. 46。
24. *Autobiography*, p. 120.
25. *Notebooks*, p. 375.
26. 参阅 Buss (1994)。
27. ED, vol. 2, p. 44.
28. CCD, vol. 2, p. 439; ED, vol. 2, p. 1.
29. ED, vol. 2, pp. 1, 7.
30. ED, vol. 2, pp. 6.
31. CCD, vol. 2, p. 126.
32. 我假定达尔文关于婚姻的备忘录是在没有考虑到特定女性的情况下写的，这是一种惯常看法。但这种观点很可能是错误的，达尔文是个腼腆谨慎的人，他很可能没有在备忘录中直接写出自己的心仪对象。而且那句"除非妻子比天使更美好，而且非常富有"与艾玛恰恰非常吻合，艾玛的性格确实像个天使，而且她也真的很富有。而且，在12月向艾玛求婚后，达尔文写信给莱尔说他在拜访她之前就决定向她求婚了，当时是7月末。很难想象达尔文在写备忘录时没有考虑艾玛。
33. CCD, vol. 2, pp. 119; Himmelfarb (1959), p. 134.
34. CCD, vol. 2, pp. 133.
35. CCD, vol. 2, pp. 132, 150, 147.
36. Daly and Wilson (1988), p. 163. 他们讨论的是那些完全没有交配机会的男性会越来越倾向于冒险，但这种逻辑同样适用于其他能加强性追求驱力的情况，例如旧情。
37. 关于婚前性行为的详细证据，参阅 Brent (1983), pp. 319-20。
38. Bowlby (1991), p. 166.
39. *Notebooks*, p. 579.
40. Brent (1983), p. 251.
41. CCD, vol. 2, pp. 120, 169.
42. 参阅 ED, vol. 2. p. 47。
43. CCD, vol. 2, p. 172. 她在这里实际上是在用第三人称以开玩笑的口吻称呼达尔文，信的日期不确定，但据达尔文说，她是在"我们结婚后不久"写的。达尔文书信的编辑推测这封信的日期大约是 2 月，达尔文夫妇于 1839 年 1 月 29 日结婚。

44. *Notebooks*, p. 619.
45. Houghton (1957), p. 341，同时散见于该书第 13 章。
46. Houghton (1957), pp. 354-55.
47. 引自 Houghton (1957), pp. 380-81。
48. 参阅 Rasmussen (1981)。
49. 例如参阅 Betzig (1989)。
50. Desmond and Moore (1991), p. 628.
51. 参阅 Thomson and Colella (1992); Kahn and London (1991)。Kahn 和 London 认为，之所以非处女在结婚时面临更大的离婚风险，是由于非处女与处女这两类女性本身存在差异，而离婚与婚前性行为没有因果关系。Thomson 和 Colella 关注的是婚前同居和离婚可能性之间的相关关系。同前两者一样，他们提供的证据表明，这种联系可能不具有因果性，但（p. 266）他们承认，这一证据本身具有模糊性。
52. Laura Betzig（私人交流）。参阅 Short (1976)。许多维多利亚时代的女性会雇用奶妈，但是这在中下层女性中并不多见，在维多利亚时代之前也不多见。
53. Symons (1979), pp. 275-76 描述了这些因素和其他因素，它们常使男性成为"情感投入较少的伴侣"。
54. CCD, vol. 2, p. 140-41.
55. Irvine (1955), p. 60.
56. Rose (1983), pp, 149, 181, 169.

第 6 章　达尔文的幸福婚姻计划

1. *Autobiography*, pp. 96-97.
2. CCD, vol. 4, p. 147.
3. Himmelfarb (1959), p. 133.
4. *Autobiography*, p. 97.
5. 参阅 Ellis and Symons (1990)。
6. Kenrick, Gutierres, and Goldberg (1989).
7. 一些研究发现，孩子的数量与婚姻满意度成反比。但可能有这样一种情况：没有生育后代的婚姻可能很早就结束了，这些夫妻原本并不幸福，但他们没有被纳入研究中。或者换句话说：那些没有孩子但仍然在一起的夫妇可能会非常和谐，但他们的幸福感并不一定是少生或不生孩子的结果。

8. 大约一半的美国夫妻会离婚，如果没有生育孩子，离婚率会更高。例如参阅 Essock-Vitale and McGuire (1988), p. 230, and Rasmussen (1981)。

9. Brent (1983), p. 249.

10. 1985 年的一项调查显示，在结过婚的男人中，26% 的已婚男人最终分居或离婚，而在选择了第二次婚姻的男人中，有 25% 最终分居或离婚。当然，这不代表那 75% 的婚姻就是成功的，因为该调查涉及各个年龄段，包括很多年轻男士，他们可能以后也会离婚。这些数值结果是我根据来自美国人口调查局的数据计算得出的。

11. Rose (1983), p. 108. Randolph Nesse (1991a) 会赞同密尔。他指出，和谐婚姻常被误解成常态，因此很多人"满足于他们的婚姻比一般人要好"(p. 28)。

12. Mill (1863), pp. 278, 280-81.

13. *Los Angeles Times*, Jan. 5, 1991.

14. Saluter (1990), p. 2.

15. 根据美国人口调查局 1985 年 6 月的报告统计："参与调查时的年龄，目前的婚姻状况，结婚次数，第一次和第二次婚姻如何结束，西班牙裔，生理性别，15 岁以上（含 15 岁）的美国人。"

16. 当然，有些从未结过婚的男人本身就是事实上的序列一夫一妻者，他们从未具有法律意义上的婚姻关系，但也在威胁那些不幸的、没有伴侣的男人。

17. *Wasington Post*, Jan. 1, 1991, p 7. 15; *Washington Post*, Oct, 20, 1991, p. W12.

18. Rose (1983), pp. 107-9.

19. Stone (1991), p. 384.

20. *New York Tines Book Review*, Nov. 4, 1990, p. 12.

21. 所有数字均出自 Roper 调查，相关总结见 Crispell (1992)。

22. 无过错婚姻对女性的影响，参阅，例如，Levinsohn (1990)。

23. 关于生物决定论，参阅，例如，Fausto Sterling (1985)；关于性别差异，参阅，例如，Gilligan (1982)。

24. Shostak (1981), p. 238.

25. "兄弟情宜"由 Lionel Tiger (1969) 提出。

26. *New York Times*, Feb. 12, 1992, p. C10.

27. 参阅，例如，Lehrman (1994)。

28. Cashdan (1993).

29. Kendrick, Gutierres, and Goldberg (1989) 至少与这里有一些关联。

30. 例如，出生率下滑会导致 20 年后，21 岁的人比 18 岁的人多，22 岁的人比 19

岁的人多，以此类推。由于男性倾向于与更年轻的女性结婚，这意味着婚姻市场上会出现男性过剩的趋势，为了应对伴侣短缺的局面，男性可能会对婚姻更加忠诚，更不容易做出抛妻弃子的行为。而女性认识到自身具有更高的市场价值后，也可能降低对那些无责任心男性的容忍。间接证据表明，这种动态有利于减缓20世纪80年代中期以来离婚率增长的趋势。参阅 Pedersen (1991) and Buss (1994), chapter 9。

31. Stone (1977), p. 42.
32. Colp (1981).
33. Colp (1981), p. 207.
34. CCD, vol. 1, p. 524.
35. Marcus (1974), p. 18.
36. 参阅，例如，Alexander (1987)。亚历山大也影响了对道德的现代达尔文式思考的形成。
37. Kitcher (1985), pp. 5, 9.

第7章 家庭

1. *Origin*, p. 258; CCD, vol. 4, p. 422.
2. 参阅 Trivers (1985), pp. 172-73 and Wilson (1975), chapters 5, 20。
3. *Origin*, p. 257; 关于昆虫繁殖谜题在达尔文推迟出版《物种起源》一事中可能起到的作用，参阅 Richards (1987), pp. 140-56。
4. *Origin*, p. 258.
5. Hamilton (1963), pp. 354-55. 对该理论更充分、更一般的引用，以及对其在昆虫社会的应用，见 Hamilton (1964)。
6. Haldane (1955), p. 44. 同时参阅 Trivers (1985), chapter 3。亲缘选择也受到了Fisher (1930) 论文的启发，汉密尔顿在1964年的文章中提到了这一点。
7. Trivers (1985), p. 110.
8. 其他可能的识别机制还包括化学信号识别或者表性匹配，有机体会将在视觉或嗅觉感受上与自己或自己其他亲属相似的个体识别为亲属。参阅 Wilson (1987), Wells (1987), Dawkins (1982), chapter 8, and Alexander (1979)。
9. Hamilton (1963), pp. 354-55.
10. CCD, vol. 4, p. 424. 这本笔记425页和426页上的内容都是艾玛的笔迹，她可能是在抄写达尔文的话；当达尔文感觉特别不舒服时，艾玛有时也会这样做。
11. 达尔文确实看到了如今被我们称为亲缘选择的概念可以如何应用于人类。参阅 *Descent*, vol. 1, p. 161, 关于成功的投资者："虽然他们没有后代，但在部落中有其他血缘关系……"

12. Trivers (1974), p. 250.
13. Trivers (1985), pp. 145-46.
14. CCD, vol. 4, pp. 422, 425.
15. CCD, vol. 4, pp. 426, 428.
16. Robert M. Yerkes, 引自 Trivers (1985), p. 158。
17. LLCD, vol. 1, p. 137; CCD, vol. 4, p. 430.
18. Trivers (1974), p. 260.
19. CCD, vol. 2, p. 439.
20. Trivers (1985), p. 163. 特里弗斯在这里还提出，儿童会关注自己的兴趣和父母表现出的兴趣，并协调两者，这些心理机制可能与弗洛伊德的本我、超我和自我之间的区别有些相似。
21. Trivers (1974), p. 260.
22. 来自《共产党宣言》(*Communist Manifesto*)。
23. 在一些情况下父母会将大量投资倾注于相对劣势的孩子，例如，如果一个孩子可以保证获得繁殖成功，而且他的繁殖收益有明确的上限，而另一个孩子无法保证繁殖成功，但如果给予适当的投资，可以提高其成功率。这一逻辑还会导致有时父母会将资源偏向于儿子。毕竟，相对于女性在性市场上的竞争指标（年轻、美貌），男性在性市场上的竞争指标（野心、技能）是更容易被早期经历所影响的。这也可以解释为什么教师会更关注男学生，当然，这并不意味着这种倾向是不需要纠正的。
24. 参阅 Trivers and Willard (1973)。
25. Trivers and Willard (1973).
26. 也许马鹿是性别比例变化最明显的例子。关键的变量不是母亲的身体素质，而是她在地位等级中的地位，这与男性后代的繁殖比例有很大的关系。地位高的母亲，后代大多是儿子，地位低的母亲，后代大多是女儿。参阅 Trivers (1985), p. 293。关于负鼠，参阅 Daly and Wilson (1983), p. 228。
27. Desmond and Moore (1991), p. 449. 赫胥黎实际上并不是在评论自然选择，而是在评论他在某些特定动物身上所注意到的卑鄙。
28. Dickemann (1979).
29. Hrdy and Judge (1993). 关于富裕家庭倾向于让儿子继承财富的趋势，参阅，例如，Smith, Kish, and Crawford (1987) and Hartung (1982)。Hartung 发现在一夫多妻制社会这一趋势更明显的社会，它的继承模式就越符合特里弗斯-威拉德逻辑。

30. Betzig and Turke (1986).
31. 富裕的男性后代数量多于富裕的女性后代，这一结论来自 Boone (1988) 研究 15—16 世纪葡萄牙贵族时的数据分析。（不过，并不能确定该模式在与祖先环境差异大的环境中也具有普遍性，尤其是避孕措施普及的当下。）
32. Gaulin and Robbins (1991). 数据取自图表，因此可能略有偏差，但不明显。
33. 不排除许多符合这一逻辑的结果可能出自有意识的计算过程。例如，富裕的父母可能会注意到，与女儿相比，儿子更能利用金钱拓宽未来配偶的备选范围。关于对该效应其他可能的解释方式，参阅 Hrdy (1987)。一些研究没有发现该效应，但我注意到还没有研究发现相反结果。进一步研究参阅 Ridley (1994)。
34. Hamilton (1964), p. 21.
35. Freeman (1978), p. 118.
36. 对生殖价值转变的分析以及使用它对杀婴模式的解释，参阅 Daly and Wilson (1988), pp. 73-77。
37. Crawford, Salter, and Lang (1989). 第一个的相关性是 0.64，第二个的相关性高达 0.92。
38. Bowlby (1991), p. 247; ED, vol. 2, p. 78. 艾玛补充道："虽然我们都要过很久才能忘记那张可怜的小脸。"
39. *New York Times*, Oct. 7, 1993, p. A21. 参阅 Mann (1992) 的证据，母亲更愿意要一个健康的婴儿而不是健康风险比较大的双胞胎。
40. CCD, vol. 7, p. 521.
41. Bowlby (1991), p. 330.
42. CCD, vol. 4, pp. 209, 227. Bowlby (1991), pp. 272, 283, 287. 鲍尔比认为达尔文父亲的疾病和去世对达尔文影响巨大，使他身体状况变得非常糟糕。在得到噩耗后，达尔文确实心神错乱；达尔文没有参加父亲的葬礼，极有可能也是碍于他的精神和身体状况。鲍尔比指出，他曾无意提及他父亲去世之前不久他曾因没有很快写信而道歉，甚至提到他表达同情的便条："但是整个秋天和冬天，我都很沮丧，什么都不想做，除了做一些不得不做的事情。"然而鲍尔比也承认，在达尔文父亲去世后的几个月里，达尔文的信中没有表现出"极度哀恸的证据"。因此，鲍尔比不得不争辩说，达尔文的哀悼是"压抑的"，表现在生理疾病上。
43. LLCD, vol. 1, pp. 133-34.
44. CCD, vol. 4, p. 143. 参阅 Freeman (1983), p. 70, and Desmond and Moore (1991), p. 375。
45. CCD, vol. 4, p. 225.

46. CCD, vol. 5, p. 32 (footnote); *Autobiography*, pp. 97-98.
47. LLCD, vol. 3, p. 228. 达尔文后来写道，他为安妮流的眼泪"失去了往日难以言说的痛苦"(Desmond and Moore (1991), P. 518)，但是他是在女儿去世后安慰一位好友时说这番话的。

第 8 章 达尔文和野蛮人

1. *Descent*, vol. 1, p. 71.
2. CCD, vol. 1, pp. 306-7; *Voyage*, pp. 173, 178.
3. CCD, vol. 1, pp. 303-4; 参阅 p. 306 (footnote 5) 关于食人故事属虚构伪造的证据。
4. *Descent*, vol. 2, pp. 404-5.
5. *Voyage*, p. 172.
6. *Voyage*, pp. 172-73.
7. CCD, vol. 1, p. 380.
8. 参阅 Alland (1985), p. 17。
9. *Descent*, vol. I, p. 93.
10. Malinowski (1929), p. 501.
11. *Descent*, vol. 1, p. 99.
12. *Descent*, vol. 1, p. 109, 达尔文写道："考虑到同一种族内部在心理器官方面具有的差异和多样性，更不用说不同种族会具有更大的差异。"在 vol, 2, p 327，达尔文使用了"更低下的种族"这一说法。
13. *Descent,* vol. 1, pp. 99, 164.
14. *Descent*, vol. 1, pp. 96-99.
15. *Descent*, vol. 1, pp. 88, 94-95.
16. *Descent*, vol. 1, p. 94.
17. Darwin, *Voyage of the Beagle*, p. 277, 未删减版出版自 Anchor/Doubleday (1962)。
18. *Descent*, vol. 1, pp. 75-78.
19. *Expression*. p. 213.
20. *Descent*, vol. 1, pp. 72, 88.
21. *Descent*, vol. 1, p. 80.
22. *Descent*, vol. 1, p. 166. 达尔文的群体选择论，以及他对更普遍的道德情操的思考，参阅 Cronin (1991)。
23. *Descent*, vol. 1, p. 163.
24. 参阅 D. S. Wilson (1989), Wilson and Sober (1989), and Wilson and Sober (in press)。
25. Williams (1966), p. 262. 有人认为威廉斯过于教条，参阅 Wilson (1975), p. 30。

第 9 章　朋友

1. *Expression*, p. 216.
2. *Descent*, vol. 1, pp. 163-64.
3. Williams (1966), p. 94.
4. 参阅 *Descent*, vol. 1, p. 80。
5. 博弈论是由约翰·冯·诺伊曼（John Von Neumann）和奥斯卡·摩根斯特恩（Oskar Morgenstern）在《博弈论与经济行为》（普林斯顿大学出版社，1953 年）中正式发展起来的，不过冯·诺伊曼在 20 世纪 20 年代率先使用了博弈论这一概念。
6. 梅纳德·史密斯（Maynard Smith, 1982, p. vii.）提出了这一点，但侧重点略有不同。他指出："在寻求博弈解决方案时，人类理性的概念被进化稳定性的概念所取代。这样做的好处是，我们有很好的理由相信人类会趋向进化稳定状态，而我们也有理由怀疑人类是否总是理性行事。"
7. 关于囚徒困境逻辑的细致剖析，参阅 Rapoport (1960), p. 173。
8. 参阅 Rothstein and Pierotti (1988)，虽然在我看来，他们对这种模型的批评远非致命性的。
9. 人们可以在"合作"和"互惠利他主义"之间做出细微的技术区分，但这对我们的目的来说并不重要，我在书中会交替使用这两个术语。
10. *Voyage*, p. 183.
11. Cosmnides and Tooby (1989), p. 70. 同时参阅 Barkow (1992)。
12. 参阅 Cosmides and Tooby (1989)。
13. Bowlby (1991), p. 321.
14. "以牙还牙"程序始终没有得到机会传遍整个种群。在这个小世界中，各种程序迭代交互了 1000 代，从进化尺度看，1000 代只是微不足道的一瞬间，但从第二代开始，"以牙还牙"程序就展现出巨大优势，而在 1000 代之后，它的扩展速度依然要快于其他程序。
15. Williams (1966), p. 94.
16. 多年后，阿克塞尔罗德被证明是错的；一个"以牙还牙"的种群实际上可以被成功入侵。但基本结论——合作孕育合作——本身并未受到影响，因为能够击败"以牙还牙"策略的程序本质上也是"以牙还牙"策略，不同之处在于它会偶尔"原谅"之前的不合作者，不管上一轮对手做出了什么行为，自己都以合作的姿态开启新一轮游戏。在现实生活等"嘈杂"环境中，这个策略最容易成功：人们有时会误解或记错他人的行为，"谅解"则可以开启新的合作机会。参阅 Lomborg (1993) and *New York Times*, April 15, 1992, p. Cl。

17. Axelrod (1984), p. 99.

18. 实际上，这种互惠利他主义基因可能还有其他传播途径：在许多情况下，它所引导的行为会直接有利于基因自身的传播，因此，从技术上看，与通过亲缘选择来进行复制的那些基因相比，它的传播途径是有区别的。参阅 Rothstein and Pierotti (1988)。

19. 参阅 Singer (1984), p. 146。关于社会交换理论的例子，参阅 Gergen, Greenberg, and Willis (1980)。

20. 特里弗斯在1971年的论文中将该理论在动物身上进行了大胆的推演，其中关于某些动物是否符合该理论，如鸟类和鱼类，支持性证据还不够多。但是，对我们的目的而言（关于哺乳动物，更具体地说，是灵长类动物和人类），它已被证明是正确的。威廉斯在1966年强调，互惠利他主义应该非常容易在哺乳动物中进化出来，因为哺乳动物有能力识别其他个体，并通过记忆记录自己过去的行为。

21. 海豚的互惠利他行为记录似乎比鼠海豚更多。参阅 Taylor and McGuire (1988)。

22. Wilkinson (1990). 同时参阅 Trivers (1985), pp. 363-66。

23. 参阅 de Waal (1982), de Waal and Luttrell (1988), and Goodall (1986)。

24. 关于互惠利他主义如何通过情绪生成，参阅 Nesse (1990a)。

25. 参阅 Cosmides and Tooby (1992) and Cosmides and Tooby (1989)。关于骗子检测实验的描述总结，参阅 Cronin (1991), pp. 335-40, and Ridley (1994), chapter 10。

26. Trivers (1971), p. 49.

27. Wilson and Daly (1990). 毫无疑问，许多谋杀都是由性竞争直接或间接导致的，但在祖先环境中，战斗名声会迅速传播，这也是造成这类争斗往往异常凶猛的原因。

28. 参阅 Trivers (1971), p. 50。

29. 关于针对陌生人的利他行为（例如拿小费给服务员，尽管我们此前从未见过，此后也不会再相见），也有其他达尔文式的解释，参阅 Frank（1990），虽然我认为它们有些过于复杂。例如一些理论认为，个体之所以对陌生人表现出慷慨之举，是因为他想让某个利他主义者相信他具有美德，此后他可以更容易劝服其他人相信这一点。

30. 群体选择论者的观点，可以参考生物学家大卫·斯隆·威尔逊（David Sloan Wilson）的著作。威尔逊认为，对群体选择主义不加区分的排斥，导致人们更容易以一种冷嘲热讽的态度看待人类动机。如果威尔逊是正确的，那么钟摆至少会朝着群体选择主义的方向摆动一段距离。然而事实并非如此，个体选择理论目前在思想史中的地位极其稳固。正是对群体选择理论的批评，开启了过去

30年学者在理解人性方面的突飞猛进。

31. Daly and Wilson (1988), p. 254. 同时参阅 Wilson and Daly (1992)。

第10章 达尔文的良知

1. *Descent*, vol. 1, pp. 165-66.
2. Bowlby (1991), pp. 74-76.
3. Bowlby (1991), p. 60.
4. CCD, vol. 1, p. 39, 507; CCD, vol. 3, p. 289.
5. LLCD, vol. 1, pp. 119, 124.
6. LLCD, vol. 3, p. 220; Desmond and Moore (1991), p. 329. 关于达尔文主义对动物权利运动的影响，参阅 James Rachels（1990）。
7. 关于适应性心理疼痛的一般主题，参阅 Nesse (1991b)。
8. 参阅 MacDonald (1988b), esp. p. 158。同时参阅 Schweder, Mahapatia, Miller (1987), pp. 10-14。
9. Loehhn (1992). 人格心理学家对"责任心"的定义并不像本章中使用的那么宽泛，但它们有很多重合之处，例如达尔文的社会责任意识就包含其中。进化心理学家有一天可能会证明，我们所谓的"良知"实际上是由各种适应机制（及子机制）构成的，它们因不同的功能而得以进化。在这一章中，我使用良知这一概念时没有那么严格。
10. *Autobiography*, pp. 26, 45.
11. *Autobiography*, p. 22.
12. Brent (1983), p. 11. 布伦特不同意他在这里描述的观点。
13. *Autobiography*, p. 22.
14. *Autobiography*, p. 28: ED, vol 2, p. 169.
15. LLCD, vol. 1, p. 11.
16. Trivers (1971), p. 53.
17. 参阅 Cosmides and Tooby (1992)。
18. Piaget (1932), p. 139.
19. *New York Times*, May 17, 1988, p. C1. 同时参阅 Vasek (1986)。参阅 Krout (1931)，Krout 富有洞察力地发现儿童会通过谎言来获取地位和关注。克劳特还指出达尔文自己的童年谎言，揭穿了主流观点：一些儿童是"天生的骗子"而另一些儿童不是。
20. *Autobiography*, p. 23; CCD, vol. 2, p. 439.
21. *New York Tmes*, May 17, 1988, p. C1.

22. Vasek (198), p. 288.
23. CCD, vol. 2, p. 439.
24. Smiles (1859), p. 372.
25. ED, vol. 2, p. 145.
26. Smiles (1859), pp. 399, 401.
27. 参阅，例如 *Washington Post*，Jan. 5, 1986。"个性"与"品格"的对比与 Riesman (1950) 对"内在导向"和"他人导向"的著名区分有关。
28. Smiles (1859), pp. 397-400.
29. Smiles (1859), pp. 401-2.
30. Brent (1983), p. 253.
31. Cosmides and Tooby (1989).
32. Smiles (1859), p. 407.
33. 并不那么离奇：有证据显示，从小在城市长大的人，或者青春期主要在城市度过的人，在社会互动中会显示出更强烈的"马基雅维利"式作风。参阅 Singer (1993), p. 141。
34. Daly and Wilson (1988), p. 168.
35. Smiles (1859), pp. 415, 409.
36. 另一个从达尔文主义视角看早期经历如何塑造性格的例子，参阅 Draper and Belsky (1990)。
37. 参阅 Wilson (1975), p. 565。
38. 在20世纪70年代的"社会生物学论战"中，威尔逊许多非常有道理的观点都受到了严厉指责，这就是其中之一，参阅 Wilson (1975), p. 553。
39. Houghton (1957), p. 404. 伪善是道德准则坚固性的证明，参阅 Himmelfarb (1968), pp. 277-78。
40. James Lincoln Collier, *The Rise of Selfishness in America*, 引自 *New York Times*, Oct. 15, 1991, p. C17。
41. Desmond and Moore (1991), pp. 333, 398.
42. ED, vol. 2, p. 168.

第11章 达尔文的推迟

1. CCD, vol. 2, p. 298.
2. 关于达尔文的症状和治疗方案，参阅 Bowlby (1991) 的序言。
3. CCD, vol. 3, p. 397.
4. CCD, vol. 3, pp. 43-46, 345. 关于达尔文每周工作时间，参阅 Bowlby (1991),

pp. 409-11。

5. Bowler (1990).
6. Gruber (1981), p. 68.
7. Himmelfarb (1959), p. 210.
8. Himmelfarb (1959), p. 212.
9. 关于自然选择的动力是否导致了复杂生命和高级智慧更容易出现，甚至必然出现，目前还有一些争论，例如参阅 Williams (1966), chapter 2, Bonner (1988), Wright (1990)。这里的重点是，自然选择足以解释复杂智慧生物的起源，我们无须借助其他神秘力量。
10. *Notebooks*, p. 276. Gruber (1981) 在解释达尔文的推迟时，专门强调了这样一段。
11. CCD, vol. 3, p. 2.
12. CCD, vol. 2, pp. 47, 430-35.
13. CCD, vol. 2, p. 150.
14. Clark (1984), pp. 65-66. 其他引发达尔文健康状况不佳的情感因素还包括他母亲的早逝，Bowlby (1991) 认为这是导致达尔文患"过度通气综合征"（hyperventilation syndrome）的原因之一，该病征是他自己对达尔文的诊断结果。
15. CCD, vol. 3, p. 346.
16. 参阅 LLCD, vol. I, p. 347; CCD, vol. 4, pp. 388-409。
17. 参阅 Richards (1987), p. 149。
18. 参阅 Gruber (1981), pp. 105-6。
19. 关于性重组：在基因被发现之前，对有性繁殖的解释一直是达尔文理论的重大障碍。当时人们会很自然地将有性繁殖看成是父母特质的"混合"过程。而"混合"就不会超出原有特质的范围，例如把一桶热水与冷水混合，你只能得到介于二者温度之间的水，而不会得到更热的水。但实际上，两个高个父母生下的孩子身高可能比他们两个人都高。如今我们了解，父母的生活经历并不会影响他们的遗传物质，可达尔文不知道这一切。
20. LLCD, vol. 2, p. 54.

第12章 社会地位

1. *Notebooks*, pp. 541-42.
2. *Voyage*, pp. 183-84.
3. 参阅 Freeman (1983), Brown (1991), esp. chapter 3, and Degler (1991)。
4. 参阅 Hill and Kaplan (1988), esp. pp. 282-83。

5. Hewlett (1988). 关于"康贝堤"和其他男性在繁殖力方面的差异（前者 7.89 个后代，后者 6.34 个后代），由于"康贝堤"数量太少，无法提供足够的样本进行统计差异比较。但在扎伊尔的埃菲文化和肯尼亚的穆科戈多文化中发现了男性地位与后代数量的关系，参阅 Betzig (1993a), Betzig (1993b), Betzig (1986)。Napoleon Chagnon (1979) 首次注意到在那些奉行"平等主义"的社会中也存在不平等繁殖现象。

6. Murdeck (1945), p. 89.

7. Ardrey (1970), p. 121. 达尔文也略微推测过人类社会等级的进化根源，但他这么做时，经常倾向于诉诸群体主义的逻辑，例如他认为人类可能具有"服从领袖"的遗传特征。参阅 *Descent*, vol. 1, p. 85。

8. Ardrey (1970), p. 107. 同时参阅 Wilson (1975), p. 281。

9. Williams (1966), p. 218. 关于简单社会地位等级如何进化，参阅 Stone (1989)。

10. 参阅 Maynard Smith (1982), chapter 2；或者对梅纳德·史密斯的主张的总结，见 Dawkins (1976), chapter 5。

11. 如果顺从的麻雀被涂上了处于统治地位麻雀的那种深色，它们会遭到其他同类的骚扰，但如果顺从的麻雀不仅被涂上了深色，还被注射了睾素，具有了较强的攻击性，它们实际上就会变成具有统治地位的麻雀。梅纳德·史密斯认为，这说明更多的黑色素和睾素可以让一个顺从的麻雀变成一个具有统治力的麻雀，如果这一策略能产生显著繁殖优势，那么所有麻雀应该都具有同样特征，但它们并不如此。参阅 Maynard Smith (1982), pp. 82-84。

12. 参阅 Betzig (1993a)。关于其他物种社会地位和繁殖成功率之间的关系，参阅 Clutton-Brock (1988)。

13. 参阅 Lippitt et al. (1958)。至于最近的作品，参阅，例如，Jones (1984)。

14. 参阅 Strayer and Trudel (1984); Russon and Waite (1991)。

15. Atzwanger (1993).

16. Mitchell and Maple (1985). 关于人类与非人类物种等级关系形成过程的对比试验，参阅 Barchas and Fisek (1984)。

17. *Expresston*, pp. 261, 263.

18. Weisfeld and Beresford (1982).

19. 引自 Weisfeld and Beresford (1982), p. 117。

20. 关于控制地位竞争的情绪，参阅 Weisfeld (1980)。关于人类与其他灵长类动物的等级结构，参阅 Ellyson and Dovidio (1985)。在谈话和其他社会互动中谁会更频繁的观察谁，这是一种非常微妙但可能普遍存在的等级体现方式。一篇知名论文引起了人们对灵长类动物地位指数的关注，它就是 Chance (1967)。

21. 关于长尾黑颚猴：McGuire, Raleigh, and Brammer (1984), Raleigh and McGuire (1989) 展示了雌性长尾黑颚猴有时能在雄性首领竞争过程中发挥微妙的作用。关于大学兄弟会：来自 McGuire 未发表的资料（私人交流，他也在别处提过，参见 New York Times, Sept. 27, 1983, p. C3）。

22. McGuire 没有在兄弟会成员当选之前检查他们的 5-羟色胺水平，因此不能完全排除这种可能性，即他们在地位上升之前 5-羟色胺水平也很高。但各种其他间接证据使他相信，地位提升会显著提高人类的 5-羟色胺水平，例如，对非人类灵长类动物的研究发现，它们在地位提升后 5-羟色胺水平确实提高了（地位上升前后都检测过）。

23. Raleigh et al.（未出版的手稿）。

24. 关于 5-羟色胺，参阅 Kramer (1993) and Masters and McGuire (1994)。

25. 关于欺骗：Aronson and Mettee (1968)。关于冲动性犯罪：Linnoila 等人的文章，收录于 Masters and McGuire (1994) 第 6 章。

26. 我们在这里不应该过分夸大对群体选择主义的排斥。假定三个灵长类动物外出打猎，其中一个身体携带一种新变异的基因，该基因让它更甘于承担一个"顺从"的角色，因此它们这一团队的行动力会更强。而在更大的集体成功中获得小份额收益，也可能多于在较小的集体成功中获得平均份额的收益，就像 50 磅肉的四分之一要多于 25 磅肉的三分之一。这种现象当然是可能的。然后即使在这种情况下，所有基因中最有价值的也不是顺从基因或支配基因，而是能让个体根据不同情境产生顺从或支配倾向的基因。

27. De Waal (982), p. 87.

28. 关于雄性黑猩猩和雌性黑猩猩寻求地位上升的途径，参阅 de Waal (1984) and Goodall (1986)。

29. Tannen (1990), p. 77.

30. Daly and Wilson (1983), p. 79.

31. 读者可能会感到一些矛盾之处。前面我们说过地位在很大程度上是由环境决定的。现在我们要强调的是基因在男性地位变化中的作用。其实我们从未说过，所有有利于地位提升的性状变异都是由环境差异造成的。事实上，任何一种特征要想得到自然选择的青睐，主导这种特征的基因必须在种群中存在一定的遗传变异，否则，自然选择如何"选择出"这种特征？尽管如此，自然选择的过程确实会压缩基因变异的范围。例如，自然选择会剔除那些不利于竞争社会地位的基因。一般的模式是，突变和性重组不断产生变异，而自然选择不断压缩变异范围。

32. CCD, vol. 2, p. 29.

33. *Descent*, vol. 2, p. 326.
34. *Descent*, vol. 2, pp. 368-69.
35. Perusse (1993).
36. 引自 Symons (1979), p. 162。
37. Low (1989).
38. 关于黑猩猩：de Waal (1982), pp. 56-58。关于倭黑猩猩：de Waal (1989), p. 212; Kano (1990), p. 68。人类女性是否比雌黑猩猩更有"野心"是一个有趣的问题。当然，人类女性更具竞争性是有道理的。正如我们所看到的，人类男性的高亲代投资让她们有了竞争的动力。另一方面，雌黑猩猩由于没有固定的配偶，它们必须要自己承担保护后代和提高后代社会地位的责任，这也对它们的攻击性和社会地位提出了要求。
39. Stone (1989).
40. Goodall (1986), pp. 426-27.
41. De Waal (1989), p. 69.
42. De Waal (1982), p. 98.
43. De Waal (1982), p. 196.
44. De Waal (1982), p. 114. 关于灵长类之间和好仪式的进一步讨论，参阅 de Waal (1989)。
45. De Waal (1982), p. 117.
46. Goodall (1986), p. 431.
47. De Waal (192), p. 207.
48. "关注结构"和支配等级间的关系，参阅 Abramovitch (1980) and Chance (1967)。
49. 参阅 Weisfeld (1980), p. 277。关于等级攀升策略何以有意义，参阅 Stone (1989), pp. 22-23。
50. De Waal (l982), pp. 211-12.
51. De Waal (1982), pp. 56, 136, 150-51.
52. Freedman (1980), p. 336.
53. Benedict (1934), p. 15.
54. Benedict (1934), p. 99.
55. Glenn Weisfeld 强调了地位和价值观之间的关系（私人交流）。
56. 参阅 Chagnon (1968), chapters 1 and 5。

第 13 章 欺骗和自欺

1. CCD, vol. 4, p. 140.

2. 关于萤火虫，参阅 Lloyd (1986)。关于兰花、蛇、蝴蝶，参阅 Trivers (1985), chapter 16。

3. Goffman (1959), p. 17.

4. Dawkins (1976), p. vi. Alexander (1974) p. 377 指出，"真诚是一种宝贵的社会资产，即便它源自没能认清一个人自身行为的生殖自私背景和影响……选择可能一直支持着一些趋势，人们并没有意识到他们真正在做什么，或者为什么要这样做"。同时参阅 Alexander (1975), p. 96, and Wallace (1973)。

5. 唐纳德·西蒙斯和勤达·科斯米德斯（个人讨论）总结了关于自欺研究几个问题。关于自欺形式的讨论，参阅 Greenwald (1988)。

6. CCD, vol. 2, pp. 438-39.

7. *Papers*, vol. 2, p. 198.

8. Glantz and Pearce (1989), Glantz and Pearce (1990).

9. *Descent*, vol. 1, p. 99.

10. 参阅 Lancaster (1986)。

11. *Descent*, vol. , p. 164.

12. *New York Times*, May 17, 1988, pp. C1, C6.

13. *Autobiography*, p. 139.

14. *Bartlett's Book of Familiar Quotations*, 15th edition.

15. Loftus (1992).

16. 参阅，例如 Fitch (1970) and Streufert and Streufert (1969)。该领域的一些文献引发了部分研究者的批评，例如 Miller and M. Ross (1975), Nisbett and L. Ross (1980), pp. 231-37。米勒（Miller）和 M. 罗斯（M. Ross）指出，这些结果不仅可以用自我服务偏见来解释，还可以用人类信息处理机制来解释。这种质疑没错，它需要设计更精明的实验来加以验证。事实上，米勒自己后来进行了一个这样的实验，实验结果表明自我服务偏见发挥了更重要的作用，参阅 Miller (1976)。尼斯比特（Nisbett）和 L. 罗斯（L. Ross）指出，在很多情况下，人们会更容易将失败归因于自身，将成功归因于外界因素。这也是正确的，而且很好地证明了进化心理学的预测。进化心理学让我们更加确定自尊等心理的功能，所以可以说明为何有些人会高估自己，而有些人会低估自己，那什么样的情形和成长环境更容易让人形成某种特定倾向。本章其余部分会为该问题提供一些解答。

17. LLCD, vol. 1, p. 137.

18. 参阅 Krebs, Denton, and Higgins (1988), pp. 115-16。

19. 参阅，例如，Buss and Dedden (1990)。

20. Desmond and Moore (1991), p. 491.

21. 参阅 Stone (1989)。
22. Hartung (1988), p. 173.
23. Trivers (1985), p. 417.
24. Nesse (1990a), p. 273.
25. CCD, vol. 6, p. 429.
26. CCD, vol. 6, p. 430.
27. 参阅 Dawkins and Krebs (1978)。
28. Alexander (1987), p. 128.
29. 参阅 Aronson (1980), pp. 138-39。对这些结果的一种解释是，被试者非理性地担忧受害者发现自己的贬损行为后会用电击展开报复。
30. 这些技巧由 S.H. 施瓦茨 (S.H. Schwartz) 和 J.A. 霍华德 (J.A. Howard) 概述，引自 MacDonald (1988b)。
31. 参阅 Hilgard, Atkinson, and Atkinson (1975), p. 52。
32. 参阅 Krebs, Denton, and Higgins (1988), p. 109; Gazzaniga (1992), chapter 6。
33. 引自 Timothy Ferris, *The Mind's Sky* (Bantam Books, 1992), p. 80。
34. Barkow (1989), p. 104.
35. CCD, vol. 1, p. 412.
36. Bowlby (1991), p. 107.
37. 参阅 Bowlby (1991), p. 363; *Origin*, pp. 54-55; *Autobiography*, p. 49; 关于伊拉兹马斯，引自 Gruber (1981), p. 51。
38. Bowlby (1991), p. 363.
39. Malinowski (1929), p. 91.
40. 参阅 Cosmides and Tooby (1989), p. 77。
41. *Autobiography*, p. 123.
42. Trivers (1985), p. 420.
43. 参阅 Atonson (1980), p. 109。同时参阅 Levine and Murphy (1943)。
44. 参阅 Greenwald (1980) and Trivers (1985), p. 418。
45. 引自 Miller and Ross (1975), p. 217。在 Ross and Sicoly (1979) 的实验 2 中也发现了相似的效应。
46. 关于这一幕的叙述，载于 Desmond and Moore (1991), pp. 495-99。
47. *Expression,* p. 237.
48. CCD, vol. 1, pp. 96, 98, 124, 126. 虽然不是很确定，但很可能是杰宁斯先向达尔文赠送了礼物，达尔文才开始称赞他。在向福克斯转述了他的赞美两天后，达尔文通过亨斯洛感谢杰宁斯送给他那份"珍贵的礼物"。由于这是几个月以来

注释　　451

亨斯洛收到的第一封信，他这才第一次有机会通过亨斯洛表达他的谢意。礼物在过去 48 小时内送到的可能性很小。总之，达尔文和杰宁斯继续发展出一种令人满意的关系——"我和他接触得越多，就越喜欢他"（CCD, vol. 1, p. 124）。此外，达尔文再也没有提起过杰宁斯"弱智"。

49. *New York Times*, Oct. 14, p. A1.
50. 参阅，例如，Chagnon (1968)。
51. 这种塑造是否涉及群体选择，部分取决于构成行为的心理机制到底是什么。如果你相信人类天生就会表现出真正的无私，而扑向手榴弹去救同伴就是我们人类的一种行为特征，那么这个解释可能确实可以称之为群体选择。但如果你相信一个士兵会利用他的战友——让他们去最危险的前线，而他如果有机会也很愿意去强奸和掠夺——那么群体选择就不那么重要了。图比和科斯米德斯（1988）认为，在不涉及群体选择概念的情况下，群体间的冲突也可以塑造出看起来像是"为集体牺牲"的适应行为。同时参阅本书附录第 6 条。
52. Trivers (1971), p. 51.
53. CCD, vol. 3, p. 366.

第 14 章　达尔文的胜利

1. CCD, vol. 6, p. 346.
2. LLCD, vol. 3, p. 361.
3. Brent (1983), pp. 517-18.
4. Clark (1984), p. 214.
5. Clark (1984), p. 3.
6. CCD, vol. 1. pp. 85, 89; *Autobiography*, p. 63.
7. Bowlby (1991), pp. 71-74.
8. Brent (1983), p. 35.
9. *Autobiography*, p. 55.
10. *Autobiography*, p. 55.
11. *New York Times*, May 17, 1988, p. C1.
12. *Autobiography*, p. 64.
13. CCD, vol. 1, p. 110.
14. Desmond and Moore (1991), p. 81.
15. Goodall (1986), p. 431.
16. CCD, vol. 1, pp 140, 142; "大自然所能塑造的最完美的人"，引自 Bowlby (1991), p. 124.

17. CCD, vol, 1, pp. 143, 141;"挑剔",引自 CCD, vol. 2, p. 80。

18. CCD, vol. 1, pp. 469, 503;"地质锤",引自 *Autobiography*, p. 82。

19. CCD, vol. 1, pp. 57, 62; Brent (1983) p. 81; Desmond and Moore (1991), p. 76.

20. CCD, vol. 1, pp. 416-17.

21. Laura Betzig（私人交流）。

22. CCD, vol. 1, pp. 369, 508.

23. CCD, vol. , p. 460; *Papers*, pp. 41-43.

24. Bowlby (1991), p. 210.

25. CCD, vol. 1, pp. 524, 532-33.

26. Gruber (1981), p. 90.

27. CCD, vol. 1, p. 517.

28. 参阅 Thibaut and Riecken (1955)。在某些情况下，"低地位"个体而非"高地位"个体会被主体视为是出于"内在原因"（而非主体的社会压力）而服从主体的影响。因此在这类情形中效果是相反的：主体会增加对"低地位"个体的好感。两位作者指出这种对因果关系轨迹的感知可能是真正的自变量，而非社会地位变量。不过，我认为在这类情形中，被作者认定为"低地位"的主体被认为出于"内在原因"而服从，他实际上是被其他主体看成是在释放"高地位"线索（即便他自我描述为学历不高之类）。实际上，对"社会压力"的抵制，以及从"内"因出发行事的倾向，正是定义"高地位"的要素。

29. CCD, vol 2, p. 284; CCD, vol. , p. 512.

30. *Autobiography*, p. 101. 达尔文在自传中整体上对赖尔给出了非常积极正面的评价。

31. Asch (1955).

32. Verplanck (1955).

33. Zimmerman and Bauer (1956).

34. Himmelfarb (1959), p. 210.

35. CCD, vol. 6, p. 445.

36. Sulloway (1994), p. 32.

37. Sulloway (1991), p. 32. 有些人可能会对萨洛韦使用的"自尊"一词颇有微词。长期但分散发生的自我怀疑并不一定是自卑、低自尊。有迹象表明，进化心理学家可能会理清"低自尊"（长期的自我怀疑）和"不安全感"（周期性的自我怀疑）的关系，并证明它们在早期社会环境下的形成原因是不同的。但是无论如何，萨洛韦的结论在更高层面是没有问题的——达尔文早期生活环境（包括他父亲的影响）为其"灌输"自我怀疑精神，是有助于他事业发展的。

注释 453

38. Bowlby (1991), pp. 70-73. 萨洛韦曾指出，正如鲍尔比所言，达尔文的父亲培养了达尔文的自我怀疑精神，那么达尔文的一些科学成就可以追溯到他的父亲。不过萨洛韦并没有说某种影响父亲行为的心理适应机制，其目的就是为了培养孩子的自我怀疑精神。

39. 鲍尔比的确承认达尔文对权威的遵从有一些实用价值。他认为达尔文"尊重"年长男性的意见，"不像一些自以为是的年轻人"，这样可以为他赢得权威的支持。但鲍尔比补充道："尽管年轻人表现出这样的态度是有意义的，但一个人在年长后如果还是一贯遵从他人，就可能会有问题。首先，这可能会过分抬高一个人的地位和观点，更重要的是，这可能导致这个人自身的价值和观点被低估。"（p. 72）也许有时是这样的，虽然并不必然如此。鲍尔比列举了达尔文的例子，比如物理学家开尔文勋爵曾对达尔文的理论提出了严厉批评，达尔文看到批评后立刻修正了自己的理论，以迎合开尔文勋爵的意见。结果《物种起源》后续出版的版本越来越"苍白无力"，而第六版，也就是最后一版，对进化论的诠释远不如第一版那么伟大。可是从另一个角度看，这种妥协并不一定是糟糕的，它让达尔文能够顺利推广自己的理论和著作，同时保持住自己的社会地位。

40. 参阅 Aronson (1980), pp. 64-67。

41. Brent (1983), p. 376.

42. CCD, vol. 6, pp. 250, 256. 还有些作者也像布伦特一样解释过这段对话。参阅，例如，Bowlby (1991), pp. 270-71, 279。

43. *Autobiography*, p. 162.

44. 有关赖尔和胡克成为达尔文的支持者的作用的证据，参阅 LLCD, vol. 2, p. 156。

45. LLCD, vol. 2, pp. 238, 241.

46. LLCD, vol. 2, pp. 165-66.

47. LLCD, vol. 3, pp. 8-9.

48. 参阅 Bowlby (1991), p. 254。

49. *Autobiography*, p. 105.

50. LLCD, vol. 2, p. 237.

51. CCD, vol. 6, p. 432.

52. CCD, vol. 6, pp. 100, 387, 514, 521.

53. LLCD, vol. 2, p. 116.

54. LLCD, vol. 2, pp. 116-17.

55. LLCD, vol. 2, pp. 117-19. 还有人对这次通信持类似的看法，例如 Gould (1980), p. 48。

56. 引自 Rachels (1990), p. 34。
57. *Papers*, vol. 2, p. 4.
58. 鉴于科学规则正在发生变化，这种观点尤其站得住脚。在达尔文之前的一个世纪，一个科学家如果在私人交流中提出了自己的想法，就像达尔文将他的理论发给格雷一样，即使他后来从来没有公开发表这一理论，人们也会认为他拥有对该理论的优先署名权。到19世纪中期，这一传统已逐渐衰落，但并未完全消失。（萨洛韦，私人交流。）
59. Rachels (1990) 提出了这个观点。Rachels 是少数几个对达尔文对待华莱士的方式持严厉态度的观察者之一，他对这段情节的描述与我很像：一个强大的集团战胜了一个幼稚的人。
60. 引自 Clark (1984), p. 119。
61. Eiseley (1958), p. 292.
62. Desmond and Moore (1991), p. 569.
63. Clark (1984), p. 115.
64. LLCD, vol. 2, p. 117.
65. Brent (1983), p. 415.
66. LLCD, vol. 2, p. 145.
67. Bowlby (1991), pp. 88-89.
68. 参见本章开头的题记。
69. LLCD, vol. 2, p. 128.
70. *Autobiography,* p. 124.
71. 但是以极低的成本给一个盟友很大的帮助是极有意义的，这可以让盟友在以后更好地为你服务。
72. 参阅 Alexander (1987)。
73. *Papers*, vol. 2, p. 4.
74. Clark (1984), p. 119.
75. Bowlby (1991), pp. 60, 73.

第15章　达尔文和弗洛伊德的讽刺

1. *Notebooks*, p. 538.
2. 理查德·亚历山大曾说过，"群体内的友谊"往往意味着"群体间的敌意"。
3. 在这一转变中，1918年出版的《杰出的维多利亚人》(*Eminent Victorians*) 是一部具有里程碑意义的作品。在这本书中，利顿·斯特雷奇（Lytton Strachey）一针见血地戳穿了维多利亚时代的伪装，例如，他发现弗洛伦斯·南丁格尔其实有严重的利己主义倾向。

4. 关于达尔文主义和弗洛伊德主义的其他生物学方面的权威论述，参阅 Sulloway (1979a), esp. chapter 7。
5. Daly and Wilson (1990b).
6. Nesse (1991b).
7. CCD, vol. 2, p. 439.
8. Brent (1983), p. 24.
9. Desmond and Moore (1991), p. 138.
10. 引自 Bowlby (1991), p. 350。
11. 参阅 Buss (1991), pp. 473-77; Tooby and Cosmides (1990a)。
12. *Autobiography*, p. 123.
13. Freud (1922), pp. 79-80.
14. Freud (1922), p. 80. 为了解释回避痛苦记忆的普遍倾向的例外情况，弗洛伊德还制定了详细的规则。
15. MacLean (1983), p. 88. 关于大脑进化的简单总结，参阅 Jastrow (1981)。
16. Nesse and Lloyd (1992), p. 614.
17. Slavin (1990).
18. 参阅 Nesse and Lloyd (1992), p. 608。
19. Nesse and Lloyd (1992), p. 611.
20. Freud (1930), pp. 58, 62.
21. Freud (1922), p. 296.
22. 参阅 Connor (1989), chapters 1 and 6; Graham, Doherty, and Malek (1992); and Wyschogrod (1990), esp. pp. xiii-xxvii。

第 16 章　进化的道德观

1. *Notebooks*, pp. 550, 629.
2. *Descent*, p. 73.
3. Clark (1984), p. 197.
4. Hofstadter (1944), p. 45.
5. Rachels (1990), p. 62.
6. Rachels (1990), p. 65. 本书第 2 章曾介绍过，斯宾塞及其他人曾尝试从进化理论中获取道德原则。
7. 参阅 Rachels (1990), pp. 66-70。
8. 关于大卫·休谟最先提出自然主义谬误这一说法是有争议的。参阅 Glossop

(1967), esp. p. 533。

9. Mill (1874), pp. 385, 391, 398-99.

10. *Encyclopedia of Philosophy*, Macmillan, vol 5, p. 319.

11. LLCD, vol. 2, p. 312.

12. *Descent*, vol. 2, p. 393.

13. 一些研究者，例如，Richards (1987), pp. 234-41 强调了达尔文的伦理学和经典功利主义之间的区别。正如达尔文本人所指出的那样，两者之间当然存在差异，但这些差异主要涉及的是道德原则的推理过程，而不涉及道德实践主张（见以下第 22 条注释）。正如 Gruber（1981）所论述的那样，达尔文"接受了功利主义原则"，他评价行为是否道德"依据的是它们对有机体的实际后果，而不是看这些行为是否符合一些预定的道德规范"。这种道德评价方法在今天看来似乎并没有不同寻常之处，许多关于道德的论述都会基于这一立场。但在 19 世纪时，正是这种道德评价方法，将达尔文和密尔的伦理学与大部分伦理学区分开来。这两位思想家还有一个重要的共同点，虽然达尔文用的概念是"福祉"（welfare），而密尔用的概念是"幸福"（happiness），但两人在进行福祉／幸福考量时主张每个人的福祉／幸福都是平等的，这也正是功利主义的核心原则之一，本书后面的内容会论述这一问题。正因如此，在维多利亚时期的英国，功利主义获得了左派人士的支持。关于达尔文对密尔的道德和政治哲学的赞赏，参阅 ED, vol. 2. p. 169。

14. 参阅 MacIntyre (1966), p. 251。

15. 参阅 Mill (1863), pp. 307-8, and Alan Rvan's introduction, p. 49。

16. 参阅 Mill (1863), pp. 274-75。

17. 人们会争论密尔到底是不是"基于规则"的功利主义者，但是参阅 Mill (1863), pp. 291, 295，本处证明他是的。关于"基于行动"与"基于规则"的功利主义之争，参阅 Smart (1973)。

18. Mill (1863), p. 288.

19. 实际上，快乐和痛苦的存在（通常是主观体验）比许多人，包括许多进化论者能意识到的还要更神秘（尽管约翰·梅纳德·史密斯注意到了这一点），参阅 Wright (1992)。

20. Gruber (1981), pp. 64, 66.

21. Desmond and Moore (1991), p. 120.

22. 就像很多关于功利主义的讨论一样，达尔文在《人类的由来》第 98 页的一段话中关于道德原则的论述在一定程度上模糊了"规范"（应该如此）和"描述"（本是如此）之间的界限，至少对我来说，我无法分清楚达尔文到底是说人们应该担心"利益"或"福祉",还是说人们实际上出于天性,确实会担心"利益"或"福祉"。这种模糊性常常是自然主义谬误的体现,即从"实际这么做"推导出"应该这么做"。另外,达尔文对"普遍利益"的定义也隐约暗示着自然主义谬误:"通过这种方法,使尽可能多的个体能够在他们所处的条件下茁壮成长,身体健康,官能健全。"毫无疑问,达尔文关于道德情操论起源的想法,即道德情操论是为了"群体利益"进化而来的,使其陷入了自然主义谬误。也就是说,既然进化似乎设计了道德冲动来保障达尔文自己从小就相信的道德价值观,那么对于他来说,就没有理由不相信进化设计是正确的向导。然而,正如我们在这一章中看到的,达尔文在其他情况下强调反对自然的道德权威。

23. 由于达尔文具有一些群体选择倾向,他没有看到自然设计中充斥的利己主义,因此,一方面,当他看到猫戏弄老鼠时会感到惊骇,另一方面,他对人类道德情操的看法可能比现代达尔文主义者更加乐观。

24. Huxley (1984), pp. 80, 83.

25. Singer (1981), p. 168.

26. Williams (1989), p. 208.

27. Alan Ryan's introduction to Mill (1863).

28. 参阅 Betzig (1988)。

29. *Descent*, vol. 1, pp. 88-89.

第17章 指责受害者

1. *Descent*, vol. 2, p. 393; *Notebooks*, p. 571.

2. 参阅 Daly and Wilson (1988), chapter 11, 关于决定论和过失问题的论述。

3. Ruse (1986), pp. 242-43, 他注意到了这个悖论。

4. Mill (1863), p. 334.

5. Matthew 5:44, 5:39; Exodus 21:24.

6. 尽管密尔因勉强支持指责和惩罚而摆脱了困境,但他强调这一选择并非仅出于惩罚的使用价值。他写道,以德报德以怨报怨,"不仅包含在我们所定义的正义概念中,而且是强烈情感的体现,这种情感作为正义的基石,超越了人类的理性判断"。参阅 Mill (1863), p. 334。

7. Dawkins (1982), p. 11.

8. 关于达尔文的唯物论和决定论,参阅 Gruber (1981) 和 Richards (1987)。

9. *Notebooks*, p. 526, 535. "示范作用"和"教导"当然不能不受环境的影响,但在这里他的重点是,一切影响都归结于遗传和环境。

10. *Notebooks*, p. 536.

11. 典型的环境决定论者斯金纳在《超越自由和尊严》一书中揭露了自由意志神话，并认为指责和赞扬的概念能够存在，仅仅是因为它们具有实用价值，而非它们不具有哲学意义。他所不知道的是，这些观念是由自然选择创造出来的，自然选择已经隐蔽地承认了它们的实用价值。

12. *Notebooks*, p. 608.

13. *Notebooks*, p. 608.

14. *Notebooks*, p. 608.

15. *Notebooks*, p. 614.

16. Daly and Wilson (1988), p. 269.

17. 参阅 Saletan and Watzman (1989)。

18. *Notebooks*, p. 608. 编者引用的完整段落是："人们必须像看待病人一样看待喝醉之人，我们会忍不住厌恶病人，我们对喝醉之人也是如此。不过，同情比憎恨和厌恶更合适。"我猜这里的"喝醉之人"（wrecked man）是"恶人"（wicked man）的讹误。这是我在释义中用"恶人"的原因之一，随后对"邪恶"的使用松散地证明了这种释义。

19. 尽管密尔本人并不非常拥护这种惩罚观，但他的父亲和早期功利主义学派的思想家都支持这种观点，包括18世纪的意大利法学家切萨雷·贝卡利亚。

20. Daly and Wilson (1988), p. 256.

21. Bowlby (1991), p. 352.

22. Axelrod (1987).

23. 引自 Franklin (1987), pp. 246-47。

24. 我在这里使用的"实用主义"是威廉·詹姆斯（William James）使用的一种（可以说是腐败）意义上的"实用主义"，而不是实用主义哲学学派创始人查尔斯·S. 皮尔斯使用的那种更严格意义上的"实用主义"。

25. Mill (1859), p. 61.

26. 参阅 Himmelfarb (1974), pp. 273-75。他认为密尔具有一些道德保守倾向，在他的一些作品（如《论自由》）中，由于他的激进的妻子的影响，这种倾向相当低调。

27. Mill (1859), p. 104.

28. Mill (1859), p. 61. 参阅 Himmelfarb (1974), chapter 6, and Himmelfarb (1968), p. 143。《论自由》出现于英国历史上一段非常自由的时期，其实密尔自己也承认这一点。

29. Mill (1859), p. 78.

30. Mill (1874), p. 393. 关于密尔作品中的这种张力，再次参阅 Himmelfarb (1974), and (1968), chapter 4。
31. *Notebooks*, p. 608.
32. *Notebooks*, p. 608.

第 18 章 达尔文的皈依

1. *Autobiography*, p. 91.
2. *Autobiography*, pp. 85-87.
3. *Autobiography*, p. 93.
4. Smiles (1859), pp. 16, 333: *Descent*, vol. 1, p. 101.
5. Singer (1989), p. 631.
6. "Buddha's Farewell Address," Burtt (1982), p. 47.
7. Campbell (1975), p. 1103.
8. 参阅 Dawkins (1976), p. 207, 关于"迷因"的内容章节，也参阅 Dawkins (1982), chapter 6。
9. Symons (1979), p. 207.
10. "The Way of Truth," Burtt (1982), p. 68.
11. "The Way of Truth," Burtt (1982), p. 66.
12. Matthew 6:19, 6:27.
13. *Bhagavad Gita* II:55-58 (Edgerton [1944], p. 15).
14. Ecclesiastes 6:7.
15. Matthew 19: 30.
16. *Bhagavad Gita* II: 44, 52 (Edgerton [1944], pp. 13, 14).
17. "The Way of Truth", Burtt (1982), p. 65.
18. Ecclesiastes, 6: 9.
19. John 8:7, Matthew 7:5.
20. "The Way of Truth," Burtt (1982), p. 65.
21. "Truth Is Above Sectarian Dogmatism," Burtt (1982), p. 37.
22. Singer (1981), pp. 112-14.
23. *Descent*, vol. 1, pp. 100-101.
24. 一些现代解释将这种"战争"视为自我内部斗争的隐喻：感官欲望必须受到猛烈压制。
25. Galatians 6:10.
26. Hartung (1993).

27. 参阅 Johnson (1987)。
28. Campbell (1975), pp. 1103-4.
29. *Bhagavad Gita* II:55 (Easwaran [1975], vol. 1, p. 105).
30. *Bhagavad Gita* XIII: 28 (Edgerton [1944], p. 68).
31. Houghton (1957), p. 62.
32. CCD, vol. 1, p. 496.
33. Bowlby (1991), p. 352.
34. Bowlby (1991), p. 450.
35. LLCD, vol. 1, p. 124.
36. ED, vol. 2, p. 253. 在 LLCD 中，弗郎西斯·达尔文写的是"我一点也不惧怕去死"。
37. *Autobiography,* pp. 94-95.
38. *Autobiography,* p. 95.

参考文献

Abramovitch, Rona (1980) "Attention Structures in Hierarchically Organized Groups," in Omark, Strayer, and Freedman. (1980).

Alexander, Richard D. (1974) "The Evolution of Social Behavior," *Annual Review of Ecology and Systematics* 5:325-83.

—— (1975) "The Search for a General Theory of Behavior," *Behavioral Science* 10:77-100.

—— (1979) *Darwinism and Human Affairs*, Seattle: University of Washington Press.

—— (1987) *The Biology of Moral Systems*, Hawthorne, N. Y.: Aldine de Gruyter.

Alexander, Richard D., and Katherine M. Noonan (1979) "Concealment of Ovulation, Parental Care, and Human Social Evolution," in Chagnon and Irons (1979).

Alexander, Richard D., et al. (1979) "Sexual Dimorphisms and Breeding Systems in Pinnipeds, Ungulates, Primates and Humans," in Chagnon and Irons (1979).

Alland, Alexander, ed. (1985) *Human Nature: Darwin's View*, New York: Columbia University Press.

Ardrey, Robert (1970) *The Social Contract*, New York: Atheneum.

Aronson, Elliot, ed. (1973) *Readings About the Social Animal,* San Francisco: W. H. Freeman.

Aronson, Elliot (1980) *The Social Animal*, San Francisco: W. H. Freeman.

Aronson Elliot, and David R. Mettee (1968) "Dishonest Behavior as a Function of Differential Levels of Induced Self-Esteem," *Journal of Personality and Social Psychology* 9:121-27. Reprinted in Aronson (1973).

Asch, Solomon E. (1955) "Opinions and Social Pressure," *Scientific American,*

November. Reprinted in Aronson (1973).

Atzwanger, Klaus (1993) "Social Reciprocity and Success," paper presented at meeting of the Human Behavior and Evolution Society, Binghamton, N.Y.

Axelrod, Robert (1984) *The Evolution of Cooperation*, New York: Basic Books.

—— (1987) "Laws of Life," *The Sciences* 27:44-51.

Badcock, Christopher (1990) *Oedipus in Evolution: A New Theory of Sex*, Oxford: Basil Blackwell.

Badrian, Alison, and Noel Badrian (1984) "Social Organization of Pan paniscus in the Lomako Forest, Zaire," in Randall L. Susman, ed., *The Pygmy Chimpanzee: Evolutionary Biology and Behavior*, New York: Plenum.

Bailey, Michael (1993) "Can Behavior Genetics Contribute to Evolutionary Explanations of Behavior?" paper presented at meeting of the Human Behavior and Evolution Society, Binghamton, N.Y.

Baker, R. Robin, and Mark A. Bellis (1989) "Number of Sperm in Human Ejaculates Varies in Accordance with Sperm Competition Theory," *Animal Behaviour* 37:867—69.

—— (1993) "Human Sperm Competition: Ejaculate Adjustment by Males and the Function of Masturbation"; and "Human Sperm Competition: Ejaculate Manipulation by Females and a Function for the Female Orgasm," *Animal Behaviour* 46:861-909.

Barchas, Patricia R., and M. Hamit Fisek (1984) "Hierarchical Differentiation in Newly Formed Groups of Rhesus and Humans," in Patricia R. Barchas, ed., *Social Hierarchies*, Westport, Conn.: Greenwood Press.

Barkow, Jerome (1973) "Darwinian Psychological Anthropology: A Biosocial Approach," *Current Anthropology* 14:373-88.

—— (1980) "Prestige and Self-Esteem: A Biosocial Interpretation," in Omark, Strayer, and Freedman (1980).

—— (1989) *Darwin, Sex, and Status*, Toronto: University of Toronto Press.

—— (1992) "Beneath New Culture Is Old Psychology: Gossip and Social Stratification," in Barkow, Cosmides, and Tooby (1992).

Barkow, Jerome H., Leda Cosmides, and John Tooby (1992) *The Adapted Mind: Evolutionary Psychology and the Generation of Culture*, New York: Oxford University Press.

Barlow, Nora, ed. (1959) *The Autobiography of Charles Darwin*, New York: Harcourt Brace.

Barrett, Paul H., ed. (1977) *The Collected Papers of Charles Darwin*, Chicago:

University of Chicago Press. [Page 427]

Barrett, PaulH., etal., eds. (1987) *Charles Darwin's Notebooks, 1836-1844*, Ithaca, N.Y.: Cornell University Press.

Barret-Ducrocq, Franchise (1989) L*ove in the Time of Victoria: Sexuality and Desire Among Working-Class Men and Women in Nineteenth-Century London*, translated by John Howe, New York: Penguin, 1992.

Bateman, A. J. (1948) "Intra-sexual Selection in Drosophila," *Heredity* 2:349-68.

Benedict, Ruth (1934) *Patterns of Culture*, Boston: Houghton-Mifflin Sentry edition, 1959.

Benshoof, Lee, and Randy Thornhill (1979) "The Evolution of Monogamy and Concealed Ovulation in Humans," *Journal of Social and Biological Structures* 2:95-106.

Betzig, Laura L. (1982) "Despotism and Differential Reproduction: A Cross-Cultural Correlation of Conflict Asymmetry, Hierarchy, and Degree of Polygyny," *Ethology and Sociobiology* 3:209-21.

—— (1986) *Despotism and Differential Reproduction: A Darwinian View of History*, New York: Aldine de Gruyter.

—— (1988) "Redistribution: Equity or Exploitation?" in Betzig, Borgerhoff Mulder, and Turke (1988).

—— (1989) "Causes of Conjugal Dissolution: A Cross-Cultural Study," *Current Anthropology* 30:654-76.

—— (1993a) "Where Are the Bastards' Daddies?" *Behavioral and Brain Sciences* 16:285-95.

—— (1993b) "Sex, Succession, and Stratification in the First Six Civilizations," in Lee Ellis, ed. *Social Stratification and Socioeconomic Inequality*, New York: Praeger.

Betzig, Laura, Monique Borgerhoff Mulder, and Paul Turke, eds. (1988) *Human Reproductive Behaviour: A Darwinian Perspective*, New York: Cambridge University Press.

Betzig, Laura, and Paul Turke (1986) "Parental Investment by Sex on Ifaluk," *Ethology and Sociobiology* 7:29-37.

Bonner, John Tyler (1980) *The Evolution of Culture in Animals*, Princeton, N.J.: Princeton University Press.

—— (1988) *The Evolution of Complexity by Means of Natural Selection*, Princeton, N.J.: Princeton University Press.

Bonner, John Tyler, and Robert M. May (1981) "Introduction," in Darwin (1871).

Boone, James L. Ill (1988) "Parental Investment, Social Subordination, and Population Processes Among the 15th and 16th Century Portuguese Nobility," in Betzig, Borgerhoff Mulder, and Turke (1988).

Bowlby, John (1991) *Charles Darwin: A New Life*, New York: Norton. [Page 428]

Bowler, Peter J. (1990) *Charles Darwin: The Man and His Influence*, Oxford: Basil Blackwell.

Brent, Peter (1981) *Charles Darwin: A Man of Enlarged Curiosity*, New York: Norton, 1983.

Briggs, Asa (1955) *Victorian People: A Reassessment of Persons and Themes, 1851-1867,* Chicago: University of Chicago Press, 1972.

Brown, Donald E. (1991) *Human Universals*, New York: McGraw-Hill.

Browne, Janet, and Michael Neve, eds. (1989) *Charles Darwin's Voyage of the Beagle*, New York: Penguin Books.

Buehlman, Kim Therese, J. M. Gottman, and L. F. Katz (1992) "How a Couple View Their Past Predicts Their Future: Predicting Divorce from an Oral History Interview," *Journal of Family Psychology* 5:295-318.

Burkhardt, Frederick, and Sydney Smith, eds. (1985-91) *The Correspondence of Charles Darwin*, 8 vols., Cambridge: Cambridge University Press.

Burtt, E. A., ed. (1982) *The Teachings of the Compassionate Buddha*, New York: New American Library.

Buss, David (1989) "Sex Differences in Human Mate Preferences: Evolutionary Hypotheses Tested in 37 Cultures," *Behavioral and Brain Sciences* 12:1-49.

—— (1991) "Evolutionary Personality Psychology," *Annual Review of Psychology* 42:459-91.

—— (1994) *The Evolution of Desire: Strategies of Human Mating*, New York: Basic Books.

Buss, David, and Lisa A. Dedden (1990) "Derogation of Competitors," *Journal of Social and Personal Relationships* 7:395-422.

Buss, David, and D. P. Schmitt (1993) "Sexual Strategies Theory: An Evolutionary Perspective on Human Mating," *Psychological Review* 100:204-32.

Buss, David, et al. (1992) "Sex Differences in Jealousy: Evolution, Physiology, and Psychology," *Psychological Science* 3:251-55.

Campbell, Donald T. (1975) "On the Conflicts Between Biological and Social Evolution and Between Psychology and Moral Tradition," *American Psychologist* 30:1103-26.

Cashdan, Elizabeth (1993) "Attracting Mates: Effects of Paternal Investment on Mate Attraction," *Ethology and Sociobiology* 14:1-24.

Cavalli-Sforza, Luigi, et al. (1988) "Reconstruction of Human Evolution: Bringing Together Genetic, Archaeological, and Linguistic Data," *Proceedings of the National Academy of Science* 85:6002-6.

Chagnon, Napoleon (1968) *Yanomamo: The Fierce People*, New York: Holt, Rinehart and Winston. [Page 429]

—— (1979) "Is Reproductive Success Equal in Egalitarian Societies?" in Chagnon and Irons (1979).

—— (1988) "Life Histories, Blood Revenge, and Warfare in a Tribal Population," *Science* 239:985-92.

Chagnon, Napoleon, and William Irons, eds. (1979) *Evolutionary Biology and Human Social Behavior: An Anthropological Perspective*, North Scituate, Mass.: Duxbury Press.

Chance, Michael (1967) "Attention Structure as the Basis of Primate Rank Orders," *Man* 2:503-18.

Charmie, Joseph, and Samar Nsuly (1981) "Sex Differences in Remarriage and Spouse Selection," *Demography* 18:335-48.

Clark, Ronald W. (1984) *The Survival of Charles Darwin*, New York: Avon Books, 1986.

Clutton-Brock, Timothy, ed. (1988) *Reproductive Success: Studies of Individual Variation in Contrasting Breeding Systems*, Chicago: University of Chicago Press.

Clutton-Brock, T. H., and A.C.J. Vincent (1991) "Sexual Selection and the Potential Reproductive Rates of Males and Females," *Nature*, 351:58-60.

Colp, Ralph, Jr. (1981) "Charles Darwin, Dr. Edward Lane, and the 'Singular Trial' of Robinson v. Robinson and Lane," *Journal of the History of Medicine and Allied Sciences*, 36:205-13.

Connor, Steven (1989) *Postmodernist Culture: An Introduction to Theories of the Contemporary*, Oxford: Basil Blackwell.

Cosmides, Leda, and John Tooby (1987) "From Evolution to Behavior: Evolutionary Psychology as the Missing Link," in John Dupre, ed., *The Latest on the Best: Essays on Evolution and Optimality*, Cambridge, Mass.: MIT Press.

—— (1989) "Evolutionary Psychology and the Generation of Culture" (part 2), *Ethology and Sociobiology* 10:51-97.

—— (1992) "Cognitive Adaptations for Social Exchange," in Barkow et al. (1992).

Crawford, Charles B., B. E. Salter, and K. L. Lang (1989) "Human Grief: Is Its Intensity Related to the Reproductive Value of the Deceased?" *Ethology and Sociobiology* 10:297-307.

Crispell, Diane (1992) "The Brave New World of Men," *American Demographics*, January.

Cronin, Helena (1991) *The Ant and the Peacock: Altruism and Sexual Selection from Darwin to Today*, New York: Cambridge University Press.

Daly, Martin, Margo Wilson, and S. J. Weghorst (1982) "Male Sexual Jealousy," *Ethology and Sociobiology* 3:11-27.

Daly, Martin, and Margo Wilson (1980) "Discriminative Parental Solicitude: A Biological Perspective," *Journal of Marriage and the Family* 42:277-88. [Page 430]

—— (1983) *Sex, Evolution, and Behavior*, Boston: Willard Grant.

—— (1988) *Homicide*, Hawthorne, N.Y.: Aldine de Gruyter.

—— (1990a) "Killing the Competition: Female/Female and Male/Male Homicide," *Human Nature* 1:81-107.

—— (1990b) "Is Parent-Offspring Conflict Sex-Linked? Freudian and Darwinian Models," *Journal of Personality* 58:163-89.

Darwin, Charles (1859) *The Origin of Species*, New York: Penguin Books, 1968.

—— (1871) *The Descent of Man, and Selection in Relation to Sex*, Princeton, N.J.: Princeton University Press, 1981 (facsimile edition).

—— (1872) *The Expression of the Emotions in Man and Animals*, Chicago: University of Chicago Press edition, 1965.

Darwin, Francis, ed. (1888) *Life and Letters of Charles Darwin*, 3 vols., New York: Johnson Reprint Corp., 1969.

Dawkins, Richard (1976) *The Selfish Gene*, New York: Oxford University Press.

—— (1982) *The Extended Phenotype*, New York: Oxford University Press, 1989.

—— (1986) *The Blind Watchmaker*, New York: W. W. Norton and Co.

Dawkins, Richard, and John R. Krebs (1978) "Animal Signals: Information or Manipulation?" in J. R. Krebs and N. B. Davies, eds., *Behavioural Ecology*, Oxford: Basil Blackwell.

Degler, Carl N. (1991) *In Search of Human Nature: The Decline and Revival of Darwinism in American Social Thought*, New York: Oxford University Press.

Desmond, Adrian, and James Moore (1991) *Darwin: The Life of a Tormented*

Evolutionist, New York: Warner Books.

Devore, Irven (1969) "The Evolution of Human Society," in J. F. Eisenberg and Wilton S. Dillon, eds., *Man and Beast: Comparative Social Behavior,* Washington, D.C.: Smithsonian Institution Press.

de Waal, Frans (1982) *Chimpanzee Politics*, Baltimore: Johns Hopkins University Press, 1989.

—— (1984) "Sex Differences in the Formation of Coalitions Among Chimpanzees," *Ethology and Sociobiology* 5:239-55.

—— (1989) *Peacemaking Among Primates*, Cambridge, Mass.: Harvard University Press.

de Waal, Frans, and Lesleigh Luttrell (1988) "Mechanisms of Social Reciprocity in Three Primate Species: Symmetrical Relationship Characteristics or Cognition?" *Ethology and Sociobiology* 9:101-18.

Dickemann, Mildred (1979) "Female Infanticide, Reproductive Strategies," and "Social Stratification: A Preliminary Model," in Chagnon and Irons (1979).

Dobzhansky, Theodosius (1962) *Mankind Evolving: The Evolution of the Human Species*, New Haven: Yale University Press.

Draper, Patricia, and Jay Belsky (1990) "Personality Development in Evolutionary Perspective," *Journal of Personality* 58:141-61.

Draper, Patricia, and Henry Harpending (1982) "Father Absence and Reproductive Strategy: An Evolutionary Perspective," *Journal of Anthropological Research* 38:255- 73.

—— (1988) "A Sociobiological Perspective on the Development of Human Reproductive Strategies," in MacDonald (1988a).

Dugatkin, Lee Alan (1992) "The Evolution of the 'Con Artist,'" *Ethology and Sociobiology* 13:3-18.

Durant, John R. (1985) "The Ascent of Nature in Darwin's Descent of Man," in David Kohn, ed., *The Darwinian Heritage*, Princeton, N.J.: Princeton University Press.

Easwaran, Eknath (1975) *The Bhagavad Gita for Daily Living*, 3 vols., Berkeley, Cal.: Blue Mountain Center of Meditation.

Edgerton, Franklin (1944), translation of The Bhagavad Gita, Cambridge, Mass.: Harvard University Press, 1972.

Eiseley, Loren (1958) *Darwin's Century*, New York: Anchor Books, 1961.

Ellis, Bruce, and Donald Symons (1990) "Sex Differences in Sexual Fantasy: an Evolutionary Psychological Approach," *Journal of Sex Research* 27:527-55.

Ellyson, S. L., and J. F. Dovidio, eds. (1985) *Power, Dominance, and Nonverbal Behavior*, New York: Springer-Verlag.

Essock Vitale, Susan M., and Michael T. McGuire (1988) "What 70 Million Years Hath Wrought: Sexual Histories and Reproductive Success of a Random Sample of American Women," in Betzig, Borgerhoff Mulder, and Turke (1988).

Fausto-Sterling, Anne (1985) *Myths of Gender*, New York: Basic Books.

Fisher, Ronald A. (1930) *The Genetical Theory of Natural Selection*, Oxford: Clarendon Press.

Fitch, Gordon (1970) "Effects of Self-Esteem, Perceived Performance, and Choice on Causal Attributions," *Journal of Personality and Social Psychology* 16:311-15.

Fletcher, David J. C, and Charles D. Michener, eds. (1987) *Kin Recognition in Animals*, New York: John Wiley & Sons.

Frank, Robert (1985) *Choosing the Right Pond: Human Behavior and the Quest for Status*, New York: Oxford University Press.

—— (1990) "A Theory of Moral Sentiments," paper presented at meeting of the Human Behavior and Evolution Society, Los Angeles.

Franklin, Jon (1987) *Molecules of the Mind*, New York: Atheneum. [Page 432]

Freeman, Derek (1983) *Margaret Mead and Samoa: The Making and Unmaking of an Anthropological Myth*, Cambridge, Mass.: Harvard University Press.

Freedman, Daniel G. (1980) "Cross-Cultural Notes on Status Hierarchies," in Omark, Strayer, and Freedman (1980).

Freeman, R. B. (1978) *Charles Darwin: A Companion,* Kent (England): Wm. Dawson and Sons.

Freud, Sigmund (1922) *A General Introduction to Psychoanalysis*, translated by Joan Riviere, New York: Washington Square Press, 1960.

—— (1930) *Civilization and Its Discontents*, translated by James Strachey, New York: Norton, 1961.

Gangestad, Steven W., and Jeffrey A. Simpson (1990) "Toward an Evolutionary History of Female Sociosexual Variation," *Journal of Personality* 58:69-95.

Gaulin, Steven J. C., and James S. Boster (1990) "Dowry as Female Competition," *American Anthropologist* 92:994-1005.

Gaulin, Steven J. C, and Randall W. FitzGerald (1986) "Sex Differences in Spatial Ability: An Evolutionary Hypothesis and Test," *American Naturalist* 127:74-88.

Gaulin, Steven J. C, and Carole J. Robbins (1991) "Trivers-Willard Effect in Contemporary North American Society," *American Journal of Physical Anthropology*, 85:61-69.

Gazzaniga, Michael (1992) *Nature's Mind: The Impact of Darwinian Selection on Thinking, Emotions, Sexuality, Language, and Intelligence*, New York: Basic Books.

Gergen, Kenneth J., M. S. Greenberg, andR. H. Willis, eds. (1980) *Social Exchange: Advances in. Theory and Research*, New York: Plenum Press.

Ghiselin, Michael T. (1973) "Darwin and Evolutionary Psychology," *Science* 179:964-68.

Gilligan, Carol (1982) *In a Different Voice: Psychological Theory and Women's Development*, Cambridge, Mass.: Harvard University Press.

Glantz, Kalman, and John K. Pearce (1989) *Exiles from Eden: Psychotherapy from an Evolutionary Perspective*, New York: Norton.

—— (1990) "Towards an Evolution-Based Classification of Psychological Disorders," paper presented at meeting of the Human Behavior and Evolution Society, Los Angeles

Glossop, Ronald J. (1967) "The Nature of Hume's Ethics," *Philosophy and Phenomenological Research* 27:527-36.

Goffman, Erving (1959) *The Presentation of Self in Everyday Life*, New York: Anchor/Doubleday.

Goodall, Jane (1986) *The Chimpanzees of Gombe: Patterns of Behavior*, Cambridge, Mass.: Harvard University Press.

Gould, Stephen Jay (1980) *The Panda's Thumb*, New York: Norton.

Graham, Elspeth, J. Doherty, and M. Malek (1992) "The Context and Language of Postmodernism," in Doherty, Graham, and Malek, eds., *Postmodernism and the Social Sciences*, London: MacMillan.

Grammer, Karl, J. Dittami, and B. Fischmann (1993) "Changes in Female Sexual Advertisement According to Menstrual Cycle," paper presented at meeting of the Human Behavior and Evolution Society, Syracuse, N.Y.

Greene, John C. (1961) *Darwin and the Modern World View*, New York: New American Library, 1963.

Greenwald, Anthony G. (1980) "The Totalitarian Ego: Fabrication and Revision of Personal History," *American Psychologist*, 357:603-18.

—— (1988) "Self-Knowledge and Self-Deception," in Lockard and Paulhus, eds. (1988).

Gronell, Ann M., (1984) "Courtship, Spawning and Social Organization of the Pipefish, Corythoichthys intestinalis (Pisces: Syngnathidae), with Notes on two Congeneric Species," *Zeitschrift für Tierpsychologie* 65:1-24.

Grote, John (1870) *An Examination of the Utilitarian Philosophy*, Cambridge: Deighton, Bell and Co.

Gruber, Howard E. (1981) *Darwin on Man: A Psychological Study of Scientific Creativity*, Chicago: University of Chicago Press.

Gruter, Margaret, and Roger D. Master, eds. (1986) *Ostracism: A Social and Biological Phenomenon*, New York: Elsevier.

Haldane, J.B.S. (1955) "Population Genetics," *New Biology* 18:34-51.

Hamilton, William D. (1963) "The Evolution of Altruistic Behavior," *American Naturalist* 97:354-56.

—— (1964) "The Genetical Evolution of Social Behaviour," parts 1 and 2, *Journal of Theoretical Biology* 7:1-52.

Harcourt, A. H., et al. (1981) "Testis Weight, Body Weight and Breeding System in Primates," *Nature*, 293:55-57.

Harpending, Henry C, and Jay Sobus (1987) "Sociopathy as an Adaptation," *Ethology and Sociobiology*, 8:63S-72S.

Hartung, John (1982) "Polygyny and the Inheritance of Wealth," *Current Anthropology*, 23:1-12.

—— (1988) "Deceiving Down: Conjectures on the Management of Subordinate Status," in Lockard and Paulhus (1988).

—— (1993) "Love Thy Neighbor: Prospects for Morality," unpublished manuscript.

Hewlett, Barry S. (1988) "Sexual Selection and Paternal Investment Among Aka Pygmies," in Betzig, Borgerhoff Mulder, and Turke (1988).

Hilgard, Ernest R., R. C. Atkinson, and Rita L. Atkinson (1975) *Introduction to Psychology*, New York: Harcourt Brace Jovanovich.

Hill, Elizabeth (1988) "The Menstrual Cycle and Components of Human Female Sexual Behaviour," *Journal of Social and Biological Structures* 11:443-55.

Hill, Elizabeth, and P. A. Wenzl (1981) "Variation in Ornamentation and Behavior in a Discotheque for Females Observed at Different Menstrual Phases," paper presented at meeting of the Animal Behavior Society, Knoxville, Tenn.

Hill, Kim, and Hillard Kaplan (1988) "Trade-offs in Male and Female Reproductive Strategies Among the Ache," parts 1 and 2, in Betzig, Borgerhoff Mulder, and Turke (1988).

Himmelfarb, Gertrude (1959) *Darwin and the Darwinian Revolution*, Garden City, N.Y.: Doubleday.

—— (1968) *Victorian Minds*, New York: Knopf.

—— (1974) *On Liberty & Liberalism: The Case of John Stuart Mill*, San Francisco: ICS Press, 1990.

—— (1987) *Marriage and Morals among the Victorians and Other Essays*, New York: Vintage.

Hofstadter, Richard (1944) *Social Darwinism in American Thought*, Boston: Beacon Press, 1955.

Houghton, Walter E. (1957) *The Victorian Frame of Mind, 1830-1870*, New Haven, Conn.: Yale University Press.

Howard, Jonathan (1982) *Darwin*, Oxford: Oxford University Press.

Hrdy, Sarah Blaffer (1981) *The Woman That Never Evolved*, Cambridge, Mass.: Harvard University Press.

—— (1987) "Sex-biased Parental Investment Among Primates and Other Mammals: A Critical Evaluation of the Trivers-Willard Hypothesis," in Richard J. Gelles and Jane B. Lancaster, eds., *Child Abuse and Neglect: Biosocial Dimensions*, Hawthorne, N.Y.: Aldine de Gruyter.

Hrdy, Sarah Blaffer, and Debra S. Judge (1993) "Darwin and the Puzzle of Primogeniture," *Human Nature* 4:1-45.

Humphrey, Nicholas K. (1976) "The Social Function of Intellect," in P.P. G. Bateson and R. A. Hinde, eds., *Growing Points in Ethology*, Cambridge: Cambridge University Press. Reprinted in Richard Byrne and Andrew Whiten, eds., *Machiavellian Intelligence*, Oxford: Oxford University Press, 1988.

Huxley, Thomas H. (1894) *Evolution and Ethics*, Princeton, N.J.: Princeton University Press, 1989.

Irons, William (1991) "How Did Morality Evolve?" *Zygon* 26:49-89.

Irvine, William (1955) *Apes, Angels, and Victorians: The Story of Darwin, Huxley, and Evolution*, New York: McGraw-Hill. [Page 435]

Jankowiak, William, and Ted Fisher (1992) "A Cross-Cultural Perspective on Romantic Love," *Ethnology* 31:149-55.

Jastrow, Robert (1981) *The Enchanted Loom: Mind in the Universe*, New York: Simon and Schuster.

Johnson, Gary R. (1987) "In the Name of the Fatherland: An Analysis of Kin

Term Usage in Patriotic Speech and Literature," *International Political Science Review* 8:165-74.

Jones, Diane Carlson (1984) "Dominance and Affiliation as Factors in the Social Organization of Same-Sex Groups of Elementary School Children," *Ethology and Sociohiology* 5:193-202.

Kagan, Jerome, and Sharon Lamb, eds. (1987) *The Emergence of Morality in Young Children*, Chicago: University of Chicago Press.

Kahn, Joan R., and Kathryn A. London (1991) "Premarital Sex and the Risk of Divorce," *Journal of Marriage and the Family* 53:845-55.

Kano, Takayoshi (1990) "The Bonobos' Peaceable Kingdom," *Natural History*, November.

Kenrick, Douglas T., Sara E. Gutierres, and Laurie L. Goldberg (1989) "Influence of Popular Erotica on Judgments of Strangers and Mates," *Journal of Experimental Social Psychology* 25:159-67.

Kenrick, Douglas T., et al. (1990) "Evolution, Traits, and the Stages of Human Courtship: Qualifying the Parental Investment Model," *Journal of Personality* 58:97-115.

Kinzey, Warren G., ed. (1987) *The Evolution of Human Behavior: Primate Models*, Albany, N.Y.: State University of New York Press.

Kitcher, Philip (1985) *Vaulting Ambition: Sociohiology and the Quest for Human Nature*, Cambridge, Mass.: MIT Press.

Konner, Melvin (1982) *The Tangled Wing: Biological Constraints on the Human Spirit*, New York: Harper Colophon Books, 1983.

—— (1990) *Why the Reckless Survive . . . and Other Secrets of Human Nature*, New York: Viking.

Krebs, Dennis, K. Denton, and N. C. Higgins (1988) "On the Evolution of Self-Knowledge and Self-Deception," in MacDonald (1988a).

Krout, Maurice H. (1931) "The Psychology of Children's Lies," *Journal of Abnormal and Social Psychology* 26:1-27.

Lancaster, Jane G. (1986) "Primate Social Behavior and Ostracism," *Ethology and Sociohiology* 7:215-25. Reprinted in Gruter and Masters, eds. (1986).

Lehrman, Karen (1994) "Flirting with Courtship," in Eric Liu, ed., *Next: Young American Writers on the New Generation*, New York: Norton, 1994. [Page 436]

Leighton, Donna Robbins (1987) "Gibbons: Territoriality and Monogamy," in Smuts et al., eds. (1987).

Levine, Jerome M., and Gardner Murphy (1943) "The Learning and Forgetting of Controversial Material," *Journal of Abnormal and Social Psychology*, vol. 38. Reprinted in Maccoby, Newcomb, and Hartley (1958).

Levinsohn, Florence Hamlish (1990) "Breaking Up Is Still Hard to Do," *Chicago Tribune Sunday Magazine*, October 21.

Lippitt, Ronald, et al. (1958) "The Dynamics of Power: A Field Study of Social Influence in Groups of Children," in Maccoby, Newcomb, and Hartley (1958).

Litchfield, Henrietta, ed. (1915) *Emma Darwin: A Century of Family Letters, 1792- 1896*, 2 vols., New York: Appleton and Co.

Lloyd, Elizabeth (1988) *The Structure and Confirmation of Evolutionary Theory*, Westport, Conn,: Greenwood Press.

Lloyd, James E. (1986) "Firefly Communication and Deception: 'Oh, What a Tangled Web,' " in Mitchell and Thompson (1986).

Lockard, Joan S. (1980) "Speculations on the Adaptive Significance of Self-Deception," in Lockard, ed., *The Evolution of Human Social Behavior*, New York: Elsevier, 1980.

Lockard, Joan S., and Delroy L. Paulhus, eds. (1988) *Self-Deception: An Adaptive Mechanism*, Englewood Cliffs, N.J.: Prentice Hall.

Loehlin, John C. (1992) *Genes and Environment in Personality Development*, Newbury Park, Cal.: Sage.

Loftus, Elizabeth (1992) "The Evolution of Memory," paper presented at Gruter Institute Conference on the Uses of Biology in the Study of Law, Squaw Valley, Cal.

Lomborg, Bjorn (1993) "The Structure of Solutions in the Iterated Prisoner's Dilemma," paper presented at Gruter Institute Conference on the Uses of Biology in the Study of Law, Squaw Valley, Cal.

Low, Bobbi S. (1989) "Cross-Cultural Patterns in the Training of Children: An Evolutionary Perspective," *Journal of Comparative Psychology* 103:311-19.

Maccoby, Eleanor E., T. M. Newcomb, and E. L. Hartley, eds. (1958) *Readings in Social Psychology*, New York: Holt, Rinehart and Winston.

MacDonald, Kevin, ed. (1988a) *Sociobiological Perspectives on Human Development*, New York: Springer-Verlag.

MacDonald, Kevin (1988b) "Sociobiology and the Cognitive-Developmental Tradition in Moral Development," in MacDonald (1988a).

—— (1990) "Mechanisms of Sexual Egalitarianism in Western Europe," *Ethology and Sociobiology* 11:195-238.

McGuire, M. T., M. J. Raleigh, and G. L. Brammer (1984) "Adaptation, Selection, and Benefit-Cost Balances: Implications of Behavioral-Physiological Studies of Social Dominance in Male Vervet Monkeys," *Ethology and Sociobiology* 5:269-77.

Maclntyre, Alasdair (1966) *A Short History of Ethics*, New York: Macmillan.

MacLean, Paul D. (1983) "A Triangular Brief on the Evolution of Brain and Law," in Margaret Gruter and Paul Bohannan, *Law, Biology, and Culture*, Santa Barbara, Cal.: Ross-Erikson, Inc.

Malinowski, Bronislaw (1929) *The Sexual Life of Savages in North-Western Melanesia: An Ethnographic Account of Courtship, Marriage and Family Life Among the Natives of the Trobriand Islands*, British New Guinea, New York: Harcourt, Brace.

Mann, Janet (1992) "Nurturance or Negligence: Maternal Psychology and Behavioral Preference Among Preterm Twins," in Barkow, Cosmides, and Tooby (1992).

Marcus, Steven (1974) *The Other Victorians: A Study of Sexuality and Pornography in Mid-Nineteenth-Century England*, New York: Basic Books.

Masters, Roger D., and Michael T. McGuire, eds. (1994) *The Neurotransmitter Revolution: Serotonin, Social Behavior, and the Law*, Carbondale, Ill.: Southern Illinois University Press.

Maynard Smith, John (1974) "The Theory of Games and the Evolution of Animal Conflict," *Journal of Theoretical Biology* 47:209-21.

—— (1982) *Evolution and the Theory of Games*, Cambridge: Cambridge University Press.

Mead, Margaret (1928) *Coming of Age in Samoa: A Psychological Study of Primitive Youth for Western Civilisation*, New York: Morrow, 1961.

Mealey, Linda, and Wade Mackey (1990) "Variation in Offspring Sex Ratio in Women of Differing Social Status," *Ethology and Sociobiology* 11:83-95.

Mill, John Stuart (1859) *On Liberty, in Mill, On Liberty and Other Writings*, New York: Cambridge University Press, 1989.

—— (1863) "Utilitarianism," in Mill and Jeremy Bentham, *Utilitarianism and Other Essays*, New York: Penguin, 1987.

—— (1874) "Nature," reprinted in vol. 10 of J. M. Robson, ed., *Collected Works of John Stuart Mill*, Toronto: University of Toronto Press, 1969.

Miller, Dale T. (1976) "Ego Involvement and Attributions for Success and Failure," *Journal of Personality and Social Psychology* 34:901-6.

Miller, Dale T., and Michael Ross (1975) "Self-Serving Biases in the Attribution of Causality: Fact or Fiction?" *Psychological Bulletin* 82:213-25.

Mitchell, G., and Terry L. Maple (1985) "Dominance in Nonhuman Primates," in Ellyson and Dovidio (1985).

Mitchell, Robert W., and Nicholas S. Thompson, eds. (1986) *Deception: Perspectives on Human and Nonhuman Deceit*, Albany, N.Y.: State University of New York Press.

Montgomerie, Robert (1991) "Mating Systems and the Fingerprinting Revolution," paper delivered at meeting of the Human Behavior and Evolution Society, Hamilton, Ontario.

Morris, Desmond (1967) *The Naked Ape*, New York: McGraw-Hill.

Murdock, George P. (1934) *Our Primitive Contemporaries*, Toronto: Macmillan.

—— (1945) "The Common Denominator of Cultures," in George P. Murdock, *Culture and Society*, Pittsburgh: Pittsburgh University Press, 1965.

—— (1949) *Social Structure*, New York: Macmillan.

Nesse, Randolph M. (1990a) "Evolutionary Explanations of Emotions," *Human Nature* 1:261-89.

—— (1990b) "The Evolutionary Functions of Repression and the Ego Defenses," *Journal of the American Academy of Psychoanalysis* 18:260-85.

—— (1991a) "Psychiatry," in Mary Maxwell, ed., *The Sociobiological Imagination*, Albany: State University of New York Press, 1991.

—— (1991b) "What Good Is Feeling Bad?" *The Sciences*, 31:30-37.

Nesse, Randolph, and Alan Lloyd (1992) "The Evolution of Psychodynamic Mechanisms," in Barkow, Cosmides, and Tooby (1992).

Nesse, Randolph, and George Williams (in press) *Evolution and Healing: The Darwinian Revolution Comes to Medicine*, New York: Times Books.

Nisbett, Richard, and Lee Ross (1980) *Human Inference: Strategies and Shortcomings of Social Judgment*, Englewood Cliffs, N.J.: Prentice Hall.

Nishida, Toshisada, and Mariko Hiraiwa-Hasegawa (1987) "Chimpanzees and Bonobos: Cooperative Relationships Among Males," in Smuts et al. (1987).

Omark, Donald R., F. F. Strayer, and D. G. Freedman, eds. (1980) *Dominance Relations: An Ethological View of Human Conflict and Social Interaction*, New York: Garland.

Orians, Gordon H. (1969) "On the Evolution of Mating Systems in Birds and Mammals," *American Naturalist* 103:589-603.

Palmer, Craig (1989) "Is Rape a Cultural Universal? A Reexamination of the

Ethnographic Data," *Ethnology* 28:1-16.

Pedersen, F. A. (1991) "Secular Trends in Human Sex Ratios: Their Influence on Individual and Family Behavior," *Human Nature* 3:271-91.

Perusse, Daniel (1993) "Cultural and Reproductive Success in Industrial Societies: Testing the Relationship at the Proximate and Ultimate Levels," *Behavioral and Brain Sciences* 16:267-322.

Piaget, Jean (1932) *The Moral Judgment of the Child*, New York: Free Press, 1965.

Pinker, Steven (1994) *The Language Instinct*, New York: Morrow.

Plomin, R., and D. Daniels (1987) "Why Are Children in the Same Family So Different from Each Other?" *Behavioral and Brain Sciences* 10:1-6.

Price, J. S. (1967) "The Dominance Hierarchy and the Evolution of Mental Illness," *Lancet* 2:243.

Rachels, James (1990) *Created from Animals: The Moral Implications of Darwinism*, New York: Oxford University Press.

Raleigh, Michael J., and Michael T. McGuire (1989) "Female Influences on Male Dominance Acquisition in Captive Vervet Monkeys, Cercopithecus aethiops sabaeus," *Animal Behaviour* 38:59-67.

Raleigh, Michael J., M. T. McGuire, G. L. Brammer, D. B. Pollack, and Arthur Yuwiler "Serotonergic Mechanisms Promote Dominance Acquisition in Adult Male Vervet Monkeys" (unpublished paper).

Rapoport, Anatol (1960) *Fights, Games, and Debates*, Ann Arbor: University of Michigan Press.

Rasmussen, Dennis (1981) "Pair-bond Strength and Stability and Reproductive Success," *Psychological Review* 88:274-90.

Richards, Robert J. (1987) *Darwin and the Emergence of Evolutionary Theories of Mind and Behavior*, Chicago: University of Chicago Press.

Ridley, Matt (1994) *The Red Queen: Sex and the Evolution of Human Nature*, New York: Macmillan.

Riesman, David (1950) *The Lonely Crowd*, New Haven, Conn.: Yale University Press.

Rodman, Peter S., and John C. Mitani (1987) "Orangutans: Sexual Dimorphism in a Solitary Species," in Smuts et al. (1987).

Rose, Phyllis (1983) *Parallel Lives: Five Victorian Marriages*, New York: Vintage, 1984.

Ross, Michael, and Fiore Sicoly (1979) "Egocentric Biases in Availability and Attribution," *Journal of Personality and Social Psychology* 37:322-36.

Rothstein, Stephen I., and Raymond Pierotti (1988) "Distinctions Among Reciprocal Altruism, Kin Selection, and Cooperation and a Model for Initial Evolution of Beneficent Behavior," *Ethology and Sociobiology* 9:189-209.

Ruse, Michael (1986) *Taking Darwin Seriously: A Naturalistic Approach to Philosophy*, Oxford: Basil Blackwell.

Russon, A. E., and B. E. Waite (1991) "Patterns of Dominance and Imitation in an Infant Peer Group," *Ethology and Sociobiology* 13:55-73.

Saletan, William, and Nancy Watzman (1989) "Marcus Welby, J.D.," *The New Republic*, April 17.

Saluter, Arlene F. (1990) "Marital Status and Living Arrangements," *Current Population Reports Series P-20*, No. 450, Bureau of the Census, U.S. Dept. of Commerce.

Schelling, Thomas (1960) *The Strategy of Conflict*, Cambridge, Mass.: Harvard University Press.

Schweder, Richard A., M. Mahapatra, and J. G. Miller (1987) "Culture and Moral Development," in Kagan and Lamb (1987).

Short, R. V. (1976) "The Evolution of Human Reproduction," in Proceedings of the Royal Society B195:3-24.

Shostak, Marjorie (1981) *Nisa: The Life and Words of a !Kung Woman*, New York: Vintage, 1983.

Simpson, George Gaylord (1947) "The Search for an Ethic," in Simpson, *The Meaning of Evolution*, New Haven, Conn.: Yale University Press.

Simpson, Jeffry A., S. W. Gangestad, and M. Bick (1993) "Personality and Nonverbal Social Behavior: An Ethological Perspective on Relationship Initiation," *Journal of Experimental Social Psychology* 29:434-61.

Singer, Peter (1981) *The Expanding Circle*, New York: Farrar, Straus and Giroux.

—— (1984) "Ethics and Sociobiology," *Zygon* 19: 139-51.

—— (1989) "Ethics," *Encyclopedia Britannica* 18: 627-48.

—— (1993) *How Are We to Live? Ethics in an Age of Self-interest*, Melbourne: Text Publishing Company.

Skinner, B. F. (1948) *Walden II*, New York: Macmillan.

—— (1972) *Beyond Freedom and Dignity*, New York: Knopf.

Slavin, Malcolm O. (1990) "The Dual Meaning of Repression and the Adaptive

Design of the Human Psyche," *Journal of the American Academy of Psychoanalysis* 18:307-41.

Smart, J.J.C. (1973) "An Outline of a System of Utilitarian Ethics," in Smart and Bernard Williams, *Utilitarianism, For and Against*, Cambridge: Cambridge University Press.

Smiles, Samuel (1859) *Self-Help*, London: John Murray. Revised and enlarged edition, New York Publishing Company.

Smith, Martin S., Bradley J. Kish, and Charles B. Crawford (1987) "Inheritance of Wealth as Human Kin Investment," *Ethology and Sociobiology* 8:171-82.

Smuts, Barbara, et al., eds. (1987) *Primate Societies*, Chicago: University of Chicago Press.

Stewart, Kelly J., and Alexander H. Harcourt (1987) "Gorillas: Variation in Female Relationships," in Smuts et al. (1987).

Stone, Lawrence (1977) *The Family, Sex and Marriage in England 1500-1800*, New York: Harper Torchbook, 1979.

—— (1985) "Sex in the West," *The New Republic*, July 8.

—— (1990) *Road to Divorce: England, 1530-1987*, Oxford: Oxford University Press.

Stone, Valerie E. (1989) *Perception of Status: An Evolutionary Analysis of Nonverbal Status Cues*, Ph.D. dissertation, Department of Psychology, Stanford University.

Strachey, Lytton (1918) *Eminent Victorians*, New York: Harcourt Brace.

Strahlendorf, Peter W. (1991) *Evolutionary Jurisprudence: Darwinian Theory in Juridical Science*, S.J.D. thesis, Toronto, Ontario.

Strayer, F. F., and M. Trudel (1984) "Developmental Changes in the Nature and Function of Social Dominance Among Young Children," *Ethology and Sociobiology* 5: 279-95.

Streufert, Siegfried, and Susan C. Streufert (1969) "Effects of Conceptual Structure, Failure, and Success on Attribution of Causality and Interpersonal Attitudes," *Journal of Personality and Social Psychology* 11:138-47.

Sulloway, Frank J. (1979a) *Freud, Biologist of the Mind: Behind the Psychoanalytic Legend*, New York: Basic Books.

—— (1979b) "Geographic Isolation in Darwin's Thinking: The Vicissitudes of a Crucial Idea," *Studies in History of Biology* 3:23-65.

—— (1982) "Darwin's Conversion: The Beagle Voyage and Its Aftermath," *Journal of the History of Biology* 15:325-96.

—— (1984) "Darwin and the Galapagos," *Biological Journal of the Linnean Society* 21:29-59.

—— (1991) "Darwinian Psychobiography," *New York Review of Books*, Oct. 10.

—— (in preparation) *Bom to Rebel: Radical Thinking in Science and Social Thought*, Massachusetts Institute of Technology, Cambridge, Mass.

—— (in press) "Birth Order and Evolutionary Psychology: A Meta-Analytic Overview," *Psychological Inquiry*.

Susman, Randall L. (1987) "Pygmy Chimpanzees and Common Chimpanzees: Models for the Behavioral Ecology of the Earliest Hominids," in Kinzey (1987).

Symons, Donald (1979) *The Evolution of Human Sexuality*, New York: Oxford University Press.

—— (1982) "Another Woman That Never Existed," *Quarterly Review of Biology* 57:297-300.

—— (1985) "Darwinism and Contemporary Marriage," in Kingsley Davis, ed., *Contemporary Marriage*, New York: Russell Sage Foundation, 1985.

—— (1989) "A Critique of Darwinian Anthropology," *Ethology and Sociobiology* 10:131-44. [Page 442]

—— (1990) "Adaptiveness and Adaptation," *Ethology and Sociobiology* 11:427-44.

Tannen, Deborah (1990) *You Just Don't Understand: Women and Men in Conversation*, New York: Morrow.

Taylor, Charles E., and Michael T. McGuire (1988) "Reciprocal Altruism: Fifteen Years Later," *Ethology and Sociobiology* 9:67-72.

Teismann, Mark W., and Donald L. Mosher (1978) "Jealous Conflict in Dating Couples," *Psychological Reports* 42:1211-16.

Thibaut, John W., and Henry W. Riecken (1955) "Some Determinants and Consequences of the Perception of Social Causality," *Journal of Personality* 24:113-33. Reprinted in Maccoby, Newcomb, and Hartley (1958).

Thomson, Elizabeth, and Ugo Colella (1992) "Cohabitation and Marital Stability: Quality or Commitment?" *Journal of Marriage and the Family* 54:259-67.

Thornhill, Randy (1976) "Sexual Selection and Paternal Investment in Insects," *American Naturalist* 110:153-63.

Thornhill, Randy, and Nancy Thornhill (1983) "Human Rape: An Evolutionary Analysis," *Ethology and Sociobiology* 4:137-73.

Tiger, Lionel (1969) *Men in Groups*, New York: Random House.

Tooby, John (1987) "The Emergence of Evolutionary Psychology," in D. Pines, ed., *Emerging Syntheses in Science*, Santa Fe, N.M.: Santa Fe Institute.

Tooby, John, and Leda Cosmides (1988) "The Evolution of War and Its Cognitive Foundations," *Institute for Evolutionary Studies Technical Report*, 88-91.

—— (1989) "The Innate versus the Manifest: How Universal Does Universal Have to Be?" *Behavioral and Brain Sciences* 12:36-37.

—— (1990a) "On the Universality of Human Nature and the Uniqueness of the Individual: The Role of Genetics and Adaptation," *Journal of Personality* 58:1:17- 67.

—— (1990b) "The Past Explains the Present: Emotional Adaptations and the Structure of Ancestral Environments," *Ethology and Sociobiology* 11:375-421.

—— (1992) "The Psychological Foundations of Culture," in Barkow, Cosmides, and Tooby (1992).

Tooby, John, and Irven DeVore (1987) "The Reconstruction of Hominid Behavioral Evolution," in Kinzey (1987).

Tooke, William, and Lori Camire (1990) "Patterns of Deception in Intersexual and Intrasexual Mating Strategies," *Ethology and Sociobiology* 12:345-64.

Trivers, Robert (1971) "The Evolution of Reciprocal Altruism," *Quarterly Review of Biology* 46:35-56.

—— (1972) "Parental Investment and Sexual Selection," in Bernard Campbell, ed., *Sexual Selection and the Descent of Man*, Chicago: Aldine de Gruyter.

—— (1974) "Parent-Offspring Conflict," *American Zoologist* 14:249-64.

—— (1985) *Social Evolution*, Menlo Park, Cal.: Benjamin/Cummings.

Trivers, Robert L., and Dan E. Willard (1973) "Natural Selection of Parental Ability to Vary the Sex Ratio of Offspring," *Science* 179:90-91.

Tucker, William (1993) "Monogamy and Its Discontents," *National Review*, October 4.

Vasek, Marie E. (1986) "Lying as a Skill: The Development of Deception in Children," in Mitchell and Thompson (1986).

Verplanck, William S. (1955) "The Control of the Content of Conversation: Reinforcement of Statements of Opinion," *Journal of Abnormal and Social Psychology* 51:668-76. Reprinted in Maccoby, Newcomb, and Hartley (1958).

Wallace, Bruce (1973) "Misinformation, Fitness, and Selection," *American Naturalist* 107:1-7.

Walsh, Anthony (1993) "Love Styles, Masculinity/Femininity, Physical

Attractiveness and Sexual Behavior: A Test of Evolutionary Theory," *Ethology and Sociobiology* 14:25-38.

Wedgwood, Barbara, and Hensleigh Wedgwood (1980) *The Wedgwood Circle, 1730-1897: Four Generations of a Family and Their Friends*, Westfield, N.Y.: Eastview Editions.

Weisfeld, Glenn E. (1980) "Social Dominance and Human Motivation," in Omark, Strayer, and Freedman (1980).

Weisfeld, Glenn E., and Jody M. Beresford (1982) "Erectness of Posture as an Indicator of Dominance or Success in Humans," *Motivation and Emotion* 6:113- 29.

Wells, P. A. (1987) "Kin Recognition in Humans," in Fletcher and Michener (1987).

West-Eberhard, Mary Jane (1991) "Sexual Selection and Social Behavior," in Michael H. Robinson and Lionel Tiger, eds., *Man and Beast Revisited*, Washington, D.C.: Smithsonian Institution Press.

Whitehead, Barbara Dafoe (1993) "Dan Quayle Was Right," *The Atlantic Monthly*, April.

Whyte, Lancelot Law (1967) "Unconscious," in *The Encyclopedia of Philosophy* (New York: Macmillan)8:185-88.

Wiederman, Michael W., and Elizabeth Rice Allgeier (1992) "Gender Differences in Mate Selection Criteria: Sociobiological or Socioeconomic Explanation?" *Ethology and Sociobiology* 13:115-24.

Wilkinson, Gerald S. (1990) "Food Sharing in Vampire Bats," *Scientific American*, February.

Williams, George C. (1966) *Adaptation and Natural Selection: A Critique of Some Current Evolutionary Thought*, Princeton, N.J.: Princeton University Press, 1974. [Page 444]

—— (1975) *Sex and Evolution*, Princeton, N.J.: Princeton University Press.

—— (1989) "A Sociobiological Expansion of Evolution and Ethics," a preface in Huxley (1894).

Williams, George C, and Randolph Nesse (1991) "The Dawn of Darwinian Medicine," *Quarterly Review of Biology* 66:1-22.

Wills, Christopher (1989) *The Wisdom of the Genes: New Pathways in Evolution*, New York: Basic Books.

Wilson, David S. (1989) "Levels of Selection: An Alternative to Individualism in Biology and the Social Sciences," *Social Networks* 11:257-72.

Wilson, David S., and Elliott Sober (1989) "Reviving the Superorganism," *Journal of Theoretical Biology* 136:337-56.

—— (in press) "Reintroducing Group Selection to the Human Behavioral Sciences," *Behavioral and Brain Sciences*.

Wilson, Edward O. (1975) *Sociobiology: The New Synthesis*, Cambridge, Mass.: Harvard University Press.

—— (1978) *On Human Nature*, Cambridge, Mass.: Harvard University Press.

—— (1987) "Kin Recognition: An Introductory Synopsis," in Fletcher and Michener (1987).

Wilson, James Q. (1993) *The Moral Sense*, New York: Free Press.

Wilson, Margo, and Martin Daly (1990) "The Age-Crime Relationship and the False Dichotomy of Biological versus Sociological Explanations," paper presented at meeting of Human Behavior and Evolution Society, Los Angeles.

—— (1992) "The Man Who Mistook His Wife for a Chattel," in Barkow, Cosmides, and Tooby (1992).

Wolfe, Linda D. (1991) "Human Evolution and the Sexual Behavior of Female Primates," in James D. Loy and Calvin B. Peters, eds., *Understanding Behavior*, New York: Oxford University Press, 1991.

Wrangham, Richard (1987) "The Significance of African Apes for Reconstructing Human Social Evolution," in Kinzey (1987).

Wright, Robert (1987) "Alcohol and Free Will," *The New Republic*, December 14.

—— (1990) "The Intelligence Test," *The New Republic*, January 29.

—— (1992) "Why Is It Like Something to Be Alive?" in William Shore, ed., *Mysteries of Life and the Universe*, New York: Harcourt Brace Jovanovich, 1992.

Wyschogrod, Edith (1990) *Saints and Postmodernism*, Chicago: University of Chicago Press.

Young, G. M. (1936) *Portrait of an Age: Victorian England*, Oxford: Oxford University Press, 1989.

Zimmerman, Claire, and Raymond A. Bauer (1956) "The Effect of an Audience upon What Is Remembered," *Public Opinion Quarterly* 20:238-48. Reprinted in Maccoby, Newcomb, and Hartley (1958).

致谢

许多人曾阅读本书部分草稿并给出意见,他们包括:勒达·科斯米德斯、马丁·戴利、玛丽安娜·艾斯曼(Marianne Eismann)、威廉·汉密尔顿、约翰·哈通(John Hartung)、菲利普·赫夫纳(Philip Hefner)、安·赫伯特(Ann Hulbert)、凯伦·莱尔曼(Karen Lehrman)、彼得·辛格、唐纳德·西蒙斯、约翰·图比、弗兰斯·德·瓦尔和格伦·韦斯菲尔德(Glenn Weisfeld),我知道他们手头还有更重要的工作需要完成,感谢他们的付出。

一些我最初只请求他们阅读部分内容的人,非常慷慨地看完了全部书稿,包括劳拉·贝奇格、简·爱泼斯坦(Jane Epstein)、约翰·皮尔斯(John Pearce)、米奇·卡乌斯(Mickey Kaus,多年来他还帮我改进了许多其他作品)、迈克·金斯利(Mike Kinsley,他在担任《新共和》杂志主编之后,帮我提出了更多修改意见)以及弗兰克·萨洛韦(他曾慷慨地给予我很多帮助,包括可以使用他拍摄的图片)。加里·克里斯特(Gary Krist)在整本书尚且杂乱无章时带来了可靠的反馈信息,他在此后还提供了重要建议及对我的精神支持。这些人都应该被记入本书的荣誉簿。

马蒂·佩雷茨（Marty Peretz）为我批准了长假，允许我暂别《新共和》，这正符合他一贯秉持的态度：让人们去探索自己感兴趣的东西，对我来说，能在一个真正尊重他人想法的人手下工作，无疑是一件非常幸运的事情。在那段时间，亨利和埃莉诺·奥尼尔（Henry and Eleanor O'Neill）为我在南塔基特岛提供了免费住宿的机会，让我得以在能想象到的最美丽的环境下完成本书的部分写作。

爱德华·O. 威尔逊写的《社会生物学》和《论人性》让我对这一领域产生了兴趣，此后他一直给予我帮助。约翰·泰勒·邦纳（John Tyler Bonner）、詹姆斯·贝尼格（James Beniger）和亨利·霍恩（Henry Horn）在我上大学期间曾共同指导过一个社会生物学研讨会，他们使我对该学科继续保持了浓厚兴趣。20 世纪 80 年代中期，当我还是《科学》杂志的一名编辑时，我有幸负责了梅尔·康纳（Mel Konner）的专栏《论人性》。通过这个专栏以及我与梅尔就此生命观展开的讨论，我获益良多。

感谢比尔·斯特洛布里奇（Bill Strobridge，他鼓励我成为一名作家）、里克·艾勒（Ric Aylor，当我还在高中时他引导我阅读了斯金纳的作品）、比尔·纽林（Bill Newlin，提供了早期建议）、乔恩·维纳（Jon Weiner）、史蒂夫·拉格菲尔德（Steve Lagerfeld）、杰·托森（Jay Tolson，提供了后期建议）、莎拉·奥尼尔（Sarah O'Neill，及时帮我照顾孩子同时还提供了很多其他帮助）以及我的哥哥迈克·赖特（Mike Wright，以他自己没有意识到的方式引发了我对本书主题的兴趣与思考，包括如何成为一名道德动物）。前面已经提及几位与我在《新共和》共事的同事——安·赫伯特、米奇·卡乌斯和迈克·金斯利，他们日复一日地为我提供建议与支持，必须感谢他们的帮助。在过去的几年里我很荣幸能与他们一起工作。我的大学老师约翰·麦克菲（John McPhee）引导我选择了自己的人生方向，在本书写作期间他还提出了宝贵意见。虽然这不是一本麦克菲风格的书，但他的某些道德标准确实对本书内容产生了影响（这是事实，起码我在选择这个写作主题时，没考虑如何实现最大收益的问题）。

通过正式或非正式的请教方式，我从许多学者那里获得了帮助（包括前面提到的学者），他们包括：迈克尔·贝利（Michael Bailey）、杰克·贝克斯特罗姆（Jack Beckstrom）、戴维·巴斯、米尔德丽德·迪克曼、布鲁斯·埃利斯（Bruce Ellis）、威廉·艾恩斯（William Irons）、伊丽莎白·劳埃德（Elizabeth Lloyd）、凯文·麦克唐纳（Kevin MacDonald）、迈克尔·麦奎尔（Michael McGuire）、伦道夫·尼斯、克雷格·帕默（Craig Palmer）、马特·里德利（Matt Ridley）、彼得·斯特拉伦道夫（Peter Strahlendorf）、莱昂内尔·泰格（Lionel Tiger）、罗伯特·特里弗斯、保罗·特克、乔治·威廉斯、大卫·斯隆·威尔逊、马戈·威尔逊。许多人向我提供了他们论文的复印版，回答了我询问的种种恼人问题，其中有金·布赫曼（Kim Buehlman）、伊丽莎白·卡什丹（Elizabeth Cashdan）、史蒂夫·冈斯坦德（Steve Gangestad）、玛特·格罗斯（Mart Gross）、伊丽莎白·希尔（Elizabeth Hill）、金·希尔（Kim Hill）、加里·约翰逊（Gary Johnson）、黛布拉·贾奇（Debra Judge）、鲍比·洛（Bobbi Low）、理查德·马里厄斯（Richard Marius）和迈克尔·罗利（Michael Raleigh）等。我还要感谢人类行为与进化协会的参会人员，我曾与他们在学术会议上有过深入交流。

我的编辑丹·弗兰克（Dan Frank）对本书书稿极为重视，他为之倾注了大量精力，这在当代的图书编辑中是非常少见的。潘塞恩出版社的许多其他工作人员，包括玛吉·安德森（Marge Anderson）、阿尔缇·卡帕（Altie Karper）、珍妮·莫顿（Jeanne Morton）和克劳丁·奥赫恩（Claudine O'Hearn）也提供了许多帮助。还有我的代理商，雷夫·萨基恩（Rafe Sagalyn），慷慨地用他的宝贵时间给予了我许多帮助。

最后，我要感谢我的妻子莉萨。我仍然记得，当她第一次阅读本书的部分初稿时，她向我解释了她的感受，尽管她没有使用"糟糕"这个词。从那以后，她先后阅读了多份手稿，并经常以同样老练的方式给出敏锐的评判。通常，当我面对相互矛盾的建议或感到困惑时，她的观点就像是一盏指路明灯。此外，她还承担了各种其他事务，让我不至于因为写这本书而发疯，我实在不能要求更多了（尽管我记得，我有好几次确实要求有点多）。

莉萨不同意这本书的部分观点，我相信上文提到的人也会对本书部分内容表示不认同。这正是一个会涉及道德与政治的年轻学科本该有的样子。